한일 역사 문제의 현재
(2000~2022)

일러두기
• 이 책은 2021년도 동북아역사재단 기획연구 수행 결과물임(NAHF-2021-기획연구-27).

동북아역사재단
연구총서 111

한일 역사 문제의 현재
(2000~2022)

이원우 편

동북아역사재단
NORTHEAST ASIAN HISTORY FOUNDATION

■ 책머리에

한일 역사 문제의 현재
(2000~2022)

　2022년 5월 10일, 한국에 윤석열(제20대 대통령) 정부가 들어섰다. 윤석열 대통령은 후보 시절부터 일본과의 관계 개선을 주장했다. 윤석열 정부는 발족 후 곧 일본과의 관계 개선을 의욕적으로 추진했다. 일본 정부는 처음에는 경직되고 비타협적인 반응을 보였으나 한국 정부의 진지하고 적극적인 관계 개선 의지에 조금씩 화답하는 상황이 전개되고 있는 중이다.
　완전히 종식되지 않는 코로나 감염 문제, 길어지는 러시아-우크라이나 전쟁 상황하에 미국과 중·러를 중심으로 하는 양대 세력의 재편이 숨 가쁘게 진행되고 있는 국제 정치 속에 한일 간 역사 문제로 인한 대립은 무익하고 빛바랜 갈등으로 비칠 수도 있다.
　'역사인식'은 장기간에 걸쳐 서서히 변화되지만 역사인식에 기인한 현실의 '제반 문제'는 행위자의 의지와 노력 여하에 따라 가시적인 변화를 가져올 수 있다.

그렇다고 해서 한일 간 역사 문제에 있어 '근원적'이고 '불가역적'인 해결이 가능하다고 생각하지는 않는다.

필자는 일본군'위안부' 문제를 비롯한 역사 문제를 바라보면서 일본 정부의 사죄와 배상은 궁극적으로 비본질적인 문제에 지나지 않는다고 생각해 왔다. 본질은 '침략'과 '피지배'라는 역사적 현상이 두 번 다시 쌍방향으로 재현되지 않게 하는 것이다. 따라서 한일 역사 문제 해결에 있어 지족지지(知足知止)[1]의 마음가짐이 필요하다고 생각한다. 어느 선에서 만족하고 어느 선에서 멈출 것인가를 생각하고 노력할 필요가 있다.

이 책은 한일 간 역사인식 문제를 다룬 기획연구 시리즈의 마지막 결과물이다. 시리즈의 첫 번째는 『한일 상호인식과 역사 문제의 기원(1945~1979)』(2020), 두 번째는 『한일 역사 갈등과 역사인식의 변용(1980~1999)』(2021)이다. 한일 간 역사 문제로 인한 갈등은 현재도 진행형이나 최근 국제사회의 상황 변화에 따라 동아시아 자체가 왜소화되어 가는 과정 속에서 그 주목도가 점차 낮아지고 있는 처지다.

이 책에서는 2000~2022년 현재까지 한일 관계의 여러 문제들을 다양한 시각으로 분석한 8편의 글을 싣고 있다. 이하 8편의 글을 간략하게 소개하겠다.

이원우의 「일본 혐한 도서의 역사인식에 관한 연구」는 오늘날 범람하는 일본의 혐한 도서를 이해함에 있어 단순히 반일-혐한 프레임에

---

1 노자, 『도덕경』 제44장 「名與身孰親,身與貨孰多,得與亡孰病,是故甚愛必大費,多藏必厚亡,故知足不辱,知止不殆,可以長久.」에서 적의 인용했다.

서 벗어나 보다 역사적 맥락에서 살펴보는 것을 목적으로 하고 있다. 일본이 제국주의의 길을 본격적으로 걷기도 전인 메이지 초기의 조선·조선인에 대한 인식이 오늘날 혐한 도서 속의 인식과 큰 차이가 없음을 후쿠자와 유키치(福澤諭吉)의 「탈아론」 등을 자료로 분석한 점이 특징적이다.

사실, 서구제국주의 국가와 함께 아시아 침략을 선언한 '선언문'으로 간주되는 후쿠자와의 「탈아론」을 1885년 이후의 역사적 전개를 염두에 두지 않고 정독하면 지극히 상식적인 대외관의 피력임을 알 수 있다.

'탈아론'은 일본만이 적극적으로 서양문명을 수용하여 '탈아'를 실천하고 있으며, 중국과 조선은 유교주의 폐해에 빠져 서양문명을 수용할 수도 없는 상황이니, 오늘날 일본이 할 일은 서양문명국과 진퇴를 함께 하고 조선·중국과는 결별해야 한다는 내용이다. '탈아론'은 임오군란(1882)과 갑신정변(1884)의 실패로 일본의 영향력이 조선에서 후퇴할 수밖에 없는 상황에서, 에도시대 말기 이후 일본 지식인의 동아시아에 대한 기본적인 인식을 기술한 것에 불과하다.

오늘날 혐한 도서의 내용과 구조 또한 메이지 초기의 조선 관련 글과 유사하다. 다시 말하면, 혐한 도서의 역사인식은 역사성을 지니고 있다는 게 필자의 견해다.

유지아의 「일본의 '전후 개혁'과 대국화-전후로부터의 탈피 선언과 역사인식을 중심으로」는 1990년대 버블경제의 종말과 더불어 시작된 경기침체 위기가 30년 가까이 지속되면서 일본 국민에게 각인된 위기의식은 아베 신조(安倍晋三)라는 인물에 대한 기대와 지지로 발현되었으며, 아베는 이러한 기대를 역으로 이용하여 일본의 체제를 바꾸려 했다고 주장한다.

　일본에서 전개되고 있는 '전후체제로부터의 탈각'이라는 말은 주로 일본의 '우경화'와 연관하여 분석하는 경향이 많다. 전후 일본의 본질은 미국에 종속된 것도 아니고, 절대평화주의의 풍조가 강해진 것도 아니다. 불완전한 종속 아래 나라의 존재 방식이 어중간한 채로 줄곧 계속되어 왔다.

　전후 탈각의 변화를 보면, 나카소네 야스히로(中曽根康弘) 시대에는 '전후 정치의 총결산'에서 아시아의 정치적 리더십을 확립하는 데 있어 전후 처리 문제가 큰 걸림돌이 되고 있다고 판단하여 일단 전쟁의 침략성을 인정하고, 최소한의 '사과'를 행한다는 궤도수정을 했다. 반면, 아베 시대에는 '전후체제로부터의 탈각'이 침략 전쟁을 부정하는 역사인식으로 나타나고 있다. 또 국제 정치에서는 적극적 평화주의를 내세워 보통국가, 전쟁을 할 수 있는 국가를 만들겠다는 의지를 선명하게 비치고 있다. 그런 점에서 기존의 '전후 레짐'과 큰 차이를 보인다고 필자는 지적하고 있다.

　최은봉의 「일본 고이즈미 정권의 개혁 정치와 배타적 동아시아 외교-교육기본법 개정, 국가주의의 내재화, 외교적 위선」은 2000년대 일본의 고이즈미 준이치로(小泉純一郎) 수상 집권기(2001~2006)에 국제화와 개혁 정치의 복합적 연계성 속에 국가주의가 공고화되었다는 점을 설명하고 있다. 이 글은 교육기본법 개정 논의와 신교육기본법 수립을 사례로 교육거버넌스가 재구축되고 문화자본이 재설정되어 국가주의가 강화되는 과정을 추적했다.

　고이즈미 정권은 신자유주의적 국제화의 적극적 추진과 더불어 총체적 개혁 정치를 주도했으나 이러한 시도는 변용된 국가주의를 동반하는 이중적 과정으로 전개되었다. 국제화와 개혁의 접점에서 신자유주의와 국가주의가 교차하면서 교육기본법 개정 논의는 국가주의를 강화하는 방향으로 나아가 자국중심적 민족주의를 확산시켰다. 그 결과 고이즈미 집권기에 외교적 위선이 드러났으며 과거사의 역사수정주의적 재해석이 시도되어 동아시아 국제관계에서 신뢰 결핍의 심화가 초래되었다는 것이 저자의 시각이다.

신주백의 「재편되는 지역구도와 역사 문제의 하위화, 동아시아의 왜소화」는 냉전체제가 해체된 시점에서부터 오늘날까지 동아시아 국제정세의 변화를 고려하며 역사 갈등의 진행 양상을 우선 정리하고, 역사 문제를 풀어가는 해법을 찾아보는 것을 목적으로 한 글이다.

돌이켜 보면, 냉전체제의 강력한 자장으로 잠복해 있던 동아시아 역사 문제는 1990년대 들어 일본의 침략과 지배와 관련한 보상 및 사과를 둘러싸고 피해자(단체)가 일본 법원에 소송을 제기하는 형식을 빌려 수면 위로 떠오르기 시작하였다. 소송 형식을 빌린 과거사 청산운동은 피해자 개인의 움직임에 그치지 않고 동아시아 시민운동과 연계하며 동아시아를 벗어나 미국과 UN을 비롯한 국제사회에 호소하는 방향으로 이어졌다. 과거사 청산운동은 한국에 민주정부가 들어서면서 국가의 아젠다로 흡수되고 국가 간 외교 문제까지 심화 확대되었다.

2002년 일본의 중학교 역사 교과서 검정에서 후소샤의 검정신청본 등이 문제가 많았음에도 통과하자 동아시아 역사 문제는 새로운 국면을 맞이하였다. 21세기 들어 동아시아 역사 갈등은 곧 역사 교과서 문제였다. 한일·중일 정부는 이를 풀어보고자 공동역사위원회를 각각 결성하고 역사 대화를 시도하였다. 하지만 정부 레벨의 양자 대화는 역사 화해에 방점을 두었다기보다 외교적 면피용에 가까웠다. 그나마 그 공백을 메워준 대화는 민간 차원의 다양한 움직임들이었다.

역사 갈등은 교과서 문제에 한정하지 않고 영토 문제와 영해 문제로 번져 갔다. 2010년 센카쿠열도(댜오위다오)를 둘러싼 중일 갈등은 이러한 갈등 양상을 굳히는 결정적인 계기였다. 중일 간 영토 갈등은 미국이 미일안보조약을 들어 동아시아 역사 문제에 공식적으로 개입하는 명분이 되었으며, 이즈음부터 동아시아 역사 갈등은 지역질서의 양자 구도화 과정에 흡수되어 갔다고 필자는 지적하고 있다.

박삼헌의 「탈진실(Post-truth) 시대의 역사인식 - 햐쿠타 나오키(百田尚樹)를 중심으로」는 현재 한일 양국에서 대표적인 '우경 엔터테인먼트'로 평가받는 햐쿠타 나오키의 '일본 통사'인 『일본국기(日本国紀)』를 '탈진실'이라는 개념으로 검토한 글이다. 그 결과 필자는 다음과 같은 몇 가지의 특징을 지적하고 있다.

첫째, 햐쿠타의 『일본국기』는 기존 역사 교과서에서는 찾아볼 수 없는 '민족의 굴욕, 분노, 슬픔, 절망'과 같은 '감정'을 중시한다. 한편, 『일본국기』에 실린 '사실(事実)'이 그동안 '교과서가 가르치지 않았던 사실'이라 강조하는, 기존의 역사수정주의와 그 내용은 유사하지만 그 서술방식을 달리하는 탈진실 시대의 새로운 역사인식이다.

둘째, 햐쿠타는 『일본국기』가 '일본인의 이야기, 아니 우리 자신의 장대한 이야기'라고 선언하고, 조몬인과 야요이인을 구별하지 않고 같은 민족으로 규정하고 그들을 '우리'라고 규정한다. 이것은 전후 경제 부흥과 함께 등장한 보수·우익적 단일민족론과 1990년대 역사수정주의의 논리를 계승하면서도, 다른 한편으로는 DNA 분석과 같이 과학적이고 합리적이라 인식되는 '최신 연구'를 참고하여 기존의 단일민족론을 보강했다. 그 결과 햐쿠타가 조몬인을 '우리 일본인의 조상'으로 설정하고 야요이인과의 혼혈을 부정하는 견해는 '최신 연구'가 제기한 하나의 '학설'을 반영한 것이다. 따라서 '팩트 체크'의 영역이 아니라 향후 '최신 연구'에 대한 학계의 면밀한 '검토'가 필요한 '과제'에 속하며, 아직은 '소수 의견'이지만 적어도 '거짓'은 아닌, 다시 말해서 배격되어야 할 부정적인 내셔널리즘이 아니라 건전한 내셔널리즘으로 인식된다.

셋째, 햐쿠타의 『일본국기』는 GHQ가 일본 국민에게 '죄의식'을 철저히 심어주기 위해 수립한 WGIP 정책의 실시로 GHQ에 의한 검열, 언론통제, 선전공작이 일본 국민을 '세뇌'시켰으며, 전후 일본인이 '전전(戰前) 일본'을 철저히 부정하고 혐오하게 되었다는, 에토 준(江藤淳)과 1990년대 역사수정주의자들의 주장을 답습하고 있다. 그 결과 햐쿠타의 역사인식이 아무리 '건전한' 일본(인) 내셔널리즘을 지향한다 해도, 내셔널리즘 자체가 타자를 배제함으로써 자신의 아이덴티티를 성립할 수밖에 없는 한 배제할 타자를 필요로 한다. 때마침 '반일'하는 한국이야말로 그 최적의 타자로 설정되면서 혐한론의 성격을 강하게 드러냈다. 이런 의미에서 햐쿠타의 역사인식은 '전후 일본은 GHQ의 WGIP 정책으로 자학사관에 세뇌'당했다는 '믿음'과 '한국은 실로 짜증나는 이웃'이라는 '믿음'으로 일본의 역사 교과서와 한국을 확증 편향적으로 '해석'하려는 탈진실 시대의 역사인식이다.

넷째, 햐쿠타는 만세일계에 기반한 '남계남자' 황위 계승만을 주장한다. 따라서 만세일계를 역사적인 '진실'로 설명하기 위해 '진무 동정'을

'사실'로 설명한다. '최근 연구'에서 긴키설이 유력하다고는 해도 여전히 불분명하다는 '사실'을 근거로 규슈설이 '진실'이라고 주장하는, 즉 진실과 거짓의 경계를 흐릿하게 만드는 탈진실적 글쓰기를 하고 있다. 따라서 햐쿠타의 『일본국기』는 레이와(令和) 시대의 최대 난제인 황위 계승 문제를 '남계남자' 황위 계승 쪽으로 설득하기 위한 보수·우익적 프로파간다라고 할 수 있다.

조진구의 「한국과 아세안에 대한 일본의 외교정책과 역사인식 - 2000년대 이후를 중심으로」는 총리와 외상 등의 정책연설과 국회 발언, 『외교청서』와 『방위백서』 등 정부의 공식 문건, 정상회담 등을 통해 발표된 합의나 성명 등을 분석하여 2000년대 이후 한국과 동남아시아국가연합(Association of Southeast Asian Countries, 이하 아세안)에 대한 일본의 외교정책이 상반된 양상을 보인 국내외적인 요인이 무엇인지 통시적으로 살펴본 글이다.

한국과 아세안은 전쟁과 식민지 지배로 인해 일본이 심대한 피해를 주었던 지역이라는 공통점이 있지만, 역사 문제가 한일 간의 협력적 관계를 저해하는 외교 쟁점이 되어 온 것과 달리 일본과 동남아시아 국가 사이에는 역사 문제가 외교 현안이 된 적이 거의 없다.

본문에서 필자가 지적한 대로 일본의 외교와 경제에서 한국의 중요도나 위상이 약화하고 있는 데에는 한국경제 규모가 커지면서 일본과의 격차가 현저하게 줄어든 영향도 있지만, 한일 간 역사 문제가 주기적으로 반복된 것의 영향이 크다. 특히, 2012년 12월부터 2020년 9월까지 최장수 총리로 재임했던 아베 정권 시기의 한일 관계는 역사 문제에서 발단한 문제가 경제와 안보 영역에까지 악영향을 미치는 복합갈등 양상을 띠면서 한일 관계에 '전후 최악'이나 '국교 정상화 이후 최악'이라는 수식어가 자연스럽게 따라붙었다.

반면, 일본과 아세안의 관계는 매우 긴밀해졌다. 부상하는 중국을 견제하면서 일본의 외교적 지평을 확대하려는 의도로 아베 총리는 '자유롭고 개방된 인도태평양'의 실현을 제창했다. 이는 문재인 정부가 인도와 아세안 지역을 '신남방 지역'으로 묶어 한국과 이들 국가와의 관계를 주변 4강 수준으로 확대하겠다는 '신남방정책'과도 중첩되어 경쟁적인 측면이 있지만, 이 연구에서 도출된 지견(知見)은 한국의 대일외교나 아세아 외교에도 활용할 수 있을 것이다.

한일 간 껄끄러운 역사 문제가 외교 현안으로 존재하면 역사 문제의 해결 없이 한일 관계 개선의 실마리를 찾기는 어려울 것이다. 과거의 어두운 역사를 직시하려는 움직임은 이제는 돌이킬 수 없는 흐름이다. 한반도와 동아시아, 나아가 국제사회의 평화와 번영을 위해서도 한일 관계 개선이 필요하다. 한일 역사화해는 '기억의 화해'에 기반해야 하며, 이것이야말로 양국 정치지도자에게 부여된 책무라는 필자의 지적은 경청할 만하다.

조양현의 「한·미·일 협력과 한일 역사 갈등―미국의 동맹 관리의 시각에서」는 탈냉전 이후 한·미·일 협력과 한일 역사 갈등의 관계를 미국의 '동맹 관리'의 시각에서 분석하고, 이를 토대로 우리의 대일외교 및 대외전략에의 함의를 제시하는 것을 목적으로 하고 있다.

탈냉전 이후 동아시아 국제관계에서 과거사 문제의 비중이 증가하고, 최근에는 미·중·일 간 전략경쟁의 맥락에서 역사인식과 안보 전략이 연계되는 경향이 두드러지고 있다. 한일 간 역사 갈등은 동아시아의 파워 밸런스 변화와 밀접히 연동되어 전개되어 왔다. 2010년대 들어 미중 간 패권 경쟁이 가시화하면서 한일 과거사 문제는 한일 양자 관계의 현안을 넘어 미국, 중국이 가세한 전략 게임과 연동되어 있다고 한다. 이는 동아시아 역사 갈등이 지역 질서의 양자구도화 과정에 흡수되어 갔다는 인식과 유사한 것이다.

미국은 21세기 들어 동아시아 지역에서 부상하는 중국을 견제하고 자국의 영향력을 유지하고자 미국의 최대 동맹국인 한일 양국 간의 갈등을 최소화하고, 다른 한편 한·미·일 3국 간의 협력을 강화하는 정책을 추진해 왔다. 미국은 과거사 갈등으로 한일 관계가 악화하고 나아가 이러한 동맹 내 균열이 국제사회로 확대되는 것을 경계하였다.

반면 한국에서는 한·미·일 협력, 특히 일본과의 안보협력을 반대하는 목소리가 강하다. 한일 관계가 냉전기의 '특수관계'에서 탈냉전 이후 '보통의 국가 간 관계'로 이행하면서 과거사 문제가 분출하였고, 대일외교에서 역사와 안보·경제 문제의 비중이 역전되었기 때문이다. 필자는 국내정치가 안보 문제를 결정하는 현실에서 일본과의 안보 협력을 위해서는 국민공감대 형성이 병행되어야 할 필요가 있다고 보고 있다.

한혜인의 「패전자와 피식민자의 엇갈린 각투: 한일 역사운동 속에서 '민족주의'의 부활」은 일본과 한국의 과거사 문제를 둘러싼 출발의식의 상이점에 초점을 두고 분석한 글이다. 일본의 과거사 문제는 '패전의식'에서 출발한다면, 한국은 '피식민의식'에서 출발한다는 게 기본 인식이다. 즉, 일본의 역사상의 문제는 일본제국의 모순보다는 '전쟁'이고, 해결해야 할 역사적 문제는 '전쟁 책임' 혹은 '전후 책임'이다. 도쿄재판을 통해 전쟁'범죄'가 구체화되고 그 구체화된 범죄를 수용 혹은 거부가 그들의 역사인식을 결정한다고 전제한다. 그에 비해 한국은 일본제국의 식민지 지배에 따른 문제가 해결해야 할 과거사 문제다. 과거사 문제가 구체화된 범죄라기보다는 체제 그 자체에 대한 문제로 한국 내에서는 한국 내의 제국주의 세력, 즉 친일의 문제까지 포함한 매우 복잡한 양상을 띠면서 역사인식이 성립되어 갔다.

한국 내의 역사인식의 갈등은 '피해자'의 문제로 봉합된다. 피해자의 과거사는 '현재적 문제'에서 출발하고 이 '현재적 문제'는 과거사 문제의 구체성을 법률을 통한 피해자의 구획과 구제의 범주를 정하는 것으로 귀결된다. 그리고 국가가 인정하는 피해자는 피해자의 각성, 즉 '인권운동가'라는 사회적 지위를 부여하면서 그 대척점에 가해자로서의 범죄국 일본국가로 부각한다. 이러한 운동은 국제사회와 연동하면서 국제적 지위를 얻어감과 동시에 제국과 피식민의 문제라는 새로운 의제를 제시했다고 한다.

이 글은 2000년대 한일 간 시민사회가 각기 '국가'와 충돌하면서도 타협했다는 점을 여러 층위에서 고증하고 비판함으로써 현재 일본과 한국의 시민사회 속에서 벌어지는 백래시현상의 근간을 설명하고 있는 점이 주목할 만하다.

이상 8편의 글을 요약·소개하였다. 각 필자의 논지를 충분히 파악하려면 독자 여러분께서 직접 본문을 읽어보는 것이 최상이라고 생각한다.

역사인식 문제는 인식의 주체가 끊임없이 바뀌는 현실로 인해 어느 한 시기에 완전히 종결될 수는 없다. 알다시피 우리는 역사가 어느 한

시대, 특정 집단, 또는 일개인에 독점될 경우 불행을 초래한다는 것을 동서고금을 통해 배웠다. 따라서 역사의 볼모가 되어서도 안 되지만, 역사를 볼모로 잡아서도 안 될 것이다. 그것이 역사가 주는 교훈이라고 생각한다.

 끝으로 좋은 글을 집필해 주신 연구자 여러분과 이 책이 출간되도록 정성을 다해 준 재단 출판팀에 진심으로 감사를 드린다.

2022년 11월
공동 연구자를 대신하여
이원우 씀

차 례

| 책머리에 · 4

제1장 일본 혐한 도서의 역사인식에 관한 연구_이원우

1. 머리말 · 21
2. 혐한 도서에 관한 선행연구 · 24
3. 후쿠자와 유키치 '탈아론'의 역사적 맥락 · 27
4. 혐한 도서의 내용과 특징: 2017~2021년 출판본을 중심으로 · 35
5. 맺음말 · 53

제2장 일본의 '전후 개혁'과 대국화

― 전후로부터의 탈피 선언과 역사인식을 중심으로_유지아

1. 머리말 · 61
2. '잃어버린 30년'과 '전후 개혁' · 64
3. 전후 레짐의 변화: 나카소네와 아베의 전후 탈각 · 73
4. 전후 탈각과 일본의 역사인식 · 86
5. 맺음말 · 99

제3장 일본 고이즈미 정권의 개혁 정치와 배타적 동아시아 외교

― 교육기본법 제정, 국가주의의 내재화, 외교적 위선_최은봉

1. 머리말 · 105
2. 고이즈미 정권의 개혁 정치와 수상의 시대 인식 · 109
3. 교육기본법 개정의 역사적 전개와 복고적 내용 · 119
4. 신국가주의의 표상과 내재화 · 128
5. 맺음말 · 136

제4장 재편되는 지역 구도와 역사 문제의 하위화,
　　　동아시아의 왜소화_ **신주백**

　　1. 머리말·145
　　2. 역사 갈등의 역사: 개인 소송에서 국가 간 갈등으로, 교과서 문제에서 영토 문제로·147
　　3. 2010년경 도달점으로서 역사 갈등의 특징·169
　　4. 맺음말: 역사 문제 해법의 방향, 종합적·입체적·다자적·188

제5장 탈진실(Post-truth) 시대의 역사인식
　　　- 햐쿠타 나오키(百田尚樹)를 중심으로_ **박삼헌**

　　1. 머리말: 우경 엔터테인먼트, 햐쿠타 나오키의 등장·199
　　2. '이 나라의 역사'가 아닌 '우리나라 역사'·209
　　3. 학교가 가르치지 않는 일본사·219
　　4. 레이와(令和)의 국체론·238
　　5. 맺음말·251

제6장 한국과 아세안에 대한 일본의 외교정책과 역사인식
　　　- 2000년대 이후를 중심으로_ **조진구**

　　1. 머리말·259
　　2. 전사(前史): 전후 일본 외교와 아시아, 그리고 전쟁책임·264
　　3. 고이즈미 정권에서 민주당 정권까지 일본의 한국과 ASEAN 외교·275
　　4. 아베 정권의 인도·태평양 전략 속의 한국과 ASEAN·290
　　5. 맺음말·309

제7장 한·미·일 협력과 한일 역사 갈등

– 미국 동맹 관리의 시각에서 _ **조양현**

1. 머리말 · 321
2. 탈냉전기 한·미·일 협력의 부침(浮沈) · 324
3. 한일 일본군'위안부' 갈등과 오바마 정부의 동맹 관리 · 329
4. 트럼프 정부 시기 한·미·일 협력의 위기 · 337
5. 바이든 정부 출범과 한·미·일 협력 · 347
6. 맺음말: 한국 외교에의 제언 · 354

제8장 패전자와 피식민자의 엇갈린 각투

– 한일 역사운동 속에서 '민족주의'의 부활 _ **한혜인**

1. 머리말 · 361
2. 패전자로서의 역사인식이 만들어 낸 양가적 문제 · 365
3. 한국의 과거사 법제화 운동 속의 '민족'의 발견 · 393
4. 맺음말 · 410

| 찾아보기 · 414

제1장

일본 혐한 도서의 역사인식에 관한 연구

| 이원우 · 동북아역사재단 연구위원 |

1. 머리말
2. 혐한 도서에 관한 선행연구
3. 후쿠자와 유키치 '탈아론'의 역사적 맥락
4. 혐한 도서의 내용과 특징
5. 맺음말

* 이 글은 『일본문화연구』 제81집(동아시아일본학회, 2022.1)에 수록된 내용을 수정·보완한 것이다.

1. 머리말

2019년 2월부터 본격화되기 시작한 코로나19 감염은 지역을 가리지 않고, 인종을 초월하여 확산일로에 있다. 코로나19의 최초 발원지가 중국의 우한이라는 소문이 퍼지면서 서구사회에서 아시아계 시민에 대해 인종차별적 경멸, 모욕, 폭력이 간헐적으로 자행되었다. 이러한 인종적 차별은 어제오늘 갑자기 발생한 현상이 아니라 수면 아래 잠복하고 있던 역사적 인식 틀의 현재적 발현에 지나지 않는다.

2021년 4월 13일, 일본 정부는 후쿠시마 원전 오염수 방류를 결정했다. 14일, 문재인 대통령은 주한대사 신임장 제정식에서 아이보시 고이치(相星孝一) 신임 주한 일본 대사에게 일본의 후쿠시마 원전 오염수 해양 방류 결정에 우려를 표시하고 청와대 내부회의에서 국제해양법재판소에 제소하는 방안을 검토하라고 지시했다.[1] 이와 관련해서는 같은 날 일본의 고위관료가 "(후쿠시마 원전 오염수 방류와 관련해서) 중국과 한국 따위에게 듣고 싶지 않다(中国や韓国なんかには言われたくない)"라고 분개했다고 한다.[2] 일반적으로 '따위'라는 표현에는 경멸의 뉘앙스가 있다고 봐야 할 것이다.

메이지유신 이후 1945년 패망 시까지 제국일본의 신문, 잡지, 도서

---

1 http://news.khan.co.kr/kh_news/khan_art_view.html?artid=202104142058005&code=910302 (2021.4.14)
2 https://www.j-cast.com/kaisha/2021/04/15409597.html?p=all (2021.12.19)

류 등에 표현된 중국과 조선에 대한 멸시와 차별적 표현은 입에 담기도 거북할 정도다. 당시 실제 생활 속에서 사람들이 표현한 차별과 멸시는 훨씬 심했으리라 추측한다. 그 멸시와 차별의 근거였던 서구화 또는 문명화의 차이가 대부분 해소되거나 역전된 오늘날에도 '역사적 틀'로서의 차별인식은 그 명맥을 계속 유지하고 있다.

1989년 1월에 모리타 아키오(盛田昭夫)와 이시하라 신타로(石原慎太郎)는 『NO라고 말할 수 있는 일본-새로운 미일관계방책(NOと言える日本-新日米関係の方策)』(光文社)이라는 책을 출간하여 국민들에게 신선한 충격을 안겨준 적이 있다. 재계와 정계의 중심인물이었던 두 사람은 미국의 압력에 대해 '아니오'라고 할 수 있는 리더십을 요청했던 것이다.

주지하다시피, 조선과 같이 상소제도가 없었던 에도시대(막번체제하)의 일본에서는 막부의 정치담당자(幕閣) 이외에는 정치적 사안을 논의하는 것이 거의 불가능했다. 때문에 메이지유신 이후부터는 민관을 불문하고 국정과 관련하여 봇물 터지듯이 수많은 의견이 분출하기 시작하는데 그 내용은 『메이지건백서집성(明治建白書集成)』(内田修道編, 1986~2000)에서 엿볼 수 있다. 『집성』에는 메이지 정부의 고관대작 및 각 관청에 전 국민이 직간접으로 청원한 건의서가 수록되어 있다. 유명한 이타가키 다이스케(板垣退助)가 제출한 「국회개설건백서」 같은 정치적인 건백에서부터 사회생활 전반에 걸친 다양한 내용(예를 들면, 양력 채용론, 천도문제, 물가억제책 등)의 건백서가 수록되어 있다.

이러한 흐름 속에서 메이지 초기에는 한일 간 외교와 관련해서도 오피니언 리더나 신문, 잡지의 사설 및 논설에 조선 관련 글들이 적지 않다. 후쿠자와 유키치(福沢諭吉)의 조선 관련 글들이 좋은 예다. 오늘날의 혐한 도서류도 역사적 관점에서 조망할 경우 변화하는 한일 간 관계(대외관)에 대한 일본인의 의견 표시라고 할 수 있다.

흥미로운 점은 이러한 혐한류 도서의 제목과 내용이 메이지 초기의 조선 관련 글들과 유사하다는 것이다. 예를 들면, 『일본인은 한중과 절교할 각오를 가져라(日本人は中韓との'絶交の覚悟'を持ちなさい)』(李白社, 2014), 『한국인으로 태어나지 않아서 다행이다(韓国人に生まれなくてよかった)』(悟空出版, 2017), 『유교에 지배된 중국인과 한국인의 비극(儒教に支配された中国人と韓国人の悲劇)』(講談社, 2017), 『'통일조선'은 일본의 재난('統一朝鮮'は日本の災難)』(飛鳥新社, 2018), 『조선속국사, 중국이 지배한 2000년(朝鮮属国史-中国が支配した2000年)』(扶桑社新書, 2018), 『공모죄와 한일단교(共謀罪と日韓断交)』(青林堂, 2017) 등이다. 이 글들의 핵심 내용은 한국은 일본의 재난이라며 절교해야 한다, 한국은 중국의 속국이다 등 한국을 비하하는 것이다.

마찬가지로, 「탈아론」(時事新報, 1885.3.16), 「조선 인민을 위해 조선의 멸망을 축하한다」(時事新報, 1885.8.13), 「조선의 멸망은 대세에 있어서 벗어날 수 없다」(일자 불명) 등 메이지 초기의 후쿠자와 유키치의 조선 관계 글은 오늘날 혐한론 도서의 제목과 내용에 있어 유사한 점이 있다.

최근의 한일 관계를 보면 점점 더 서로가 조건반사적으로 대응하고 있음을 알 수 있다. 문제(사건)의 발생 원인이나 전개 과정에는 관심이 적고 결론 부분에만 매몰되어 있는 듯하다. 이러한 태도는 식민지배와 피지배를 경험한 한일 양 국민으로서는 수긍되는 부분도 있지만 관계를 악화일로로 방치하지 않고 화해와 상생을 이끌어 내려면 반드시 양국 역사 문제의 발생 원인과 그 전개 과정에 대한 이해가 필요하다.

이 글에서는 오늘날 범람하고 있는 혐한[3] 도서를 이해하는 데 있어 단순히 반일-반한(혐한) 프레임에서 벗어나 보다 역사적 맥락에서 살펴보는 것을 목적으로 하고 있다. 다음 2장에서는 혐한 도서에 관한 선행연구를 간략히 살펴보고, 3장에서는 혐한 도서를 어떠한 맥락에서 이해해야 하는지 후쿠자와 유키치의 「탈아론」 등을 자료로 삼아 고찰하고자 한다. 4장에서는 최근 4~5년 동안 간행된 혐한 도서 중 몇 권을 분석하여 그 특징을 고찰할 것이다.

끝으로 이 글에서는 '혐한'을 '한국·한국인과 관련된 다양한 분야(한국 사회, 역사, 문화, 정치, 경제 등)를 차별, 멸시, 무시하는 일체의 행위'로 이해하고자 한다.

2. 혐한 도서에 관한 선행연구

일본 혐한 도서에 관한 최근의 선행연구는 비교적 적은 편이다. 필자가 참조한 연구논문은 「일본의 혐한 서적(嫌韓本) 현황과 논의에 관한

---

[3] '혐한' 관련 글은 인터넷상이나 우익계 잡지에도 적지 않게 등장하고 있다. 이 글에서는 오로지 편의상 출판된 단행본만을 분석 대상으로 하고 있음을 미리 밝혀둔다.

연구」(최규호, 2016), 「일본 출판미디어의 혐한 의식 현상과 비판적 고찰(日本の出版メディアにおける嫌韓意識の現状と批判的考察)」,[4] 「출판미디어와 배외주의: 혐한 도서 분석을 중심으로(出版メディアと排外主義 : 嫌韓本の分析を中心に)」(이홍천, 2017)[5] 등이다.

「일본의 혐한 서적 현황과 논의에 관한 연구」는 일본 혐한 서적의 시초(山野車輪, 『マンガ嫌韓流』, 2005)와 선행연구를 소개한 다음 일본에서 혐한 서적이 많이 생산되는 실태를 분석하고 이와 관련된 여러 논의들을 정리, 소개하고 있다.

논문은 2000년 이후 일본에서 혐한 서적이 양산되는 배경에는 기본적으로 출판업계의 불황과 이를 극복하려는 출판사들의 혐한 신간의 양산, 그리고 서점이 직접 책을 주문할 수 없는 일본의 독특한 유통구조(取り次ぎシステム) 때문이라고 분석하고 있다.

또한 논문은 혐한 서적 양산 현상에 대처하기 위하여 발족한 '헤이트 스피치와 배외주의에 가담하지 않는 출판관계자 모임'의 결성 배경과 활동 사례도 소개하고 있다. 그 외 서점 쇼센그란데(書泉グランデ)의 혐한 서적 판촉 사건, 이와 대비되는 오사카 난바(難波)의 준쿠도(ジュンク堂)서점의 혐한 서적 취급 사례도 소개하고 있다. 끝으로 혐한 서적이 한일 관계에 부정적인 영향을 미치기는 하나 독서층이 중장년층

---

4 서울대학교 학봉상 지원에 의한 연구보고서로 저자는 이홍천, 김미림, 이경은, 황선혜 등이다.

5 이 논문은 「日本の出版メディアにおける嫌韓意識の現状と批判的考察」을 간결하고도 알기 쉽게 정리한 것으로 이 논문을 근거로 인용하였다.

에 편중되어 있어 개선의 여지도 있다는 점을 지적하고 있다.

다음으로, 「일본 출판미디어의 혐한 의식 현상과 비판적 고찰」은 혐한 서적의 저자, 출판사, 내용 분석과 혐한 서적 및 혐한 기사를 접한 사람들의 의식조사 결과를 담고 있다. 많은 항목의 내용을 담고 있는 이 글을 보다 간결하고 알기 쉽게 정리한 논문이 「출판 미디어와 배외주의: 혐한 도서 분석을 중심으로」이다.

「출판 미디어와 배외주의」는 배외주의와 혐한 감정의 관계, 혐한 감정이 주요일간지(朝日·産経·毎日·読売新聞)에 어떻게 취급되고 보도되는지, 그리고 혐한 문제의 소재는 무엇이며, 누가 혐한 문제를 야기하는지를 소개하고 있다.

논문은 혐한 문제를 불러일으키는 내부 요인으로 일본의 미디어(특히 아사히신문)와 일본 정부의 사죄외교를 들고 있다. 혐한 문제의 확산이 일본 사회의 억제력 약화에 기인한다고 보는 관점은 주목할 가치가 있다. 또한 외부 요인으로는 한국정치가(대통령)의 언동, 한국 시민단체 활동, 한국 미디어의 대일보도 자세 등을 들고 있다. 혐한 분위기의 확산은 당연한 결과지만 한류의 쇠퇴, 민간교류의 축소 등도 초래하고 있다고 지적한다.

다음으로 혐한 서적 관련 출판 미디어의 실태를 분석하고 있다. 간행 도서 수, 출판사, 저자, 혐한 도서가 다루는 테마·형태, 그리고 혐한 도서를 접한 사람들의 의식 변화 등에 관한 통계를 소개하고 있다. 이 논문의 결론은 일본인의 혐한 의식과 태도는 전후(戰後) 봉인된 식민지 사람들에 대한 우월감이 표면화된 것이며 그 계기를 만든 것이 이명박 전 대통령의 독도 방문(2012)이었다고 한다.

이상, 이들 논문은 혐한 행위를 불러일으키는 내외적 요인, 혐한 서적이 양산되는 배경, 유통구조(取り次ぎ시스템), 관련 단체의 활동, 내용 분석과 혐한 서적 및 혐한 기사에 접한 사람들의 의식 조사 등 혐한 서적과 관련된 다양한 세부 항목들을 다루고 있어 일본 혐한 서적의 실태를 기초적으로 파악하는 데 도움을 주고 있다.

이 글은 이들 선행연구를 참고하면서 보다 역사적 맥락에서 최근 혐한 도서의 구조와 내용 분석을 목적으로 한다.

3. 후쿠자와 유키치 「탈아론」의 역사적 맥락

일개인이나 집단, 크게는 국가에 있어 상대나 사물에 대한 이미지(또는 인식)에는 오랜 시간이 흘러도 잘 변하지 않는 기본적인 이미지와 그때그때 상황에 따라 변하는 단기적·상황적 인식이 혼재한다. 일본의 아시아(국가, 아시아인)에 대한 우월 의식은 19세기 후반부터 점진적으로 강화되어 일본제국 전성시대를 거치면서 하나의 인식의 틀로써 고착된 측면이 있다. 마찬가지로 일본제국에서 민주국가로 탈바꿈한 지 77년이 지난 오늘날에도 한국인들에게는 제국일본시대에 형성된 이미지가 잔존하고 있어 상황에 따라 '반일' 프레임으로 언제든지 현실 생활에 영향을 끼치는 힘을 보유하고 있다.

기본적인 이미지 틀은 그것을 가능케 했던 역사적 상황이 바뀌어도 쉽게 사라지지 않는다. 반면에 단기적·상황적 인식은 쉽게 형성되었다가 상황이 바뀌면 쉽게 변화하기 마련이다.

일본인, 특히 에도시대 후반기 지식인의 세계인식은 중국(아시아) 중시에서 서구 중시 쪽으로 변했다. 에도시대 중·후반기에 배양된 '신주(神州)'·'황국(皇國)'이라는 자의식 속에서 조선은 대개가 그들의 의식에서 탈락하고 중국은 대국의 자존심이 약체화의 자각을 방해하는 반면교사로서 언급되기에 그쳤다. 일본 지식인의 세계상은 중국에서 서양을 주축으로 구성되도록 명백히 전환됐다고 할 수 있다.[6]

이후 일본은 메이지유신을 거쳐 동아시아에서 유일하게 근대화에 성공한 대일본제국으로 팽창해 감에 따라 근린제국과의 (인식)관계는 우월과 멸시 관계로 고착되어 갔다. 머리말에서 언급한 일본 관료의 '(한중) 따위'라는 멸시적 언어가 사용되었다는 것은 그러한 인식의 틀이 여전히 일부 일본인에게 내재되어 있다는 것을 의미한다. 동시에 오랜 시간에 걸쳐 역사적 맥락 위에서 한번 형성된 특정 인식은 시대와 상황이 바뀌어도 독자적으로 생존해 간다는 것을 말해 주고 있다. 이러한 장기적 역사인식은 관계자와의 사이에 갈등을 유발하며 화해와 상생을 어렵게 하는 중요한 요소 중 하나다.

그런데 근세 후기에 강화되기 시작한 일본인의 자의식과 주변국에 대한 인식, 그리고 서구세계에 대한 인식은 근대 시기에 접어들어 더욱더 철저해져 갔다. 특히 조선에 대한 인식은 많이 나빠졌다. 후쿠자

---

6 三谷博·山口輝臣, 2000, 『19世紀日本の歴史 – 明治維新を考える–』, 70~71쪽; 渡辺浩, 1985, 『政治思想Ⅱ』, 119~126쪽.

와의 「조선 인민을 위해 조선의 멸망을 축하한다」와 같은 사설이 그 한 예일 것이다.

후쿠자와의 「탈아론」은 고도의 상황 추수적인 복선을 가진 글이다. 그러나 1910년 한일강제병합을 시작으로 15년 전쟁을 거치면서, 서구 열강과 더불어 아시아 식민지 획득 경쟁에 일본이 참여한다는 것을 공식적으로 선언한 글 정도로 표면적, 단선적으로 이해되어 왔다. 「탈아론」의 역사적 맥락은 복잡하다. 오늘날 일반적으로 이해되는 것과는 조금 다른 역사적 배경을 가지고 있다. 때문에 후쿠자와의 「탈아론」을 역사적 맥락에서 재음미하는 것은 오늘날 혐한 도서의 내용을 이해하는 데 참고가 된다는 점에서 유의미하다고 생각한다.[7]

현재 사용되고 있는 두 종류의 일본 고등학교 근현대사 교재인 일본사A[8]에서 「탈아론」 소개 부분을 조금 살펴보도록 하자. 우선 『개정판 일본사A』는 임오군란과 갑신정변을 소개하는 「조선 문제」 항목의 '일본인의 아시아관 변화'라는 칼럼 속에 박스 형태로 후쿠자와의 「탈아론」을 소개하고 있다.

임오군란과 갑신사변을 겪은 뒤의 동아시아 정세의 변화는 일본인의

---

7 오늘날 일본 혐한 도서의 역사성을 고찰하기 위해서는 메이지·다이쇼·쇼와 각 시기의 관련 글들을 분석하는 것이 유익하다고 본다. 필자가 후쿠자와 유키치의 글을 활용한 것은 그가 조선인 및 조선 문제에 비교적 깊게 관여한 인물이며, 특히 그의 「탈아론」을 비롯한 사설은 그 내용과 구조에 있어 오늘날의 혐한 도서와 매우 유사한 점이 있었기 때문이다.

8 髙村直助·髙埜利彦, 2020, 『改訂版 日本史A』, 79~80쪽; 鳥海靖·三谷博·渡邊昭夫, 2020, 『現代の日本史』, 55~56쪽.

아시아관에도 큰 영향을 끼쳤다. (중략) 그러나 갑신사변으로 청일관계가 악화하고 또한 조선 국내에서의 친일적인 개화파가 세력을 잃자 두 주장(조선개조론·청일협조론, 인용자)도 힘을 잃었다. <u>대신에 근대화 노력을 하지 않는 나라는 구미제국에 의해서 분할되어도 어쩔 수 없지만 일본만이 근대화를 추진하여 독립을 지켰으며, 나아가 구미제국과 함께 동아시아 분할에 참여해야 한다는 주장이 왕성했다. 이 주장은 「탈아론」으로 불리어졌으며 청일전쟁 전후에 가장 많이 주장되었다</u>(밑줄 인용자, 이하 같음).[9] (후략)

본문이 아닌 칼럼 속에서 「탈아론」 소개와 후쿠자와의 「탈아론」 원문 중에 자극적인 '… 오늘날 꾀해야 할 일은 … 우리는 마음으로부터 아시아 동방의 악우를 사절하는 것이다'라는 『지지신포(時事新報)』의 사설(1885.3.16 자) 중 자극적인 결어 부분을 인용하고 있다. 일반인이 상식적으로 알고 있는 내용의 「탈아론」을 알기 쉽게 소개하고 있다. 청일전쟁, 러일전쟁을 거쳐 조선을 강제병합한 일본의 역사적 행위를 알고 있는 후대의 우리들에게 「탈아론」은 선명하게 다가온다.

한편, 『현대 일본사』는 본문에 "(갑신사변의 결과) 텐진조약 체결로 양국 군대의 철병을 규정하여 무력 대결을 회피했다. 이 무렵 일본 국내에서는 후쿠자와 유키치가 「탈아론」을 주장하고, 또 급진 민권파는 정부의 대조선·청국외교를 연약외교라고 비난하며 무력으로 조선의 내정개혁을 실행하려고 한 사건(오사카사건)을 일으켰다"라고 기술하고 있

---

9 高村直助·高埜利彦, 2020, 앞의 책, 80쪽.

다.¹⁰ 조선 침략이라는 문맥 속에서 「탈아론」을 소개하고 마찬가지로 『지지신포』의 사설 중 자극적인 결어 부분이 본문 위 박스 안에 인용되어 있다. 이미 후쿠자와의 「탈아론」은 서구제국주의 국가와 함께 아시아 침략을 선언한 '선언문'으로 간주되고 있음을 알 수 있다.

청일전쟁, 러일전쟁, 조선강제병합, 중일전쟁, 태평양전쟁이라는 일본의 아시아 침략을 전제로 할 때, 「탈아론」이 여러 가지 역사적 측면을 포함하고 있더라도 아시아 침략의 선언적 글이라는 이미지에서 벗어날 수가 없을 것이다.

사실, 후쿠자와의 일련의 글은 일본국가의 필요에 따른 '고도의 상황적 사고'의 산물이며, 후쿠자와 정도의 상황인식을 갖지 못하면 그 과장된 표현에 휘둘릴 가능성이 높다고 전문가가 일찍이 지적한 바 있다.¹¹ 일본 지식인은 막말 시기부터 일관된 '탈아관'과 '아시아 멸시관'을 '장기적 대외관'으로 신봉하면서 유신 이후에는 국가의 필요에 따라 단기적 대외관인 '아시아 연대론', '아시아 개조론', '탈아론'을 적절하게 주장해 왔다. 오늘날 '혐한'류 서적의 독해 시 과격하고 과장된 표현에 휘둘리지 말고 일본인의 장기적 대외(한국·한국인)관과 단기적 대외(한국·한국인)관을 염두에 두면서 읽을 필요가 있는 것도 이러한 이유에서다. 후쿠자와의 「탈아론」도 예외가 아니다.

---

10 이 교과서도 후쿠자와의 「탈아론」 원문 중 '… 오늘날 꽤해야 할 일은 … 우리는 마음으로부터 아시아 동방의 악우를 사절하는 것이다'라는 『時事新報』의 사설 결어 부분을 박스 처리하여 인용하고 있다(56쪽).

11 坂野潤治, 1985, 『近代日本の外交と政治』, 3~21쪽, 55~74쪽; 1977, 『明治·思想の実像』, 創文社, 서장, 제1장도 참조.

어쨌든 오늘날에는 일본 역사 교과서에 소개될 만큼 유명한 후쿠자와의「탈아론」도 1885년『지지신포』에 게재될 당시에는 크게 주목을 받지 못하다가 1960년대에 일본의 아시아 침략에 대한 반성과 아시아 연대라는 전후의 문제의식 속에서 재평가된, 말하자면 '전후적'인 의미에서 주목을 받은 사설이었다.[12]

1885년 이후의 역사적 전개를 염두에 두지 말고, 또한 일본이 국가의지를 기계적으로 성취할 수 있는 전능한 국가가 아니라는 지극히 상식적인 견지에서 반복적으로「탈아론」을 정독하면 지극히 상식적인 대외관의 피력이라는 것을 알 수 있다.

후쿠자와 전집 제10권에 수록된「탈아론」전반부의 요지는 "면목을 일신한 서양문명의 위력과 전파에 일본만이 적극적으로 수용하여 소위 '탈아'를 실천하고 있다"는 내용이다. 이 장의 모두에 언급한 것처럼 이미 에도시대 후반기 일본 지식인의 세계인식이 중국(아시아) 중시에서 서구 중시 쪽으로 변한 것에 대한 부연 설명이다. 후쿠자와는 서양이 면목을 일신한 계기가 19세기에 '증기선', '전신', '인쇄', '우편'의 발명으로 정신세계의 존재 양태를 일신한 것에 유래한다고 이미 1879년에 발표한『민정일신(民情一新)』이라는 글에서 설파하고 있다.[13]

「탈아론」의 중간 부분은 "일본은 메이지유신을 계기로 고루한 아시아 문명을 탈피하여 적극적으로 서양문명을 수용하고 있는 반면에 중국과 한국은 유교주의 폐해에 빠져 서양문명을 수용할 수도 없을 뿐만

---

12 月脚達彦, 2015,『福沢諭吉の朝鮮 - 日朝清関係のなかの「脱亜」』, 19~20쪽.
13 福沢諭吉, 1970,『福沢諭吉全集』5, 13~61쪽.

아니라, 중국은 비굴하며 수치를 모르고, 조선은 잔혹하게 사람을 처형하고 있는 실정이다"라고 양국 국민의 성정을 비판하고 있다. 후쿠자와가 그의 자서전[14]에서 유교의 허례의식과 실용적이지 못한 점을 통절하게 비판했던 것을 고려하면 「탈아론」에서 유교주의의 폐해를 비판한 것은 새삼스러울 게 없다.

그리고 마지막 부분은 일본 역사 교과서에도 소개되어 있는 문장인 "오늘날 꾀해야 할 일은 … 서양문명국과 진퇴를 함께하고, (중략) 마음으로부터 아시아 동방의 악우를 사절해야 한다"라는 말은, '조선은 대개가 그들의 의식에서 탈락하고 중국은 대국의 자존심이 약체화의 자각을 방해하는 반면교사' 정도로 인식되고 있었던 에도시대 말기부터의 일본 지식인의 꾸밈없는 속내를 '1885년 용어'로 밝힌 것에 불과하다. 후쿠자와의 「탈아론」은 '조선개조론'이라는 기치를 내세우며 도모했던 조선내정간섭운동이 임오군란(1882)과 갑신정변(1884)의 실패로 후퇴할 수밖에 없는 상황에서 발표된 에도시대 말기 이래 일본 지식인의 기본적인 인식을 당시의 현실에 맞추어 기술한 것에 불과하다. 이것을 그 후의 일본의 아시아 침략 역사와 직접 연관지어 마치 침략의 출사표처럼 취급하는 것은 역사적 사실과 조금 거리가 있다고 생각한다. 이미 오래전에 당시의 역사적 상황을 충분히 고려한 후 후쿠자와의 글을 치밀하게 분석한 반노 쥰지(坂野潤治)의 다음과 같은 견해는 「탈아론」의 정곡을 찌른 글이라 할 수 있다.

---

14 福沢諭吉저, 富田正文편, 1978, 『新訂 福翁自伝』, 岩波文庫 참조.

1881년부터 1884년 말까지의 후쿠자와의 동아시아정책론에는 조선 국내 개혁파 원조라는 점에서 일관성이 있으며,「탈아론」은 후쿠자와의 이 주장의 패배선언에 지나지 않는다. 후쿠자와의「탈아론」을 가지고 그의 아시아 멸시관의 개시라든지, 아시아 침략론의 개시라든지 하는 평가만큼 잘못 이해하고 있는 것은 없다. 침략적인 면은 후쿠자와의 임오군란에서 갑신사변에 이르기까지의 '아시아 개조론' 시대가 가장 침략적이었다.[15]

전후「탈아론」의 발견과 평가 자체가 그러하듯이,「탈아론」은 일본의 아시아 침략과 반성이라는 역사적 배경과 불가분의 관계가 형성되어 독자적으로 살아 움직이는 '역사적 사실'이 되어 버렸다.

일본의 한국에 대한 영향력 행사 및 유지가 최근에는 차츰 쇠퇴 일변도를 걷는 상황 속에서 쏟아지는 일련의 혐한론('論'이라고 할 수도 없는 說) 도서·잡지가 유행하는 현상은 현대판 '탈아현상'이라고 할 수 있다.

---

[15] 坂野潤治, 1985, 『近代日本の外交と政治』, 74쪽. 한국근대사가 전공인 쓰키아시 다쓰히코(月脚達彦)는「탈아론」의 본질은 "청과 조선은 일본에 대한 가해자라는 갑신정변 후의 상황적 발언과 전년도부터의 청불전쟁에 편승한 일본의 지위향상 주장의 잔재와 게재 직전의 후쿠자와의 감정이 혼재된 문장"이라고 지적했다(『福沢諭吉の朝鮮-日朝清関係のなかの「脱亜」』, 101쪽). 쓰키아시는 1885년 4월 2일 사설「조선국의 독립」을 예로 들면서「탈아론」을 조선개조론의 패배선언이라고 보기는 어렵다고 주장했다(101쪽).

4. 혐한 도서의 내용과 특징: 2017~2021년 출판본을 중심으로

1) 한국인(민족)은 거짓말쟁이·무능력자

후쿠자와는 「탈아론」을 발표한(3.16) 날로부터 약 5개월 뒤인 1885년 8월 13일 자 사설에 「조선 인민을 위해 조선의 멸망을 축하한다」라는 매우 자극적인 제하의 사설을 발표했다. 이 사설은 조선 지배계층(왕족, 사대부층)의 백성들에 대한 가렴주구와 부패가 극에 달해 차라리 백성을 위해서는 나라가 망하는 것이 낫다는 취지의 글이다.

또한 미게재한 「조선의 멸망은 그 나라의 대세상 벗어날 수 없다」는 부패할 대로 부패하여 구제 방법이 없는 조선은 서구열강의 약소국 분할 점령의 대상에서 벗어날 수 없을 것이라는 예측을 담고 있다.

1880년대 후쿠자와가 집필한 사설의 제목과 내용이 2010~2020년대의 오늘날 일본의 혐한 도서의 제목과 내용에서 유사한 점이 많다는 것을 어떻게 이해해야 될 것인가? 이 장에서는 최근 3~4년간에 출간된 혐한론 도서 중 몇 권을 분석하면서 그 해답을 찾아보고자 한다. 우선 2010년대 간행된 혐한 도서를 잠깐 보기로 하자.[16]

---

16 아래의 글은 이원우, 2020, 「황국사관과 전후 역사 문제(1945~1979)−한일 역사 문제 기원의 이해를 위하여」, 『일본역사연구』 제51집, 36쪽에서 수정·재인용함.

무로타니 가쓰미(室谷克実)는 2013년에 발간된『악한론(惡韓論)』(室谷克実, 2013)의 서장(序章)에서 조선시대를 매우 뒤처진 '악(惡)'의 시대로 묘사하고 있다. 그 예로 조선은 농업에 사용되는 양수수차도, 물이 새지 않는 나무통(桶·樽)도 만들 수 없는 나라였으며, 공중목욕탕도, 지붕이 있는 상점도 없는 나라였다고 묘사했다. 이러한 인식 위에 유교의 나라라고 하나 서울 거주 여성의 반 정도가 성형을 했으며, 유교의 가치관이 '멸사봉공(滅私奉公)'이 아닌 '멸공봉사(滅公奉私)'의 형태로 명맥을 유지하고 있다[17]고 일부의 현상을 일반화하여 '나쁜' 한국으로 유도했다.

무로타니는 위와 같은 기본 인식으로 본론에서 현대 한국을 대상으로 '나쁜' 한국론을 전개하고 있다. 한두 가지를 예로 들면 다음과 같다.

"한국 직장에서는 상사나 경쟁자를 제치기 위하여 주위에 남을 헐뜯는 일이 일상적인데 같은 수법으로 세계를 무대로, 일본을 표적으로 하여 반복하고 있다."

(사기대국에 소송대국 〈7장〉)[18]

"신라는 당 황제가 여자를 공물로 바치는 것을 금지하는 칙령을 발포했는데도 몰래 공녀를 계속 바쳤다. 대국에 바칠 만한 뛰어난 수공업 제품을 만들 수 없었던 것이 그 배경에 있다. 그리고 공녀로 갔던 미녀

---

17 「조선시대부터 고쳐지지 않는 지병(李王朝の昔からの続く宿痾)」,『惡韓論』,「序章」 참조.
18 室谷克実, 2013,『惡韓論』, 133쪽.

는 소임을 마치고도 당에 머물며 장사를 시작했다. 신라는 해외진출형 매춘의 선진국이었다."

(한국형 생활 양식이 내포하는 매매춘 천국 〈10장〉)[19]

일별하면 금방 알 수 있듯이, 조선인의 성정 멸시, 유교의 폐해, 사대주의, 조선시대의 낙후상에 대해 전반적으로 과장하거나 부분을 강조하여 논리비약을 통한 일반화를 시도하고 있다.

혐한 도서의 주요 내용 중 하나가 위에서 언급한 것처럼 한국인의 품성을 비난하는 것인데 이는 대부분의 혐한 도서에서 언급하고 있다. 2017년 발간한 『한국·한국인의 품성(韓国·韓国人の品性)』은 한일역사공동위원회 위원을 역임한 지한파 지식인인 후루타 히로시(古田博司)가 저술한 혐한 도서로 머리말 중에 "코리아는 지형과 역사가 너무 좋지 않다. 그래서 인품도 나쁘다. … 단적으로 말해 미국인과 일본인에 비해 나쁜 것이다"라고 단정하고 한국인의 품성론을 전개하고 있다. 그리고 저작물의 전편(全篇)에 걸쳐서 위에서 언급한 조선인의 성품 멸시, 유교의 폐해, 사대주의, 조선시대의 낙후상을 주장하고 있다. 특히 강조하고 있는 점은 조선인(민족)은 "거짓말을 잘한다", "조선인은 이간질을 잘한다", "조선시대는 처참할 정도로 낙후되어 있었다"는 세 가지다.

후루타는 한국인(민족)은 거짓말을 일상적으로 한다고 주장하면서 의미심장한 말을 하고 있다.

---

[19] 室谷克実, 2013, 앞의 책, 194쪽.

"일본인은 거짓말을 하지 않는다. 그러나 부정직하다. 반면 한국인은 거짓말쟁이지만 정직하다."

일견 모순으로 보이는 저자의 이 말은 지극히 한일 양국의 문화적 차이를 배경으로 하고 있다. 사소한 실패라도 잘못하면 할복을 해야 하는 무사 지배 구조하의 일상에서는 거짓말을 할 수 없었을 것이다. 반면에 조직(藩)의 논리나 권력자(藩主)의 주장에 이의를 제기하지 못하고 묵수하는 사회였기에 부정직한 사회였을 것이다. 또한 일본은 신용을 대단히 중요시하는 쵸닌(町人) 사회이기도 하다. 따라서 사소한 거짓말도 상거래상 신뢰를 상실할 수 있었을 것이다. 요컨대 일상생활에서의 정직은 대단히 중요시되었지만 조직 논리에 무조건 충성해야 하는 무사 지배사회에서는 '거짓말은 하지 않지만 부정직한 사회'였을 것이다.

반면에 문인이 지배하는 조선 사회에서는 성인(聖人)의 가르침을 생활의 전거로 하고 왕조차 그것에 복종하기를 요구받는 사회이기에 일상에서의 거짓말은 있을 수 있지만 거시적 차원에서의 정직은 중요시되었을 것이다. 일본이라는 거울에 비친 조선의 모습과 조선이라는 거울에 비친 일본의 모습은 강조되는 부분이 자연히 달랐다고 본다. 따라서 조선인의 거짓말 하는 습성이 일본인에게는 크게 부각되었을 것이다.

또한 후루타는 '이간질'을 한국인의 나쁜 습성으로 강조하고 있다. 예를 들면, 박근혜 전 대통령이 외국을 순방했을 때 각국 수뇌나 매스컴에 일본이 역사를 직시해야 한다거나, 역사에서 배워야 한다는 이야기를 '이간질을 한다'는 식으로 인식하고 있다. 이간질은 어제오늘의 일이 아니라고 한다.

조선 왕들의 나날을 기록한 『승정원일기』라는 사료가 있다. 이것을 읽으면 임금은 신하의 이간질을 듣는 것이 중요한 일이다. 신하가 주위를 어슬렁거리면서 고자질을 한다. 신하는 임금이 약방에서 약을 마실 때까지도 따라온다(하략).[20]

여기에서 신하란 임금을 가까이에서 모시는 내시를 말하는 것 같은데, 내시의 임금 보좌를 이간질한다고 보고 있다. 혐한 도서에서는 한국인의 거짓말, 이간질, 비난은 정착된 레퍼토리이다.[21]

또 하나, 혐한 도서의 공통적인 내용이기도 한 것으로 후루타는 조선시대의 현저한 후진성을 이 책의 여기저기서 거론하고 있다.

조선의 바늘은 조잡한 것이 있었지만 제대로 바느질하기 위해서는 지나(중국)로부터 바늘을 사야만 했다. (중략) 나무를 구부리는 기술이 없었기 때문이다. 따라서 이조(원문, 이하 같음)에는 나무통이 없다. 액체를 먼 곳에서 운반하는 것조차 할 수가 없었다. 이전에 일본이 보호(강제병합을 말함)를 했을 때에 한국은 그와 같은 나라였다.

상점도 붓가게나 놋그릇가게 정도밖에 없어 사람들은 시장과 행상인에

---

[20] 古田博司, 2017, 『韓国・韓国人の品性』, 172~173쪽

[21] 金田正二, 2019, 『八欲が韓国人を衝き動かす！-日本は歴史の真実を世界に宣明せよ！-』, 131~136쪽. 거의 모든 혐한 도서에서 다루고 있는 항목이라 일일이 도서명을 열거할 필요가 없지만 중요한 것은 왜 한국(인)=거짓말쟁이라는 현실과 유리된 인식을 오늘날까지 가지고 있는지 생각할 필요가 있다.

의존했다. 재료를 굽히는 기술이 없어 바퀴도 나무통도 없다. 물건은 지게로 져서 사람이 나른다. 염료도 안료도 없어 민간인은 흰옷, 도자기도 백자였다. 이조는 실은 일본이 중세일 때 여전히 고대 국가였다.[22]

'무적(武的)' 효율성을 추구할 수 있는 무사 지배사회, 경제적 이윤을 극대화하려는 쵸닌 사회가 낳은 이윤 추구의 사회적 관점에서 보면 숭유억상(崇儒抑商) 조선 사회의 단조로움이 대비될 수도 있었을 것이다. 혐한 도서의 입론의 기본 자세는 한국의 단점을 강조하여 일반화하는 것이지만, 경우에 따라서는 장점도 교묘하게 논리적으로 비꼬아 폄하한다. 그러나 역사상 어느 한 시기를 필요 이상으로 확대하여 일반화하는 것은 역으로 일본에 그대로 적용될 수 있는 성질의 것이기도 하다.

2) 유교의 폐해·사대(속국)주의

후쿠자와뿐만 아니라 오늘날의 혐한 도서 내용 중 큰 비중을 차지하는 것이 한국(인)은 주자학 일변도의 유교를 신봉한 결과 그 폐해가 심각하며 그 연장선상에 중국에 사대하는 속국 근성과 비열함을 지니고 있다는 내용이다. 우선 후쿠자와의 견해를 엿보도록 하자. 위에서 언급한 「탈아론」에서 후쿠자와는 이렇게 말하고 있다.

---

22 古田博司, 2017, 앞의 책, 112~113쪽, 207~208쪽.

고풍스런 옛날 관습에 연연하는 모습은 천 수백 년의 옛날과 다르지 않고 이 문명이 일신하는 활기찬 시대에 교육에 관해서 논의할 때에는 유교주의 운운하고, 가르침의 요지는 인의예지라 칭한다. 하나에서 열까지 겉모습의 허식만을 중요시하고 실제에 있어서는 진리 원칙과 같은 식견이 없을 뿐만 아니라 도덕조차도 찾아볼 수 없어 잔혹 무염치한 것이 극에 달했으나 오만해서 자성하는 마음이 없는 것 같다.[23]

위 인용문이 사실(史實)을 제대로 전달하고 있는지의 여부는 차치하고라도, 조선시대 말 한국(중국을 포함해서)의 유교가 일본인의 눈에는 그렇게 비쳤다는 것이다. 그 당시의 일본인은 그야말로 유럽화, 서구화, 자본주의화에 매진하고 있을 때여서 전통적인 유교에 대해 매우 비판적이었을 것이다. 앞에서도 언급한 「사실을 보아야 한다(事実を見る可し)」에서도 다음과 같이 조선의 유교를 비판하고 있다.

본래 조선인은 수백 년래 유교의 중독증에 빠진 백성으로 항상 도덕인의를 되뇌나 그 속마음이 부패하고 추한 것(腐敗醜穢)은 거의 표현할 수 없을 정도이다. (조선은) 상하 모두 거짓 군자의 소굴로서 한 사람도 믿을 수 없는 것은 우리들의 근래의 경험에 비추어 명백하다.[24]

요컨대 후쿠자와는 조선의 인민들이 겉으로만, 입으로만 인의예지

---

23 「脱亜論」(1885년 3월 16일 사설), 『福沢諭吉全集』(제10권), 239쪽.
24 「事実を見る可し」(1897년 10월 7일 사설), 『福沢諭吉全集』(제16권), 132~133쪽.

운운하면서 속으로는 부패할 대로 부패한 집단이라고 보았고 이 모두를 유교의 폐해로 보고 있는 것이다. 이러한 견해는 오늘날의 혐한 도서에서도 그대로 답습되고 있다.

저자가 켄트 길버트(Kent Gilbert, 미국인)로 되어 있는 『유교에 지배된 중국인과 한국인의 비극(儒教に支配された中国人と韓国人の悲劇)』(2017)은 고단샤(講談社)에서 나온 혐한 도서다. 고단샤는 혐한 도서는 잘 취급하지 않는 대형출판사로 의외지만, 달리 생각하면 켄트 길버트는 이름만 대여했을지 모른다는 추측도 가능하다. 이 책은 도서명에서도 알 수 있듯이 일본의 입장에서 비판하고 싶은 중국과 한국의 모든 행위는 유교의 폐해인냥 단정하고 글을 시작하고 있다(켄트 길버트 2017, 3~7).[25] 그는 한국과 중국이 유교의 저주에 지배당하고 있다고 한다. 또 결론 부분에는 '자학사관에서 탈피하자', '일교조에 지배되어 있는 교육 현장을 개혁하자' 등 마치 새역모의 주장을 방불케 하는 내용을 나열하고 있다(켄트 길버트 2017, 204~206). 정작 유교의 어떤 점이 문제인지는 진지하게 거론하지 않았다.

그 점에 있어서는 후루타 히로시의 『한국·한국인의 품성(韓国·韓国人の品性)』이 보다 구체적이다. 후루타는 이 책에서 첫째, 다양한 유교의 유파 중에서 조선은 배타적인 주자학만을 전면 수용했다. 둘째, 일반인, 여자, 상인 등을 억압하여 서민들은 차별과 경제적 빈곤을 초래했다.

---

[25] 이 책의 본문은 전 5장으로 중국 폄하(제1장 오키나와도 동남아시아도 사할린도 중국령?), 한국 폄하(제2장 예수도 공자도 한국인?), 한국, 중국 싸잡아 비판(중국·한국의 자기중심주의 이면), 일본의 장점(일본은 유교국가가 아니다!), 다시 한번 한중 비판(유교 음모는 현재진행 중!) 등으로 구성되어 있다. 내용은 우익들의 주장을 정리한 정도다.

셋째, 특히 승려들을 천민시하고 불교문화유산을 파괴했다. 넷째, 조선시대 유학자들은 학파를 형성하여 당쟁을 일삼아 서로를 죽이곤 했다[26]고 말하며 조선 유교에 대해서 다음과 같이 결론을 내리고 있다.

> 나는 이조에서 유교가 어떻게 정책화되어 갔는지를 연구한 자로서 사료를 읽으면 읽을수록 초기의 폭력적인 교화를 알게 되었다. (중략) 연구를 하면 할수록 우울해졌다. <u>우열(愚劣), 비열(卑劣), 타락(墮落), 태타(怠惰), 빈곤(貧困), 그것밖에 없다.</u> 사람은 역사에서 배우라고 하지만 조선사로부터 도대체 무엇을 배울 수 있는가, 나는 전혀 모르겠다. 한국인은 왜 유교를 자랑하는가. <u>한국의 유교는 민족의 치욕 그 자체다.</u>[27]

한국 유교에 대한 저자의 인식을 일반화할 수는 없지만 일본인의 한국 유교, 나아가서 조선시대를 바라보는 관점을 엿본 것 같다.

한편, 오늘날의 동북아 국제 정치, 특히 중국의 '조선공정'[28]이 날로 심해지는 작금의 상황을 고려할 때 한국사에 있어 사대(속국)주의의 이미지 문제는 실로 심각하다. 이 문제는 비단 혐한 도서의 내용뿐만 아니라 한국사, 동아시아사를 모르는 세계 다수의 관심자들이 갖고 있는 침묵의 인식과도 관련이 있기에 무겁게 받아들여야 할 사안이다.

---

26 古田博司, 2017, 앞의 책, 85~89쪽.
27 古田博司, 2017, 위의 책, 209쪽.
28 한국의 역사·문화를 전방위적으로 잠식해 오는 중국의 태도를 필자가 동북공정에 빗대어 칭한 것에 불과하다.

한국사에 있어 사대(속국)주의의 부정적 이미지 또한 어제오늘의 이야기가 아니다. 일본이 이 문제와 관련하여 성덕태자가 수양제에게 보냈다고 하는 국서(해가 뜨는 곳의 천자, 국서를 해가 지는 곳의 천자에게 드린다. 건강하신지)와 조선이 명나라에 보낸 국서(朝鮮國權署國事臣李某로 시작하는 국서)를 비교하며, 일본은 중국과 대등한 관계를 맺으려고 노력했고 조선은 중국의 속국이었다는 주장을 즐겨하는 것도 사실이다.

후쿠자와도 청일전쟁이 개시된 무렵의 사설 「청국 조선 양국에 대해서 즉시 개전할 것(支那朝鮮両国に向て直に戦を開く可し)」에서 "약소한 조선을 정벌하는 것은 조금 안 되었지만, 오랫동안 그들(조선인)의 뇌리에 스며들어 있는 중국숭배(支那崇拜)의 미몽을 깨우기 위해서는 운운"이라며 정부의 개전을 독려하고 있다.[29]

그런데 혐한 도서 중에서도 심각한 것은 조선의 전 역사를 중국의 속국사로 기술한 내용이다. 2018년 우야마 다쿠에이(宇山卓栄)가 쓴 『조선속국사 중국이 지배한 2000년(朝鮮属国史 中国が支配した2000年)』은 도서명에서도 짐작이 가듯이 한국의 전(全) 역사를 중국의 속국사로 인식하고 있다. 전체 12장에 걸친 이 책의 내용을 살펴보자.

> 제1장에서는 단군 조선의 부정과 기자, 위만조선, 전한시대의 한4군을 강조함으로써 "중국인이 한국의 고대사와 문명을 창시하고 발전시켰다", 나아가서 고대 한국인의 중국세력 축출을 "중국은 한반도 지역이 식민지로 삼을 정도의 가치도 없어 포기했다", "고구려는 만주인이 건

---

29 福沢諭吉, 1970, 앞의 책 14, 480쪽.

국한 국가"(제1장 중국인에 의해 만들어지고 발전된 조선)라고 서술하였다.
제2장에서는 "어디까지나 고구려는 만주족이 건국한 나라이며, 한중 양국이 자기 민족의 나라라고 주장하고 있다"(제2장 「고구려 논쟁」, 조선반도는 누구의 것인가?)라고 서술하였다. 만주족을 중국의 일부라고 주장하고 있으니 자연히 고구려를 중국의 역사라고 말하고 있는 것이다.
제3장에서는 "신라가 삼국통일을 이루기 위해 당과 동맹을 맺은 것이 본격적인 종속(從屬)의 시작이며, 같이 당나라에 조공을 한 일본은 교류 차원이었으나 신라는 문자 그대로 종속이었다. 또한 신라는 삼국통일을 위해 고구려와 백제를 중국에 팔아넘겼으며, 국내의 통치 기반이 약해 중국의 권위를 빌어야 했다. 신라가 중국 속국을 택한 것이 훗날 조선의 중국 예속(隸屬)의 시작이다"(제3장 왜 조선은 중국 종속의 길을 걸은 것인가? 수-당, 삼국시대-신라)라고 서술하였다. 신라의 삼국통일은 고구려, 백제가 같은 한민족이라는 것을 전제로 하는 것이어서 저자의 2장의 주장은 자체 모순에 빠진다.
제4장에서는 "국왕을 비롯한 문신이 자신의 권력 기반을 유지하기 위해 원나라에 비굴할 정도의 복속을 시작한 고려의 태도가 이후 명, 청에 대한 복속의 원형을 이루게 되었다. 이 저변에는 민중에 대한 막대한 수탈이 수반되었다"(제4장 중국에 대한 자학적 비굴은 어떻게 형성되었는가? 송-원, 고려)라고 서술하였다.
제5장에서는 "이성계가 중국을 중화로서 존숭하는 유교적 소양을 갖춘 문인과 결탁하여 조선을 건국하자 명은 조선의 문인 사대부를 통하여 조선을 원격 통제했다"(제5장 중국이 원격 조정하는 「제2중국인」이란 무

엇인가? 원말기-명, 고려말기-이씨조선)[30]라고 서술하였다.

제8장에서는 "임진왜란, 정유재란 시 실질적인 도움보다는 횡포가 심했던 명에 대한 변함없는 예속심(충성심)을 가지는 바람에 독립할 기회를 놓치고 결국엔 두 차례의 호란을 겪은 뒤 오랑캐인 청국에 군신관계를 맺고 공물을 바치는 수모를 겪게 되었다"(제8장 야만인에게 무릎 꿇은 조선왕, 명-청, 이씨조선)라고 서술하였다.

제9장에서는 "중국의 끄나풀이었던 유림의 횡포로 국내정치가 제대로 시행되지 않았다. 유림을 척결한 대원군과 명성황후의 갈등, 그리고 명성황후는 권력 회복을 위하여 청국의 개입과 종속을 초래했다"(제9장 중국에 유착한 왕비①, 청, 이씨조선)라고 서술하였다.

제10장에서는 "갑신정변과 청일전쟁을 거쳐 조선은 청으로부터 독립국이 되었다. 그리고 한일 쌍방의 합의로 병합이 이루어졌다. 조선은 척박한 국토를 가진 빈약한 나라이기에 중국에 예속될 운명이며, 그것이 조선시대에 사대주의를 낳았다"(제10장 중국에 유착한 왕비②, 청, 이씨조선)라고 서술하였다.

제11장에서는 "북한은 안전보장상 중국의 방파제이며 2,000년에 걸친 중국의 조선 지배의 연속이다. 그리고 한국은 6·25전쟁 종전선언을 할 자격이 없다"(제11장 중국은 한반도의 분단을 환영하는가? 6·25전쟁과 그 후)라고 서술하였다.

---

[30] 제6장 「중국에 대한 반역으로 여겨졌던 한글제정, 명-이씨조선」, 제7장 히데요시 출병, 이름뿐인 중국의 원군(명-이씨조선)은 종주국으로서의 중국(명)의 횡포와 무력함을 서술하고 있다.

제12장에서는 "예속자에게는 예속자의 논리가 있는데, 그것은 고려나 이씨조선의 역사적 경험에서 봤듯이 강한 자에게 빌붙어서 아부하면서 시혜를 바라는 것이다. 북한은 중국, 한국은 미국에 의지하면서 존속하는 것이다(중국→일본→미국, 빌붙기 외교). 한국(·북한)의 역사적 경험에도 어울리지 않는 자주·자립외교는 위태로울 뿐 아니라 성공할 수도 없을 것이다"(제12장 예속자에게는 예속자의 논리가 있다, 중국·북한·한국의 현재)라고 서술하였다.

이상 12장에 걸친 내용을 간략히 검토했다. 상당수 혐한 도서의 공통적 내용인 '한국(조선) 중국속국론'적인 시각이 역사적 사실에 부합하는지 여부는 차치하고라도 일부 일본인들이 한국 역사를 어떻게 이해하고 있는지를 극명하게 보여준 글이라고 할 수 있다.

3) '반일' 국가 한국

한국에서의 '친일'이란 용어와 일본에서의 '반일'이란 용어는 대부분 부정적인 의미에서 사용되며 개념 정의가 모호하고 범위가 넓다는 의미에서 공통적이다.

이전에도 없었던 것은 아니지만 문재인 정부가 들어서고 나서 (일본에서) '반일주의', 또는 (한국에서) '친일(토착왜구)' 등과 같은 용어가 좀 더 자주 매스컴에 등장하였다.

한국의 '반일(주의)'은 혐한 도서에서는 하나의 테마로 정착된 지 오래되었다. 징용공 판결 문제(2018), 욱일기 게양 문제(2018), 광개토대왕함 레이더 조사 문제(2018), 일본군'위안부' 합의 파기 문제(2019), 한국 국회의장의 일본 천황 사죄요구(2019) 등 한국의 대일 행위를 '반일' 행위로 규정짓고 있다(高橋洋一, 2019). 그만큼 현실의 한일 외교가 대립을 반복하고 있다는 방증이라고 생각한다. 한일 외교의 교착이 한국의 '반일'에 기인한 것인지에 대해서는 여러 가지 견해가 있을 수 있지만, '반일'의 기원인 일본에 대한 열등의식이 조선의 주자학과 결합함으로써 생겨났다는 혐한 도서의 주장은 필자에게는 생경하다. 한국인의 반일은 불행한 근대사의 산물이며 그 원인은 일본제국의 식민통치와 청산의 불철저에서 유래한다고 생각하기 때문이다.

그러나 혐한 도서에서는 한국인의 반일(주의)이 일본에 대한 열등의식과 조선의 주자학적 이념이 결합하여 탄생했다고 한다. 화이변태(華夷變態)로 인해 소중화주의의 정통성을 획득하게 된 조선은 일본을 야만시하여 멸시했다. 그리고 해방 후 소중화주의 부활과 정통성의 재구축이 도모됨에 따라 반일운동은 항상 일본을 야만시하는 것과 연동되어 있다[31]고 한다.

이러한 관점은 한일 양국 교류의 상징으로 거론되는 조선통신사와 관련하여 보다 체계적이고 철저하게 전개되고 있다.『조선통신사의 진실-에도시대에서 현대까지 계속되는 모일·반일의 원점(朝鮮通信使の真実-江戸から現代まで続く侮日・反日の原点)』[32]은 조선통신사와 관련

---

31 古田博司, 2017, 앞의 책, 90~92쪽; 켄트 길버트, 2017, 앞의 책, 134~137쪽
32 石平, 2019,『朝鮮通信使の真実 江戸から現代まで続く侮日・反日の原点』, ワック, 武藤正敏,

해서 별로 언급되지 않는 내용을 다루고 있다.

우선 12회에 걸쳐 일본을 찾은 통신사의 성립 이유에 대해 일본의 재침 우려와 도쿠가와 막부의 요청에 의한 것이었다는 기존의 주장은 사실(史實)과 부합하지 않는다며 부정했다. 그런 다음 조선만 12회에 걸쳐 일본에 사절을 파견한 사실과 일본에 전달한 예물 품목(호피, 인삼 등 소박한 물품)에서 볼 때 중화제국과 주변국 사이의 조공-책봉 관계의 형식적 측면 및 내용과 흡사하다며, 조선통신사는 사실상의 일본(막부)에 대한 조공사절이었다고 주장한다.[33] 그것은 국서전달식(장군대면식)에서 통신사 정·부사가 장군에게 '사도반(四度半)'의 절을 한 사실 등에서 더욱 그러하다고 주장한다.[34]

게다가 그 이후 바쿠후의 요청에 의해서지만, 조선왕조가 도쿠가와 치세의 태평함을 축하하기 위해, 장군 후계자의 출생을 축하하기 위해 통신사를 파견하고 이에야스 묘소(東照宮)까지 참배한 것은 사대 조공 사절의 증거라고 한다.[35]

적지 않은 혐한 도서에서 주장하고 있는 문화적 우월 의식에 근거한 반일의식은 사실은 조선의 일본에 대한 열등의식의 발로라는 것이 이

2017, 『韓国人に生まれなくてよかった』, 悟空出版, 제2장(執拗な「反日の嵐」が吹き荒れる), 高橋洋一, 2019, 『韓国、ウソの代償-沈みゆく隣人と日本の選択-』, 扶桑社, 제1장(「反日」が暴走する韓国)도 참조.

33 앞의 책, 제1장(조선통신사는 사실상의 조공사절이었다), 20~43쪽.
34 石平, 2019, 앞의 책, 44~55쪽.
35 일본에 '조공사절단(통신사)'을 200년간 편무적으로 파견하게 된 이유로는 히데요시의 조선침략에서 경험한 일본의 잠재적인 군사적 위협과 북방의 청왕조의 위협을 일본의 군사적 도움으로 방지하고자 하는 안전보장상의 이유에서였을 것이라고 추측하고 있다.

책에서는 철저하다. 도서 분량의 2/3 정도를 할애해 통신사가 남긴 자료를 분석하고 다음과 같이 주장한다.

"그들이 철저하게 일본을 야만시하고 무시한 배경은 현실의 일본에 대한 굴욕적인 '조공외교'를 정신적으로 극복하기 위한 것이다. 문화적 선진국(소중화국) 조선이 야만국인 일본에 높은 문명, 문화를 보여줘야 한다는 '삐뚤어진 의식(망상)'에서 생겼다."

조선통신사의 '혐한' 주제와 관련하여 신유한의 『해유록』[36]을 일독한 결과, '혐한' 주제와 별도로 다음과 같은 논점이 부각되었다.

첫째, 거듭된 통신사 파견에 따라 '노(能)와 같은 일본 전통문화에 대한 이해의 축적이 제대로 되었는가' 하는 문제다. 『해유록』에서는 그런 인상을 받지 못했다. 이는 일본 문화를 멸시의 대상인 '왜국(倭國)'의 문화라 해서 제대로 이해하려고 하지 않은 결과인지도 모른다. 둘째, 메이지유신 이후의 급속한 근대화를 전제로 했을 때, '과거제도가 없었던 에도시대 일본인의 지식욕을 통신사들은 한정된 한문(유교) 지식의 우월성에서 벗어나 제대로 평가했는가' 하는 문제다. 셋째, '통신사들이 자신들의 지식과 문화 등을 일본의 그것과 비교할 때에 그 전거가 대부분 과거 중국의, 그것도 서책을 통해 습득한 중국의 것들이었다는 문제를 어떻게 이해해야 할 것인가' 하는 문제 등이다. 이러한 제 문제는 향후 진지하게 검토되어야 할 것이다.

---

[36] 신유한 저, 김찬순 역, 2006, 『해유록: 조선 선비를 만나다』, 보리.

4) 한국·중국 싸잡아 비난, 그리고 한국과 거리두기

일본 근대사 연구자 반노 쥰지는 후쿠자와 유키치 글의 특징 중 하나가 조선을 대상으로 하고 있으면서도 청국과 조선을 나란히 적시하는 경우가 많다는 점을 지적한 바 있다.[37] 「탈아론」에서는 '지나·한국 양국은 문화 전파의 자연스러움에 거슬러', '지나·조선의 지식인들이 혹닉(惑溺)이 깊어서', '지나·조선과 교제하는 법도 이웃 나라라는 이유로 특별한 대우를 할 필요가 없고' 등과 같은 표현이 그 예다.

이러한 경향은 오늘날의 혐한 도서에 그대로 답습되고 있다. 한국인의 품성을 다룬 『한국·한국인의 품성』에서도 주제와는 다르게 중국을 비판하거나 한국과 중국을 싸잡아 비판하는 글들이 중간중간에 삽입되어 있다. 예를 들면, "중한(中韓)의 '올바름' 강요", "아시아 속의 중한의 특수성이 드러난 사건", "중한과 북한의 '악'은 멈출 곳을 모른다", "반성하지 않는 비도덕적인 중국", "공자와 같은 성인이라도 집정할 수 없는 나라", "이미 도덕을 잃어버린 사람들", "국가총동원 체제하에 있는 중국을 경계해야 한다", "중화문명은 한 번 멸망했다", "중한수뇌회담은 '일본 따돌림'이 아니라 '북한 따돌림'", "중한에서는 영토라고 생각한 것이 영토"[38] 등이다.

---

37 坂野潤治, 1977, 『明治·思想の実像』, 서장, 제1장 참조.

38 『韓国·韓国人の品性』, 79~81쪽, 122~123쪽, 127~128쪽, 146~147쪽, 147~148쪽, 151~153쪽, 155~156쪽, 186~193쪽.

또 혐한 도서 내용의 특징 중 하나가 한국과의 관계'단절론'이다. 위에서 언급한 「탈아론」의 유명한 말구(末句)를 먼저 보도록 하자.

① 그러면 오늘날의 전략을 생각함에 있어 우리나라(일본)는 이웃 나라(중한)의 개명을 기다려서 함께 아시아를 발전시킬 여유가 없다. ② 오히려 그들로부터 벗어나서 서양의 문명국과 진퇴를 함께하고 청과 조선과 교제하는 법도 이웃 나라라 해서 특별한 배려를 할 필요가 없다. ③ 바로 서양인이 이들 나라와 교제하는 것처럼 대처해야 한다. 악우를 가까이하는 사람은 함께 나쁜 평판을 벗어날 길이 없다. 나(후쿠자와 나)는 마음으로부터 아시아 동방의 악우(중·한)를 사절하는 바이다.

①은 조선 내의 개화파와 연계하여 조선 내정에 개입하고자 한 '조선개조론'임은 두말할 필요가 없다. ②는 일본의 그러한 시도(임오군란·갑신정변)가 청국에 의해 좌절되자 조선에서 철수하고자 하는 선언이다. 소위 말해서 한국과 관계를 맺고 싶지 않다, 한국과 단교하고 싶다는 표현이다. ③은 오늘날과 마찬가지로 서양 회귀를 의미한다.

이러한 경향은 오늘날 혐한 도서에서도 그대로 드러난다. 역사적인 문제로 한국과의 교섭이 난항을 거듭함에 따라 일본의 대한(對韓) 시각은 한국의 '반일(주의)'에 대한 혐오감과 반감이다. 그리고 그 연장선상에서 한국 경제의 비관적 전망과 비현실적인 한국과의 거리두기를 주장한다. 다시 말해 좋은 의미든 나쁜 의미든 한국이 상대하기가 버거울 때 한국 무시론 내지 '상황 적응적 탈아론'을 이야기한다.

『한국, 거짓의 대가-가라앉는 이웃과 일본의 선택(韓国、ウソの代償

沈みゆく隣人と日本の選択)』의 결론과 『조선통신사의 진실-에도시대에서 현대까지 계속되는 모일·반일의 원점』의 각 장 소결에서 한국인과는 일체 관계를 맺지 말아야 한다고 주장하고 있다. 2장에서 언급한 「탈아론」의 현대판 주장인 셈이다.

5. 맺음말

최근 일본 혐한 도서 내용의 특징을 간략하게 살펴보면 다루고 있는 주제와 내용에 쉽게 동의할 수 없는 것들이 많다. 그렇다고 해서 우리가 가칭 '혐일론'으로써 맞대응할 필요는 없다. 중요한 것은 일부 일본인이 왜, 무엇을 근거로 혐한 내용을 주장하는지를 살펴보는 것이다.

이 글에서는 우선 혐한 도서 내용의 구조적 특징을 살펴보려고 노력했다. 에도시대 말부터 일본은 자기 중심 세계관을 형성하였고 중국 중심의 세계관에서 서양 중심의 세계관으로 전환했다. 이후 메이지유신을 거치면서 근대화, 서구화에 성공하여 한국과 중국과는 선명하게 대비되는 역사의 길을 걸었다. 일본이 제국주의의 길을 본격적으로 걷기도 전인 메이지 초기부터 한국(조선·조선인)에 대한 인식이 오늘날 혐한 도서 속의 내용과 그리 큰 차이가 없음을 후쿠자와 유키치의 글에서 확인했다. 그만큼 오늘날 혐한 도서의 내용은 역사성을 가지고 있다고 할 수 있다.

또한 혐한 도서 내용의 구조 또한 메이지 초기의 조선 관련 글과 유사하다. 즉 한국(인)에 대한 비난 내지 폄하 → 유교 및 속국주의 비난 → 조선과의 결별 등으로 「탈아론」에서도 이미 검토하였다.

다음은 본문에서 검토한 혐한 도서 내용의 요약과 그에 대한 필자의 의견이다.

첫째, 혐한 도서는 "한국인은 거짓말과 이간질을 잘한다. 그리고 무능력하다"고 주장한다. 최근에도 한일 간 외교의 장에서 일본은 한국이 "골대를 자주 옮긴다"라고 주장했다. 일본군 '위안부' 합의 등을 깬 한국에 대한 불만의 토로이다. 이러한 인식은 후쿠자와 시대에도 있었다.

> 그렇다면 그러한 나라의 사람들(조선인)과 어떠한 약속을 하더라도 배신위약은 그들의 타고난 성품이기에 조금도 개의치 않는다. 이미 종래의 국가 간 교류상에서도 자주 체험을 한 바이기에 <u>조선인을 상대로 하는 약속이라면 처음부터 무효라고 각오하고 사실상 스스로 실익을 챙기는 길 외에는 없다</u>(「사실을 봐야 한다」, 1897년 10월 7일).

생각하건대, 개항 이후 체결된 조약 등이 일본에 의해 강압적으로 체결된 것이므로 조선은 그 약속을 번복하거나 지키지 않았을 것이다. 아마도 이러한 구조 속에서 일본인의 한국인에 대한 부정적 인식이 형성된 것으로 추측한다. 그러나 국력과 국가 위상이 극적으로 변화된 현재에도 혐한 도서가 갖고 있는 한국 인식은 역사에 있어 '각주구검(刻舟求劍)'적 오류를 범하는 일이라 할 것이다.

둘째, 혐한 도서는 한국인은 주자학 일변도의 유교를 신봉한 결과 그 폐해가 심각하며 그 연장선상에 중국에 사대하는 속국 근성과 비열함을 지니게 되었다고 주장한다. 역사적으로 중국을 침략했던 국가와 민족은 중국에 대부분 흡수되어 사라졌다. 반면 역대 중국 왕조에 저항하면서 오늘날까지 민족적 실체와 정체성을 유지하고 있는 나라는 한국과 베트남 정도다.

한국이 고도의 인륜적 사회를 실현하고 민족적 정체성을 지켜낸 측면은 혐한 도서에서는 사상(捨象)되어 있다. 특히, 유교적 영향이 많이 사라진 현대의 한국을 평가함에 있어 유교와 소국 근성 운운하는 것은 너무나 비현실적인 시각이다. 역사적으로 한때 조선이 중국을 대했던 태도와 오늘날 일본이 미국을 대하는 태도는 근본에 있어 무엇이 다른지 의문이다.

중국의 동북공정식 역사 탈취가 점증하고 있는 현실 속에서 한국의 전(全) 역사를 중국의 속국사로 왜곡하는 혐한 도서의 내용은 매우 우려스럽다고 할 수 있다.

셋째, 최근 한일 관계가 험악해지고 교착 상태가 장기화되면서 혐한 도서는 한국을 '반일 국가', 한국의 주장을 '반일 행동'으로 일방적으로 규정하고 있다. 물론 한국 내에서는 반대로 '친일'이나 '토착왜구'와 같은 말이 거리낌 없이 사용되고 있는 것도 현실이다.

눈에 띠는 것은 한일 양국 교류의 상징으로 거론되는 조선통신사를 조공사로, 통신사의 기록을 열등 의식에 기반을 둔 반일 기록으로 매도하고 있다는 점이다. 이는 조선의 유교문화에 대한 몰이해 내지 무시에서 비롯되었다고 본다. 물론 통신사의 기록 그 자체도 일본 문화에 대한 몰이해 내지 무시에 근거해서 쓰인 부분이 많은 것도 사실이다. 이는 자국 중심으로 상대방의 문화를 평가하는 데서 오는 편견과 왜곡이다. 문화는 상대적으로 이해하고 수용해야 한다.

넷째, 혐한 도서는 한국을 대상으로 논지를 전개하다가 뜬금없이 중국을 비난하는 글이 등장하는 경우가 많으며, 경우에 따라서는 한중을 싸잡아 비난한다. 그리고 결론으로 한국과 거리를 두거나 관계를 맺지 말자고 한다. 이러한 인식 또한 이미 「탈아론」에서 살펴본 대로다.

혐한 도서는 일본의 국력이 상대적으로 약화하여 한국을 의도한 대로 유도하지 못하는 초조함과 조바심에서 유래한, 자기 통제의 상실에서 빚어진 적나라한 자기 고백이다. 일본의 언론·매스컴에서 한국을 다루는 태도를 보면 다양한 측면 속에서 유달리 부정적인 요소를 과장하여 보도하는 경향이 뚜렷이 보인다.

한일 관계 개선의 실마리는 양국의 언론·매스컴이 상대방의 부정적인 측면을 부각시켜 국민을 오도하는 행태를 지양하고 긍정적인 측면, 장점 등을 전달하는 선순환 구조를 만드는 것에서부터 시작해야 할 것이다. 그러한 선순환 틀이 정착되어 가면 자연히 '반일'·'친일'의 틀이 서서히 붕괴되어 특수한 한일 관계에서 보통의 정상적인 한일 관계가 형성될 것으로 믿는다.

| 참고 문헌 |

〈단행본〉
- 渡辺浩, 1985, 『政治思想Ⅱ』, 방송대학교재.
- 内田修道編, 1986-2000, 『明治建白書集成』(第1卷-第9卷), 筑摩書房.
- 三谷博·山口輝臣, 2000, 『19世紀日本の歴史-明治維新を考える-』, 방송대학교재.
- 高村直助·高埜利彦, 2020, 『改訂版 日本史A』, 山川出版社.
- 鳥海靖·三谷博·渡邊昭夫, 2020, 『現代の日本史』, 山川出版社.
- 坂野潤治, 1985, 『近代日本の外交と政治』, 研文出版.
- _____, 1977, 『明治·思想の実像』, 創文社.
- 신유한 씀, 김찬순 옮김, 2006, 『해유록-조선선비 일본을 만나다』, 겨레고전문학선집 16, 보리출판사.
- 月脚達彦, 2015, 『福沢諭吉の朝鮮-日朝清関係のなかの「脱亜」』, 講談社選書メチエ.
- 室谷克実, 2013, 『悪韓論』, 新潮新書.
- _____, 2013, 『呆韓論』, 産経新聞出版.
- 古田博司, 2017, 『韓国·韓国人の品性』, WAC BUNKO 261.
- 武藤正敏, 2017, 『韓国人に生まれなくてよかった』, 悟空出版.
- 켄트 길버트, 2017, 『儒教に支配された中国人と韓国人の悲劇』, 講談社.
- 宇山卓栄, 2018, 『朝鮮属国史 中国が支配した2000年』, 扶桑社新書.
- 石平, 2019, 『朝鮮通信使の真実 江戸から現代まで続く侮日·反日の原点』, ワック.
- 高橋洋一, 2019, 『韓国、ウソの代償 沈みゆく隣人と日本の選択』, 扶桑社ＢＯＯＫＳ新書.
- 金田正二, 2019, 『八欲か韓国人を衝き動かす！-日本は歴史の真実を世界に宣明せよ！-』, 桜の花出版.
- 高橋洋一, 2019, 『韓国、ウソの代償-沈みゆく隣人と日本の選択-』, 扶桑社.
- 百田尚樹, 2019, 『今こそ、韓国に謝ろう ～そして、「さらば」と言おう～』, 飛鳥新社.
- 福沢諭吉저, 慶応義塾編集, 1970, 『福沢諭吉全集』, 第5卷, 第10卷, 第14卷, 第16卷, 岩波書店.
- 福沢諭吉저, 富田正文편, 1978, 『新訂 福翁自伝』, 岩波文庫.

〈논문〉
- 최규호, 2016, 「일본의 혐한 서적(嫌韓本) 현황과 논의에 관한 연구」, 『일본언어문화』, 한국일본언어문화학회, vol. 34.
- 李洪千, 2017.4, 「出版メディアと排外主義：嫌韓本の分析を中心に」, 『東京都市大學横浜キャンパス情報メディアジャーナル』, 第18號.
- 이원우, 2020, 「황국사관과 전후 역사 문제(1945-1979)-한일 역사 문제기원의 이해를 위하

여-」, 『일본역사연구』 제51집.

〈인터넷 기사〉
- http://news.khan.co.kr/kh_news/khan_art_view.html?artid=202104142058005&code=910302 (2021.4.14)
- https://www.j-cast.com/kaisha/2021/04/15409597.html?p=all (2021.12.19)

제2장

일본의 '전후 개혁'과 대국화

– 전후로부터의 탈피 선언과 역사인식을 중심으로

| 유지아 · 원광대학교 동북아시아인문사회연구소 조교수 |

1. 머리말
2. '잃어버린 30년'과 '전후 개혁'
3. 전후 레짐의 변화: 나카소네와 아베의 전후 탈각
4. 전후 탈각과 일본의 역사인식
5. 맺음말

* 이 글은 「전후 레짐으로부터의 탈각과 역사인식 – 아베 담화의 분석을 중심으로」(『일본문화연구』 제81집, 2022.4)에 수록된 내용을 수정·보완한 것이다.

1. 머리말

　아베(安倍晋三) 총리는 집권 직후 기본방침을 통해 '새로운 일본(新しい日本)' 만들기 정책을 제시하면서 일본이 직면한 대내외적 상황을 '위기'로 규정하고, 위기 극복을 위한 돌파구 마련을 약속했다. 이러한 위기 의식은 역사인식에도 반영되어 패전 후 미국의 점령정책하에 진행된 민주화와 개혁에 대한 재조명과 수정으로 이어졌다. 그 결과 나타난 것이 '전후체제로부터의 탈각'이라는 의식이다. 즉, 패전으로 인해 강요된 전후체제가 현재의 일본을 낳았다는 인식과 더불어 새로운 개혁을 고민해야 한다는 당위성과 그 과정에서 아베와 같은 보수주의자가 대두하게 되었다.

　미국의 일본연구가 캐롤 글럭(Carol N. Gluck)은 현재 일본은 민주주의도, 평화도, 번영도 모두 '전후(戰後)'에 그 기원을 두고 있다고 말한다. 이제까지 일본이 전후에 집착해 왔던 것은 현상에 대한 만족의 표현이었다. 오랫동안 개헌 추진을 어렵게 만든 헌법에 대한 광범위한 지지에 대해서도 같은 의미로 말할 수 있다. 많은 일본인이 '평화헌법'을 경제적 번영에 연결시켜 생각하고 있는데, 자신들이 살아가는 시대를 명목상 '전후'라고 부르는 데 불만이 없기 때문이라는 것이다.[1]

　그러나 1990년대 버블경제의 종말과 더불어 시작된 경기침체 위기가

1　キャロル・グラック, 「現在のなかの過去」, アンドルー・ゴードン編・中村正則監訳, 『歴史としての戦後日本』, みすず書房, 2001, 195쪽.

30년 가까이 지속되면서 일본 국민에게 각인된 위기의식은 아베라는 인물에 대한 기대와 지지로 발현되었으며, 아베는 이러한 기대를 역으로 이용하여 일본의 체제를 바꾸고자 하였다. 따라서 일본의 보수·우경화는 아베와 같은 역사수정주의자의 등장으로 돌연 시작된 것이 아니며, 아베의 퇴장으로 끝나는 것도 아니다.[2] 이에 이 글은 잃어버린 30년을 극복하고자 하는 의지에서 등장한 새로운 인식이라는 관점에서 '전후로부터의 탈각' 주장을 역사적으로 살펴보고, 현재 일본 정치의 보수화와 어떠한 관련성이 있는지 밝혀내는 데 초점을 맞추고자 한다.

일본에서 전개되고 있는 '전후체제로부터의 탈각'이라는 말은 주로 일본의 '우경화'와 연관시켜 분석하는 경향이 많다. 특히 아베의 2차 내각 목표는 아시아·태평양전쟁 이후 성립한 '전후체제로부터의 탈각'이며, 성격은 수정주의적 보통국가론이라고 규정하고 그 한계를 분석한 연구가 주를 이룬다.[3] 또한 이러한 일본의 움직임을 미국과의 관계 개선이나 자민당의 지배 공고화를 위한 체제 변화로 이해하는 연구도 있다.[4] 이러한 연구는 아베 정치가 1955년 체제하에서 보수본류노선으로 자리 잡고 있던 요시다(吉田茂) 노선에 근본적인 개혁을 가하는 것으로 일본

---

[2] 中野晃一, 2015, 『右傾化する日本政治』 岩波書店(岩波新書), 3쪽.

[3] 이지원, 2014, 「일본의 '우경화'-'수정주의적 역사인식'과 아베식 '전후체제 탈각'의 한계」, 『경제와 사회』; 이종국, 2016, 「일본 보수정치인들의 역사인식과 역사적 전개」, 『동북아역사논총』 51; 오승희, 2018, 「아베 내각의 아시아 정책-강한 일본을 위한 아시아의 타자화」, 『일본연구』 75.

[4] 최운도, 2016, 「미일관계와 일본의 국가전략: 전후체제로부터의 탈각?」, 『일본연구논총』 44; 박철희, 2021, 「아베 시대의 대전환: 자민당 지배 공고화를 통해 탈전후하는 일본」, 『일본비평』 25.

의 안보정책과 관련하여 집단적 자위권 행사나 평화헌법 개헌 등을 통해 자민당의 지배를 공고하게 하는 정책이라고 평가하고 있다.

한편, 일본에서는 보수 세력이 '전후 총결산'을 자주 언급하는 경향에 대해 이러한 관념을 마음대로 쓰는 것이 허용되어 왔기 때문에 당연하게 보수 세력에 의한 권력 독점은 '전후를 끝내기'는커녕 '전후'의 제한 없는 연속을 초래하고 있다고 주장한다. 바꾸어 말하면 '전후 끝내기'라는 의사의 표명은 그것을 실행하지 않음으로써 가능했다는 역설이 성립할 수 있다.[5]

아베 총리는 2차 내각이 출범한 후, 2013년 12월에 야스쿠니 신사를 참배했다. 2014년 고노 담화의 작성 경위를 조사하여 발표했고,[6] 집단적 자위권 행사에 대한 각의결정을 통한 이른바 '해석 개헌' 및 안보관련 법제화 등을 강행하며 우경화 행보를 가속화하고 있다. 또한 국내 정치적으로는 일본군'위안부' 강제 연행을 부정하고, 일본의 침략 전쟁과 식민지 지배에 대해 사과하지 않으며, 외교안보적으로는 일본의 군사적 역할을 확대해 나가고자 했다.[7] 따라서 아베 내각의 과거를 미화하는 역사인식과 이에 기초한 우경화에 대해 우리의 관점은 아베 총리 개인에게 맞춰진 측면이 매우 강하다. 그러나 현재 진행되고 있는 일본 사회의 보수·우경화는 단지 아베 총리 개인의 역사인식과 이념적 성향뿐만 아

---

[5] 白井聡, 2013, 『永続敗戦論―戦後日本の核心』, 太田出版, 36~37쪽.

[6] 『慰安婦問題を巡る日韓間のやりとりの経緯~河野談話作成からアジア女性基金まで』 (http://www.kantei.go.jp/jp/kakugikettei/2014/__icsFiles/afieldfile/2014/06/20/20140620houkokusho_2.pdf).

[7] 中野晃一, 『右傾化する日本政治』, 136~139쪽.

니라, 아베 총리 등장 이전부터의 오랜 역사와 더불어 조직적 기반을 갖고 있는 일본 우익의 역할이 크게 작용했다는 것을 부정할 수는 없다.

이 글에서는 일본의 보수는 왜 '전후'에 집착하는가라는 문제 의식을 가지고 일본 사회에서 '잃어버린 30년'이 가지는 의미가 무엇인지 '전후체제'와의 관련성을 중심으로 분석할 것이다. 분석을 위해 나카소네(中曽根康弘) 총리와 아베 총리의 '전후체제 탈피'에 대한 논의를 분석하고, 이것이 어떻게 전후 탈각으로 이어지고 그 과정에서 아베 정권의 역사인식이 어떻게 작용되는지 살펴보기 위해 전후 50주년 기념 담화와 70주년 담화의 차이와 이 담화에 대한 일본 여론의 움직임을 분석하고자 한다.

2. '잃어버린 30년'과 '전후 개혁'

헤이세이(平城)가 시작된 1989년은 일본 버블경제의 정점이었다. 특히 1985년 이후에는 주가와 땅값이 매년 약 30% 이상 상승하면서 일본 경제는 절정기를 맞이했다. 그러나 1990년대에 들어서면서 주가가 크게 하락하기 시작했다. 〈그림 1〉의 GDP를 보면 1992년을 기점으로 상승 속도가 둔화하고 있다는 것을 알 수 있다. 그 이유는 1994년경부터 부동산업, 건설업 등의 은행 대출이자 상환이 밀리게 되고, 부실 채권 비율이 점차 커져, 금융 기관 중에서 약한 곳은 부실 채권으로 인한 손

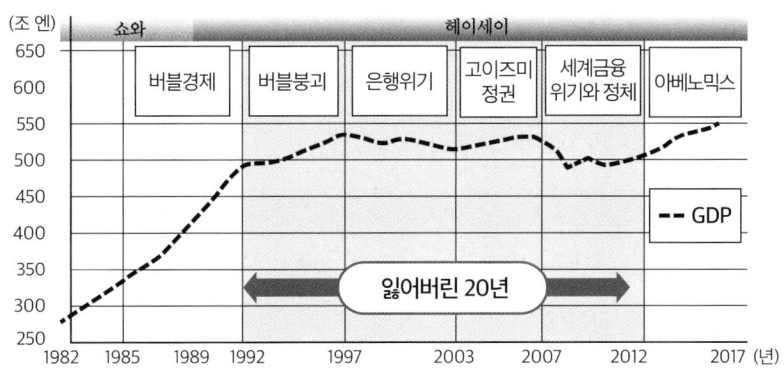

〈그림1〉 버블경제 붕괴 후, 일본의 GDP 변화[8]

실이 자본을 상회하여 파산하게 되었기 때문이다. 그럼에도 일본은 금융 위기를 타개할 적극적인 정책을 취하지 않았고, 그로 인해 1997년에는 산요증권(三洋証券), 홋카이도척식은행(北海道拓殖銀行), 4대 증권 중 하나인 야마이치증권(山一證券)까지 파탄에 이르러 전후 일본의 금융 역사상 최악의 해가 되었다. 그리고 1998년에는 일본장기신용은행(日本長期信用銀行), 일본채권신용은행(日本債券信用銀行) 두 은행이 파산했으며, 파산하지 않은 은행들도 부실 채권을 처리하기 위해서 과소 자본에 빠져 있었기 때문에 1998년 3월과 1999년 3월 두 차례에 걸쳐 정부의 자본 투입을 받게 되었다. 이 은행 위기를 계기로 일본은 이후 20년간 계속 디플레이션이 시작되었으며, 디플레이션 아래에서 소비와 투자가 위축되어 현재까지 잃어버린 30년이 지속되고 있다.

---

8 https://www.globalnote.jp/p-cotime/?dno=10&c_code=392&post_no=12794 "日本 〉名目GDP(国連統計)" 참조.

지금은 '잃어버린 30년'이라는 용어가 일상적으로 사용되고 있지만, 그 실태는 앞에서 언급한 것같이 디플레이션 극복의 실패라고 해야 할 것이다. 일본은 2011년 동일본대지진(東日本大震災)과 사상 최악의 원전 사고를 경험했지만, 이러한 요인이 있다 하더라도 경기 침체가 30년까지 이어져 하락이 멈추지 않는 것은 정책의 실패로 간주할 수밖에 없다고 판단하는 의견이 많다. 따라서 2012년 말에 출범한 제2차 아베 내각은 일본 은행 총재 구로다 하루히코(黒田東彦)를 등용하여 아베노믹스라는 인플레이션 대책을 내놓았지만 실제로 '물가 목표 2% 달성'이라는 목표를 6번이나 연기하면서 실패에 머물렀다. 그뿐만 아니라 일본은 본격적으로 디플레이션에 돌입한 1997년부터 현재까지 소비세를 3%에서 10%로 올렸다. 원래 이런 종류의 증세는 인플레이션을 위한 대책으로 실시하는 것이지만, 경기가 침체된 일본에서는 소비세를 올리자 소비가 더욱 위축되어 디플레이션 진행에 박차를 가할 뿐이었다. 일본의 경제전문가들은 이러한 일련의 과정을 '잃어버린 30년은 인재(人災) 이외의 무엇도 아니다'라고 표현하고 있다.[9]

그러나 일본의 현 상황을 경제적인 인재만이 아니라, 전후 경제 체제와의 관계에서 해석하는 사람들도 있다. 노구치 유키오(野口悠紀雄)는 아시아·태평양전쟁 중의 전시 체제가 일본형 경제시스템에 남아 있다고 주장한다. 그것을 '1940년 체제'라고 명명하면서 전시 체제에서 발아한 일본의 산업을 간접 금융이라는 은행 중심의 금융 시스템이 지원한 것이라고 말한다. 그 밖에도 재정 제도, 관료 체제, 토지 제도, 고용

---

9 2020.2, "人災以外の何物でもない日本経済「失われた30年」", 月刊『集中』, 集中出版株式会社.

제도도 모두 전시 체제에 기원한다고 주장했다. 이 '1940년 체제'가 전후 일본의 고도 성장의 기반이 되었다는 것이다. 물론 패전 후에 등장한 새로운 시스템을 전면 부정하는 것은 아니고, 전후 개혁이 경제적으로도 구체제를 완전히 타파하지는 못했다는 면을 강조하는 것이다. 따라서 고도 성장의 기본은 '전시 체제'의 지속임을 강조한다. 구체제가 붕괴하면서 비로소 '전시 경제'에서 탈피할 수 있었다는 것이다. 그리고 1995년 무렵 바로 금융 자유화가 일본을 엄습했고, 전후 발전된 산업 국가가 금융 경제로 전환하는 과정에서 산업을 축으로 하는 일본 경제가 적응하지 못하고 이후 일본 경제의 질곡이 되어 잃어버린 20년을 이어가는 것이라고 문제를 제기하고 있다.[10]

패전 후, 일본이 냉전을 계기로 서방 국가의 국제적인 틀 안으로 편입되어 자본주의가 고도로 발전할 수 있었다는 것은 부정할 수 없다. 제2차 세계대전은 세계가 이성을 잃고 살육 전쟁을 한 후, 추축국은 물론 연합국까지 종주국들은 모두 식민지를 잃는 계기가 되었다. 전승국이라고 해도 전쟁으로 무엇을 얻었는지 이성적으로 되돌아보는 순간이었다. 때문에 전쟁 후에 이해를 조정하는 시스템을 구축하고자 하는 국제협조노선이 나타났다. 그리고 그 과정에서 세계 공황으로 촉발된 블록경제가 제2차 세계대전의 요인이었다는 반성이 나오고, 방지를 위해 무역 자유화와 관세 인하를 목적으로 GATT를 설립하고, 국제간의 자금 편재를 융통하는 기관으로 IMF를 발족했다. 그러나 이러한 시스템은 자본주의적인 구조이기 때문에 소련 연방과 해방된 식민지 국가

10　野口悠紀雄, 1995, 『1940年体制』, 東洋経済新報社.

에는 받아들여지기 어려웠다.¹¹

　당시, 이러한 정치적 냉전 상태에서 일본은 양자택일적인 선택을 할 수밖에 없었고, 따라서 중립적인 재건은 불가능해졌다. 결국 샌프란시스코강화조약·미일안보조약·미일행정협정이라는 미국 주도의 전후 부흥은 현실적으로 받아들여졌다. 그 후 일본은 미국에 대한 의존도와 종속을 강화하면서 자본주의적 경제발전을 이루지만, 다른 한편으로 오키나와의 희생으로 인한 국민 균열과 아시아 국가들에 대한 멸시와 차별 의식이 강화되었다. 그리고 1950년 한국전쟁의 발발로 인해 전쟁특수를 누리며 경제적 부흥을 꾀할 수 있었던 일본은, 1956년 경제백서에 '더 이상 전후가 아니다(もはや戦後ではない)'라는 말과 함께 다음과 같이 패전의 복구가 마무리되었음을 선언했다.

　전후 일본 경제 회복의 신속함은 정말 모두의 뜻밖이었다. 그것은 일본 국민의 근면한 노력으로 배양되고, 때맞춘 세계 정세의 발전으로 키워졌다. 그러나 패전으로 골이 깊게 곤두박질쳤다는 사실 자체가 그 골짜기에서 올라가는 속도를 빠르게 했다는 사정도 잊을 수 없다. 경제의 부양 능력은 부족하지 않았다. (중략) 소비자는 항상 더 많은 물건을 사려고 마음을 먹었고, 기업들은 항상 더 많이 투자하려는 마음가짐을 가지고 있었다. 이제 경제 회복에 따른 부양 능력은 거의 고갈되었다. (중략) 더 이상 '전후'가 아니다. 우리는 이제 다른 상황에 당면하려고 한다. 회복을 통한 성장은 끝났다. 향후 성장은 근대화에 의해 유

11　金子貞吉, 2018, 「戦後日本経済の時期区分」, 中央大学経済研究所年報 第50号, 87쪽.

지된다. 그리고 근대화의 발전도 신속하고 안정적인 경제 성장으로 비로소 가능한 것이다.[12]

여기에서 주목할 부분은 "우리는 이제 다른 상황에 당면하려고 한다. 회복을 통한 성장은 끝났다. 향후 성장은 근대화에 의해 유지된다"이다. 일본은 이미 전후체제를 완성하는 과정은 복구만이 아니라, 근대화에 바탕을 둔 다시 말해 전쟁으로 인해 실현되지 못한 주변국과의 이해 조정과 협조를 통한 안정적인 경제 발전을 의미한다고 인식하고 있었다. 그러나 일본의 전후체제는 그렇지 못했다. 패전의 귀결로서 정치·경제·군사적인 의미에서 강력한 대미 종속 구조가 형성되면서 아시아에서의 대립과 갈등은 그대로 남겨둔 이중적인 구조가 되었다. 이러한 구조는 메이지유신 이후 탈아론을 외치며 서구 중심의 제국주의 정책과 아시아에 대한 식민지 정책을 펼치던 전전의 일본과 크게 다르지 않다.

이러한 의미에서 보면, 결국 일본은 오늘날에도 '패전'이 결코 사라지지 않고 표면화되어 있는 상태라고 할 수 있다. 그 이유는 패전을 인식하는 데 교묘하게 은폐하거나 그것을 부정하는 일본인 대부분의 역사인식·역사적 의식의 구조가 불변하기 때문이다. 시라이 사토시(白井聡)는 이렇게 일본은 패전을 부인함으로써 제한 없는 대미 종속을 계속해야만 하고, 대미 종속을 계속하고 있는 한 패전을 계속 부인할 수 있으며, 이러한 상황을 '영속패전'이라고 명명하고 있다.[13]

---

12 内閣府のホームページ, 1956年度 白書.
13 白井聡, 『永続敗戦論―戦後日本の核心』, 47~48쪽

미국과의 관계를 축으로 생각할 경우, 전후라는 것은 '일본에게는 사정에 맞추어 어중간한 상태로 있는 것이 허용되는 시대'였다. 문예평론가 에토 준(江藤淳)은 1970년 초에 전후 일본을 '놀이(ごっこ)'의 세계라고 비판했다.[14] 그는 '놀이'라는 말을 일본어 사전인 고지엔(広辞苑)에서 풀이한 "어떤 사물의 흉내를 내는 유희"라는 문구를 단서로 하여, "현실에서 조금 비켜나고, 그 때문에 이른바 희석되어 완화되는 행위"라고 정의한다. 에토는 일본이 '놀이'의 세계와 비슷하다고 말하며, 현실에서 눈을 돌리고 있다고 비판했다. 또한 일본이 무엇을 해도 '놀이'가 되어버리는 것은 결국 전후 일본인이 자기동일성을 잃어버렸기 때문이라고 말하고 있다. 그럼 왜 일본은 자기동일성을 잃어버렸는가? 일본인이 자국의 방위를 스스로 짊어지지 않고 미국에 맡기고 있기 때문이라는 것이다. 그는 국가 방위 문제는 개인의 존립 문제와 직접 연결되어 있는 것으로 자국의 국방을 남에게 맡기고 있다는 것은 자신의 존립을 남의 손에 맡기고 있는 것과 다르지 않다고 주장한다. 그럼에도 그는 무조건 미국으로부터 독립해야 한다고 외치는 것이 아니라, 안보 측면에서 미국에 의존할 수밖에 없다고 인정한다. 즉, 일본인이 자기동일성을 회복하고 진정한 자립을 하려면 미국으로부터 독립한다는 목표를 가져야 하지만, 안보 측면에서는 계속 미국의 수호를 받아야 한다는 것이다.

이처럼 일본의 전후가 어중간한 상태에 놓여 있다는 것을 에토는 잘 표현하고 있다. 결국, 일본은 안전보장의 비용이나 위험을 억제한 채

---

14 江藤淳, 1989.7, 「「ごっこ」の世界が終ったとき-70年代にわれわれが体験すること」, 『諸君!』20年の発言(特別企画)『諸君!:日本を元気にするオピニオン雑誌』21(7), 240~251쪽.

경제 성장에 매진하여 높은 번영을 달성한다는 목표를 가지고 기대 이상의 결과를 얻게 되었지만, 국가의 존재 방식을 위한 합리적인 논리를 세울 수는 없었다. 이것을 돌파하여 어떻게든 합리적인 논거를 제공하고자 하는 시도, 다시 말해 '좌'의 입장에서 혁명을 목표로 하는 것이든, '우'의 입장에서 대미 자립을 목적으로 하는 것이든, 행동에서 정치적인 현실미가 떨어지게 된다. 따라서 일본은 어중간한 방식을 고수하는 것이 현실적으로 어려워지고 있다는 것을 자각하면서 탈각의 목소리가 높아져 간다. 그렇다면 '전후로부터의 탈각'은 일본의 존재 방식을 둘러싼 어중간함으로부터의 탈각으로 규정될 것인가?

사토 겐지(佐藤健志)는 '전후로부터의 탈각'은 실제로는 세 가지 노선이 존재한다고 말한다. 첫째는 미국에 전면적으로 의지하는 〈완전종속형〉의 탈각이다. 이는 전후 일본이 현재까지 취하는 안보정책과 일치한다. 다음은 미국과 거리를 두는 노선으로, 여기에서 다시 두 개의 노선으로 나누어진다. 그 하나는 '평화국가'로 안전보장에 관해 소극적인 태도를 취함으로써 헌법 전문에 기술된 '각 국민의 공정과 신의'에 의지하여, 국가의 존립과 발전을 도모하는 〈절대평화형〉의 탈각이고, 나머지는 '보통국가'로 안전보장에 관해 적극적인 태도를 취함으로써 독자적인 국가전략을 수행하고, 국가의 존립과 발전을 도모하는 〈자주독립형〉의 탈각으로 규정할 수 있다.[15]

또한 사토는 〈자주독립형〉과 〈완전종속형〉 사이에는 '안전보장정책에 대한 적극성'이라는 공통항이 존재한다고 말하고 있다. 집단적 자위

---

15 佐藤健志, 2016, 『戦後脱却で、日本は「右傾化」して属国化する』, 德間書店, 19~24쪽.

권의 행사를 둘러싼 논의가 보여주는 것처럼, 미국의 세계 전략에 동조하기 위해서라도, 안전보장에 대한 소극적 태도는 없어져야 한다는 것이다. 즉, 〈완전종속형〉과 〈절대평화형〉의 공통 분모는 '쇼와의 전쟁, 특히 아시아·태평양전쟁에서 일본의 입장에 관한 부정적 평가' 및 '탈각이라고 불리고 있는 〈전후의 완성〉을 목표로 하는 경향'이 있다는 것이다. 사토는 전후 미일관계의 근저에는 아시아·태평양전쟁을 둘러싼 '미국=정의, 일본=악'이라는 전제가 존재하고 있고, 그렇기 때문에 〈완전종속형〉의 노선에 의해 미국의 전면적인 부하가 된다고 한다면, 기존의 평가를 뒤집는 것은 허용되지 않는다고 결론을 내리고 있다.[16]

이와 같이 전후 일본의 본질은 미국에 종속되는 것도 아니고, 절대평화주의의 풍조가 강해진 것도 아니다. 불완전한 종속 아래, 나라의 존재 방식이 어중간한 채로 줄곧 계속되어 왔던 것이다. 그리고 전후 탈각을 둘러싼 어떤 노선도 다른 노선과 완전히 별개는 아니다. 전후 〈절대평화형〉 노선이 일본국 헌법 제9조를 근거로 하여 정착되는 듯했지만, 냉전과 한국전쟁 등 국제정세 속에서 안보를 미국에 전면 의지하는 〈완전종속형〉의 성격을 띠게 되었다. 따라서 일본은 대미 종속이든 절대평화주의든 중첩된 부분이 존재하는 이상, 어느 쪽도 충분한 계기만 있다면, 다른 노선으로 이행 내지 탈선할 수 있다. 일본에서 '잃어버린 30년'의 위기와 함께 다시 대두된 '전후로부터의 탈각'은 이러한 과정에서 나온 것이며, 다음 장에서는 '전후 레짐'의 논리가 어떻게 변화해 가는지 살펴보고자 한다.

---

16 佐藤健志, 『戦後脱却で、日本は「右傾化」して属国化する』, 19~24쪽.

3. 전후 레짐의 변화: 나카소네와 아베의 전후 탈각

1) 나카소네의 '전후 정치의 총결산'

 '전후'라는 역사의 틀에 대한 비판이나 불평을 적극적으로 시도한 것은 주로 우파 세력이었다. 예를 들면 1982년에 정권의 자리에 앉은 나카소네 야스히로(中曽根康弘)는 '전후 정치의 총결산'을 표방하였고, 2006년에 성립한 아베 신조 정권은 '전후 레짐으로부터의 탈각'을 제창했다. 또한 일반적으로 '전후 민주주의'에 대한 비판·불만을 계속 말한 것은 신좌익을 제외하면 보수를 표방하는 세력이 주를 이룬다. 이와 더불어 보수 세력은 전후 민주주의의 개혁을 주장했다. 이처럼 전후 일본에서 거의 일관되게 보수 세력이 지배적 입장을 유지해 왔음에도 '전후 끝내기'는 성공하지 못했을 뿐만 아니라, 1993년의 '55년 체제' 붕괴 이후 보수 우익의 위기감은 고조되어 '전후 끝내기'에 더욱 집착하는 경향을 더해 갔으며, '전후 레짐'에 대한 내용도 구체화, 가속화되었다.

 〈표 1〉에서와 같이 1982년 나카소네 정권 이래로 전후 개혁과 개편을 표방한 정치인들이 계속 있었음에도, 나카소네 이후 24년이 지나서야 성립한 아베 정권이 '전후 레짐으로부터의 탈각'을 본격적으로 주장하고 나섰다. 그러나 아베가 주장하는 '전후 레짐으로부터의 탈각'은 실질적으로 전후 일본의 상징인 헌법 제9조에 대한 해석 개헌, 해외 파병 등을 상정한 것으로 이전의 '전후 레짐'과는 차이가 있다. 그럼에도

일본에서 여전히 '전후'라는 역사 구분이 계속되고 있다. 따라서 나카소네와 아베의 보수 논리, '전후 개혁' 논리를 전후 탈각을 중심으로 그 차이에 주목할 필요가 있다.

〈표 1〉 전후 개혁 정치를 표방한 정치인

집권 연도	정치인	개혁 정책
1982~1987	나카소네 야스히로	전후 정치의 총결산
1989~1994	오자와 이치로(小沢一郎)	정치 개혁과 정계 재편
1996~1998	하시모토 류타로(橋本龍太郎)	6대 개혁, 백래시(Backlash: 반동, 반격)
2001~2007	고이즈미 준이치로(小泉純一郎) 아베 신조	구조 개혁 전후 레짐으로부터의 탈각
2012~2019	아베 신조	일본을 되돌린다(日本を取り戻す)

먼저 1980년대 전후 정치의 총결산 담론과 다차원의 개혁 정책, 즉 헌법 개정, 행정 개혁, 교육 개혁 등의 수정주의적 방향을 주도하고 '보수혁명'의 흐름을 형성한 나카소네 수상의 집권기(1982~1987)를 살펴보자. 나카소네는 1947년 정계에 입문하여 20회 연속 중의원에 당선되어 역대 최다 당선 기록을 세웠다. 제71, 72, 73대 내각 총리대신으로 4년 11개월 재임했으며 전후 평화헌법의 개정 등 우경화 정책을 주창하였다. 반면, 전후 일본 총리로서 처음으로 한국을 공식 방문하여 한국과의 관계 개선을 시도하기도 했으나, 1985년 일본 총리로서는 처음으로 야스쿠니 신사를 참배하여 한국과 중국 등 주변국의 비난을 받았다. 당시 일본 내에서는 나카소네 수상의 야스쿠니 신사 공식 참배로 인해 야기된 사회 분위기를 보수 세력이 규합하면서 보수화운동을 추진하였

고, 일본 외에서는 '야스쿠니 문제'와 더불어 전쟁 책임 논의가 구체화되면서 국제화되어 갔다.[17]

나카소네 정권은 전후 일본의 고도 경제 성장이 정점에 이른 시기에 출범하여 정책 목표를 '전후 정치의 총결산'으로 정했다. 나카소네는 이에 대해 "패전으로 인하여 잃어버린 좋은 점을 되살려 일본 본래의 문을 열기 위함"이라고 설명했다.[18] 이는 대외적으로 "세계의 평화와 번영에 적극적으로 공헌하는 국제국가 일본"의 실현과 국내적으로 "21세기를 향한 늠름한 문화와 복지 국가 만들기"를 목표로 하고 있다. 원래 '전후 총결산'이라는 용어는 오히라 마사요시(大平正芳)가 1971년 9월에 '고치카이(宏池会)'의 청년연수협회에서 강연한 "일본의 신세기 개막(日本の新 世紀の開幕)"에서 나왔다. 그는 "우리나라는 지금 전후 총결산이라고 해야 할 전환기를 맞이하고 있다. 지금까지 오로지 풍요로움을 위해 노력해 왔는데, 손에 넣은 풍요로움 속에서 반드시 진정한 행복과 삶의 보람을 발견할 수는 없었다. … 체면 불구하고 경제의 해외 진출을 시도했지만 그 진출의 과격함으로 인하여 외국의 질시와 저항을 받게 되었다"라고 설명하면서 전후 일본의 경제 성장주의에 경종을 울렸던 것이다.[19] 같은 맥락에서 나카소네도 1980년대의 경제대국화에 이어 정치대국으로의 의지를 표명한 것이다.[20]

---

17 유지아, 2020, 「야스쿠니 문제의 국제화와 일본의 보수운동-나카소네 총리의 공식 참배 문제를 중심으로」, 『한일민족문제연구』 39 참조.

18 中曽根康弘, 2004, 『自省録』, 新潮社, 17쪽.

19 大平正芳, 1977, 『風塵雜姐』, 鹿島出版会, 97쪽.

20 유지아, 2020, 앞의 논문, 91~92쪽.

한편 나카소네는 극동국제군사재판(아시아·태평양전쟁 전범 재판, 이하 도쿄재판)에 대해 자학적이라고 평가하면서도 전후는 총결산되어야 한다는 취지에서 도쿄재판의 판결을 인정하였다. 1986년에 도쿄재판을 둘러싸고 야스쿠니 신사의 A급 전범 합사 문제와 관련하여 야스쿠니 신사 공식 참배 지지자들은 재판 자체를 부정하는 목소리를 높였다. 그뿐만 아니라 후지오 마사유키(藤尾正行) 문부대신도 8월 15일 야스쿠니 신사 참배 후에 가진 기자 회견에서 "나는 도쿄재판을 정당하다고 인정하지 않습니다"라고 발언했다. 이에 8월 19일에 고토다 마사하루(後藤田正晴) 관방장관이 중의원 내각위원회에서 전후 연합군에 의한 도쿄재판에 대해 "도쿄재판에는 다양한 의견이 있다"고 전제하면서도, "샌프란시스코평화조약 11조에서 국가와 국가의 관계에서 일본은 도쿄재판의 결과를 수락하고 있다"는 사실을 밝혔다. 이날 고토다 관방장관의 답변은 정부의 통일 견해로 도쿄재판의 정당성을 인정하고 A급(B, C급) 전범이 존재한다는 견해를 밝힌 것이다.[21] 여기에 대해 시바타 무쓰오(柴田陸夫, 공산당)는 "후지오 발언은 나카소네 내각의 견해와 모순되는 것이 아닌가"라고 내각 불일치를 지적했으나 여기에 대해서는 답변을 피했다.

그리고 나카소네는 같은 해 9월 16~17일의 중참의원 양원의 대표 질문에 대한 답변에서 중일전쟁, 아시아·태평양전쟁에 대한 '역사관'을 피력했다. 일반적으로는 잘 알려지지 않은 만주사변 후 화북 진출의 역사적 사실까지 언급하면서 중일전쟁의 '침략적'인 측면을 강조했다.

---

21 『每日新聞』, 1986.8.20, "東京裁判は正当―中曽根内閣の統一見解"

대학의 근대사 강의식 어조로 야스쿠니 신사의 A급 전범 합사를 공식적으로 비판하자 수상의 의식적인 변신에 여야를 불문하고 큰 관심이 쏠렸다. 그 내용은 다음과 같다.

> 금세기 초부터 서구 열강은 중국에 대한 이권을 요구하고 다양한 이권을 획득했다. 아시아에서 일본은 중국의 영토를 보전할 입장에 있었지만, 서구 열강의 입장에 서는 면이 있다. …
> 중국에 대한 21개조 요구, 장작림(張作霖) 폭파 사건, 유조호(柳条湖) 사건 등 일련의 것을 계속 반성해 볼 필요가 있다. …
> (일본의) 중앙 정부는 불확대 방침을 제기했지만, 현지군이 점점 과잉 방어라는 관점에서 확대한 것을 반성해야 한다.…[22]

이와 같이 수상이 개별적으로 역사 사실에서 나아가 전쟁관을 말하는 경우는 매우 이례적인 일이었다. 자민당의 역대 내각은 아시아·태평양전쟁의 평가에 대해 "후세 역사가의 판단을 기다려야 할 것"이라고 언급을 피해 왔다. 그러나 나카소네는 취임 직후 관계 각국과 세계의 역사가들에게 침략 전쟁이었다는 판정을 받았다는 견해를 처음으로 표명하여 주목을 받았다.[23] 이후 '침략 사실'을 인정하는 자세를 보이고 있지만, 다른 한편으로 야스쿠니 신사 공식 참배를 강행하면서 이른바 '민족파'의 입장도 견지하고 있었다. 이는 나카소네 시대에 자민

---

22 "A級戦犯合祀批判―首相, 意識的に変身?", 『毎日新聞』, 1986.9.18.
23 쇼와 57년(1982) 12월 22일 참의원 예산위원회

당이 추구한 목표가 아시아의 정치적 리더십 확립이라는 점에서 보았을 때 전후 처리 문제가 큰 걸림돌이 되고 있다는 판단에서 전쟁의 침략성·가해성을 일단 인정한 상태에서 필요한 최소한의 '사과'를 행한다는 궤도 수정을 한 것이었다.

즉, 1980년대 일본의 '전후 정치의 총결산'은 역사인식에서는 갈등적 쟁점들을 정치화시킴으로써 네오내셔널리즘의 형성이라는 사회적 반향을 조성했다. 역사 문제도 당시의 주류적 추세에 따라 정부와 민간 차원으로 다기화하였으나, 방식은 회고적 국가관에 기반한 우익 사회 운동 방식 위주로 구현되어 갔다. 이에 따라 일본의 포스트 전후 구상은 국제적 시점에서 설정하고 인접국과의 역사 문제만은 자국중심적 시점에서 접근하려고 함으로써 관점의 편향성과 이중성이 심화되어 한일 상호인식의 갈등을 배가시키는 역설적 결과를 가져왔다.[24] 따라서 1980년대 일본이 시도했던 '총결산' 과정에서 드러난 역사 문제 및 그와 연계된 해석과 인식의 갈등은 이후 한일 관계에서 중대 과제로 남겨졌다. 때문에 언제든 양국이 대결하는 특정한 계기가 생기거나 국제정치의 마찰 요인으로 인한 긴장 국면이 조성될 때마다 재분출하여 재현되고 있는 것이다.

---

[24] 최은봉, 2020, 「1980년대 일본 보수운동의 형성과 나카소네 교육 개혁-'전후 정치 총결산'의 역사정치적 함의」, 『한일민족문제연구』 39, 50쪽.

2) 아베의 '전후 레짐으로부터의 탈각'

아베 신조는 1989년에 참의원의원 선거에서 도이 다카코(土井たか子)가 이끈 일본사회당이 승리하고, 1994년에는 사회당의 무라야마 도미이치(村山富市)를 수반으로 한 지샤사(自社さ: 자민당, 사회당, 신당사키가케) 연립정권이 발족하는 시기인 1993년에 중의원 의원에 선출되었다. 이후 고이즈미 준이치로 내각에서 관방부장관, 자민당 간사장 등을 역임하면서 정치인으로 성장했다. 그리고 2006년 9월에 고이즈미 총재의 임기 만료와 함께 치러진 자민당 총재 경선에서 총재로 선출되고, 총재 선출 6일 만에 일본 총리에 취임, 패전 후 최연소 총리(당시 52세)이자 1945년 이후 태어난 전후 세대의 첫 총리라는 점에서 기대를 모았다. 하지만 이듬해인 2007년 7월 참의원 선거에서 야당에 참패하고 2009년 민주당 정권이 탄생하면서 물러났다가, 2012년 12월 26일에 재등판하여 2019년 9월 16일 수상직을 사임하기까지 7년 9개월 동안 총리직에 머물렀다. 이로써 아베가 이끄는 자민당은 여당이었던 일본 민주당으로부터 다시 권력을 찾아왔을 뿐만 아니라, 자민당 1당 우위 체제를 재건하는 데 성공했다. 이후 아베 정권 기간 동안 자민당은 모든 국정 선거에서 야당을 압도하였다.[25]

이 시기 아베가 자민당 지배의 공고화를 바탕으로 이루고자 했던 정

---

25 아베는 2013년 7월 21일 참의원 선거, 2014년 12월 14일 중의원 선거, 2016년 7월 10일 참의원 선거, 2017년 10월 22일 중의원 선거, 2019년 7월 28일 참의원 선거에서 모두 승리하면서 총 5번의 국정 선거를 승리로 이끌었다.

치적 목표의 핵심은 '탈전후(脫戰後)' 또는 '전후체제로부터의 탈각'이라고 주장한다. 다시 말해, 아베는 1955년 체제하에서 보수본류 노선으로 자리 잡고 있던 '요시다 노선'에 근본적인 변혁을 가하기 위해 '탈전후하는 일본'을 만들고자 한 것이다.[26] 일반적으로 보수본류라는 것은 제2차 세계대전 후에 보수 정치의 노선을 마련한 요시다 시게루(吉田茂)의 정치 수법을 잇는 정치가나 파벌을 가리킨다. 흔히 보수본류의 본질은 현행 헌법을 존중하는 입장에서 샌프란시스코평화조약과 일미안보조약으로 인한 대미 종속의 외교 노선을 취하는 것이라고 정의한다.[27] 그러나 아베는 '잃어버린 20년'이라는 용어를 자주 사용하여 위기의식을 고양시키면서, '전후체제로부터의 탈각'은 1990년대 이후 20년 동안을 경기침체가 지속되는 가운데 심화된 사회적 불평등을 개혁하는 보다 현실적이고 실질적인 개혁이라 주창했다.

아베의 복권에 가장 공헌한 것은 안보면에서는 '미일 동맹의 글로벌화'였고, 경제면에서는 '아베노믹스'를 통한 성장 동력 마련이었으며, 이념면에서는 '강한 일본'을 되찾아오겠다는 민족주의의 부활이었다. 복고적인 민족주의와 적극적 국제주의의 교묘한 결합을 통해 일본의 국운 상승을 시도한 것이다. 3·11 이후 가라앉고 있는 일본의 자신감을 되살려 '강한 일본을 되찾아오겠다(強い日本を取り戻す)'는 호소는 일본인들의 마음을 사로잡았다. 2006년 아베가 그린 일본의 미래상이 일본의 전통적인 역사, 자연, 전통, 문화 등에 기반을 둔 '아름다운 나라

---

26 박철희, 「아베 시대의 대전환: 자민당 지배 공고화를 통해 탈전후하는 일본」 참조.

27 中村政則, 2005, 『戰後史』, 岩波書店(新赤版 955).

(美しい国)'였다고 한다면,[28] 2012년 그가 그린 일본의 미래상은 '새로운 일본(新しい日本)'이었으며 이는 곧 '강한 대국 일본'이었다.[29]

'강한 대국 일본의 부활'을 모토로 내건 아베는 본격적으로 전후체제로부터의 탈각을 시도하였다. 패전 후, 요시다 독트린은 경제 성장을 최우선 목표로 설정하면서 군사 대국이 아닌 무역과 통상을 통한 경제대국으로 국제사회에 재진입하는 것을 꿈꾸었다. 반면, 아베의 일본은 정치 외교적인 역할을 적극적으로 수행하여 국제사회에서 보통국가로서의 위상을 확립하는 것을 목표로 하였다. 이른바 '적극적 평화주의'라는 이름으로 국제 평화와 안정에 기여한다는 명목으로 '보통국가=전쟁을 할 수 있는 국가'를 만들겠다는 것이다.

아베는 2013년 10월 15일 임시국회에서 "국제협조주의에 기반하여 적극적으로 세계의 평화와 안정에 공헌하는 국가가 되어야만 합니다"라고 연설하면서, 호헌을 통한 평화주의를 '소극적 평화주의'라고 일방적으로 규정하였다.[30] 아베가 말하는 '적극적 평화주의론'은 장래에 일본이 취할 수 있는 군사 행동에 대한 비판을 회피하고, 군사국가화로의 이행을 원활하게 하고자 하는 편법에 불과하다. 따라서 '적극적 평화주의론'과 세트로 등장한 것이 집단적 자위권 행사다. 일본은 집단적 자위권에 대해 '국제법상 보유하고 있으나 행사할 수 없다'는 해석을 취해왔다. 이러한 기존 해석에 대한 재해석을 통해 일본이 집단적 자위권

28　安倍晋三, 2006, 『美しい国へ』, 文春新書.
29　安倍晋三, 2013, 『新しい国へ』, 文春新書.
30　2013년 10월 15일의 임시국회

을 행사함으로써 보통국가로 전환하고자 하는 움직임을 보이고 있다. 한편, 2014년에 미일안보협의위원회에서 채택한 '더 강고한 동맹과 더 많이 공유하는 책임'이라는 공동성명에서 미국은 집단적 자위권을 행사하기 위한 일본의 헌법해석 변경 등 군사적 역할을 확대하려는 노력을 환영한다고 밝혔다. 이는 2008년 제1차 아베 내각 때 작성한 "야나이(柳井俊二) 보고서"[31]에서 공해상에서 미국 군함이 공격받을 때 자위대가 반격하는 경우, 미국으로 향할 가능성이 있는 미사일을 일본이 요격하는 경우 등으로 표현된 집단적 자위권 등을 염두에 둔 의사 표현일 것이다. 그러나 만약 미일안보관계에서 이보다 더 나아간 역할을 상정하여 완전한 자주 독립을 꾀하려고 할 경우 미국이 계속 지지할 것인가는 의문이다. 즉 전후 대일강화조약과 미일안보조약에서 규정한 미국의 일방적인 집단적 자위권이 유지되지 않을 경우 일본의 집단적 자위권 문제는 일본만의 문제는 아니기 때문이다.[32]

'적극적 평화주의론'의 본래 의미는 전쟁이라는 가시적인 폭력뿐만 아니라, 빈곤·차별·억압 등 불가시적인 폭력(구조적 폭력)에 대한 불식까지를 목표로 하는 개념이다. 실제로 영어 표현도 일반적인 '적극적 평화주의'는 'Positive Peace'인 데 반해, 아베는 'Proactive Contributor to Peace(솔선해서 평화에 공헌하는 존재)'를 사용하고 있다. 이에 대해 평

---

[31] 제1차 아베내각 때 일본의 집단적 자위권 문제와 일본국헌법의 관계 정리 및 연구를 위해 수상의 사적자문기관 설치된 '安全保障の法的基盤の再構築に関する懇談会'의 회의 내용을 2008년 6월 좌장인 야나이 슌지(柳井俊二)의 이름으로 작성된 보고서.

[32] 유지아, 2014, 「전후 일본의 안보체제와 집단적 자위권-안보조약과 신안보조약을 중심으로」, 『일본학』 제39집, 261~262쪽.

화학 전문가인 쓰보이 치카라(坪井主税) 삿포로학원대학(札幌学院大学) 명예교수는 'Proactive'는 군사 용어로 사용하면 '선제공격'의 뉘앙스가 강하다고 지적하고 있다.[33] 이러한 의미에서 보면, 아베의 '적극적 평화주의'는 대적하는 상대에 대한 선제공격을 그만두지 않겠다는 의사 표현으로 받아들여야 한다는 것이다.[34] 그뿐만 아니라 미일동맹의 형태에도 종래의 대미 종속으로 일관했던 보수원류와는 다르게 미국과의 관계를 상대화하는 방향으로 나아가고자 한다. 따라서 아베는 표면상으로는 대미 종속을 관철하면서 다른 한편으로는 대미 자립을 지향하고 있다는 평가를 받고 있다. 이러한 정책은 일찍이 아베의 외할아버지인 기시 노부스케(岸信介)가 요시다 시게루의 대미 종속과 하토야마 이치로(鳩山一郎)의 대미 자립론의 중간을 취해 '대미 종속·대미 자립'을 동시에 취하고자 했던 방식과 흡사하다.

아베 정권에 들어 가속화하고 있는 또 하나의 전후체제의 탈각은 '아시아의 타자화'이다.[35] 일본의 아시아에 대한 인식을 살펴보면, 역사적으로 탈아론에서 아시아를 스스로 극복해야 할 자기 한계로 인식했고, 대동아공영권론에서는 보호해야 할 대상으로 정당화하였으며, 전후에는 발전시켜야 할 대상으로 타자화하고 있다. 이러한 인식하에 아베 정권 시기에는 한반도, 중국, 타이완으로 이루어진 동북아시아 지역으로

---

33 『東京新聞』, 2014.1.19.

34 纐纈厚, 2014, 『反"安倍式積極的平和主義"論-歷史認識の再検証と私たちの戦争責任』, 凱風社, 278쪽.

35 오승희, 2018, 「아베 내각의 아시아 정책-강한 일본을 위한 아시아의 타자화」, 『일본연구』 제75호, 107~108쪽.

부터의 위협과 그 이외 지역에 대해 우월성에 기반하여 극복해야 할 대상과 발전 대상으로 나누어 아시아를 바라보고 있다.

그리고 이러한 인식은 '대동아전쟁의 찬미'와 '침략 전쟁의 부정', '도쿄재판의 부정'으로 상징되는 아베 정권의 역사인식과 밀접한 관계가 있다. 특히 아베 총리가 추진하고 있는 정책을 적극적으로 지원하고 있는 일본회의의 역사인식과도 일치한다. 일본회의는 1992년 5월에 실시한 중의원 선거에서 전후 장기정권을 유지하고 있던 자민당이 패배하고, 일본신당을 창당하여 승리한 호소카와 모리히로(細川護熙)가 추진한 침략 전쟁 사죄에 대한 반대운동을 통해 성장했다. 일본의 보수단체는 1994년 4월에는 '종전 50주년 국민위원회(終戦50周年国民委員会)'를 결성하여 국회의 전쟁사죄결의 반대 서명을 개시했다. 이러한 운동을 전개한 '일본을 지키는 국민회의(日本を守る国民会議)'는 1981년에 자위대를 중심으로 한 안전보장 문제와 애국심 교육, 자주헌법 개정을 지향하며 '원호법제화실현국민회의(元号法制化実現国民会議)'를 개조하여 발족했다. 그리고 1997년에는 '일본을 지키는 회(日本を守る会, 1974년 설립)'와 통합하여 '일본회의(日本会議)'를 설립했다.[36] 일본회의는 현재 임원을 비롯한 중앙본부임원 약 400명과 47개 현 본부 임원 약 3,100명이 있으며, 현재까지도 약 35,000명의 회원을 가진 일본 보수우익의 최대 조직이다.[37] 일본회의는 아시아·태평양전쟁기 일본의 국가체제와 대외전쟁을 비판적으로 보는 역사인식에 대해 '자학사관' 또는

---

36 유지아, 2020, 앞의 논문, 107~108쪽.

37 http://www.nipponkaigi.org/about/yakuin "役員名簿".

'도쿄재판사관'이라는 이유로 규탄하면서, 이러한 사관은 마치 일본을 나쁜 나라라고 선전하기 위해 그런 사실을 다루고 있다고 주장한다.[38]

1990년대 중반 이후 일본회의의 주요한 활동 키워드를 뽑아보면, 천황, 교육, 헌법으로 정리할 수 있다. 특히 교육제도 및 황실제도 개혁은 일본회의가 추진하고 있는 국민운동의 두 개의 중심축이다. 실제로 일본회의 홈페이지에는 패전 후 일본을 통치한 GHQ에 의해 천황가의 계보가 위기를 맞이했을 뿐만 아니라, "세계에서 절찬했던 '교육칙어'를 강제로 폐지하게 하여, 공(公)에 대한 봉사와 헌신을 중요시하는 일본인의 특성을 약화시키고, 서구 문화의 개인주의를 일본인에게 강요하여, 개인의 주장이야말로 민주주의라고 강조하여 국가의 국체(国体)를 열악하게 추진하는 방향으로 이끌었다"고 주장하는 의견들이 있다.[39] 메이지 국가의 교육 철학인 '교육칙어(敎育勅語)'는 천황에 충성하는 신민(臣民)을 양성하는 것이었는데, 아베 정권이 추진한 교육기본법 개정이 천황제 국가 및 교육칙어와 관련이 있음을 보여주는 사례라 할 수 있다. 즉 아베 정권의 교육 이념은 메이지 시대의 '교육칙어'가 지향하는 철학과 크게 다르지 않으며, 이는 패전 후 일본이 추진한 민주화 정책에 반하는 '반리버럴리즘(反リベラリズム)'적인 노선이라고 평가할 수 있다.

이상에서와 같이 나카소네 시대에는 아시아의 정치적 리더십을 확

---

38 山崎雅弘, 2016, 『日本会議 戦前回帰への情念』, 集英社新書, 164~175쪽.

39 https://www.nipponkaigi.org/opinion/archives/6699 일본회의 홈페이지 "十一宮家の皇族復帰を望む", ブラジル日本会議 理事長 小森 広 (2013.01.09)

립하는 데 전후 처리 문제가 큰 걸림돌이 되고 있다는 판단에서 전쟁의 침략성·가해성을 일단 인정한 상태에서 필요한 최소한의 '사과'를 행한다는 궤도 수정을 하고 있었던 반면, 아베 시대에는 아시아를 타자화하여 보고 있기 때문에 침략 전쟁을 부정하는 역사인식으로 나타나고 있다. 즉, 아베 시대에 접어들면서 일본은 '반리버럴리즘'의 기치를 숨기지 않고 드러냈다. 사죄와 반성의 회한공동체에서 의식적으로 이탈하겠다는 것이며, 지속적으로 사죄와 반성을 요구하는 중국과 한국 등 불편한 이웃 나라는 점점 타자화하면서 일본의 자존심과 자긍심 고양에 주력하겠다는 것이 아베의 자세다. 그리고 국제 정치에서는 적극적 평화주의를 내세워 보통국가, 전쟁을 할 수 있는 국가를 만들겠다는 의지를 선명하게 비치고 있다는 점에서 기존의 '전후 레짐'과 큰 차이를 보이고 있다.

4. 전후 탈각과 일본의 역사인식

1) 전후 70주년 종전기념 담화의 역사인식

앞에서 살펴본 전후 탈각에 대한 의지는 어떠한 형태로 발현되는가를 살펴보기 위해 아베 정권의 역사인식을 살펴볼 필요가 있다. 역사인식은 일본이 전쟁기 피해국가들과 진정한 화해를 실현하고 평화적으로 발전하기 위한 중요한 요소이기 때문이다. 그런 의미에서 일본 수상의 '종전기념담화'는 역사인식에 대한 일본 정부의 입장과 자세를 표명하는 것이기 때문에 이 장에서 아베의 전후 70년 담화를 중심으로 살펴보고자 한다. 특히 무라야마 수상의 전후 50주년 담화와의 비교를 통해 '잃어버린 30년'의 위기와 더불어 일본의 역사인식이 어떻게 변화하였는지 분석하고자 한다.

먼저 담화의 배경부터 살펴보면, '무라야마 담화'[40]는 1994년 6월 30일에 발족한 자민당·사회당·신당사키가케의 3당 연립 정권에서 무라야마 도미이치(村山富市)가 총리로 지명되었고, 마침 전후 50년이었기 때문에 무라야마는 새로운 정권 수립의 3당 합의 사항에 '과거의 전쟁을 반대하는 결의를 진행할 것'이라는 내용을 담아 '50년 문제 프로젝트'를 시작했다. 1995년 6월 9일 중의원 본회의에서 과거 일본이 행한 침략과 식민지 지배를 사죄하는 '역사를 교훈으로 평화를 위한 결의를 새롭게 하는 결의'가 체결되었으나, 자민당 의원들이 대거 결석함으로써 만장일치로 통과하지 못했기 때문에 무라야마는 담화를 작성하기로 결심했다. 무라야마는 전후 50년의 종전기념일인 8월 15일 "사회당 위원장이 총리가 된 이상 이 정도의 담화를 발표하지 않으면 의미가 없다"라고 말하고, 이의가 나온다면 총리 사임을 은근히 내비치면서 각의에서 담화를 결정하고자 했다. 결국 담화는 만장일치로 의결되어 무

---

40 https://www.mofa.go.jp/mofaj/press/danwa/07/dmu_0815.html 外務省ホームページ, 平成7年8月15日付村山内閣総理大臣談話「戦後 50周年の終戦記念日にあたって」

라야마 담화가 발표된 것이다.⁴¹ 이후 중국, 한국, ASEAN 등 아시아 전체가 평가한 '무라야마 담화'는 일본 정부의 공식 입장으로 역대 내각에 계승되고 있다.

한편, 이러한 역사인식에 변화를 단행한 2015년은 중요하고 긴장감 넘치는 해였다. '무라야마 담화'에서 20년이 지나 국제 정세는 큰 변화를 겪고 있었다. 일본의 국내 정치도 아베를 중심으로 보수화되는 경향을 띠며, 주변 국가로부터 비판을 받았다. 따라서 아베 정권의 역사인식을 명시하고 있다는 전제로서 '아베 담화'⁴²가 '무라야마 담화'를 얼마나 계승하고, 어떤 내용을 담고 있는지에 대해 한국, 중국을 비롯해 널리 국내외에서 주목했다. 또한 일본 국내에서는 같은 해 7월 17일에 74명의 학자가 '전후 70주년 담화에 관한 성명'을 발표하기도 했다. 언론 활동을 통해 여론을 움직여 일본이 전쟁으로 주변국에 끼친 심각한 재난을 인정하도록 고무시킴으로써 아시아 각국이 일본이 진심으로 사죄한다고 인식하도록 한 것이다. 이로써 전후 70주년을 주변 국가들과의 진정한 화해의 장이 되도록 노력해야 한다고 호소했다.⁴³ 이러한 배경 속에서 '아베 담화'가 발표되었다.

내용을 살펴보면, 무라야마 담화는 '식민지 지배와 대외 침략을 반성', '전쟁이 인간에게 끼친 치명적인 재난을 반성', '전후 50년과 일본

---

41 村山富市 2009, 「私の政治人生」, 村山富市・佐高信 『「村山談話」とは何か』, 角川書店 참조.

42 www.kantei.go.jp/jp/97_abe/discource/20150814danwa.html 首相官邸ホームページ, 平成27年8月14日内閣総理大臣談話

43 https://www.jnpc.or.jp/archive/conferences/31329/report/ 「戦後70年総理談話に関する歴史家、国際法学者、国際政治学者の声明」

미래의 발전 방향 요약'이라는 세 가지로 나눌 수 있다. 그 요지는 침략을 반성하고, 식민지 지배에 대해 사과하고, 평화의 길로 나아갈 것을 맹세한다는 것이다. 식민지 지배와 대외 침략에 대한 반성의 내용은 다음과 같다.

> 우리나라는 멀지 않은 과거의 한 시기, 국책을 잘못하여 전쟁의 길을 걸어 국민을 존망의 위기에 빠뜨리고, 식민지 지배와 침략으로 많은 나라 특히 아시아 제국의 사람들에게 매우 큰 손해와 고통을 주었습니다. 나는 미래에 과오를 없게 하고자 의심할 여지 없이 이 역사적 사실을 겸허히 받아들이고, 여기에 재차 통절한 반성의 뜻을 표하며 진심으로 사죄의 마음을 표명합니다. 또한 이 역사가 초래한 내외 모든 희생자에 깊은 애도의 마음을 바칩니다.

특히 전후 책임 및 평화적인 화해에 대해서는 다음과 같이 말하고 있다.

> 평화롭고 풍요로운 일본이 된 오늘날, 우리는 자칫 이 평화의 고귀함, 고마움을 간과하는 경향이 있습니다. 우리는 과거의 실수를 두 번 다시 반복하지 않도록, 전쟁의 비참함을 젊은 세대에게 전해야만 합니다. 특히 이웃 나라 사람들과 손잡고 아시아 태평양 지역 나아가 세계의 평화를 확고히 해나가기 위해서는 무엇보다 이러한 국가 간의 깊은 이해와 신뢰에 기반한 관계를 길러가는 것이 중요하다고 생각합니다. 정부는 이 생각에 기초하여 특히 근현대의 일본과 인근 아시아 국가들과의 관계에 관련된 역사 연구를 지원하고 각국과 교류의 비약적인 확대

를 도모하기 위해, 이 두 개를 기둥으로 한 평화우호 교류사업을 전개하고 있습니다. 또한 저는 현재 얽혀 있는 전후 처리 문제에 대해서도 우리나라와 이들 국가와의 신뢰 관계를 더욱 강화하기 위해 계속하여 성실하게 대응해 나가겠습니다.

이와 같이 '무라야마 담화'는 침략 전쟁에 대한 일본 정부의 태도를 종합적으로 나타낸 최초의 공식문서이며, 획기적인 역사적 의의가 있었다고 평가받았다. 반면, 아베 담화도 무라야마 담화와 마찬가지로 '식민지 지배와 대외 침략을 반성', '전쟁이 인간에게 끼친 치명적인 재난을 반성', '전후 50년과 일본 미래의 발전 방향 요약'이라는 세 가지 내용으로 구성되어 있다.

그러나 무라야마 담화와 아베 담화의 차이점을 살펴보면, 첫째, 아베 담화는 담화의 정당성을 강조하고 있다는 점을 들 수 있다. 아베 담화에는 "담화의 작성에 있어서는 21세기 구상 간담회를 열고 지식인들에게 솔직하고 철저한 의견을 받았습니다. 각각의 관점과 사고방식은 당연히 다릅니다. 그러나 그러한 지식인 여러분이 열띤 논의를 쌓아온 결과, 일정한 인식을 공유할 수 있었습니다. 나는 이 제언을 역사의 목소리로 받아들이고 싶습니다. 그리고 이 제언에 서서 역사에서 교훈을 얻어 앞으로 지향해야 할 길을 전망하고 싶습니다"라고 담화의 정당성을 강조하고 있다는 것이다. 이는 담화 발표 후 여론의 압력으로부터 개인적인 책임을 피하기 위한 장치로 개인적인 입장과 태도를 애매하게 한 것이다.

둘째, 일본의 전쟁 배경에 대한 설명이다. 즉, 전쟁에 대한 기존의 역사인식이 메이지유신 이후 제국주의 국가로의 성장으로 인한 요인을 설명했다면, 아베 담화에서는 1931년 혹은 1920년대 말 정도부터 일본이 길을 잘못 들었다고 말한다. 특히 처음에는 일본도 제1차 세계대전 이후에 생긴 전쟁 자체를 불법화하는 새로운 국제사회의 조류에 보조를 맞추기 위한 준비를 했다고 강조하고 있다. 그러나 대공황이 일어나 구미 국가들이 식민지 경제를 포함한 경제 블록화를 진행하면서 일본 경제는 큰 타격을 받았고, 그 와중에 일본은 고립감이 심해졌으며, 외교적·경제적으로 막다른 골목에 몰리자 힘의 행사에 의한 해결을 시도했다는 것이다. 그 결과 만주사변, 국제연맹의 탈퇴로 이어지면서 일본은 국제사회가 장렬한 희생 위에 쌓아 올리려 했던 '새로운 국제 질서'에 대한 '도전자'가 되어 갔다고 평가하고 있다. 이는 메이지 시대부터 근대 일본을 살펴볼 때, 1920년대 말부터 만주사변 시기까지는 그다지 큰 죄를 범하지 않았다는 역사관을 보여주는 것이다. 다시 말해, 만주사변 이전에 일본이 일으킨 청일·러일전쟁과 그로 인해 획득한 타이완·조선 등의 식민지를 무시한 채, 만주사변 이전의 일본은 나름대로 국제 질서에 순응했고 질서 구축자로서 행동했다는 역사인식을 보이고 있다. 이것은 메이지 시대부터 식민지를 가진 점, 다른 나라를 침략한 점을 간과한 역사관으로 '일제', 즉 '일본 제국주의'라는 역사관과 정면으로 충돌하는 부분이다.

셋째, 아베 담화에는 작금의 국제 정세와 아베 정권의 안보 정책이 크게 반영되었다는 것이다. 국제 정세를 규정하는 부분에서는 '경제의 블록화'라는 말이 두 번이나 나오는데, 이는 일본이 자유 무역 체제에서 경제 규칙을 지키고 있음을 강하게 어필하는 것이다. 그리고 핵과 군사 문제에 대해 "어떠한 분쟁에서도 법치를 존중하고, 힘의 행사가 아닌 평화적·외교적인 방법으로 해결해야 한다. 이 원칙을 앞으로도 굳게 지키고…"라는 문구도 당시 일본 정부의 정책 과제인 안보 법제를 염두에 두고 있는 것이다. 특히 마지막 부분에서 '적극적 평화주의'를 강조하면서 다음과 같이 서술하고 있다.

> 우리는 국제 질서에 대한 도전자가 돼버렸던 과거를 계속 가슴에 새기겠습니다. 그래서 우리는 자유, 민주주의, 인권 등 기본적 가치를 확고히 견지하고 그 가치를 공유하는 국가들과 손잡고 '적극적 평화주의'의 기치를 높이 들고 세계 평화와 번영에 어느 때보다 기여하겠습니다.

이는 무라야마 담화가 기본적으로 아시아 지역을 의식하고 있는 반면, 아베 담화는 미국을 중심으로 한 국제사회 전체를 강하게 의식하고 있다는 것을 보여준다. 그리고 '적극적 평화주의'는 무라야마 담화에는 없는 내용으로, 이는 지역 균형 질서를 중요시하는 관점에서 '사변·침략 전쟁이나 어떠한 무력의 위협이나 행사도 국제 분쟁을 해결하는 수단으로는 절대 사용해서는 안 된다'는 것이다. 일본은 미국의 동맹국으로서 질서를 지키는 쪽이라는 것이 '적극적 평화주의'의 배경에 있다. 일본은 전수 방위의 기본방침을 유지하면서도 지역의 안정을 위해 적극적으로 협력한다. 이는 일본이 향후 아시아 태평양 지역의 국제 질서에 어떻게 관여할 것인지를 명확하게 표현한 것이며, 무라야마 담화와 비교해서 안보차원에서 가장 큰 차이점이다.

마지막으로 아베 담화는 무라야마 담화의 계승점이라고도 할 수 있는 '화해'에 관해서 언급하고 있다. 하지만 무라야마 담화에서는 화해의 시도로 평화우호 교류사업을 전개하고 있다고 밝혔으며, 실제로 이 사업은 상당한 예산을 들여 일정한 성과를 거두었다. 반면, 아베 담화에는 21세기 구상 간담회 제언에서 이 평화우호 교류사업과 연결되는 제언을 했지만 구체적인 대안이 없다는 점을 들 수 있다.

2) 아베 담화에 대한 일본 사회의 해석과 역사인식

　일본에서 아베 담화 이후 산케이신문사(產業經濟新聞社)가 발행한 월간지 『세이론(正論)』은 '아베 담화와 역사부흥의 길'이라는 총력특집을 실었다. 『세이론』은 보수파 특히 자민당과 자민당 정치인을 호의적으로 다루고 있어 우파잡지의 대표적인 이미지를 가지고 있으므로 우파의 동향을 분석하기 위해 그 해석방식을 살펴보고자 한다. 먼저 산케이신문 논설위원인 아비루 루이(阿比留瑠比)는 부제에 "마치 사죄외교와의 결별 선언이었다. 이제부터는 원래 서로 다른 것이어야 했던 '반성'과 '사죄'가 구별될 것이다"라고 쓰고 있다.[44] 그리고 본문 첫머리에 전후 사죄외교에 종지부를 찍었다고 표현하고 있다. 실제로 아베 담화에는 다음과 같은 문장이 있다.

44　阿比留瑠比, 2015.10, 「「戦後70年談話」に込められた首相の真意」, 『正論』 527号, 産経新聞, 74~79쪽.

일본에서는 전후에 태어난 세대가 이제 인구의 80%를 넘었습니다. 전쟁과 아무 관계가 없는 우리의 아이나 손자, 그리고 그 후세대의 아이들에게 사과라는 숙명을 계속 짊어지도록 할 수는 없습니다.

이 내용은 1985년 5월 8일에 독일의 바이츠제카(Richard Karl Freiherr von Weizsäcker) 대통령이 패전 40주년을 기념하여 연방의회에서 연설한 내용에서 인용했다고 밝히면서, 전후에 진심으로 사죄를 했다고 평가받는 독일도 이러한 생각을 가지고 있다고 강조했다. 이 내용만으로 해석한다면, 일본이 전쟁이 초래한 비참함을 확실하게 인식하고 국제사회의 조류를 잘못 이해한 것을 인정하면서 이후는 더 이상 무의미한 사죄를 반복하지 않겠다는 의사표명이라 할 수 있다. 이에 대해 『세이론』은 아베 담화의 표현에는 '침략'도 '식민지 지배'도 일반론으로 서술하고 있으며, '반성', '사죄'에 관해서도 이제까지 몇 번이고 반복해 왔다는 것을 지적하고 있을 뿐, 오히려 그렇기 때문에 더 이상 반복하지 않겠다고 말하고 있다고 해석했다. 실제로 '거친 들판의 40년(荒れ野の40年)'이라는 제목의 이 연설에는 "오늘 인구의 대부분은 그 당시 아이이거나 아직 태어나지도 않았습니다. 이 사람들은 자신이 손을 쓰지 않은 행위에 대해 자신의 죄를 고백할 수 없습니다. 독일인이라는 이유만으로 그들이 회개할 때 입는 검박한 옷을 몸에 걸친 것을 기대하는 것은 감정을 가진 인간이 할 수 있는 일은 아닙니다"라고 표현하고 있다. 그러나 앞부분만 보면 매우 유사한 말 같지만, 다음에 이어지는 뒤의 내용을 살펴보면 아베 담화와는 거의 정반대라고 할 수 있다.

그러나 선인은 그들에게 쉽지 않은 유산을 남겼습니다. 죄의 유무, 노소를 불문하고 우리 모두가 과거를 끌어안아야 합니다. 모두가 과거로부터 귀결되고 관계를 맺고 있기 때문에 과거에 대한 책임을 지게 되는 것입니다.…

문제는 과거를 극복하는 것이 아닙니다. 그런 것이 가능할 리 없습니다. 나중에 과거를 바꾸거나 일어나지 않은 것으로 할 수도 없습니다. 그러나 과거에 눈을 감는 자는 결국 현재에도 장님입니다. 비인간적인 행위를 마음에 새기려 하지 않는 자는 또 그러한 위험에 빠지기 쉽습니다.[45]

이와 같이 과거를 절대 잊어서는 안 된다는 내용을 담기 위한 전제였던 것이다. 바이츠제커 대통령은 1945년 5월 8일을 '해방의 날'이라고 부른 독일 최초의 연방 대통령으로, 이 연설은 독일의 나치 시대에 대한 독일 국민의 재평가에서 이정표로 평가되었다. 그뿐만 아니라 전쟁 후 독일이 유럽에서 자행된 나치의 만행에 대한 사죄와 독일이 유럽 안에서 어떠한 정책으로 임하는가를 보여주는 연설이었다. 이러한 의미에서 보아도 아베 담화와 전혀 다른 내용임을 알 수 있다.

그리고 『세이론』은 아베 담화에 대한 국민의 여론에 대해 주목하면서 일본 국민 대부분도 이 담화를 호의적으로 받아들였다는 것을 숫자로 나타내고 있다. 산케이신문은 공동통신사(共同通信社)가 14, 15일 이틀

---

[45] https://r.binb.jp/epm/e1_6434_07022015122740/「荒れ野の40年」ワイツゼッカー連邦大統領演説全文

에 걸쳐 실시한 전국전화여론 조사에 의하면, 아베 담화를 「평가한다」는 회답이 44.2%, 「평가하지 않는다」가 37.0%라고 발표했다.[46] 『세이론』은 이 수치에 더해 요미우리 신문도 「평가한다」 48.0%, 「평가하지 않는다」가 34.0%였다고 밝히면서, 이와 더불어 내각 지지율도 43.2%로 2012년 12월의 제2차 아베 정권 발족 이래 가장 낮았던 37.7%에서 5.5포인트나 상승했다고 서술하고 있다. 그리고 지지율이 상승한 이유에 대해 '사죄문'이었던 무라야마 담화에 대해 분노했던 30%의 사람들이 마음을 바꾸었다고 서술하고 있다. 그러나 아사히신문 등은 아베 담화 다음 날 사설에서 '전후 70년의 아베 담화, 무엇을 위해 발표했는가' 라는 제목으로 맹렬히 비난하면서, "이 담화는 발표할 필요가 없었다. 아니 발표해서는 안 되었다"라고 표현하고 있다. 신문 기사에는 도대체 무엇을 위한 그리고 누구를 위한 정치인가를 되물으며 그 책임은 전적으로 총리가 져야 한다고 강조하고 있다.[47]

그뿐만 아니라 이와나미 서점(岩波書店)이 발행한 종합잡지 『세카이(世界)』도 '2015년 여름이라는 분기점'이라는 제목의 특집호로 아베 담화를 평가하고 있다. 『세카이』는 창간할 때부터 고전적 리버럴리즘을 추구하다가, 이와나미 시게오(岩波茂雄) 사후 요시노 겐자부로(吉野源三郎)의 뜻에 따라 혁신적인 색채를 강화하여 현재는 진보적 지식인의 아성이라고 일컬어지고 있다. 이에 『세이론』의 반대적 의미에서 분석하고자 한다.

---

46 『日本産経新聞』, 2015.8.15, 安倍首相の70年談話「評価する」44% 共同通信世論調査
47 『朝日新聞』, 2015.8.15, 社説

먼저 미타니 다이이치로(三谷太一郎, 도쿄대 일본정치사 명예교수)는 아베 담화에서 '식민지 지배'라는 말이 몇 번 사용되고 있지만, 서양 국가들에 의한 아시아 식민지 지배에 대해 비판할 뿐 일본이 행한 타이완과 조선에 대한 식민지 지배의 명시적 자기비판은 빠져 있다고 지적하면서 주체성 결여를 강조했다.[48] 그리고 '사죄'에 대해서도 그 대상은 전쟁에서 행한 것이라고 규정하고, 식민지 지배에 대한 사죄는 여기에 포함되지 않는다고 서술하고 있다. 또한 이후 세대의 아이들에게 사과라는 숙명을 계속 짊어지도록 할 수는 없다는 표현에 대해서는 바이츠제카 대통령이 말한 것과 같이, 일본인으로서 산다는 것은 일본이 걸어온 역사를 부분이 아닌 전체로 짊어져야 하는 것이므로 후세대도 일본의 과거 잘못에 대해 책임을 지고 사죄를 면할 수 없다고 단언하고 있다.

한편, 테사 모리스(Tessa Morris Suzuki)도 『세카이』의 같은 호에서 아베의 전쟁사 결여를 지적하면서 아베 담화는 일본이 만주를 침략한 이유를 진주만 공격에 대한 이유로 대답하고 있다고 서술했다.[49] 그녀는 경제사학자의 지적에 의하면 제국주의적 보호주의에 처음으로 본격적으로 발을 내디딘 것은 일본제국이었다고 말한다. 만주사변 시점에서는 세계가 보호주의에 빠지는 경향이 거의 시작되지 않았는데 그 이유가 영국이 대영제국 내 특혜관세를 신설한 것이 1932년이었기 때문이라고 설명하고 있다. 그리고 1940년부터 1941년에 걸친 일본 경제에

---

[48] 三谷太一郎, 2015.10, 「主体性を欠いた歴史認識の帰結は何か」, 『世界』, 岩波書店, 64~68쪽.
[49] テッサ・モーリス＝スズキ, 2015.10, 「安部70年談話における戦争史の欠陥」, 『世界』, 岩波書店, 69~72쪽.

대한 봉쇄는 일본에 의한 중국침략의 대항조치였다는 것이다. 그럼에도 아베는 일본의 침략 전쟁에 대해 전혀 다른 이유를 들고 있을 뿐 아니라, 타이완 식민지화와 한국 식민지와의 원인과 성질을 설명하지도 않았다고 지적했다. 이와 같이 전쟁의 배경에 대해 잘못된 설명을 전개한 후, 아베는 "우리나라는 앞선 대전을 일으킨 것에 대해 반복해서 통절한 반성과 마음으로부터의 사죄를 표명했습니다. 그 생각을 실제 행동으로 보여주기 위해 인도네시아, 필리핀을 비롯한 동남아 국가, 타이완, 한국, 중국 등 이웃한 아시아 사람들이 걸어온 고난의 역사를 가슴에 새기고 전후 일관되게 평화와 번영을 위해 힘써 왔습니다. 이러한 역대 내각의 입장은 앞으로도 변함없습니다"라고 강조하면서 여성의 인권 문제를 다음과 같이 말하고 있다.

> 우리는 20세기에 전쟁하의 많은 여성들의 존엄과 명예가 깊은 상처를 입은 과거를 계속 가슴에 새기겠습니다. 그래서 우리는 이러한 여성들의 마음을 항상 받아 안는 국가이고 싶습니다. 21세기야말로 여성의 인권이 손상되지 않는 세기가 될 수 있도록 세계를 선도하겠습니다.

이는 당시 가장 이슈가 되었던 일본군'위안부' 문제를 언급한 듯하지만 실제로는 전혀 언급되지 않았다. 결국 아베 담화는 "그 전쟁에는 아무런 관계가 없는 우리의 아이나 손자, 그리고 그 앞 세대의 자녀들에게 사죄를 계속해야 하는 숙명을 짊어지게 해서는 안 됩니다"라는 말로 일본은 계속 사죄했고, 후세대는 잘못이 없으니 과거는 잊고 미래를 향해 나아가자고 하는데, 테사 모리스는 이러한 자세야말로 사죄의 정당성을 훼손하는 것이라고 주장하고 있다. 이상에서와 같이 아베 담화는 패전 후 일본이 만들어온 전후체제를 수정하면서 국제사회 속에서의 강한 일본을 표방하는 의미를 강하게 띠고 있다.

5. 맺음말

1990년대 버블 경제의 종말과 더불어 시작된 경기침체 위기가 30년 가까이 지속되면서 일본 국민에게 각인된 위기의식은 아베라는 인물에 대한 기대와 지지로 발현되었으며, 아베는 이러한 기대를 역으로 이용하여 일본의 체제를 바꾸고자 하였다. 따라서 일본의 보수·우경화는 아베와 같은 역사수정주의자의 등장으로 돌연 시작된 것이 아니며, 아베의 퇴장으로 끝나는 것도 아니다.

일본에서 전개되고 있는 '전후체제로부터의 탈각'이라는 말은 주로 일본의 '우경화'와 연관시켜 분석하는 경향이 많다. 전후 일본의 본질은 미국에 종속되어 있는 것도 아니고, 절대평화주의의 풍조가 강해진 것도 아니다. 불완전한 종속 아래, 나라의 존재방식이 어중간한 채로 줄곧 계속되어 왔던 것이다. 그리고 전후 탈각을 둘러싼 어떤 노선도 다른 노선과 완전히 별개는 아니다.

대표적인 전후 탈각 논리를 살펴보면, 나카소네 시대에는 '전후 정치의 총결산'에서 아시아의 정치적 리더십을 확립하는 데 전후 처리 문제가 큰 걸림돌이 되고 있다는 판단에서 전쟁의 침략성·가해성을 일단 인정한 상태에서 필요한 최소한의 '사과'를 행한다는 궤도수정을 하고 있었다. 반면, 아베 시대에는 '전후체제로부터의 탈각'이 아시아를 타자화하여 보고 있기 때문에 침략 전쟁을 부정하는 역사인식으로 나타나고 있다. 그리고 국제 정치에서는 적극적 평화주의를 내세워 보통국가, 전쟁을 할 수 있는 국가를 만들겠다는 의지를 선명하게 비치고 있다는 점에서 기존의 '전후 레짐으로부터의 탈각'과 큰 차이를 보이고 있다. 아베는 패전 후 일본이 만들어 온 전후체제를 수정하면서 국제사회 속에서의 강한 일본을 표방하는 의미를 강하게 띠고 있는 것이다.

　이와 같이 일본 사회는 잃어버린 30년을 지나면서 '전후 레짐으로부터의 탈각'이라는 이름으로 변화를 시도해 왔으며, 그러한 변화의 한가운데에는 아베와 일본회의의 정책과 이념이 녹아들어 있다. 그리고 이미 아베는 수상에서 내려왔음에도 그 영향력은 아직까지도 회자되고 있는 상황이다. 현재 기시다 후미오(岸田文雄) 내각이 자민당 총재 선거를 도와준 아베의 사람들을 대거 중용한 사실에서도 여전히 아베와 일본회의의 정책이 이후에도 계승되는 것은 아닌가 하는 의심을 피할 수 없을 것이다.

| 참고 문헌 |

- 박철희, 2021, 「아베 시대의 대전환: 자민당 지배 공고화를 통해 탈전후하는 일본」, 『일본비평』 25.
- 최은봉, 2020, 「1980년대 일본 보수운동의 형성과 나카소네 교육 개혁-'전후 정치 총결산'의 역사정치적 함의」, 『한일민족문제연구』 39.
- 유지아, 2020, 「야스쿠니 문제의 국제화와 일본의 보수운동-나카소네 총리의 공식 참배 문제를 중심으로-」, 『한일민족문제연구』 39.
- 오승희, 2018, 「아베 내각의 아시아 정책-강한 일본을 위한 아시아의 타자화-」, 『일본연구』 75.
- 최운도, 2016, 「미일관계와 일본의 국가전략: 전후체제로부터의 탈각?」, 『일본연구논총』 44.
- 이종국, 2016, 「일본 보수정치인들의 역사인식과 역사적 전개」, 『동북아역사논총』 51.
- 이지원, 2014, 「일본의 '우경화'와: 수정주의적 역사인식과 아베식 전후체제 탈각의 한계」, 『경제와 사회』.
- 金子貞吉, 2018, 「戦後日本経済の時期区分」, 中央大学経済研究所年報 第50号.
- 山崎雅弘 2016, 『日本会議 戦前回帰への情念』, 集英社新書.
- 佐藤健志, 2016, 『戦後脱却で、日本は「右傾化」して属国化する』, 徳間書店.
- 阿比留瑠比, 2015.10, 「「戦後70年談話」に込められた首相の真意」, 『正論』 527号, 産経新聞.
- 中野晃一, 2015, 『右傾化する日本政治』岩波書店(岩波新書).
- テッサ・モーリス＝スズキ, 2015.10, 「安部70年談話における戦争史の欠陥」, 『世界』, 岩波書店.
- 三谷太一郎, 2015.10, 「主体性を欠いた歴史認識の帰結は何か」, 『世界』, 岩波書店.
- 纐纈厚, 2014, 『反"安倍式積極的平和主義"論-歴史認識の再検証と私たちの戦争責任』, 凱風社.
- 五百旗頭真, 2014, 『日本は衰退するのか』, 千倉書房.
- 白井聡, 2013, 『永続敗戦論―戦後日本の核心』, 太田出版.
- 安倍晋三, 2013, 『新しい国へ』, 文春新書.
- ———, 2006, 『美しい国へ』, 文春新書.
- 中曽根康弘, 2004, 『自省録』, 新潮社.
- キャロル・グラック, 2001, 「現在のなかの過去」, アンドルー・ゴードン編・中村正則監訳, 『歴史としての戦後日本』, みすず書房.
- 野口悠紀雄, 1995, 『1940年体制』, 東洋経済新報社.
- 江藤淳, 1989, 「「ごっこ」の世界が終ったとき-70年代にわれわれが体験すること」, 「諸君!」20年の発言(特別企画)『諸君!:日本を元気にするオピニオン雑誌』 21(7).
- 『毎日新聞』, 1986.8.20, "東京裁判は正当―中曽根内閣の統一見解"
- 『毎日新聞』, 1986.9.18, "A級戦犯合祀批判―首相, 意識的に変身?"

- 『東京新聞』, 2014.1.19.
- http://www.kantei.go.jp/jp/kakugikettei/2014/__icsFiles/afieldfile/2014/06/20/20140620houkokusho_2.pdf『慰安婦問題を巡る日韓間のやりとりの経緯~河野談話作成からアジア女性基金まで』(검색일: 2021.10.23)
- https://www.cao.go.jp/whitepaper/index.html 内閣府のホームページ(내각부홈페이지), 『1956年度白書』(검색일: 2021.8.19)
- https://kokkai.ndl.go.jp/#/ 국회의회기록검색시스템, 1982년 12월 22일 참의원 예산위원회(검색일: 2021.9.20)
- https://kokkai.ndl.go.jp/#/ 국회의회기록검색시스템, 2013년 10월 15일의 임시국회(검색일: 2021.9.20)
- https://www.nipponkaigi.org/opinion/archives/6699 일본회의 홈페이지 "十一宮家の皇族復帰を望む", ブラジル日本会議 理事長 小森 広(2013/01/09)(검색일: 2021.10.1)
- www.kantei.go.jp/jp/97_abe/discource/20150814danwa.html 首相官邸ホームページ, 平成27年8月14日内閣総理大臣談話(검색일: 2021.10.1)
- https://www.jnpc.or.jp/archive/conferences/31329/report/「戦後70年総理談話に関する歴史家、国際法学者、国際政治学者の声明」(검색일: 2021.10.1)
- https://r.binb.jp/epm/e1_6434_07022015122740/「荒れ野の40年」ワイツゼッカー連邦大統領演説全文(검색일: 2021.10.1)

제3장

일본 고이즈미 정권의 개혁 정치와 배타적 동아시아 외교
- 교육기본법 개정, 국가주의의 내재화, 외교적 위선

| 최은봉 · 이화여자대학교 정치외교학과 교수 |

1. 머리말
2. 고이즈미 정권의 개혁 정치와 수상의 시대 인식
3. 교육기본법 개정의 역사적 전개와 복고적 내용
4. 신국가주의의 표상과 내재화
5. 맺음말

1. 머리말

21세기의 여명기 동아시아는 공생과 화해를 기대했다. 그러나 현실에서 동아시아 국가들이 직면한 것은 갈등과 긴장이었다. 이러한 간극을 이해하기 위한 한 가지 접근방법은 동아시아 역내 국가들의 지도자들과 정책 동향을 관찰하고 분석하는 것이다. 이 글은 일본 고이즈미 정권의 정책에서 그 실마리를 찾아 설명해 보고자 한다.

일본은 1990년대 잃어버린 10년을 겪고 2000년대에 접어들면서 전후 일본형 시스템의 재구조화를 경험한다. 고이즈미 준이치로(小泉純一郞) 총리는 2001~2006년에 걸쳐 집권하며 다층의 발본적 구조 개혁을 설파했다. 고이즈미의 구조 개혁론은 일본 국내 사회와 경제의 폐색감, 탈냉전 국제 정치의 지구적 차원의 불확실성과 중국의 부상으로 인한 동아시아 지정학적 요인의 변화를 배경으로 등장했다(손기섭, 2005; 케네스 파일, 2008; 서승원, 2009; 신욱희, 2012; 박영준, 2013; 이기완, 2013; 현대송, 2014; 이진명, 2016; 오승희, 2017; 김용복, 2018; 나카지마 다케시, 2020; 테가트 머피, 2021; 에즈라 보겔, 2021).

이 글은 첫째, 2000년대 일본 정치사회 지형의 변화를 배경으로 하여 고이즈미 정권이 구조 개혁의 일환으로 신자유주의적 국제화 및 자유화에 기반을 두고 추진한 교육 개혁 과정과 그 방식의 특이성을 설명한다. 신자유주의와 국제화에 대한 관심이 고조되었으나, 동시에 자유주의 사관과 역사수정주의가 부상했다는 점을 주목하고, 이러한 역설적인 현상의 정치사회적 배경과 고이즈미 정권의 주요 정책의 연관성을 설명한다.

둘째, 고이즈미 교육정책의 양면성은 이와 같은 교차와 엇갈림의 대표적인 사례인 교육기본법 개정 과정을 통해 특히 두드러졌고 그 결과 역사인식을 복고적 방향으로 유도했다. 수상 관저[1] 주도하에 문부과학성[2]이 주축이 되어 교육 재생이라는 프레임의 교육 문화정책을 주도하며 교육기본법을 개정하는 과정에서 정책적 이중성이 나타났다.

현대 일본에서 정치와 교육기본법 개정은 교육 개혁의 큰 틀 아래에서 밀접한 관계를 맺어 왔는데, 고이즈미 정권의 교육정책을 통해 내

---

1 총리관저, 수상관저, 또는 간단히 관저라고 부른다. 총리가 국정 업무를 총괄하는 집무실을 일컫는 명칭이다. 도쿄도 치요다구 나가다쵸에 있다. 일본에서는 수상관저 만 공식적으로 관저라는 명칭을 사용한다. 고이즈미 총리 시절에 수상관저를 로마자로 칸테이(Kantei)로 표기하기 시작해서 영미권에서는 간테이를 별칭으로 사용한다. 최근 다수의 연구가 칸테이를 주목하여 일본 정치를 설명한다(Yu Uchiyama, 2010; 서승원, 2009; Tomohito Shinoda, 2011; HDP Envall, 2015; Giulio Pugliese, 2017; 김성조, 2019).

2 이 글에서는 문부성과 문부과학성을 함께 사용한다. 문부과학성은 일본의 중앙교육행정 기관에 해당하는 관청으로 일반적으로 문부성이라고 줄여서 부른다. 장관에 해당하는 문부과학대신 역시 문부대신으로 칭한다. 구조 개혁의 일환으로 2001년 과학기술청을 통합하여 과학기술행정과 문화행정(기존의 문화청)을 포괄하는 문부과학성이 되었고 이전에는 문부성이었다. 문부과학성 조직은 대신, 부대신 2명, 대신정무관 2명, 사무차관, 문부과학심의관 2명, 대신관방(문교시설기획·방재부), 종합교육정책국, 초등중등교육국, 고등교육국(사학부 포함), 과학기술·학술정책국, 연구진흥국, 연구개발국, 국제총괄관을 두고 있다. 별도의 청으로는 신설된 스포츠청(구 스포츠청소년국)과 기존의 문화청이 있다. 문교시설기획부에 재난 재해와 관련하여 방재업무가 추가되었고, 생애학습정책국이 종합교육정책국으로 변경되었다. 문부과학성의 직원 정원은 2018년 기준으로 2,124명으로 본성 1,743명, 스포츠청 121명, 문화청 260명이다. 문부과학 관련 예산은 일반회계로 총 5조 3,093억엔으로 국가 예산 전체 중 5.4%이고 일반 세출에 대해서는 9.0%이며 OECD 평균(2016년 기준 11%) 보다 낮고 수년간 감소 추세이다. 지출면에서 특이한 점은 인건비 등의 예산이 축소 유지되고 있고 생애학습 등의 예산 비중이 증대하고 있다는 것이다. www.mext.go.jp

셔널리즘 가치의 부상과 국가주의[3]의 회귀, 과거사 인식의 수정주의적 입장을 표명했다.

셋째, 고이즈미 리더십은 총리와의 대화 같은 새로운 방식으로 국민과 직접 소통을 주도한 이색적인 면이 주목받아 일본형 포퓰리즘 1.0으로 규정되기도 한다(大嶽秀夫, 2003; Otake Hideo, 2006; Inoguchi Takashi, 2009; 이기완, 2006; 한의석, 2012; 오가타 구니히코, 2012; 이상훈, 2014; 마스지마 지로, 2019; Yoshida Toru, 2020).

반면 동아시아 상호 인식에 있어서는 외교적 위선과 정책적 역설을 드러냈다. 개방 속의 배타라는 양면성은 고이즈미의 전후 60년 담화를 면밀히 살펴보면 그 저변에도 내재화되어 있다(최순육, 2016; 이정환, 2019; 오승희, 2021).

이 글에서는 고이즈미 정권의 배타적 동아시아 외교로 인해 동아시아 인접국 간의 과거사를 둘러싼 상호이해의 민족주의적 충돌과 신뢰의 결핍이 가중되었다는 점을 조명한다. 특히 수상이 재임한 6년간 지속적으로 야스쿠니 신사 참배와 같은 행보를 통해 고이즈미 집권기 동아시아 지역 정책의 자국중심적 담론을 구조화했고, 한·중·일 간의 상호 인식의 약화와 신뢰의 훼손을 초래했다. 고이즈미 정권의 역설적

---

3 국가주의, 내셔널리즘, 국수주의, 국민주의는 서로 구분되지 않고 사용되기도 한다. 국가주의가 국수주의를 의미하는 멸칭으로 언급되기도 하지만 국가주의는 국가가 사회, 경제, 문화 등 다른 영역에 지배력을 행사하고 통제하는 것이 바람직하다고 생각하는 입장이 담겨있다. 국가의 이익을 개인의 이익보다 절대적으로 우선시하는 정책, 사상, 이념을 말한다. 국가주의는 국가를 가장 우월한 공동체로 간주하고 개인의 이익 보다 국가의 공공선을 중시하는 사상이다. 국가주의 관점은 국가의 영향력 행사가 합법적이고 필요하다고 보는 것이다.

정책 노선은 역사 문제의 신국가주의적 재해석을 촉발하여 결과적으로 역내 국가 간 상호인식의 정치화와 대립구조의 공고화를 유발했다.

이 글은 2000년대 일본의 고이즈미 수상 집권기(2001~2006)에 국제화와 개혁 정치의 복합적 연계성 속에 국가주의가 공고화되었다는 점을 밝힐 것이다. 왜 2000년대 접어들어 동아시아 역사 상호인식의 정치화가 심화되었고 역내 대립구조가 갈등적 모습으로 변모되었는가? 이러한 질문에 답하기 위해서는 대표적 정책 쟁점의 양상과 논거를 파악할 필요가 있다. 교육과 정치의 복합적 관계는 그러한 특징을 방증할 수 있는 주요 영역이다. 이 연구는 교육기본법 개정 논의와 신교육기본법 수립을 사례로 고이즈미 정권의 개혁 정치하에 교육거버넌스가 재구축되고 문화자본이 재설정되어 국가주의가 강화되는 과정을 추적한다. 고이즈미 정권은 신자유주의적 국제화의 적극적 추진과 더불어 총체적 개혁 정치를 주도했으나 이러한 시도는 변용된 국가주의를 동반하는 이중적 과정으로 전개되었다. 국제화와 개혁의 접점에서 개방적 신자유주의와 배제적 국가주의가 교차하였고 그 엇갈림 속에서 교육기본법 개정 논의는 국가주의를 다지는 복고의 방향으로 나아갔다는 점을 설명한다.

2. 고이즈미 정권의 개혁 정치와 수상의 시대 인식

　이 글에서는 우선 고이즈미 수상 리더십의 이념적, 정책적, 정서적 특징을 주요한 동인으로 분석한다. 그것을 기반으로 고이즈미 집권기 수상관저의 영향력이 국제화와 개혁 정치의 추진 단계에 투사되어 문부과학성의 교육 개혁 정책 수립에도 적극적으로 행사되는 배경을 고찰하고 다음과 같은 세 가지 특징이 나타났다는 점을 강조한다.

　첫째, 과정면에서 고이즈미 수상의 신자유주의적 교육 개혁은 문부과학성의 교육 문화정책의 수정을 주도하여 교육기본법 개정 방향이 국가중심적인 방향으로 설정되도록 유도했다. 둘째, 내용면에서 신교육기본법의 기조와 핵심을 전통과 국가주의를 강조하는 내용으로 채움으로써 복고적 문화자본[4]의 재구축을 시도했다. 셋째, 신교육기본법을 통해 교육거버넌스가 구조화되는 차원에서 고이즈미 수상의 지속적 야스쿠니 신사 참배와 전후 60주년 기념 수상 담화의 배제적 언어 수행 등 외교적 위선[5]으로도 간주할 수 있는 시도들이 중첩되어 국가

4　문화자본은 사회가 공유한 삶의 방식으로 사회 구성원 간에 구조화되고 내재화되어 공감을 형성하는 가치, 성향, 기질을 말한다. 피에르 부르디외(Pierre Bourdieu)의 문화자본론에서는 아비투스(Habitus)라는 개념으로 구조와 행위를 연계하여 통합적으로 설명한다. 제도화된 문화자본의 존재는 교육제도를 통해서 인정되고 전수된다. 교육은 문화자본을 형성하는 가장 대표적이며 효율적인 방법이다.

5　이 글에서는 외교적 위선이란 용어를 개인적 차원의 위선과는 구분하여 국가간 관계에 적용한다. 지도자 및 외교정책의 차원에서 언어와 행동의 수행성 면에서 불일치, 은폐, 궤변, 원칙 회피, 후퇴, 약속 불이행으로 나타나는 책략적 태도를 총칭하여 외교적 위선이라는

주의가 공고화었다는 점을 조명한다.

1) 고이즈미 수상의 개혁성과 이중적 정책지향

고이즈미 수상 리더십에서 강조되는 변혁성은 어떤 의미로 해석해야 하는가? 고이즈미 수상의 정책 지향성은 국내 정치에서는 시장 개혁적 특징과 공동체 강조의 복고적인 성향을 내포한 양면성을 가지고 있었다. 고이즈미 수상은 2001년 4월 26일 취임하여 2006년 9월 26일 퇴임할 때까지 제87대, 88대, 89대 총리를 역임했다. 고이즈미 재임 기간은 일본의 전후사에서는 물론 세계적으로나 동아시아 차원에서 중요한 변곡점을 맞는 시기였다. 총리로 1,980일 재임한 고이즈미는 아베 신조(安倍晉三), 사토 에이사쿠(佐藤榮作), 요시다 시게루(吉田茂) 다음으로 오래 집권했다. 아베를 제외한다면 고이즈미는 자유민주당 총리로서 나카소네 야스히로(中曾根康弘) 이후로 사임하지 않고 끝까지 임기를 마친 총리이다.

고이즈미의 정책 슬로건은 '성역 없는 구조 개혁'[6]으로 일본의 잃어

개념을 사용한다.(김미경, 2010; 박홍서, 2010; 서병훈, 2012; 성창원, 2021)

[6] 고이즈미 내각의 성역 없는 구조 개혁의 주요 내용은 재정 건전화, 부실채권 처리, 공기업 민영화를 포함한다. 이에 더하여 양적 완화라는 극단적 통화정책을 추진하여 지지율의 부침을 겪었다. 그러나 2001년 집권 초기 지지율이 81%를 기록하였고 2006년 퇴임 시 지지율이 51%일 정도로 고이즈미 내각 지지율은 높았다. 지난 20년간 퇴임 시 지지율 면에서 가장 높은 지지를 받았다.

버린 10년을 떨치고 나가자는 기치가 담겼다. 신자유주의적 개혁을 통해 경제 침체 상태를 극복하고자 우정 민영화[7]로 대표되는 공기업 민영화, 관료의 낙하산 철폐, 행정 개혁을 통한 조직 유연화 등을 추진했다(권순미, 2006; 조재욱, 2009; 이정환, 2011a; 이정환, 2011b; 한의석, 2011). 이는 당시 일본의 만성화된 문제점을 해결하는 데 기여했다는 평가를 받았다. 그러나 신자유주의 정책을 전면적으로 속도감 있게 수행함으로써 복지정책 축소와 사회안전망 약화로 사회적 양극화가 심화되는 등 일본 사회의 통합을 저해하는 과제를 남겨 부정적인 결과를 가져왔다는 비판도 제기된다.

정책 지향성 면에서 시장 자유주의자로 간주되는 고이즈미는 작은 정부를 지향했다. 같은 자민당 내 정치가들 중에서도 일본의 전통적인 공동체, 국가, 도덕을 중시하는 정치 성향의 집단과는 차별화된다고 하여 개혁소장파로 평가되었다. 특히 자민당의 파벌 정치에 반대하며 자민당을 뿌리부터 혁신해야 한다는 신념을 공공연하게 표명했다(HDP Enval, 2008; Inoguchi Takashi, 2009).

그러나 외교정책, 특히 대동아시아 정책에서도 그러한지는 일본 국가의 일국주의적 범위를 벗어나 국가 간 관계의 시야와 비교 관점을 통해서 살펴볼 필요가 있다. 동아시아의 지평에서 본다면 고이즈미 수상이 자민당 보수 집단과 상이한 성향을 가지고 있다는 일반적인 평가는

---

[7] 일본의 우정 민영화는 고이즈미 내각이 목표로 삼은 주요 공약의 하나로 행정 개혁의 핵심으로 간주되었다. 우편사업, 간이 생명보험 사업, 우편 저금 사업의 3대 우정 사업을 관에서 민의 주도로 민영화하는 것을 목적으로 일본 정부가 1990년대 말부터 2000년대에 걸쳐 시행한 정책이다.

재고되어야 한다. 적어도 동아시아와 관련된 사안과 정책에 있어서 고이즈미 수상은 자민당의 주류 보수 우파의 노선과 크게 다르지 않았다. 오히려 말과 행동에 있어서 이중성을 극명하게 보여준 지도자였으며 그의 특징인 극장식 포퓰리스트적 행보가 그러한 격차감을 배가시키는 효과를 가져왔다고 할 수 있다.

고이즈미 수상이 북한을 포함하여 동아시아 국가들에 접근하려는 외교적 시도를 통해 친밀감 증진의 기회구조를 확보하고자 하는 제스처를 취한 것은 사실이다(김아름, 2021). 그러나 고이즈미는 수상으로서 주변국의 우려와 반발에도 매년 야스쿠니 신사를 참배하였다. 또한 포스트 9·11과 중국의 부상이 가시화되는 국제 정세에서 자위대의 집단자위권 용인과 같은 우경화 정책을 주도했다. 더욱이 일본 역사 교과서 왜곡 논란이 불거졌을 때 한국과 중국의 재수정 요구에 대해서도 무시하는 태도를 취했다(서종진, 2016). 이런 가운데 고이즈미의 반 동아시아적 색채를 희석시키는 것으로 전후 60년인 2005년 8월 15일을 맞아 발표한 고이즈미 담화가 대표적인 언술로 거론된다. 고이즈미 담화는 무라야마 담화를 크게 벗어나지 않는 것으로 평가되어 왔다(이기완, 2013; 남상구, 2014; 이지원, 2014; 윤석정, 2019).

그러나 고이즈미 담화를 표현과 수사를 통해 언어적 수행성 면에서 본다면 새로운 일본의 정체성을 지향하고 있고 전쟁책임에 대한 세대 간 차별적 구분론을 담고 있다. 일본의 역대 내각은 지난 대선에서의 행동에 대한 통절한 반성과 함께 진심 어린 사죄의 마음을 일관되게 유지해 왔다는 것이 공식 입장이다. 반성과 사죄는 전후 50년을 맞이하여 무라야마 담화(1995년 8월 15일)에서 표명되었고, 전후 60년을 계기로 발표한 고이즈미 담화(2005년 8월 15일)에서도 계승되었으며 아베 담화(2015년 8월 14일)에서도 이어졌다는 것이다. 그러나 일본 수상의 담화는 고이즈미 수상 담화부터 이중성을 드러낸다. 패전 70주년의 아베 수상의 담화는 전쟁과는 아무런 상관이 없는 미래 세대가 계속 사죄해야만 하는 상황을 만들어서는 안 된다며 이것이 현시대를 살아가는 세대의 책임이라고 강조한다는 점에서 세대 간 단절의 선을 긋고 있다. 이러한 사죄의 세대 불계승론은 이미 고이즈미 담화에서 간접적으로 드러난 입장이다.[8]

그 배경에는 지난 전쟁의 사죄에 대한 국내의 부정적 반향이 증폭되는 보수적 분위기가 있다(석주희, 최은봉, 2015). 사과 피로의 여운을 남기는 수사로 변질되어 신세대에 신시대의 역할을 부여함으로써 사죄 단절론을 취하는 입장은 아베 담화에서 명확히 드러나지만 그 저류는 고이즈미 담화로부터 형성된 것이라고 할 수 있다(오승희, 2021). 종전 기념 담화에서 언급한 신세대의 새로운 역할론의 수사와 야스쿠니 신사

---

8 고이즈미 준이치로 내각총리대신 담화에서 전후 세대에 대해 언급한 부분은 다음과 같다. …중략… 일본국의 전후 역사는 진정으로 전쟁에의 반성을 통해 행동으로 보여준 평화의 60년이었습니다. 일본국은 전후 세대가 70%를 넘고 있습니다. 일본 국민은 한결같이 스스로의 체험이나 평화를 지향하는 교육을 통하여 국제평화를 진심으로 희구하고 있습니다. 지금 세계 각지에서 청년해외협력대 등의 많은 일본인이 평화와 인도지원을 위해 활약하고 있으며 현지 주민들로부터 신뢰와 높은 평가를 받고 있습니다. 또한 아시아 여러 나라와의 사이에서도 일찍이 볼 수 없었던 정도로 경제, 문화 등 폭넓은 분야에서 교류를 깊게 하고 있습니다. 특히 일의대수(一衣帶水)의 사이인 중국이나 한국을 비롯해 아시아 제국과는 함께 손을 잡고 이 지역의 평화를 유지하며 발전을 지향하는 것이 필요하다고 생각합니다. 과거를 직시하고 역사를 바르게 인식하여 아시아 제국과의 상호이해와 신뢰를 기반으로 미래지향의 협력관계를 구축해 나가고자 합니다 … 중략

참배를 볼 때 실제 동아시아 주변국에 대한 고이즈미 수상의 태도와 행동은 이중적인 면이 다대하다. 이 같은 이중성이 동아시아 상호인식의 부정적 효과를 가져와 이 시기에 상호 교류가 많았으나 비호감은 줄어들지 않는 역설적 결과를 초래했다. 역설의 긴 그림자는 신뢰를 가리웠고 불신의 짙은 여운을 남겼다.

2) 고이즈미 수상 리더십의 특징: 의도, 수단, 결과

고이즈미 집권기의 동아시아에 대한 이러한 엇갈림의 역학을 어떻게 설명할 수 있을까? 이 글은 기존 연구에서 충분히 다루지 않은 이 같은 질문에 답하기 위해 외교정책에서 도덕의 의미와 중요성을 논의한 조지프 나이(Joseph Nye)의 설명을 차용하고자 한다. 나이는 국정 최고지도자의 가장 중요한 자질로서 상황 지능을 중시했다. 그는 균형감과 윤리의식을 기반으로 리더십의 상황 지능을 평가하기 위해 의도, 수단, 결과라는 3차원의 체크리스트를 제시했다 (나이, 2021: 60).

외교정책에서 지도자의 도덕과 윤리를 어떻게 판단해야 할까 하는 질문을 고이즈미 수상 재임기 동아시아 정책에 적용해 보는 것은 역설과 이중성을 파악하는 데 의미 있는 시도일 것이다. 국정지도자들은 자신의 가치와 신념을 가지고 있지만 막스 베버(Max Weber)가 신념 윤리와 직업 윤리를 구분하며 설파했듯이 그들도 윤리적으로 완벽할 수 없는 현실 세계에 살고 있다(베버, 2007). 무엇이 국익에 중요한지, 국익을 위해 얼마나 많은 가치를 부여해야 하는지에 대한 해석은 도덕적인 질문이지만 국제 정치에 내재된 도덕적 필요성만으론 답변할 수 없다는 주장이 제기되는 이유가 여기에 있다. 그렇다고 상황이 허용하는 선에서 최선의 도덕적 선택을 했는지에 관한 것이 외교정책에서 지도자들의 윤리성의 정도를 판단하는 가장 좋은 근거라는 입장은 필요한 조건이지만 충분하지는 않다(나이, 2021: 57).

〈그림 1〉에 도식화했듯이, 지도자의 정책적 의도, 수단, 결과의 세 가지 차원을 종합적으로 점검하는 것은 지도자의 도덕적·비도덕적 일관성, 신중한·경박한 윤리의식, 두터운·희박한 공감 능력을 상대적 척도로 평가하는 데 도움이 된다.

〈그림 1〉 지도자의 정책적 의도, 수단, 결과의 비교축

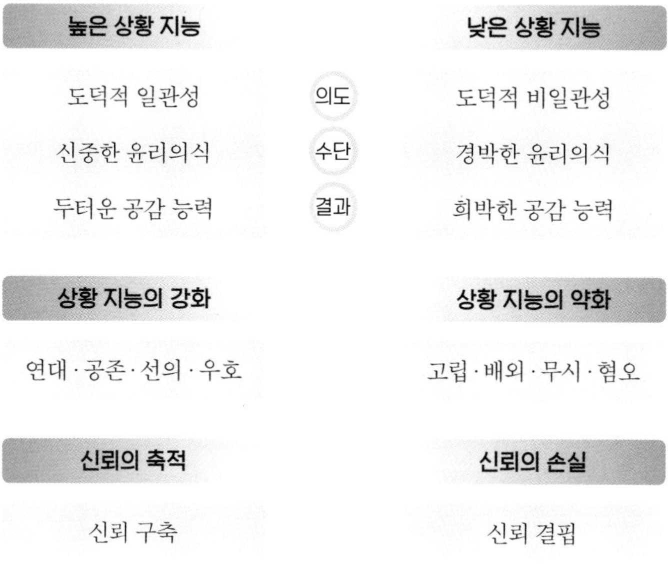

높은 상황 지능		낮은 상황 지능
도덕적 일관성	의도	도덕적 비일관성
신중한 윤리의식	수단	경박한 윤리의식
두터운 공감 능력	결과	희박한 공감 능력

상황 지능의 강화		상황 지능의 약화
연대·공존·선의·우호		고립·배외·무시·혐오

신뢰의 축적		신뢰의 손실
신뢰 구축		신뢰 결핍

〈그림 1〉의 비교축을 차용하여 21세기 전환기의 지도자로서 고이즈미 수상의 동아시아에 대한 목표 및 의도가 국내외적으로 널리 지지받을 수 있는 가치를 포함하였는가, 그러한 가치관이 균형 있고 신중하게 유지될 수 있었는가에 대한 판단을 시도해 볼 수 있다. 더 나아가 이에 수반되는 위험을 고려해 합리적인 전망을 제시했는가의 질문이 가능해진다. 수상 개인의 성격과 의도뿐만 아니라 가치를 증진하는 데 있어서 수상이 가진 상황 지능을 판단하는 데 관심을 두는 것이다(서승원, 황수영, 2021). 수단에 대한 윤리의식과 관련해서는 수상이 인접국을 포함한 다른 사람들의 권리와 제도를 존중하기 위해 최소한의 개입을 유지했는가의 관점과 균형적이고 차별적인 무력 사용을 고려한 전쟁 및 분쟁의 기준을 통해 판단할 수 있을 것이다. 결과의 공감 능력과 관련해서는 수상이 국가의 장기적 국익 증진에 성공했는지, 외국인에 대한 극도의 배타성과 불필요한 피해를 피함으로써 국제적 가치를 존중했는지, 도덕적 담론을 확대하고 진실과 신뢰를 향상시켜 지지자들을 교육했는가의 여부를 관찰할 수 있겠다(Seung-won Shu, Nam-un Kim, 2020).

수상의 상황 지능의 수준을 매개로 하여 일관성, 정직성, 윤리의식, 공감 능력을 가늠하게 하는 스펙트럼을 상정해 보자. 그 선상에서 도덕적 일관성, 윤리의식의 신중성, 공감 능력의 깊이가 클수록 역사 및 시대 인식이 보편성을 띠고 상호성을 인정하는 특성을 나타낼 것이라는 가설적 전제를 할 수 있다. 연대, 공존, 선의, 우호를 반영하는 신중함에 대항하는 가치는 일반적으로 경박함이나 무배려일 것이다. 정책 차원의 감성 지표로 기술하자면 고립, 배외, 무시, 무지, 이중성, 위선, 혐오(김미경, 2010; 박홍서, 2010; 서병훈, 2012; 성창원, 2021)로 설명될 수 있을 것이다.

　고이즈미 수상의 교육정책을 대상으로 하고 전후 60년 담화의 담론과 야스쿠니 신사 참배 행보를 반추하여 그가 추구한 동아시아 정책의 의도, 수단, 결과를 조명하는 것은 상황 지능과 신뢰에 대해 고찰하는 데 적절한 방식일 것이다. 고이즈미 집권기 교육 개혁과 야스쿠니 신사 참배, 전후 60주년 담화 등은 각기 상이한 방향성을 가진 것처럼 보이지만 보편성, 상호성, 신뢰 구축의 기준에서 평가하자면 상황적, 일방적, 일본 중심적인 내용으로 채워져 있다. 지도자의 말과 행동의 격차 및 불일치는 좁은 의미의 국익을 위해서 정당화되곤 한다. 그러나 장기적이고 광범위한 시각에서 판단한다면 균형잡힌 도덕성과 합당한 윤리성을 기준으로 볼 필요가 있으므로 외교적 위선의 개념에서 조명할 수 있다. 고이즈미 수상은 서울에 왔을 때 서대문형무소를 방문하고 북일관계의 개선을 통해 동아시아 인접국과 우호를 증진하겠다는 언사와 협력하겠다는 외교적 행위를 취했다. 그러나 동아시아 국가들의 상호관계와 인식의 정립에 강력한 역효과를 낼 것이고 백래시(backlash)가 일어날 것을 예상하면서도 야스쿠니 신사 참배도 지속적으로 강행했고 국가주의적 색채가 드러나는 신교육기본법을 수립했다.

　고이즈미 정권기 일본의 동아시아 인식은 우호와 배외라는 이중구조의 양상을 취하여 지역적 개방성을 띤 외교정책의 전개는 제한되었다. 외교적 위선은 신뢰의 약화를 가져오고 주변국과의 관계에 손상을 초래했다. 교육기본법 개정, 야스쿠니 신사 참배, 담화의 세대 불계승론 내포, 이 세 가지 어젠다에 대해 수상이 취한 모순적인 행동의 혼재는 방어적 국가주의, 나아가서 히키코모리 국민주의(酒井, 2017) 혹은 희생자의식 민족주의(임지현, 2021) 의식을 내면화하는 배경으로 작용했다.

고이즈미는 국내적으로도 국민과 우회하지 않고 직접적으로 소통하고자 한 이색적이고 드문 지도자로서 노변담화 방식의 총리와의 대화를 추진했다. 고이즈미식 추진방식이 극장식 포퓰리즘이라는 비판도 거셌지만 설명책임과 대면성을 강조함으로써 여러 영역에서 구조 개혁을 추진하는 원동력으로 삼았다. 그러나 교육기본법 개정 과정에 적용되었던 국민과의 대화에 한정하여 볼 때 이른바 대화는 여론 조작의 어두운 단면을 드러냈다. 소통의 장을 도구화하여 국민을 계도하고 여론을 유리하게 형성하여 민의의 왜곡을 유도했다는 사실이 밝혀졌다.

교육기본법 개정에 대한 우호적인 세력을 확보하기 위해 고이즈미 내각의 타운미팅인 국민과의 대화를 개최하고 몇 지역에서 여론을 조작했다는 것이 아베 정권 초기에 드러났다. 교육 개혁 추진 과정에서 정부가 개입한 여론 조작의 실태가 드러나자 고이즈미와 아베의 도덕성에 대한 의혹, 국민과의 대화의 부적절하고 비민주적 운영 방식 등에 대한 비판이 비등했다. 이에 대응하기 위해 아베는 책임을 지는 의미에서 3개월치 월급을 자진 반납하기에 이르렀고 총리의 국민과의 대화는 막을 내렸다(매일경제, 2001.6.17; 중앙일보, 2006.11.11; 동아일보, 2006.12.15; 한국경제, 2006.12.14; 朝日新聞, 2006.12.14).

고이즈미 수상은 우편향된 일본 정치계의 이념적 성향에 따르면 리버테리안 혹은 국제주의자로 범주화되곤 하는 지도자이다. 그러나 보수집단 주도의 헌법 개정과 교육기본법 개정의 기획을 추동하였고 그의 역할을 양면적으로 수행함으로써 보수화와 우경화로 문화자본이 축적되도록 교육거버넌스 구축에 힘을 실었던 것이다. 동아시아 관계의 안정화, 예측 가능성, 신뢰 구축을 위해서 고이즈미 수상의 리더십은 변혁적으로 발휘되지 않았다.

3. 교육기본법 개정의 역사적 전개와 복고적 내용

　일본의 보수 우파 집단은 문화자본 형성의 기저이자 내용으로서 교육의 중요성을 인식하고 전후체제의 복고적 재편성을 추진하며 교육기본법의 개정을 최우선 순위에 두었다. 일본의 교육시스템은 '이상적인 일본인상'의 육성을 목적으로 작동해 왔다. 전전에는 일왕을 위해 봉사하는 신민을 만드는 데 초점을 두었고 전후에는 전통적으로 기업과 관료 기관 내부에서 막강한 권한을 가지고 있는 인사부서가 요구하는 인재를 양성하는 데 주력했다. 특히 고도성장기 일본 학교의 교육은 유능한 산업화의 인력 배출 목적에 초점을 맞추었다. 근대화된 산업경제에 걸맞는 수준의 언어 수리 능력을 갖추는 교육, 고도로 관료화된 경제조직에서 적절한 태도와 행동을 하도록 양육하는 교육, 남자아이일 경우 일본 정계와 재계의 엘리트가 될 자질을 발견하여 그 역할을 학습하도록 만드는 교육, 정재계에 진출한 이들이 소속된 조직에서 상호 간 사회적 네트워크 기반을 구축하도록 교육하는 것이다.

　미군정 시기 민주적 교육 개혁의 급진적 시도와 일본 교직원 조합의 진보적 비판이 있었으나 전전부터 지속되어 온 교육시스템의 기저에 변화하지 않은 전통적 요소들이 잔존해 왔다. 탈고도성장기의 단계가 되자 집단 중심의 교육에 대한 비판이 제기되며 개인을 중시하는 여유(유토리) 교육[9]이 부각되었다. 소자고령화(少子高齡化)의 시대에 접어들고 일인 가구의 증가 추세에 따라 자연스럽게 개인 강조의 교육이 등장한 것이다. 그러나 1990년대에 접어들어 국가 및 공동체에 비중을 두는 조류로 회귀하자 국가주의에 초점을 맞춘 교육 개혁이 더욱 힘을 받아 추진되었다. 이러한 변화의 핵심에 있는 규범이 교육기본법이고 교육기본법 개정 움직임은 보수와 진보의 진영 간 주도권 경쟁이 되었다.

1) 교육의 재편, 이념의 전환, 문화자본의 재구성

교육기본법은 국민에게 교육을 받을 권리를 보장한 일본국헌법의 정신에 기초하여 일본의 공교육의 바람직한 방향을 전반적으로 규정하고 있는 법률이다. 통상 일본 교육기본법의 위상은 준헌법적 차원으로 인정받고 있다.[10] 일본국 헌법 제26조 1항은 능력에 따른 균등한 교

---

9 유토리 교육은 일본에서 2002년부터 공교육에 본격적으로 도입된 교육방침이다. 과도한 주입식 교육을 줄이고 개인의 창의성과 자율성을 존중하며 학교 수업시간을 단축하는 방식으로 운영되었다. 이상적인 면이 있으나 기초학력 저하 현상 등의 여파가 생기며 문제가 심화되자 2007년 실패를 인정하고 학력강화 교육방침으로 선회하였다.

10 홋카이도 아사히가와 지역에서 제기되었던 국가주관 학력테스트에 대한 재판(學テ旭川事件, 최고재판소 대법정 1976.5.21. 판결)에서 일본 최고재판소는 교육기본법의 의미를 이렇게 제시했다. "교육기본법은 헌법에서 교육방식의 기본을 규정한 것에 비하여, 일본의 교육 및 교육제도 전반을 통한 기본이념과 기본원칙을 선명하게 하는 것을 목적으로 제정된 것

육을 법률이 정한 바에 따라 할 것과 무상의 의무교육 실시 또한 법률이 정한 바에 따른다는 교육법률주의[11]에 정초하고 있다. 학교교육과 사회교육은 법정주의 원칙에 따라 이루어진다. 교육기본법은 헌법의 교육조항을 보다 구체화한 '교육헌법'으로서 교육과 교육제도의 운영 원칙을 수립하고 있다.

교육기본법이 내용적 측면에서 준헌법적 성격을 가지고 있는 점은 개정된 이후의 신교육기본법에서도 지속되고 있다. 구 교육기본법은 1947년 전후 교육 개혁을 추진하는 가운데 제정되었고 헌법의 구체화 규범이자 부속법의 성격을 가진다. "개인의 존엄을 존중하고, 진리와 평화를 희구하는 인간의 육성을 기함과 아울러 보편적이면서도 개성 풍부한 문화의 창도를 겨냥한 교육을 보급하는 데 철저히 하지 않으면 안 된다"는 원칙에 입각한다. "일본국헌법의 정신에 따라 교육의 목적을 명시하여 새로운 일본 교육의 기본을 확립하기 위해" 제정된 것이

으로서, 전후 일본의 정치, 사회, 문화 각 방면에 있어서 제 개혁 중 가장 중요한 문제의 하나였던 교육의 근본적 개혁을 목적으로 하여 제정된 제 입법 중에서 중심적인 지위를 점하는 법률이며, 이것은 동법의 전문(前文)의 문언 및 각 규정의 내용에 비추어 보아도 명백하다. 이런 이유로 이 법에 있어서 정한 것은, 형식적으로는 통상의 법률 규정으로서 이와 모순되는 다른 법률 규정을 무효로 하는 효력을 갖는 것은 아니지만, 일반적으로 교육 관계 법령의 해석 및 적용에 있어서는 법률 자체에 별도의 규정이 없는 한, 가능한 한 교육기본법의 규정 및 이 법의 취지, 목적에 따르려는 고려가 행해지지 않으면 안된다." 이 판결은 이전의 교육기본법이 법적 효력이 다른 법률에 비해 우월한 것은 아니다라는 판결(스기모토재판, 1970.7.7, 동경지방재판소)을 뒤집고 국민의 교육인권과 국가의 교육권력을 절충적으로 해석한 판결이다(고전, 2019).

11 전전의 교육칙어가 법에 의해서가 아니라 천황의 흠정에 따라 하사된 것이었던데 반해 전후의 교육 시스템과 교육 관련 법안은 법률에 기반한다는 의미이다. 이 차이는 일본 민주주의의 역사에서 전전의 군주주권과 전후의 국민주권을 대비할 때 중요한 변수이다.

라고 전문(前文)에서 명시하며 일본국헌법과의 일체성을 선언하였다(고전, 2019; 최은봉, 2020).

교육기본법 개정안은 2006년 12월 15일 통과되었다. 1947년 제정된 교육기본법이 개정될 때까지 60여 년 동안 일본 교육계의 논쟁의 중심사였고 보혁(保革) 대립에서 항상 화두가 되었다. 교육기본법에 대한 논의는 단순히 조문의 추가나 해석의 문제가 아니라 교육에 관한 근본적인 이념의 전환을 추구하는 것이기 때문이다. 국가를 중시하는 공동체적 시각과 개인의 자율을 강조하는 관점이 상충하는 문화자본을 둘러싼 갈등적 사안으로서 일본 정치사회의 사상적이며 이데올로기적 길항의 배경을 반영하고 있다. 2006년 개정은 국가 중시의 공동체적 가치를 추구하는 방향으로의 변경이었고, 개정안 통과는 아베 정권 초반에 이루어졌지만 고이즈미 내각하에서 수정 추진 움직임이 집중적으로 전개되었다.

2) 교육기본법 개정 논의의 정치사회적 기원

교육기본법 개정의 역사를 간략하게 검토해 보면 일반적으로 다음과 같은 다섯 단계로 구분된다(고전, 2019; 최은봉, 2020).

첫째 단계는 교육기본법 개정 논의가 시작된 것으로 냉전체제에서 강조된 애국주의의 분위기가 고조되면서부터였다. 미소 양국 간 대립을 배경으로 일본의 점령정책은 민주화를 강조하는 흐름에서 반공에 주력하는 방향의 역코스로의 전환이었다. 요시다 수상은 자문기관인

문정심의회(文政審議會) 등을 통해 전전(戰前) 일본 천황이 내린 교육칙어와 유사한 교육선언문이 필요하다는 점을 언급했다. 요시다가 제기한 국가를 위한 교육관은 냉전이 격화되면서 강화되었고 1951년 당시 문부대신 아마노(天野)는 국민실천요령을 구상하였다.

이 아이디어는 국가의 흥망성쇠를 국민에 대한 애국심 교육에 기초하기 위해 국민도덕의 기준을 나타내는 교육요강을 제정하려는 것이었다. 아마노 문부대신의 애국심 발아론에 근거한 국민실천요령의 구상은 제국주의의 향수와 무관하지 않은 개정 논의로서 민주화 계열의 반대에 직면하여 성사되지 못했다. 그러나 국민실천요령의 추진은 1950년대 역코스의 과정을 지나 교육기본법 개정을 내세우는 국가 및 민족주의 교육노선의 사상적 원류가 되었다.

두 번째 단계는 1950년대 중반 교육기본법에 대한 불만이 고조되는 시기였다. 독립적 주권회복과 더불어 내셔널리즘이 강해지고 국가의식의 고조와 전통적 가치에 따라 도덕성 향상이라는 관점이 부각되면서부터이다. 국회에서 교육기본법 개정에 관한 논의가 전개되기 시작하여 자주 헌법 개정론과 연동되면서 도덕고양론을 지지하는 개정론이 본격화되었다. 교육기본법 개정론은 주로 애국심의 육성과 전통적 도덕의 부활을 중시하는 보수 우익의 정치인들이 교육기본법의 결함을 주장하며 사회운동 형식으로도 펼쳐나갔다.

1955년 11월 자유당과 민주당의 보수연합으로 출범한 자유민주당은 당의 정책강령에서 올바른 민주주의와 조국애를 고양하는 국민도의를 확립하기 위해 현행 교육제도를 개혁한다는 방침을 표명했다. 이러한 입장의 천명은 이후 교육기본법 개정 논의에서 보수 측 정치적 기반이 되었고, 국가와 민족의 전통에 교육과 도덕의 근거를 두는 논거가 되었다. 일례로 1956년 하토야마 이치로(鳩山一郞) 내각이 제안한 임시교육제도심의회설치법안과 문부대신의 기본법 개정론을 들 수 있다 (고전, 2014; 고전, 2019).

세 번째 단계는 경제적 부흥으로 국가적 자신감의 회복과 함께 일본인으로서의 자각을 강조하기 시작한 1960~1970년대이며 이 시기에 보수세력은 교육기본법의 개정을 재차 주장하며 적극 추진했다. 당시 아라키(荒木) 문부대신은 교육기본법 개정의 선두에 서서 세계의 여러 민족으로부터 경애받는 일본인의 육성을 기치로 삼으며 교육기본법의 개정을 주장했다. 민족공동체론을 바탕으로 한 교육기본법 개정을 통해 공동체 회귀를 주도한 것이다.

1966년 문부성 산하 중앙교육심의회의는 자문을 거쳐 '기대되는 인간상'을 제시하였다. 이는 교육기본법이 제정될 전후 초기 미군정 당시 상정한 인간상에 대해 가지고 있는 보수주의 개정론자들의 불만이 표출된 것이다. 1970년대 들어서 자민당 보수 정치지도자를 중심으로 교육기본법 개정 논의가 지속되어 후쿠다 야스오(福田康夫) 내각의 전전 교육칙어 예찬론이 등장하고, 1980년 기후현(岐阜縣) 의회는 교육기본법 개정 요구 결의문을 채택하는 등의 움직임이 확산되었다.

네 번째 단계는 1980~1990년대 나카소네 집권 시기 임시교육심의회(이하 임교심)를 통해 개정 논의가 전격적으로 전개된 시기이다. 나카소네 수상은 국민적 합의를 결집하여 신자유주의 노선을 표방하며 신국가주의를 바탕으로 전후 헌법의 개헌 주장을 적극적으로 피력한 개헌론자이다(최은봉, 2020). 나카소네 수상은 수상의 자문기관으로 1984

년 9월에 임시교육심의회를 설치하였고 임교심을 중심으로 교육기본법 개정 논의을 본격적으로 재개했다.

임교심 제1조는 교육기본법의 정신에 입각하여 그 실현을 위한 제반 시책에 수반한 개혁을 도모한다고 하였으나, 네 번에 걸친 답신을 제안하면서도 당시 상황하에서 정치적 타협과정으로 인하여 교육기본법의 개정 제안을 달성하는 데까지 나아가지는 못하였다. 교육기본법 개정 아젠다가 헌법 개정 논의의 트랙과 중첩되면서 일본사회를 둘러싼 보혁의 경합적 기류가 조성되었기 때문이었다. 그러나 나카소네 수상은 개헌론의 의지와 함께 헌법 개정 논의의 필요성을 강조하고 개정의 근거를 공고화했다. 더불어 교육기본법의 목적 조항을 안건으로 상정하는 등 수차례 개정 공론화를 시도하여 개정의 필요성을 사회적으로 각인시켰다(최은봉, 2020).

3) 교육기본법 개정 추진의 본격화

2000년대는 교육기본법 개정 논의가 표면화되어 적극적으로 전개된 시기로서 다섯 번째 단계로 접어든다. 오부치 게이조(小渕惠三, 재임기간 1998.7.30~2000.4.5) 수상의 사적 자문기구를 통해 교육기본법 개정은 체계적으로 재점화되었다. 오부치 수상은 2000년 3월 15일 수상 자문기로서 교육개혁국민회의(이하 국민회의)를 발족시켰다. 나카소네 수상 시기 임교심이 법률에 근거하여 설치되었던 것에 비해 오부치 수상의 국민회의는 수상의 사적 자문기구였다. 국민회의 발족 이후 수상관저가 중심이 되어 정치 주도로 교육 개혁을 추진하였다. 문부성이 교육 행정의 주무부서였으나 오부치 집권기에는 수상의 리더십 아래 교육 개혁이 추진되었다. 수상관저 주도는 21세기 급변하는 국내외 환경 변화에 신속하게 적응하기 위한 추진방식으로 합리화되었다.

교육개혁국민회의는 26인의 위원으로 구성되었고, '21세기 일본을 담당할 창조성을 갖춘 고급 인재를 육성하는 것을 목적으로 하여 교육의 기본을 거스르는 현행 교육의 전개 상태를 폭넓게 검토한다'는 것을 취지로 했다. 국민회의 위원회의 좌장에 노벨물리학상을 수상한 에사키 레오나(江崎玲於奈, 시바우라공업대학학장, 이바라키현 과학기술진흥재단 이사장)가 선임되었다. 그 외 위원으로 문화청장관으로 있던 가와이 하야오(河合準雄, 국제일본문화센터 소장), 임교심의 위원을 역임한 소노 아야코(曾野綾子, 일본재단회장, 작가), 일경련(日經蓮) 부회장인 하마다 히로시(濱田廣, 주식회사 리코 회장), 유도 금메달리스트인 야마시타 야스히로(山下泰裕, 동해대학 교수) 등이 포함되었다.[12] 교육행정과 교육 개혁의 중심적인 기구인 문부성 하의 중앙교육심의회는 지속성 있는 위원회인 데 비해 국민회의와 같은 수상 직속의 사적 자문기구는 위원 인선에 수상관저의 의향이 반영되고 경우에 따라서는 편향된 논의로 기울기도 한다.

수상 관저의 영향력이 이 시기 이후에 더욱 확대되어 중요한 국정 사

---

12 교육개혁국민회의 위원 26명의 활동 분야는 교육계 12인, 교육 관련 단체 6인, 사회계 8인으로 구성되었다. 구체적으로 대학교수 5인, 총장, 학장 4인, 교육장, 교장 2인, 교사 1인, 연구기관 소속 2인, 유관단체 대표 3인, 학부모 단체 1인, 기업·재계 5인, 언론계 1인, 예술계 2인이었다(www.mext.go.jp).

안들이 수상을 중심으로 하여 정치 주도로 진행되었고 교육 개혁과 교육기본법 개정 논의 추진방식도 그러한 추세에 따랐다. 수상 직속 자문기구에 의존하는 방식은 교육 개혁의 문제를 문부성·문부과학성을 넘어 범정부적인 차원의 문제로 다루었다는 점에서 하나의 전환점이 된 것으로 평가되기도 했다. 그러나 그로 인해 상대적으로 문부과학성 산하의 중앙교육심의회의의 존재감은 약화되고 때로는 국민회의의 하위 조직인 것처럼 저하된 위상으로 보이기도 했다.

동시에 효율성과 유연성을 추구할 수 있다는 장점을 제외하면 국민회의는 단지 수상의 사적 자문기구인데 그 한계를 넘어서 준헌법적 성격을 갖는 교육기본법 개정 문제까지 논의한 것은 기관의 고유의 성격을 넘어섰다고 지적받았다. 개정 반대론자는 이러한 국민회의 주도의 논의는 적절하지 못한 활동이었다고 강하게 비판했다. 그럼에도 수상 관저가 중심되는 정치주도의 관행은 정착되어 갔고 개혁의 파급에 총력을 기울였던 고이즈미 집권기에는 더욱 두드러졌다.

그런데 오부치 수상이 2000년 4월 갑자기 병으로 쓰러졌고 후임으로 모리 요시로(森喜朗, 재임기간 2000.4.5~2001.4.16) 수상이 취임했다. 국민회의는 나카소네 내각에서 문부대신을 역임했고 문교족(文敎族)으로 활동해 온 모리에게 인계되었다. 모리 수상 역시 교육기본법 개정을 교육 개혁의 최우선 과제로 내세우며 주력하였고 국민회의는 2000년 3월 27일 제1회의를 시작으로 교육의 현재 상태 및 전후의 교육 개혁 등에 대해 논의하였다. 세 분과를 중심으로 집중 심의와 분과회의 심의보고서 공표, 전체회의, 5회에 걸친 전체심의를 진행하였다.

교육기본법에 대해서는 국민회의가 12월 12일 최종보고를 채택하는 논의 과정에서 제1분과를 제외한 제2분과와 제3분과의 일부 위원들만 개정론에 동의하였다. 이 이슈에 대한 사회적 여론의 균열구조와 유사하게 전체회의의 논의 과정에서도 개정론, 신중론, 불필요론이 거론되면서 개정으로 가는 종합적 의견을 추출해 내지 못한 것이다. 결국 중간보고서와 최종보고서는 교육기본법 개정에 대해 표현의 차이는 있지만 개정 사안을 언급은 하되 시대 상황에 적합한 교육기본법의 재검토를 원칙으로 삼는다고 적시하는 데 머물렀다(고전, 2019).

4. 신국가주의의 표상과 내재화

1) 교육기본법 개정 주도와 복고적 교육 개혁

교육기본법 개정 논의가 본격화되어 신교육기본법을 채택하기로 의견이 수렴된 것은 고이즈미 집권기이다. 문부과학성은 국민회의의 최종보고를 적극 수용하여 앞으로의 교육 개혁의 방향성을 정하는 지침으로 삼겠다고 했다. 수상의 지시를 받아 필요한 정책을 적극적으로 실행해 나가기 위해 교육 개혁의 액션플랜을 수립하고 학교가 좋아지고 교육이 변하기 위한 구체적 시책을 구상할 것임을 밝혔다. 문부과학성은 2001년 1월 25일에 '21세기 교육 신생플랜'을 발표하며 2001년을 교육신생 원년으로 선포하였다. 핵심추진과제로 7대 중점전략을 제시했는데 이는 일명 '레인보우 플랜'으로 불린다.

그러나 당시 모리 내각은 대중적 지지를 받지 못하고 난항을 겪다가 2001년 4월 26일 단명으로 끝났다. 모리 수상 주도의 교육 개혁은 좌초되고 국민회의의 보고에 따른 교육 개혁은 다음 내각의 주도로 실행시켜야 했다. 그럼에도 2000년 국민회의의 보고서에서 제시한 교육 개혁의 방향성과 문부과학성의 레인보우 전략은 고이즈미 내각을 거쳐 이후 1기 아베 내각(2006.9.26~2007.9.26)의 교육재생회의, 2기 아베 내각(2012.12.26~2020.9.16)의 교육재생실행회의 등으로 이어졌다.

교육개혁국민회의가 제출한 교육을 바꾸는 17개 제안은 이후 2000년대 교육 개혁 방안의 초석이 되었다. 핵심 내용은 네 가지 영역에 걸친 17개 정책과제였다. 네 가지 영역은 인간성이 풍부한 일본인 육성 영역, 각 개인의 재능향상과 창조성 넘치는 인간 육성 영역, 새로운 시대에 새로운 학교 만들기 영역, 교육진흥기본계획과 교육기본법 관련 영역이다(고전, 2019: 73).

이에 더하여 국민회의는 최종보고서에서 교육 개혁에 대한 기본적인 입장 두 가지를 밝혔다. 첫째, 기본으로 돌아가는 것과 둘째, 개혁의 구체적인 움직임을 만들어 간다는 것이다. 국민회의의 입장은 기본으로의 회귀가 교육에 있어 사회성이나 인간성의 중요성은 물론 급속한 사회변화 속에서 강조되어야 한다는 것이다. 전통 및 문화의 인식이나 가정교육의 필요성을 중시하는 것은 결코 편협한 국가주의의 부활을 의미하는 것이 아니라고 설명했다. 그것은 글로벌화가 진행되는 가운데 일본인으로서의 정체성을 갖고 인류에게 공헌하는 인간을 육성하기 위해서 필수적인 사항이라고 했다. 획일성의 타파와 개개인 재능의 중시, 학교교육과 교육행정의 개선에 있어서도 지금까지 논의되어 온 것들 중 기본으로 다시 돌아가는 개혁과 개선의 제안을 핵심으로 삼아야 한다는 것이다.

국민회의는 개혁의 구체적인 동력을 생성하려면 개혁이라는 말만 강조하고 특별히 변한 것이 없는 실상에 국민들이 불만과 패배감마저 느끼고 있는 현실을 되돌아봐야 한다고 했다. 임시교육심의회를 비롯한 개혁안이 근래 몇 차례 발표되는 등 개혁의 노력이 실천되어 왔으나 실제 교육현장에서 개혁 실현은 더뎌서 개혁 지체에 대한 불만이 폭넓게 깔려 있었다는 것이다. 따라서 당장 요구되는 것은 무엇보다도 실행이므로 가능한 것부터 실천을 시도하고 개혁 의욕을 가진 집단과 사람들을 충분히 지원해 가는 것이 중요하다고 지적했다. 실행 추이를 지켜보고 평가하면서 새로운 개혁을 연결하여 뒤이어 나가는 것이 중요하다고 강조했다.

국민회의는 교육에서 고려해야 할 세 가지 관점에 대해서도 다음과 같이 제안했다. 첫째, 어린이의 사회성을 기르고 자립심을 촉진시켜 인간성 넘치는 일본인을 육성하는 교육을 실현해야 한다. 현재 일본교육의 위기는 이른바 교육의 기본을 소홀히 한데서 기인한다. 둘째, 한 사람 한 사람이 갖고 태어나는 재능을 신장시킴과 아울러 각각의 분야에서 창조성 넘치는 지도자를 육성하는 교육시스템을 실현해야 한다. 셋째, 새로운 시대에 걸맞는 학교 만들기와 이를 위한 지원체계를 실현해야 한다. 앞으로의 학교는 자녀의 사회적 자립을 준비하는 곳으로서 그리고 각자의 다양한 힘과 재능을 계발시키고 향상시키는 장소로서 재생하지 않으면 안 된다.

2) 신교육기본법 수립 과정과 핵심 내용

국민회의에서 제시한 교육에 대한 기본적 관점과 고려사항은 문부과학성의 레인보우 전략으로 구체화되어 2000년대 교육 개혁의 기반이 되었고 고이즈미 수상의 교육 개혁도 그러한 맥락에서 지속되었다. 고이즈미 내각은 2001년 4월 출범하면서 국민회의에서 논의되었고 17개 제안에도 반영된 교육기본법의 개정 필요성을 재차 강조하였다. 교육개혁국민회의가 2000년 3월 24일 구성되어 10여 차례 자문을 추진하고 활동을 마감하면서 12월 12일 '교육을 바꾸는 17개 제안'을 제출하였는데 그 안에서 교육기본법과 관련하여 개정 취지와 필요성을 부각시켰다.

> 교육기본법 제정 후 50년 동안 일본 사회는 크게 변화하였고 교육방식에 대한 의문이 제기되고 있다. 이에 본 회의는 새로운 시대의 교육의 기본상을 나타내는 교육기본법을 논의하게 되었다 미래의 교육은 개인의 존엄과 진리와 형화의 희구 등 인류 보편의 원리를 소중하게 다룸과 동시에 정보기술, 생명과학 등의 과학기술이나 글로벌화가 진전된 시대에서 일본인 육성에 대해서도 생각해야 한다. 일본인으로서의 지각과 정체성을 지닌 동시에 인류에게 공헌하면서도 일본의 전통과 문화 등을 차세대에게 계승 발전시켜야 한다(고전, 2019; www.mext.go.jp).

이어서 교육개혁국민회의는 다음과 같은 내용으로 교육기본법 개정

검토를 위한 세 가지 지침을 제시한다.

이런 쌍방의 관점에서 교육시스템을 개혁함과 동시에 교육기본법을 검토해 가는 것이 필요하고 그 관점은 다음 세 가지이다. 그리고 교육기본법에 관한 논의는 광범위한 국민적 논의와 합의 형성을 전제로 해야 되며, 개정 논의가 국가 지상주의적 사고방식이나 전체주의적인 것이 되어서는 안 될 것이다. 1. 새로운 시대를 사는 일본인의 육성: 과학기술의 진전과 새로운 생명윤리관, 글로벌화 속의 난제, 환경문제 및 지구자원의 제약, 자녀 수 감소 및 고령화 사회, 남녀 공동 참가 사회, 평생학습 사회의 도래 등 시대 변화를 고려하고, 새 시대의 학교교육의 역할, 가정교육의 중요성, 학교, 가정, 지역사회 간 연계를 명확히 해야 한다. 2. 전통, 문화 등 차세대에 계승해야 할 것을 존중하고 발전시켜 가는 것: 자연, 전통, 문화의 존중, 그리고 가정, 향토, 국가 등의 관점이 필요하며, 종교가 인간의 실존적 이해와 인격도야의 방책임을 자각하고 종교교육을 통한 정서 함양을 강조한다. 3. 교육기본법의 내용에 이념적인 사항뿐만 아니라 구체적인 방책을 규정할 것: 교육계 대한 재무행정의 비약적 개선을 위해 교육진흥기본계획 책정에 관한 규정을 설치한다(고전, 2019; www.mext.go.jp).

문부과학성도 교육기본법 개정과 연계된 과정으로서 레인보우 전략의 제7 전략을 통해 교육기본법을 언급하며 개정의 필요성을 강조한다. 제7 전략은 신세기에 적합한 교육이념을 확립하고 교육기반을 정비하는 것을 목표로 하며 새로운 시대에 어울리는 교육기본법 개정과 교육진흥기본계획의 책정을 실현한다는 정책 실행의 표명이었다. 고이즈미 수상은 2000년 11월 문부성 중앙교육심의회에 도야마(遠山) 문부과학대신 명의의 자문 형태로 교육진흥기본계획과 연계한 교육기본법의 위상 재검토에 관한 자문을 구했다.

이에 따라 중앙교육심의회는 산하에 교육기본법 개정 문제를 전담할 기본문제 부회를 설치하였고, 기본법의 개정 및 폐지를 전제로 한 논의를 월 2회 정도 회의를 통해 활발하게 전개했다. 한편 중앙교육심의회가 중간보고서를 발표하는 등 개정 작업을 급속하게 추진하는 동안, 사회 영역과 학계 등에서 반대 여론도 차츰 강하게 제기되어 순조롭지 않은 사회적 담론과정이 전개되었다. 그러나 개정의 정치적 기류가 강했다.

교육기본법개정안(각법89호)은 고이즈미 정권하에서 집중적 논박의 과정을 거치며 관저의 의도대로 2006년 4월 제164회 통상국회에 제출되었다. 정부가 제출한 개정안은 계속 심의를 경유하여 2006년 12월 15일 가결 성립되었고, 12월 22일 공포 시행되었다. 교육기본법 개정은 교육개혁국민회의의 설치로부터 약 7년에 걸친 논의과정을 거쳐 아베 정권 초기에 종결되었는데 핵심 과정은 고이즈미 정권 집권 시기에 집중적으로 진행되었다. 고이즈미 수상의 주도와 고이즈미 내각에서 관방장관을 역임한 아베의 노력에 힘입어 관저 중심의 정치 주도로 교육기본법 개정이 이루어진 것이다.

3) 신국가주의의 내재화와 역사수정주의의 부상

일반적으로 고이즈미의 정치 위상에 대해 자민당 내에서 비자민의 요소와 탈자민적 성격을 띤 것으로 설명한다. 고이즈미가 보여준 대통령제적 통치스타일, 극장식 대중영합적 포퓰리즘, 실용주의적 추진력과 확장력은 자민당의 계파적 조직의 정서에서 일탈한 것으로 보기에 충분하다. 이러한 특성을 기반으로 고이즈미를 파토스의 정치적 리더십을 구현한 지도자, 이성적인 논변보다는 대중의 감정과 감성을 읽어내어 메시지를 쉽게 전달하는 능력이 출중한 지도자로 분류하기도 한다(內山融, 2007; Yoshida Toru, 2020).

그러나 고이즈미가 추진한 여러 정책들 중 특히 교육 개혁과 교육기본법 개정에서 보여준 복고적 문화자본의 추구, 국가 지향적 교육거버넌스 구축등의 지향점은 자민당의 기존 보수적 노선과 지극히 일치한다. 고이즈미 정책의 특이점이 있다면 교육에 대한 혁신적 가치관에 있는 것이 아니다. 고이즈미는 보수정치집단의 가치체계의 연속선상에서 문화자본으로서의 교육의 가치를 인식하여 복고적 방향으로 교육 거버넌스를 재구축하는 기반을 닦았다. 고이즈미 정책에 참신함이 있다면 교육기본법 개정의 입장을 천명하는 자민당의 정책방향에 동의하면서 일본 사회에 스며드는 새로운 방식의 접근을 통해서 추진했다는 점이다. 그런데 고이즈미의 트레이드 마크였던 국민과의 대화는 보수 편향성을 유도하는 왜곡된 방식으로 운영되어 정권의 도구화가 되었다는 점이 드러났다.

고이즈미 정권은 개방성과 개혁성에 방점을 두었으나 역설적으로 국가주의를 부각시키는 현상을 촉발하였고 그 이후 내향적 민족주의로 역류하는 경향이 등장하는 길을 열었다. 결과적으로 21세기를 맞이하며 동아시아 국가들 간의 상호이해 및 공감의 포용적 공간이 확대되리라는 기대가 있었으나, 이와는 달리 오히려 고이즈미 집권기에 과거사 문제의 역사수정주의적 재해석이 시도되었고, 동아시아 국제관계의 신뢰 훼손이 심화되는 결과를 초래하였다.

21세기의 시작과 함께 출범한 고이즈미 내각은 수상이 재임 기간 동안 야스쿠니 신사를 전격적으로 공식 참배함으로써 내셔널리즘을 행동으로 실행하였고 이 시기부터 네오내셔널리즘의 국면으로 접어들었다(Gavan McCormack, 2002; Roy Starrs, 2004; Roy Starrs, 2021; 이지원, 2014). 물론 탈냉전기인 1990년대에도 일본 정부는 다양한 정책에 내셔널리즘을 결합하여 자국중심적이고 배타적인 방향으로 역사인식의 역류를 초래했다(이상훈, 2010; 장기영, 2018). 자위권에 대한 재해석이 국제평화와 일본의 안전에 기여한다는 명분하에 헌법 개정 논의가 가속화되었다. 국제사회에 공헌하고 세계평화에 대한 책임을 실천하는 국가로서 일본이 강조되면서 새로운 내셔널리즘을 확대하고 지향하고자 하는 의지를 드러냈다.

1990년대 변화의 중요한 계기로 작용한 것이 걸프전쟁이다. 그러나 고이즈미 정권의 내셔널리즘의 정치적 표출은 상징적으로 일본적 국가주의의 공공성을 확보하려고 하는 시도로 평가할 수 있다는 점에서 차별성이 있다. 이러한 과정을 통해 일본사회 기저에 신국가주의가 내재화되어 정치적 권위를 획득해 갔다고 해석할 수 있다. 일본 사회에서 정치적 권위를 갖게 된 신국가주의에 대한 정서적 공감대는 일본국헌법을 개정해야 한다는 필요성에 동의하게 만드는 것이었다. 교육기본법 개정의 역사적 맥락과 배경도 이같은 공동체 정신의 강조와 복고적 정체성으로의 회귀라는 연장선상에 있다. 궁극적으로 전후 헌법 개정의 지속적인 시도와 같은 선상에 있는 것이다.

고이즈미 통치 시기에 정치적 의도하의 내셔널리즘의 확대와 국가주의의 심화 과정은 역사인식의 새로운 패러다임을 주조하여 과거사를 재해석하고 수정하는 시도로 이어졌다. 고이즈미 집권기에 내셔널리즘에 공공성 부여의 기획이 이루어졌다는 것과 신국가주의적 관점에서 간행된 새로운 교과서를 만드는 모임(新しい歴史教科書をつくる會)의 역사 교과서가 정식으로 채택된 것은 배타적 동아시아 인식의 필연적 결과이지 우연한 일이 아니다. 이런 점에서 고이즈미 총리 정권이 남긴 보수화의 유산을 들자면 교육기본법 개정 등을 통해 그동안 일본에서 비주류였던 극우 정치인과 지식인들을 일본 정치 중심 무대에 오르도록 하였고 그 세력을 우경화로 추동한 것이다.

5. 맺음말

이 연구는 일본의 고이즈미 수상 집권기(2001~2006)에 신자유주의적 구조 개혁의 적극적 추진과 더불어 신국가주의가 병행하여 등장했다는 점에 주목하여 이 두 가지 경향의 복합적 연계성을 설명하고자 했다. 이 연구에서는 리더십의 의도, 수단, 목표를 기준으로 볼 때 고이즈미 수상은 개혁과 복고의 양가적 특징을 나타낸다는 점을 조명했다. 정치와 교육 간의 연계를 맥락으로 하여 전개되어 온 교육기본법 개정의 과정과 내용에 그러한 이중성이 투사되었다는 점을 밝혔다.

교육기본법 개정 과정은 고이즈미 정권하에서 재점화되어 집중적으로 추진되었는데 형식상 문부과학성이 담당했으나 실제로 수상과 관방장관을 중심으로 하는 관저의 정치적 영향력 아래 전개되었다. 교육기본법 개정 과정은 신자유주의의 개혁에 편승하여 추진되었고 보혁, 즉 보수와 진보 세력의 이데올로기 경합의 장이었다. 그것은 헌법 개정 추진과 맞닿아 있었고 21세기 일본 사회의 가치를 보수적으로 재구조화하여 내재화하려는 개혁적 정치문화 프로젝트의 의미를 담보하고 있었다.

그 결과 60년 만에 개정된 교육기본법은 복고적이고 국가주도적 내용으로 구성되었다. 개정 논의의 수렴은 개방적 공론 과정을 표방했으나 실상은 은폐와 조작을 통해 보수로의 편향성 동원이라는 불투명한 방식으로 추진되었다. 개정 교육기본법이 구 교육기본법과 비교하여 가장 두드러지는 차이점은 구 교육기본법이 기본적 인권과 개인의 존엄과 가치의 존중이라는 기본정신과 교육이념을 명시적으로 밝히고 있다면 개정된 법은 이러한 요소들을 배제하고 국가의 교육에 대한 지배력을 확대하고 있다는 점이다. 신교육기본법은 애국심과 국가주의를 강조하고 도덕교육의 강화, 교육내용에 대한 국가의 개입을 합법화했다.

교육기본법 개정은 일본 사회를 신국가주의에 기반한 보수화의 방향으로 유도하여 역사수정주의 담론과 일본회의와 같은 극우보수 집단의 활성화를 초래했다. 복고적 문화자본의 강조와 국가 개입의 가능성을 확대하는 방향으로의 교육기본법 개정이 확실시되면서 고이즈미 수상의 야스쿠니 신사 참배 강행 및 패전 60주년 담화의 평화 언설의 간극, 불일치 등과 맞물려졌다. 이는 동아시아 상호인식의 대립을 심화시킴으로써 역내 국가 간 관계에 갈등 요인을 가중시켰다. 21세기를 맞이하며 동아시아 국가들 간에는 상호이해 및 공감의 개방적 공간 확대와 공생을 바라는 기대가 있었다. 그러나 기대와는 달리 고이즈미 정권의 시장 지향적 개혁 정치와 동아시아 외교 정책의 이중구조, 그리고 외교적 위선으로 인해 동아시아 국제관계에서 신뢰의 훼손이 가중되었다.

| 참고 문헌 |

- 고전, 2014, 『일본교육 개혁론: 21세기 교육 개혁의 해설과 비판 II』, 서울: 박영스토리.
- ____. 2019, 『일본교육법학』, 서울: 박영스토리.
- 권순미, 2006, 「고이즈미 수상의 전환적 리더십과 우정민영화」, 『국가전략』 12(1), 101~130쪽.
- 김미경, 2010, 「조직된 위선과 동아시아 지역통합: 동아시아 지역통합의 제도적 저발전에 대한 이론적 소고」, 『아세아연구』 53(4), 187~274쪽.
- 김성조, 2018, 「대통령제와 자민당 정치의 변용: 고이즈미와 아베 시기의 비교」, 『일본 공간』 23, 33~65쪽.
- 김아름, 2021, 「고이즈미 정권의 대북정책과 북일교섭의 추진전략」, 『동아연구』 81, 61~102쪽.
- 김용복, 2018, 「2000년대 일본의 장기불황과 정권 변동: 신자유주의, 복지주의, 신보수주의」, 『일본비평』 15, 84~111쪽.
- 나이, 조지프 S. 저·황재호 역, 2021, 『미국외교는 도덕적인가: 루즈벨트부터 트럼프까지』, 서울: 명인문화사.
- 나카지마 다케시 저·박제이 역, 2020, 『일본의 내일』, 서울: 생각의 힘.
- 남상구, 2014, 「고노담화 수정론에 대한 비판적 검토」, 『한일 관계사연구』 49.
- 맥코맥, 개번 저·박성준 역, 2006, 『범죄국가, 북한 그리고 미국』, 서울: 이카루스미디어, 제6장 북일관계: 불편한 이웃, 195~230쪽.
- 머피, 테가트 R., 2021, 『일본의 굴레』, 서울: 글항아리.
- 미즈시마 지로 저·이종국 역, 2019, 『포퓰리즘이란 무엇인가: 민주주의의 적인가, 개혁의 전망인가』, 서울: 연암서가.
- 박영준, 2013, 「수정주의적 보통국가론의 대두와 일본 외교: 자민당 아베정권의 재출범과 한반도 정책 전망」, 『한국과 국제 정치』 29(1), 91~121쪽.
- 박홍서, 2010, 「내재화된 위선?: '중국적 세계질서'의 현실주의적 재해석」, 『국제 정치논총』 50(4), 7~27쪽.
- 배진수, 2016, 「한일 간 독도 이슈의 추이와 일본의 도발 패턴」, 『독도연구』 21, 309~349쪽.
- 베버, 막스 저·전성우 역, 2007, 『직업으로서의 정치』, 서울: 나남.
- 보걸, 에즈라 저·김규태 역, 2021, 『중국과 일본: 1,500년 중일관계의 역사를 직시하다』, 서울: 까치.
- 서병훈, 2012, 「존 스튜어트 밀의 위선」, 『철학연구』 98, 151~175쪽.
- 서승원, 2009, 「탈냉전기 일본의 중국정책과 그 전환: 관저외교, 정당정치, 그리고 내셔널리즘」, 『아세아연구』 52(1), 145~177쪽.
- 서승원·황수영, 2021.3.1, 「최근 한일 양국의 대중 정책 비교와 그 함의: 문재인 대통령과 아베 신조 수상의 대중 인식 빅데이터 분석을 중심으로」, 현대일본학회 월례연구회 발표

논문.
- 성창원, 2021, 「위선과 비난: 관계이론의 관점에서」, 『새한철학회논문집 철학논총』 104, 169~192쪽.
- 서종진, 2016, 「일본 보수세력의 교육 개혁과 교과서 공격: 제3차 교과서 공격을 중심으로」, 『동북아역사논총』 53, 243~267쪽.
- 석주희·최은봉, 2015, 「일본 무라야마 담화의 상징성과 내재화의 간극」, 『일본연구논총』 42, 31~58쪽.
- 손기섭, 2005, 「고이즈미 내각기의 중일 72체제의 갈등과 전환」, 『국제 정치논총』 45(4), 235~258쪽.
- 손정권, 2017, 「'상징천황제'의 현재적 의미와 일본의 '네오내셔널리즘'」, 『일본문화연구』 64, 115~136쪽.
- 손형섭, 2014, 「일본 평화헌법 개정 논의의 현황과 쟁점」, 『의정연구』 41, 36~61쪽.
- 송병권, 2019, 「전후 일본 선진국 담론의 탄생과 변화」, 『일본문화연구』 69, 143~161쪽.
- 송주명, 2005, 「일본의 민족주의 국가전략: 경제대국을 넘어 안보대국으로」, 『황해문화』 48, 14~32쪽.
- 신욱희, 2012, 「미·중·일 관계의 전망에 대한 이론적 검토: 통합적 이론으로서 위협 균형/위협전이론」, 『아시아리뷰』 2(1), 7~30쪽.
- 여박동, 2003, 「일본 교육국제화와 유학생 정책」, 『일본학보』 55, 465~479쪽.
- 오가타 구니히코 저·윤기 역, 2012, 『괴짜 총리 고이즈미, 흔들리는 일본』, 서울: 예지.
- 오승희, 2017, 「중일 경쟁 시대 일본의 중국 인식과 중국 정책」, 『아세아연구』 60(2), 184~221쪽.
- _____, 2021, 「과거사를 둘러싼 인정투쟁: 일본 수상담화의 텍스트 네트워크 분석」, 『국제정치논총』 61(2), 45~79쪽.
- 윤석정, 2019, 「전후 70년 담화와 한국: 무라야마 담화에 대한 덮어쓰기와 한국 배제」, 『아태연구』 26(1), 41~71쪽.
- 윤홍석, 2007, 「상호주의와 고이즈미 정권의 대북한정책」, 『세계지역연구논총』 25(3), 177~206쪽.
- 위텐렌 저·박윤식 역, 2015, 『누가 일본을 통치하는가: 일본 관료구조의 해부』, 서울: 나남.
- 이기완, 2006, 「고이즈미식 포퓰리즘과 2005년 중의원 선거」, 『아세아연구』 49(1), 173~194쪽.
- _____, 2013, 「민족주의적 국가전략을 통해 본 아베 내각의 대외정책과 동향」, 『국제 정치연구』 16(1), 126~142쪽.
- 이상훈, 2010, 「고이즈미 수상의 야스쿠니 신사 참배에 관한 소고」, 『일본연구』 43, 19~37쪽.
- _____, 2014, 「일본 수상의 정치적 리더십에 관한 연구: 고이즈미 수상을 중심으로」, 『일본연구』 60, 31~53쪽.
- 이정환, 2011a, 「고이즈미 정권하의 지역개발정책 개혁의 이중구조: 시장개혁과 공동체 참여의 지역적 불균형」, 『한국정치학회보』 45(1), 187~209쪽.
- _____, 2011b, 「민관협동의 양면적 발전: 고이즈미 시대 탈균형발전의 지방경제정책개혁」,

- 『일본학보』 87, 257~270쪽.
- _____, 2019, 「아베 정권 역사 정책의 변용: 아베 담화의 국제주의」, 『아시아리뷰』 9(1), 179~205쪽.
- 이지원, 2014, 「일본의 우경화: 수정주의적 역사인식과 아베식 전후체제 탈각의 한계」, 『경제와 사회』 101.
- 이진명, 2016, 「동북아시아의 세력균형, 1945-2001: 평화의 경로 또는 분쟁의 원천?」, 『국제정치논총』 56(4), 7~48쪽.
- 임지현, 2021, 『희생자의식 민족주의』, 서울: 후마니타스.
- 자이한, 피터 저·홍지수 역, 2021, 『각자도생의 세계화 지정학』, 서울: 김앤김북스.
- 장기영, 2018, 「수상의 야스쿠니 신사 참배에 대한 일본 여론 분석: 강경한 안보정책 선호가 야스쿠니 신사 참배 지지에 미치는 영향」, 『아시아리뷰』 8(1), 203~223쪽.
- 조재욱, 2009, 「고이즈미 정권의 개혁 정치와 평가」, 『한국정치학회보』 43(4), 255~274쪽.
- 파일, 케네스 B. 저·이종삼 역, 2008, 『강대국 일본의 부활』, 서울: 한울.
- 최순육, 2016, 「아베담화의 문학적 수사(rhetoric) 읽기」, 『일본문화연구』 58, 327~349쪽.
- 최운봉, 2020, 「1980년대 일본 보수운동과 나카소네 교육 개혁: 전후 정치 총결산의 역사정치적 함의」, 『한일민족문제연구』 39, 47~84쪽.
- 한의석, 2011, 「고이즈미의 등장과 자민당의 정책변화: 도시유권자와 선거정치」, 『한국정치학회보』 45(4), 265~291쪽.
- _____, 2012, 「일본의 정치리더십 위기와 고이즈미 재평가: 탈자민당 정치와 개혁의 리더십」, 『세계지역연구논총』 30(3), 119~147쪽.
- 현대송, 2014, 「전후 일본의 독도 정책」, 『한국정치학회보』 48(4), 49~73쪽.

- 內山融, 2007, 『小泉政權: パトスの首相は何を變えたのか』, 中公新書.
- 辻田眞佐憲, 2017, 『文部省の研究: 理想の日本人像を求めた百五十年』, 文春新書.
- 大嶽秀夫, 2003, 『日本形ポピュリズム: 政治への期待と幻滅』, 中公新書.
- 酒井直樹, 2017, 『ひきこもり國民主義』, 岩波書店.

- Enval, Hans David Persson, 2008, "Exceptions that Make the Rule: Koizumi Junichiro and Political Leadership in Japan," *Japanese Studies* 28(2), pp.227-242.
- _____, 2015, *Japanese Diplomacy: The Role of Leadership*, SUNY Press.
- Goodman, Roger, 2007, "The Concept of Kojusaika and Japanese Educational Reform," *Globalisation, Societies and Education* 5(1), pp.71-87.
- Horie, Miki, 2002, "The Internationalization of Higher Education in Japan in the 1990s: A Reconsideration," *Higher Eduction* 43(1), pp.65-84.
- Huang, Futao, 2006, "Internationalization of Curricula in Higher Education Institutions in Comparative Perspectives: Case Studies of China, Japan and the Nethelands," Higher Education 51(4), pp.521-539.

- Inoguchi, Takechi, 2009, "The Personalization of Politics: Koizumi and Japanese Politics," Jean Blondel and Jean-Louis Thiebault eds. Political Leadership, Parties and Citizens: The Personalization of Politics, Abington: Routledge, pp.209-228.
- Kimura, Kan, 2011, "Why Are the Issues of 'Historical Perceptions' between Japan and South Korea Persisting?" Journal of International Cooperation Studies 19(1), pp.1-27.
- McCormack, Gavan, 2002, "New Tunes for an Old Song: Nationalism and Identity in Post-cold war Japan," in Roy Starrs ed. Nations under Siege: Globalization and Nationalism in Asia, New York and Basingstoke, pp.137-168.
- Ninomiya, Akira, Jane Knight, Aya Watanabe, 2009, "The Past, Present, and Future of Internationalization in Japan," Journal of Studies in International Education 13(2), pp.117-124.
- Otake, Hideo, 2006, Koizumi Junichiro Polulism no Kenkyu: Kono Shenryaku to Shuho, Toyokeizai Shinposha.
- Pohjjamp, Elli-Katharina, 2014, Public Opinion and Japanese Foreign Policy Decision Making Processes During the Koizumi Administration, Ph.D. Dissertation, University of Tubingen.
- Pugliese. Giulio, 2017, "Kantei Diplomacy? Japan's Hybrid Leadership in Foreign and Security Policy," The Pacific Review 30(2), pp.152-168.
- Shinoda, Tomohito, 2011, Koizumi Diplomacy: Japan's Kantei Approach to Foreign and Defense Affairs, University of Washington Press.
- Starrs, Roy, 2021, Asian Nationalism in an Age of Globalization: The Pursuit of Economic Nationalism, Japan Library, Curzon Press.
- _____, 2004, Japanese Cultural Nationalism: at Home and in the Asia Pacific,Global Oriental.
- Seung-won Suh and Nam-eun Kim, 2020, "Facing China Differently and Equally: A Comparison between South Korean and Japanese Policy Behaviors." Contemporary Chinese Political Economy and Strategic Relations. 6(2). pp.419-XI.
- Uchimura, Yu, 2010, Koizumi and Japnanese Politics ; Reform Strategies and Leadership Style, Routledge.
- Yoshida, Toru, 2020, "Populism 'made in Japan': A New Species?" Asian Journal of Comparative Politics 5(3), pp.288-299.

- 일본국립국회도서관 www.ndl.go.jp(검색일: 2021.8.10)
- 일본내각부 www.cao.go.jp(검색일: 2021.8.30)
- 일본수상관저 www.kantei.go.jp(검색일: 2021.9.25)
- 일본 문부과학성 www.mext.go.jp(검색일: 2020.6.15)
- 주대한민국일본대사관 www.kr.emb-japan.go.jp(검색일: 2020.7.1)

제4장

재편되는 지역 구도와
역사 문제의 하위화, 동아시아의 왜소화

| 신주백 · 전 독립기념관 한국독립운동사연구소 소장 |

1. 머리말
2. 역사 갈등의 역사: 개인 소송에서 국가 간 갈등으로,
   교과서 문제에서 영토 문제로
3. 2010년경 도달점으로서 역사 갈등의 특징
4. 맺음말: 역사 문제 해법의 방향, 종합적 · 입체적 · 다자적

1. 머리말

　동아시아 역사 갈등은 냉전체제가 해체된 1990년경부터 대중적 관심 사항이자 역내(域內) 국가들의 외교적 아킬레스건으로 본격 부상하였다. 그즈음만 해도 역내 역사 갈등 양상은 일본군'위안부' 문제라는 축과 역사 교과서 문제라는 축을 중심으로 전개되었다. 그러다 21세기 들어 점차 해양의 영토 문제를 둘러싼 갈등이 부각되었다. 한일 또는 중일 사이의 영토 문제만이 아니라 중국과 아세안 사이에 영토 갈등도 고조되어 갔다. 결국 동아시아 지역 내 역사 갈등이 2010년경을 고비로 역내 국제관계를 재편하려는 움직임과 연동되어 영토 문제를 중심으로 폭발하면서 이전과 차원이 다른 방향으로 점차 전개되어 갔다. 이제 역사 문제가 G2의 세계 전략과 맞물려 치열하게 전개되고 있는 역내 질서를 재편하려는 움직임에 포섭되어 있다. 지금은 2010년대를 거치며 세계 근현대사에서 '세 번째 그레이트게임'이 진행되고 있는 것이다.

　그래서 이 글은 세계적인 차원에서 냉전체제가 무너진 1990년대 이후부터 2010년경까지 전개된 동아시아 역사 갈등을 시간의 흐름을 따라 추적하며 역사 문제가 영토 문제로 사실상 좁혀지는 과정을 압축하였다. 필자는 추적 과정에서 일본의 과거사 문제가 지역의 안보 문제와 밀접하게 접목되어 있음을 보여줌으로써 지역 정세의 구조적 특징을 정리해 보겠다. 더 나아가 역사 갈등을 관리하는 일이 '지정학적 지옥'에서 벗어나 분단을 극복하는 길로 나아가는 해법의

하나임을 보여주겠다.¹

 그런데 영토 문제를 중심으로 한 역사 갈등은 일본 및 한국의 도움을 받아 중국을 견제하려는 미국의 동아시아 정책의 추진력을 크게 약화시킬 수도 있다. 또 동북아 지역이 분쟁 지역화로 치달으면 한반도의 분단을 극복하려는 우리의 노력에 대해 주변 국가들이 우려하며 그 과정을 왜곡되게 인지하고 쉽게 받아들이지 못할 수도 있다. 한반도에 평화를 정착시키고 분단의 격차를 좁혀 나가며 그 장벽을 극복해 가는 과정에서 동아시아의 역사 문제, 좁게는 영토 문제는 어떤 계기로든 반드시 제기될 수밖에 없기 때문이다. 우리가 영토 문제를 비롯해 동아시아 역사 갈등을 역사인식의 문제로만 한정해서는 안 되는 한국만의 이유가 여기에 있다. 또 역사 문제 자체가 매우 다양한 사안으로 구성되어 있어 복합적인 문제해결 과정과 방식을 동반할 수밖에 없는 이유도 여기에 있다. 그래서 필자는 이 글이 갖는 의미를 역사 문제의 복합성, 다양성 그리고 국제관계를 동시에 해명하는 데서 찾아보고 싶다. 그럼, 이제부터 역사 갈등의 역사, 현재적 특징을 정리하고, 그것의 방향에 대해 살펴보겠다.

---

1 필자는 역사 갈등의 진행 경과와 정세의 구조적 특징, 그리고 분단을 극복하는 해법의 하나로서 역사 문제를 관리하는 노력에 관해 『역사화해와 동아시아형 미래 만들기』(선인, 2014)의 '제1부, 제4부'에서 밝힌 적이 있다. 이를 토대로 수정·보완하였다.

2. 역사 갈등의 역사 : 개인 소송에서 국가 간 갈등으로, 교과서 문제에서 영토 문제로

1) 소송을 통한 과거청산운동의 본격화·세분화

1980년대 후반 들어 대일 과거청산운동에 새로운 전기를 마련할 수 있는 정세가 급속히 조성되었다. 한국 사회는 1987년 6·10민주화운동을 기점으로 한국 사회의 정치적 민주화가 실현되어 갔다. 그것을 제도화하는 과정의 한편에서 개인의 권리와 개성을 존중하는 사회적 흐름이 뚜렷이 성장하기 시작하였다. 한국 사회의 새로운 흐름은 1980년대 후반 세계의 냉전체제 붕괴와도 맞물리며 개인의 권리를 찾기 위해 국가와 이념의 장벽도 넘을 수 있다는 의식으로까지 이어졌다. 또한 냉전의 해체는 이념적 장벽 때문에 일본의 시민단체와 연대하는 데 주저할 수밖에 없었던 현실적 압박감을 해소시키는 결정적 요인이었다. 1990년대 후반으로 갈수록 남북 관계가 안정되면서 그러한 현상은 가속화되었다. 더구나 1982년 국제적으로 문제가 된 일본 역사 교과서의 역사 왜곡 파동은 과거 사실을 직시하지 못한 일본인의 모습에 대해 일본 내부에서 심각한 반성을 제기하는 계기였다. 그래서 진상을 규명하려는 활동이 벌어지고 일본의 전쟁 책임과 식민지 책임을 직시하려는 움직임이 일어났다.

역사를 정면으로 직시할 수 있는 새로운 분위기 속에서 1990년대 대일 과거청산운동에서 핵심적인 역할을 하는 단체가 결성되었다. 1990년

1월 태평양전쟁유족회가 전국 조직을 계열화하며 친목 수준을 넘어서는 단체로 거듭나기 위해 조직을 재정비하면서 태평양전쟁희생자유족회로 거듭난 것이다(이하 유족회).² 유족회는 '일본의 전후 책임을 확실히 하는 모임'의 일본인 변호사 등과 함께 재판 실태를 조사하였다. 또한 일본인만이 아니라 UN 관계자 등과의 국제적인 연계를 다지는 한편, 일본 정부를 상대로 연달아 보상청구소송을 제기하는 등 활발한 활동을 전개하였다. 재판은 피해자와 유족들을 단결시키는 고리이기도 하였다. 또한 일본인 가운데는 1992년 12월 피해자와 유족들이 야마구치지방재판소 시모노세키지부에 '부산 종군위안부·여자정신대 공식사죄 청구 소송', 통칭 관부재판(關釜裁判)을 제기하자 '관부재판지원회(關釜裁判支援會)'를 결성하고 2004년까지 약 12년을 활동한 사람도 있었다.³

냉전체제의 동요·해체를 계기로 정치적 장벽과 이념적 굴레가 사라져 감에 따라 피해자와 유족들의 문제 제기가 이어졌고, 한국 사회만이 아니라 일본 사회에서도 그들의 목소리에 본격적으로 귀를 기울일 수 있는 사람이 더 늘어갔다. 왜냐하면 일본 정부를 상대하는 재판과 이를 지원하는 활동은 죄의식, 한탄, 운명 그리고 침묵에 빠져 있던 피해자들 및 이들과 함께 하려는 일부 일본인에게 민족문제 속에서 자신의 과

---

2 이보다 먼저인 1990년에 60여 명의 회원으로 '시베리아朔風會'가 결성되었다.

3 『京鄕新聞』, 2004.5.7. 관부재판에 관해서는 하나후사 도시오, 하나후사 에미코 지음, 고향옥 옮김, 2021, 『관부재판: 소송과 한국의 원고 피해자 할머니들과 함께한 28년의 기록』, 도토리숲 참조.

거를 되돌아보게 하는 촉매제였기 때문이다. 그 촉매제에 더욱 강한 폭발력을 갖추게 한 계기가 1991년 8월 김학순의 자기 고백이다. 김학순 피해자의 고백은 가해자로서 일본 정부를 뚜렷이 지목했고, 피해 여성들로 하여금 자학과 침묵의 굴레에서 벗어나 발언할 수 있게 하였다.[4] 이제 일본군'위안부' 문제는 민족문제이자 여성문제로서 국제사회로부터 큰 주목을 받기 시작했으며, 대일 과거청산운동에 대한 사회적 관심을 더욱 높아지게 하였다. 이로써 1990년대 피해자운동의 핵심인 일본군'위안부' 문제가 본격적으로 태동하였다.

1990년 11월 일본군'위안부' 문제를 지원하는 중심 단체로 한국정신대문제대책협의회가 결성되었다(이하 정대협).[5] 정대협은 1991년 12월에 김학순 등 3명의 피해자들이 일본 정부를 상대로 소송을 제기하는 일을 지원하였다. 지금도 계속되고 있는 일본군'위안부' 문제 해결을 위한 '정기수요시위'는 1992년 1월 8일부터 일본 대사관 앞에서 시작되었다. 정대협은 이러한 행동의 한편에서 진상규명 활동을 본격화하였다. 그뿐만 아니라 정대협은 국제사회의 여론을 조성하는 데 노력을 기울여 1992년 3월 유엔인권위원회에 일본군'위안부' 문제를 상정했고, 아시아연대회의를 같은 해 8월에 개최하였다.[6] 사안의 성격 때문이

---

4 이 과정에 대해서는 김정란, 2003, 「일본군 '위안부' 운동의 전개와 문제 인식에 대한 연구 - 정대협의 활동을 중심으로」, 이화여대 박사학위논문, 47~75쪽 참조.
5 1992년 6월 '나눔의 집'이라는 피해자 지원단체가 발족되었다.
6 1992년 1월 10일 요시미 요시아키(吉見義明) 교수는 일본 방위청 도서실에서 일본군이 위안소를 설치·통제하는 데 관여한 사실 등을 증명하는 자료를 발견하였다. 1993년 8월 4일 일본 정부는 일본군'위안부'에 관한 조사 결과를 발표하고, 과거 정부 시절에 직·간접

기도 하겠지만, 일본군'위안부' 문제 등 과거청산 문제의 국제연대 활동은 이즈음부터 급속히 확대되었다.

한편, 대일 과거청산운동이 한국 사회에서 본격화하면서 일본 정부와 기업 등에 대한 소송 역시 활발하게 제기되었다. 1990년부터 1999년 사이에 한국인만이 아니라 중국인, 대만인, 홍콩인, 필리핀인, 영국인, 네덜란드인, 미국인 등이 모두 56회의 소송을 제기하였다. 이 가운데 한국인이 제기한 소송은 1990년대 후반으로 갈수록 배상을 요구하기보다 일본 정부의 사실 인정과 공식 사죄 등 정신적 측면을 해결하라고 제기했다는 데 특징이 있다. 그 가운데 기업과 피해자(유족) 사이의 '화해'는 대일 과거청산운동의 미래를 제시했다는 점에서 의미가 있었다.

1990년대 후반으로 가면서 과거청산운동에 나타난 새로운 경향 가운데 하나는 입법화를 통해 한일 간의 과거청산 문제를 해결하려고 시도하는 움직임이 일어났다는 점이다. 한일 시민단체는 1998년 4월의 관부재판(關釜裁判)에서 거둔 일부 승소를 계기로, 재판을 통해 과거청산의 합법적 근거를 마련하기보다 입법화를 통해 이 근거를 마련할 수 있는 가능성을 내다보기 시작하였다. 왜냐하면 제1심 재판부가 일본 정부의 입법부작위의무(立法不作爲義務)에 대한 책임을 물었기 때문이다.[7] 실

적으로 관여했음을 시인하는 고노담화를 발표하였다.

[7] 일본 법원은 일본군'위안부' 3명에 대해 일본 정부가 입법부작위의무(立法不作爲義務)에 대한 책임을 물어 30만 엔씩 배상하라고 원고 일부 승소 판결을 내렸다. 하지만 2003년 3월 25일 일본 최고재판소는 헌법이나 판례의 위반을 묻는 것이 아니라며 불수리 결정을 내렸다. '입법부작위 책임'이란 국가가 필요한 법률을 제정하는 입법행위의 의무를 다하

제 당시까지 재판부가 일부라도 인용(認容)한 '부산 종군위안부·여자정신대 공식 사죄 청구 소송', 통칭 관부재판을 제외하고 피해자 측이 국가를 상대로 일부라도 승리한 경우는 없었다. 그래서 이후 일본의 일부 야당의원이 위안부 문제를 해결하기 위한 「전시 성적 강제피해자문제 해결 촉진법안」, B·C급 전범 피해자를 위한 보상 법안, 시베리아 억류자 문제 해결을 위한 법안 등을 발의하기도 하였다.[8]

1990년대 후반으로 가면서 나타난 또 다른 새로운 경향은 미국에서도 소송이 제기되었다는 점이다. 1999년 미국 캘리포니아주 법원은 징용배상특별법을 제정하여 제2차 세계대전 동안 강제노동 혹은 노예노동을 당한 미군 피해자들이 미불된 임금과 개인적 부상에 대한 보상 요구를 2010년 12월 31일까지 제기할 수 있도록 하였다(헤이든법). 이를 계기로 1999년 9월과 10월에 미국에 거주하고 있는 징용자들이 일본 기업을 상대로 소송을 제기했고, 2000년 9월 한국인, 중국인, 대만인, 필리핀인 '위안부' 피해자들이 워싱턴 D.C.에 있는 연방지법에 일본 정부를 상대로 집단소송을 제기하였다.

그런데 1990년대 들어 봇물 터지듯 제기되던 과거청산소송은 1995년 사회당 연립정권이 시도한 '여성을 위한 아시아 평화 국민기금'(이하 국민기금)을 둘러싸고 한국과 일본의 과거청산운동 진영이 큰 내홍에 휩싸

지 못한 책임을 말한다.
8 일본군'위안부' 문제를 변호하는 일본의 변호인단연락협의회는 20004년 4월 27일에도 '전시성적강제피해자배상법요강'을 발표하였다. 이 법은 일본군'위안부'에 관하여 국가의 반인도적 행위에 대한 사죄와 개인 보상을 실시하고, 내각 산하에 '피해자배상위원회'를 두며, 입법 후 5년 이내에 보상을 실시한다고 규정하였다.

이면서 잠시 주춤하였다. 국민기금은 애초부터 일본군'위안부' 문제에 대해 법적 책임은 도외시한 채, 도의적인 책임을 져야 한다는 취지로 무라야마 정권이 만든 기구다. 피해자(지원) 단체들은 이 돈을 받아야 하는지, 반대한다면 왜 그런지를 놓고 서로 심각하게 갈등하며 갈라섰다.

가령 관부재판 당시 '일본의 전후 책임을 확실히 하는 모임'은 국민기금을 받아들이자고 주장하였다. 이 바람에 관부재판의 원고단, 재판지원회, 변호단 사이에 마찰이 일어났고, 원고단이 분열하면서 재판에 많은 지장을 초래하기도 하였다. '일본의 전후 책임을 확실히 하는 모임'도 분열하여 소수의 사람들만 활동하는 단체로 전락하였다.

한국의 대일 과거청산운동에서도 마찬가지 양상이 벌어졌다. 유족회의 일부 사람이 이 단체와 연계를 맺고 동조하는 활동을 한 관계로 내분에 빠지면서 크게 위축되었다. 유족회 내에서는 생활이 어려운 분들을 생각해 우선 돈을 받아 지원하며, 이를 발판으로 점진적으로 문제를 풀어가자고 주장하는 찬성파와 국민기금의 정당성에 의문을 품은 반대파 사이에 치열한 싸움이 있었다. 두 그룹은 서로 합일을 보지 못한 채 분열했고, 반대파는 유족회에서 강제로 밀려났다.[9]

국민기금을 통해 피해자들과 접촉하여 문제를 해결하겠다는 일본 정부식 접근법에 가장 적극 반대한 단체는 정대협이었다. 정대협 등은 국민기금의 수령을 반대하는 이유로 네 가지를 들었다. 첫째, 일본 정부에 법적 책임을 인정하도록 촉구하면서 도덕적 책임을 얘기하는 것

---

9 국민기금의 수령을 반대한 일부 사람은 2000년 태평양전쟁피해자보상추진협의회, 약칭 보추협을 조직하였다.

은 법적 책임을 인정하지 않으려는 책임 회피의 수단이다. 둘째, 법적 책임을 인정하지 않는 사죄는 의미가 없다. 셋째, 일본 국민의 모금에 의한 '보상금'은 단순한 '위로금'이므로 받아들일 수 없다. 넷째, 일본 정부의 의료복지 지원도 보상 회피다. 달리 말하면, 정대협은 일본 정부가 일본제국주의의 범죄행위에 대해 법적 책임을 지고 진상규명과 진정한 반성 및 사과를 선행해야 한다고 주장하였다. 하지만 일본 정부가 국민기금을 만들어 각 나라 피해자들의 열악한 처지를 이용해 돈을 지불하고 일본군'위안부' 문제를 종결시키려 했다고 간주하였다. 실제 일본 정부는 1996년부터 '여성을 위한 아시아 평화 국민기금'을 통해 일본군'위안부' 피해자들에게 돈을 제공하려 했고, 1997년 1월 7명의 피해자에게 비밀리에 돈을 지급하였다.[10] 이에 정대협 등은 1996년 10월 '강제연행당한 일본군'위안부' 문제 해결을 위한 시민연대'를 결성하고 『한겨레신문』과 연대하여 모금 운동을 벌였다. 시민연대는 모금된 성금을 할머니들에게 나누어주고 1997년 5월에 해산하였다.[11]

국민기금의 수령을 거부하는 운동을 주도하는 과정에서 정대협과 관련 단체 사이에 국제적 연대는 오히려 강화되었다. 한국의 피해자 지

---

[10] 국민기금은 한국의 일본군'위안부'피해자 7명에게 위로금 200만엔과 의료복지금 300만엔, 그리고 하시모토 류타로(橋本龍太郎) 일본 총리의 사과 편지를 전달하였다.

[11] 1998년 한국 정부도 일본 정부의 국민기금과 한국 시민단체의 성금모금운동에 대응하는 방안의 하나로 일본 정부의 국민기금에 상응하는 돈을 생활 안정을 지원한다며 피해자들에게 지불하였다. 한국 정부는 이미 1993년 6월 「일제하일본군위안부에대한생활안정지원법」(약칭: 위안부피해자법)을 제정하고 있었다. 덧붙이자면, 한국 정부는 2018년 6월 이 법의 제명을 「일제하 일본군위안부 피해자에 대한 보호·지원 및 기념사업 등에 관한 법률」로 변경하였다.

원단체들은 UN인권기관에 호소하여 1996년 4월 쿠마라스와미 보고서, 1998년 8월 맥두걸 보고서가 나오는 성과를 거뒀다.[12] 2000년 12월 일본 여성단체와 함께 '일본군 성노예제를 재판하는 여성 국제전범 법정'을 도쿄에서 열고 쇼와천황과 군 수뇌부의 전쟁범죄에 대해 유죄 판결을 내렸다. 민간 차원이지만 대일 과거청산소송 활동에서도 하지 못했던 책임 소재를 명확히 한 것이다. 2000년 민간 국제전범법정은 일본군'위안부' 문제를 국제화시키는 데 큰 영향을 끼쳤으며, 참가국 여성운동을 발전시키는 데도 기여하였다. 또 국민기금을 둘러싸고 벌어지고 있던 시민단체들의 내홍으로 주춤하던 과거청산소송도 1998년경부터 다시 활발해졌다.

1990년대 대일 과거청산운동과 관련해 나타난 중요한 또 다른 특징의 하나는 시민단체 등의 진상조사 활동과 활발한 자료집 발간을 들 수 있다. 소송 과정에서 연구 부족도 절감했지만, 우선 사실을 정확히 아는 접근이 중요했기 때문이다. 이런 과정에서 나온 대표적인 성과가 조선인강제연행진상조사단의 『조선인 강제연행조사의 기록(朝鮮人强制連行調査の記錄)』(柏書房)이다. 지금까지 조사기록은 4개국 편(四國篇, 1992), 오사카 편, 효고 편(大阪篇, 兵庫篇, 1993), 주부·도카이 편(中部·東海篇, 1997), 중국 편(中國篇, 2001), 간토 편(關東篇, 2002)으로 나뉘어

---

12 쿠마라스와미 보고서는 United Nations Digital Library에 있다. https://digitallibrary.un.org/record/1641160
맥두걸 보고서는 대한변호사협회의 '한일 자료 공유 사이트'에 번역되어 있다. https://www.koreanbar.or.kr/pages/japandata/view.asp?teamcode=&category=&page=1&seq=7106&types=1005&searchtype=&searchstr=

여섯 권이 출판되었다.[13] 기업의 강제연행 실상을 정리하고 분석한 성과도 나왔는데, 『강제연행의 기업 책임-징용된 조선인은 호소한다(強制連行の企業責任 - 徴用された朝鮮人は訴える)』(1993), 『이웃나라의 고발-강제연행의 기업 책임 2(隣國からの告發 - 強制連行の企業責任 2)』(1996), 『일본 기업의 전쟁범죄-강제연행의 기업 책임 3(日本企業の戰爭犯罪 - 強制連行の企業責任 3)』(2000)이 대표적이다.[14] 또한 일본군 '위안부' 관련 자료로 『종군위안부자료집(從軍慰安婦資料集)』(吉見義明, 大月書店, 1992)과 『강제로 끌려간 조선인 군위안부들』 1~7(정대협·정신대연구회, 한울·풀빛, 1993~2001) 등이 출판되었다.[15]

2) 역사 교과서 문제의 전면적 재부상

2001년 일본의 중학교 역사 교과서 가운데 후소샤에서 간행한 검정 신청본이 심사를 통과하면서 1982년 이래 사실상 잠복기였던 역사 교

---

13 진상조사단의 활동은 1992년 '전국교류집회자료집' 제1집을 출간한 이래 2007년 '희생자의 유골문제와 진상규명'을 다룬 제20집까지 자료집에서 확인할 수 있다. 한국의 민족화해협력범국민협의회, 약칭 민화협은 2022년 20권을 『조선인 강제연행 진상조사단 자료집』이란 이름의 한 질로 만들어 출간하였다.

14 모두 창사사(創史社)에서 간행한 책으로, 필자는 각각 후루쇼 쇼(古庄正) 編著, 야마다 쇼지(山田昭次)·다나카 히로시(田中宏) 編著, 후루쇼 쇼(古庄正)·다나카 히로시(田中宏)·사토 다케오(佐藤健生) 등이었다.

15 강제연행에 관한 기본적인 연구동향은 한일민족문제학회 강제연행문제연구분과, 2005, 『강제연행 강제노동 연구 길라잡이』, 선인 참조. 이후 연구동향을 정리하고 논점과 과제를 제시한 논문이나 책은 없다.

과서를 둘러싼 일본과 동아시아 국가들 사이의 갈등이 다시 전면화하였다. 사실 일본은 패전 직후에도 1945년 이전의 역사관을 근본적으로 바꾸지 않았다. 일본의 역사 교과서는 이에나가 사부로(家永三郎)를 중심으로 한 시민운동이 활발하게 일어나면서 그 내용이 조금씩 바뀌었다. 그러던 중 1982년 국제사회로부터 처음으로 문제를 제기 받았다. 한동안 잠잠하던 역사인식 문제는 2001년 다시 크게 이슈화하였다. 이제 그 과정을 간략히 짚어보자.

2000년 4월 '새로운 역사교과서를 만드는 모임', 일명 새역모 측이 중학교 과정의 역사와 공민 교과서를 제작하여 검정을 신청하였다. 이후 교과서가 황국사관을 바탕으로 침략을 미화하고 있다는 내용이 알려지기 시작하였다.

한국 정부는 2000년 8월 말경 주한 일본 대사관을 통해 "과거사를 왜곡, 축소하는 역사 교과서는 미래지향적 양국 관계 발전은 물론 일본 스스로를 위해서도 바람직하지 않다"라는 입장을 일본 정부에 전달하였다.[16] 이듬해 1월 한일의원연맹회의 한국 측 회장이 일본측 회장에게 우려를 전달했고, 2월 18일 정부 차원에서도 다시 한 번 두 나라 관계에 중대한 영향을 끼칠 수 있다는 우려를 전달하였다. 한국 정부 관계자가 다양한 루트와 형식으로 한국 측의 입장을 일본 정부에 전달했지만, 국내 언론은 이미 2001년 1월에 새역모 측의 검정 신청본이 심사를 통과하리라고 내다보았다. 새역모 측도 2월 24일에 제2차 수정본을 문

---

[16] 『무등일보』, 2000.9.15. 11월에 외교통상부 장관이 다시 우려를 전달하였다.

부성에 제출하면서 검정 통과를 자신하였다.[17] 드러내놓고 말은 하지 않았지만 후소샤판 검정교과서의 심사 통과가 기정사실로 간주되고 있었던 것이다. '조용한 해결' 방침을 정했던 정부의 방침이 그다지 효과가 없음이 조금씩 드러나기 시작한 것이다. 이런 분위기에서도 2월 27일에 한국 국회는 본회의에서「일본국의 역사 교과서 왜곡 중단 촉수 결의안」을 채택하고,[18] 2월 29일 국무총리가 역사 교과서 왜곡 문제와 관련된 회의를 직접 주재함으로써 한국 측의 강한 우려를 보여주었다. 하지만 일본 정부는 이를 무시하는 듯이 3월 29일 8종의 중학교 역사 교과서를 검정해 통과시켰고, 4월 3일 이를 공식 발표하였다.

이때까지 진행과정을 보면, 국내 언론을 통해 일본의 역사 교과서 왜곡 내용이 모두 알려졌다. 반면에 한국 정부의 외교적인 노력은 공개되지 않은 가운데 조용히 진행되었다. 그것은 미온적인 대응이었다고 볼 수 있다. 왜냐하면 1982년과 달리 2001년 4월 3일 일본 정부가 검정을 통과시키기 수개월 전부터 우익 및 일부 보수 세력이 교과서의 기본 내용을 모두 공개했기 때문이다. 심지어 우익 교과서의 '백표지본'이 한국에서조차 돌아다닐 정도였으니, 조금만 관심을 두었다면 그들의 기

---

17 『中央日報』, 2001.2.25.

〈표 4〉 중학교 역사 교과서 검정 지적사항 수

	扶桑社	帝國書院	清水書院	教育出版	東京書籍	日本文化出版	日本書籍	大阪書籍
역사	137	29	22	23	18	35	35	13
공민	99	35	35	16	17	34	60	24

* 출전: http://www.h2.dion.ne.jp/~kyokasho/main01.htm.
* 비교: 2002년 검색한 결과다. 지금은 教科書情報資料センーた로 검색해도 나오지 않는다.

18 『한겨레신문』, 2001.2.28.

본 주장을 모두 파악할 수 있었다. 그리고 이에 대응해 다양한 반박 논리와 행동 양태를 결정할 수 있었다. 그런데 한국 정부는 일본 정부에 외교적인 채널을 통해 입으로 하는 주문만 했던 것이다. 국회도 사실상 대응하지 않은 것이나 마찬가지였다. 성명서 한 장 채택하는 데 그쳤기 때문이다. 이 시기 한국사회의 새로운 대응 양상은 3월 14일 28개 시민사회단체가 모여 '일본 역사 교과서 개악저지 운동본부'를 발족한 움직임을 들 수 있다.[19] 시민사회 관계자들은 시민운동 차원에서 일본 교과서의 역사왜곡 문제를 운동본부를 매개로 직접적이고 조직적이며 장기적으로 문제 삼겠다는 의도에서 단체를 결성하였다.

새역모 측의 교과서를 비롯해 검정심사를 통과한 교과서의 왜곡된 내용이 구체적으로 알려졌지만, 한국 정부는 4월 6일에도 "한일 간의 관계를 손상하지 않는 범위 내에서" 교과서 문제에 대응한다는 입장이었다.[20] 2001년도 역사 왜곡은 한일 관계를 손상시킬 정도로 한국의 국민감정을 악화시켰고, 1998년 10월 오부치 게이조(小渕恵三) 일본 수상과 김대중 대통령이 발표한 '한일파트너십공동선언'을 명백히 위배했음에도 여전히 '손상'을 우려한 것이다. 또 4월 10일 최상용 주일 대사가 일시 소환되었지만, '소환'으로 비춰지는 모습에 부담을 가졌던 쪽은 오히려 한국 정부였다.[21] 또 같은 날 외교통상부 차관보가 외신 기자회견에서 "중국 및 북한과의 공동 대응은 생각하지 않고 있으며 한

---

19 『연합뉴스』, 2001.3.14.
20 國會事務處, 2001.4.6, 『第220回國會(臨時會) 統一外交通商委員會會議錄』, 7쪽.
21 주일 대사는 4월 19일에 귀임하였다.

일 양자적 차원에서 문제 해결을 위해 노력을 다할 것"이라고 발언하는 등 한국 정부는 소극적인 태도로 일관하였다. 한국 정부는 이때까지도 일본의 역사 교과서를 면밀히 검토한 뒤 다각적인 중·장기 대책을 마련한다는 원칙만 확인했을 뿐이다. 그나마 '일본 역사 교과서 문제 대책반' 정도를 구성해 중단기 대책을 수립하겠다는 정도가 구체적인 대처 방안이었다.[22]

그러나 김대중 대통령이 4월 11일 한일경제협회 소속의 일본인 회장단을 접견한 자리에서 "98년 일본 방문 시 일본 정부는 파트너십공동선언을 통해 과거사에 대해 사죄했고 젊은 세대의 역사인식을 심화시키기 위한 노력의 필요성을 강조했다"며 "그러나 이번 역사 교과서 검정 문제는 이런 공동선언 정신에 비춰 매우 미흡한 데 대해 한국 국민이 큰 불만을 표시하고 있다"고 일본의 역사 교과서 문제에 대해 비판적인 입장을 표출하였다. 이때부터 우리 정부의 태도는 강경 쪽으로 선회하였다.[23]

이상의 과정은 한국 정부의 '지나친 신중함' 내지는 '어정쩡한 관망', 그리고 '뒤늦은 강경 대응'으로 압축할 수 있다는 점에서 1982년도와 그다지 차이가 없는 모습이었다.[24]

---

[22] 2001년 4월 6일 자 국회 統一外交通商委員會에서는 대책반의 명칭에 '문제'가 들어가는 것은 부적절하며 '왜곡'으로 바뀌어야 한다는 지적이 많았다(國會事務處, 2001.4.6, 『第220回國會(臨時會) 統一外交通商委員會會議錄』, 5쪽).

[23] 이상은 「강경대응, 고민도 쌓이네」, 『한겨레 21』 2001.4.26, 355쪽에서 정리하였다.

[24] 1982년도 한국 사회의 대응에 관해서는 신주백, 2014, 「일본의 역사 교과서 문제에 대한 한국 사회의 대응(1965~2001)」, 『역사화해와 동아시아형 미래 만들기』, 선인, 66~79쪽.

4월 11일 이후 적극적인 대응으로 방향을 선회한 정부의 첫 번째 움직임은 4월 12일 교육부 차관이 주재하는 '일본 역사 교과서 왜곡 문제 대책반'을 본격 가동하는 대응으로 나타났다.[25] 왜곡 문제 대책반은 5월 7일 최종 확정안을 마련하고 다음 날 35개 항의 시정 요구를 일본 정부에 전달하였다. 일본 '총리의 사과 담화'도 교과서 재수정이 전제되지 않는 한 받아들이지 않기로 결정하였다.[26] 또한 왜곡 문제 대책반은 중·장기 대책의 하나로 역사 왜곡 문제의 재발을 근본적으로 방지하고 우리 역사를 국제적으로 알리기 위한 '우리 역사 바로 알리기 센터'를 설치하며, 일본 역사 교과서 왜곡시정 및 한국관 홍보를 위한 상설 기구를 총리실 등 산하에 내년까지 설치하고, 공무원 시험에서 국사 과목을 강화하는 방안 등에 대해서도 논의하였다.[27]

정부의 강경 대응을 뒷받침해 준 곳은 국회였다. 5월 3일 국회 통일외교통상위원회는 간담회를 열고 일본 역사 교과서의 왜곡에 대해 강경하게 대처하도록 정부측에 주문하였다.[28] 1982년의 교과서 파동 때와 마찬가지로 국회가 정부보다 더 강경한 입장을 취한 것이다. 일본

---

[25] 『한겨레신문』, 2001.4.12. 대책반에서는 전문가 자문위원단(12명)을 구성하고, 전문가 분석팀과 국사편찬위원회의 검증 작업을 거쳐 수정요구안을 마련하였다.

[26] 『朝鮮日報』, 2001.5.10.

[27] 『한겨레신문』, 2001.5.10, 5.16. 센터의 건립과 홍보관의 상설화, 국사 교육의 강화는 모두 1982년에도 나왔던 대응 방안의 하나였다. 이 가운데 '센터의 건립과 홍보관의 상설화' 사업은 2022년 현재 한국학중앙연구원에서 설치한 상설 조직인 '한국바로알리기 사업실'과 2006년 설립되어 '역사왜곡문제 대응, 한중일 역사정보 취합 및 분석, 영토 및 영해 현황 파악과 분석' 등을 담당하고 있는 동북아역사재단에서 시행하고 있다.

[28] 『한겨레신문』, 2001.5.4; 『연합뉴스』, 2001.5.4.

의 역사 왜곡을 비판하는 활동적인 모습은 1982년의 11대 국회 등에서 볼 수 없었던 움직임이지만, 계획적이고 준비된 선택이 아닌 경우도 있었다는 점에서 정치적 판단이 앞선 측면이 있었다. 국회는 5월 12일 결성된 '일본역사 교과서왜곡시정특별위원회(日本歷史敎科書歪曲是正特別委員會)'를 결성하고, 앞으로 효율적인 활동을 위해 특별위원회를 대외협력소위원회, 법률지원소위원회, 국사정립소위원회로 나누어 지속적으로 활동할 의지를 천명하였다.[29] 집권 민주당도 '일본역사 교과서 왜곡대책특별위원회(日本歷史敎科書歪曲對策特別委員會)'를 구성하였다.[30] 1982년의 국회와 집권 민정당의 움직임에 대비되는 2001년도 국회와 집권 민주당의 활동 방식인 것이다.

　대중의 분노도 들끓었다. 비판적인 시민들은 곳곳에서 항의 시위를 벌이고 화형식을 거행하였다. 일본상품 불매운동을 추진하는 시민단체가 있었고, 많은 성명서가 채택되었다.[31] 언론도 비판적인 논조로 달아올랐다. 반면에 일본 우익과 일부 보수 세력의 실체를 국민이 제대로 이해할 수 있는 보도를 기획하거나 출판 활동 등을 거의 하지 않았다. 준비 부족에 일조한 집단 가운데 반드시 짚고 넘어가야 할 부분이 연구자들일 것이다. 전문적인 연구자로서 당면한 문제를 사전에 분석하고 한국 사회가 이를 직시할 수 있게 하는 노력이 연구자가 해야 할 일 가운데 하나라고 한다면, 이 집단이야말로 가장 심각하게 자기반성을 해

---

29 『한겨레신문』, 2001.6.19.
30 『연합뉴스』, 2001.4.12.
31 『한겨레신문』, 2001.4.4, 4.6, 4.11 ; 『연합뉴스』, 2001.4.7.

야 한다. 그럼에도 주요 학술단체, 특히 역사학계는 일본의 역사 교과서 파동이 2001년 들어 본격적으로 부각되자 몇몇 준비된 연구자를 동원하여 이벤트식으로 심포지엄 등을 개최하고 성명서를 낭독하는 수준에 그쳤다.[32]

그런 가운데서도 2001년을 되돌아보면, 당시의 역사 왜곡 파동은 일본의 우익 정치가와 문부과학성의 관리들이 앞에 나섰던 이전의 일본 내 교과서 공격과 달리 우익 성향의 시민단체인 새역모가 선봉에 선 명백한 정치 공세였다. 여기에 맞서는 한일 시민운동 또한 새로운 전기를 마련하였다. 한국의 운동본부 측이 이에나가 재판을 중심으로 연대한 경험을 가진 일본의 교과서 관련 단체들과 처음으로 시민운동 차원에서 연대 활동을 시작한 것이다. 시민단체 간의 한일 협력은 일본의 역사 교과서 문제를 다루면서도 중국 민간인 연구자들과의 연대도 고려하는 지역 차원의 시야까지 내포한 활동이었다는 점에서 이전의 교과서 문제를 둘러싼 한일 간의 다양한 협력 형태와도 달랐다.

일본 역사 왜곡 세력의 움직임은 2001년 9·11테러와 2002년 북한의 일본인 납치 고백을 계기로 더욱 보수화해 가는 고이즈미 준이치로(小泉 純一郞)정권(2001.4~2006.9)의 지원을 받으며 날개를 달았다. 이에 대응하며 비판적 대안을 모색하던 시민운동과의 사이에 긴장은 2005년도에 더욱 강렬할 수밖에 없었다. 역사 왜곡 세력은 더욱 노골적으로 후소샤판 교과서를 지지했고, 교과서의 내용 자체도 2001년에 비해 더

---

32 2001년 3월 역사학 관련 학회의 심포지엄, 5월 한국역사연구회의 역사특강과 독립기념관 산하 한국독립운동사연구소의 심포지엄이 있었다.

왜곡되게 기술하였을 뿐만 아니라 친미반북(親美反北)이란 정치적 색깔을 분명하게 드러냈다.[33] 다만, 교과서 문제에 관한 한 2001년과 비교할 때 정부 차원의 갈등은 직접적이고 정면으로 충돌하는 양상이 아니었다. 정부 차원의 직접적인 대응을 노무현 정권이 자제했던 점도 한 가지 이유였다. 그래서 1982년, 1986년의 파동 때처럼 한국 정부의 정치적 필요에 의해 왜곡되는 경우는 없었다. 오히려 채택과 불채택 사이에 주된 긴장 관계는 민간 차원에서 이 상황에 주도적으로 개입함으로써 형성되었다. 국제 교과서협력운동의 측면에서 보면, 대결 전선이 넓어져 버거운 측면도 있었지만, 10%를 내세웠던 '새로운 역사교과서를 만드는 모임'의 의도를 좌절시켜 0.4%라는 채택률을 기록하게 만들었다.

3) 2010년 중일 간 영토 문제의 전면화와 안보 문제화

2010년 9월 7일 일본 해상보안청은 자신의 순시선과 충돌한 중국의 저인망 어선 한 척을 댜오위다오(釣魚島·일본명 센카쿠열도 尖閣列島) 인근에서 나포하였다. 중일 양측은 서로 자기 영해라고 주장하는 곳에서 사건이 일어났다며 선원과 선장의 석방 문제를 둘러싸고 설전을 벌였

---

[33] 심화된 역사왜곡과 노골적인 정치적 색깔은 특히 일본근현대사 부분에서 많이 확인할 수 있다. 자세한 것은 신주백, 2005, 「일본 중학교 역사 교과서 검정본 분석」, 『한국근현대사연구』 33쪽, 참조.

다. 1972년 중국과 일본이 국교를 맺은 이래 최고의 갈등 상황이 조성되어 갔다. 중국 정부가 민간 차원에서 진행할 다양한 경제협력과 인적 교류까지 일시 정지시키거나 취소시킬 정도였다.

일본 정부는 나포한 지 사흘 만인 10일에 국내법을 적용해 선장을 구속하고, 13일에 선원 14명을 석방하였다. 중국 정부는 맞대응 차원에서 일본의 자동차와 전자 산업 등에 쓰이는 매우 희귀 광물인 희토류의 일본 수출을 금지하였다. 희토류는 매우 소량이지만 이들 산업에 필요한 부품에 반드시 필요한 광물자원으로 '첨단산업의 비타민'이라 불렸다. 또한 중국 정부는 자국에 허가 없이 군사시설을 촬영했다는 혐의로 일본 민간인 4명을 20일에 구속하였다.[34] 이에 일본 정부는 '처분 보류'라는 결정을 내리고 9월 24일 선장을 석방하면서 중일 간의 외교 갈등은 한숨을 돌릴 수 있었다.[35] 중일간 갈등을 연일 보도하고 있던 국내외 언론은 일본의 백기투항, 중국의 일방적 승리로 단정하였다.[36] 실제 중국의 존재감을 대외적으로 드러낸 한판승이었다.

이후에도 중일 간의 갈등은 진정되지 않고 악화되어 갔다. 양국 정상 간의 만남조차 제대로 이루어진 적이 없는 상황에 이르렀고, 국민 상호 간에도 상대방을 비판하는 언행을 공공연하게 표출하였다. 가령 2010년 10월 16일 도쿄에서는 "침략자 중국을 가만두지 않겠다"고 외치는 반

---

34 『머니투데이』, 2010.9.23, 15:09.

35 이때까지의 경과를 간략히 정리한 「中・日, 센카쿠 갈등 일지」(『연합뉴스』, 2010. 9. 24. 17:22)를 참조.

36 『한겨레신문』, 2010.9.25.

중 시위가 있었는데, 같은 날 중국 쓰촨성 청두(成都)에서는 "소인배 일본 타도" 하자며 일본상품 불매운동이 벌어지기도 하였다.[37]

센카쿠열도(댜오위다오)를 둘러싼 중일 간의 충돌은 일본에게 두 가지 점에서 '쇼크'였다. 영토 문제를 둘러싸고 중일 간에 이처럼 강렬하게 충돌한 적이 없었던 데다 갈등이 희토류 수출 금지라는 경제 문제와 직결되었다는 점에서 이전의 갈등 양상과 확연히 달랐다. 2010년 9월의 사태는 흔히 자유주의 시장경제를 옹호하는 사람들이 경제 교류를 활성화하면 정치적 긴장을 누그러뜨리는 데 도움이 된다고 말하는 주장에 의문을 제기하기에 충분하였다. 오히려 이익의 상대적 불균형이 확대되는 과정에서 예민한 부분을 의도적으로 자극함으로써 외교관계가 틀어졌을 때 긴장을 유발할 수 있다는 매우 현실적인 주장이 타당함을 보여주었다.

중일 관계의 첫 사례였으므로 일본이 느끼는 충격은 상당하였다. 일본 정부는 폭발한 사태를 일단 진정시키기 위해 선장을 석방했지만, '쇼크'가 재발하지 않도록 좀 더 즉자적인 대책을 수립해 갔다. 우선 2009년 희토류 수입의 86%에 달하던 중국 의존도를 줄이고 다변화하였다. 그 결과 2012년 상반기 기준에서 볼 때 일본이 수입하는 희토류 가운데 중국산의 비중이 90%에서 49.3%로 급감하였다.[38] 또 2012년 9월 이시

---

[37] 『연합뉴스』, 2010.10.17, 12:27; 『韓國日報』, 2010.10.18.
[38] 『중앙일보』, 2019.7.17, 11:48. 2015년 일본의 희토류 중국 의존도가 55%였다. 반면에 중국의 희토류 업계는 가격의 폭락으로 2014년에 적자를 냈다. 중국 정부도 WTO에서 패소했다. 중국 정부는 2015년 1월 희토류 수출 규제를 철폐하였다.

하라 신타로(石原慎太郎) 당시 도쿄도지사가 사유지인 "센카쿠열도를 사들이자"고 제안하자 이를 받아 국유화 조치를 완료하였다. 국가가 나서서 직접 관리함으로써 분쟁의 소지를 없애겠다는 것이다.[39]

2010년 센카쿠열도 문제는 두 나라 국민 사이에 고조되었던 반중, 반일 감정 그리고 무역마찰을 전례 없는 수준으로 끌어올렸다. 당시 갈등의 본질은 역사 문제이자 영토 문제였지만, 경제 문제가 개입되면서 역사 갈등과 경제 마찰이 연계되어 동시에 나타날 수 있음을 보여주었다. 이는 그때까지의 중일 관계와 다른 차원의 중일 관계가 내적으로 진행되어 왔는데 많은 사람이 그 흐름을 잘 파악하지 못한 가운데 갈등이 폭발했음을 말해 준다. 또 앞으로는 그때까지 중일 관계를 유지해 온 메커니즘과 조금 다른 메커니즘이 작동할 수 있다는 변화를 2010년도 영토 갈등이 시사해 주었다.

이전과 다른 메커니즘이란 영토 갈등에 경제 마찰을 더한 데다 안보 경쟁까지 추가하는 전략적 역동성을 말한다. 달리 말하면 21세기형 영토 문제가 출현한 것이다. 다른 메커니즘이 작동한 핵심적인 배경은 중

---

[39] 그러나 일본의 의도와 달리 센카쿠열도를 둘러싼 중국과 일본의 갈등은 중국의 도전적인 행동이 일상화 수준에 이르렀고 더욱 강해지면서 악순환의 고리에 빠졌다.
2013년 중국은 국가해양국 등 4개 조직을 통합해 해경국을 발족하였다. 2018년 해경국을 군의 지휘 아래에 있는 무장경찰로 편입하였다. 2021년 "주권이 침해당했다고 간주될 경우 해경국 선박의 무기사용을 허가"하는 해경법을 시행하였다. 그러면서 해경국 소속 1000톤 이상 대형선을 2012년 40척에서 2021년 132척으로 3배 이상 늘렸다.
일본도 무장을 강화하였다. 2012년 오키나와현에 배치한 1000톤 이상의 대형순시선 7척을 2022년 4월까지 21척으로 늘렸다. 2016년 헬리콥터를 탑재한 순시선 2척을 비롯해 12척으로 센카쿠열도 경비 전담체제를 만들었다. 이상은 『세계일보』, 2022.9.11 12:57:51. https://www.segye.com/newsView/20220911508515?OutUrl=daum(2022.9.14 검색).

국이 개혁개방의 연착륙에 성공하면서 중일 관계가 전략적 경쟁 관계로 전이했다는 데 있다. 여기에 미국의 오바마 정권이 '아시아회귀전략'을 추진하면서 동아시아 국제관계, 특히 중국의 움직임에 대응해 가기 시작했던 배경도 무시할 수 없다. 미국은 동아시아 역사 갈등에 공식적으로 개입하면서 그 명분의 하나로 안보 문제를 들었다. 실재 미국은 남중국해에 흩어져 있는 섬들을 둘러싼 중국과 아세안 간의 갈등에 주목하는 한편, 센카쿠열도를 둘러싼 갈등이 일어나자 미일안보조약 제5조, 즉 일본과 주일미군 기지 가운데 '어느 한쪽에 대한 무력공격'이 있는 경우 '자국의 헌법상 규정 및 절차에 따라 공통의 위험에 대처하도록 행동할 것을 선언한다'는 조항의 적용 대상이라고 공식 언급하였다.[40] 미일동맹 차원에서 센카쿠열도를 둘러싼 갈등을 바라보면서 동아시아 안보 전략 차원에서 이 갈등을 취급하겠다는 것이다. 마찬가지 접근법은 동중국해에서의 '항행의 자유'와 2015년부터 남중국해에서의 '항행의 자유'를 둘러싸고 미국 및 일본과 중국 사이의 갈등으로 나타났다.[41]

센카쿠열도 문제를 안보전략 차원에서 다루려는 미국과 일본의 태도는 10년이 지난 이후에 더욱 전략적이고 확고해졌다. 미국이 주도하고 일본이 적극 호응하고 있는 인도·태평양전략 또는 인도·태평양구상, 곧 대중국 견제를 핵심으로 하는 미·일·호주·인도(QUAD4)의 안

---

40 『한겨레신문』, 2010.10.30.
41 『연합뉴스』, 2016.6.16. 10:03; 『한겨레신문』, 2021.9.10; 이학수, 2018, 「남중국해와 항행의 자유」, 『해항도시문화교섭학』 18, 한국해양대학교 국제해양문제연구소.

보협력이란 새로운 지역 전략 속에서 센카쿠열도 문제는 핵심 의제의 하나였다. 그래서 2021년 3월 도쿄에서 열린 미일안보협의위원회, 일명 '미일 2+2 회의'는 미일안보조약 제5조에 따라 센카쿠열도를 포함해 현상을 변경하려 시도하거나 일본의 지배를 훼손하는 일방적인 행동에 대해 반대한다고 명시적으로 밝혔다.[42] 센카쿠열도 문제가 미국과 중국 사이의 전략적 경쟁에 확실히 포섭된 것이다. 이로써 센카쿠열도에 대한 역사적 권원(權原)을 둘러싼 논쟁은 큰 쟁점이 될 수 없게 되었다.

센카쿠열도를 둘러싼 중일 사이의 갈등은 동북아시아 3국 사이에 전개된 영토 갈등이 역사 문제의 영역을 벗어나 영토 문제이자 외교 안보의 핵심 사안으로 바뀌어 간 신호탄이었다. 변화를 추동한 근본적인 힘은 오바마 정권이 동아시아로의 회귀 전략을 추진한 데 이어, 트럼프 정권 당시 성립한 인도·태평양 전략과 중국의 시진핑 집권 때 구체화한 일대일로 전략 사이의 경쟁에 있었다. 이를 지역 질서를 재편하려는 G2간 전략적 경쟁의 구도화라고 말할 수 있겠다.

영토 갈등이 지역 질서를 재편하려는 G2 각자의 지역 구도에 편입되어 가는 양상은 내부의 움직임으로 더욱 가속화되어 갔다. 가령 2010년 중국과 일본 사이에 갈등이 마무리된 직후인 11월에 러시아의 메드베데프 대통령이 일본과 갈등하고 있는 남쿠릴열도를 직접 방문하여 러시아와 일본 사이에 영토 갈등이 일어났다.[43] 2012년 8월 이명박 대통령은 독도를 전격적이고 기습적으로 방문한 일을 계기로 그렇지 않아

---

42 『한국경제』, 2021.3.16. 17:22.

43 『중앙일보』, 2010.11.3.

도 어렵던 일본과의 갈등이 더욱 고조되어 양국 간 외교관계가 한때 사실상 중단되었다.[44] 다만 센카쿠열도 문제와 달리 두 문제는 외교 안보의 직접적이고 당면한 현안으로까지 아직 변질되지 않았을 뿐이다.[45]

3. 2010년경 도달점으로서 역사 갈등의 특징

1) 역사 갈등의 정점, 21세기 동아시아 영토 문제

동아시아 역사 갈등이 확대 심화하는 과정에서 2010년을 전후해 여러 유형의 역사 문제 가운데 영토 문제가 다른 사안들을 압도해 갔다. 주지하듯이, 모든 영토는 국가의 주권과 이익에 종속하는 여러 지표의 하나로서 해안선과 국경선을 통해 경계를 나눈다. 그런데 경계가 불분명하거나 대상 자체를 인지하지 못하는 와중에 해양과 내륙의 해안선과 국경선을 변경하려 하거나, 획득하려 하는 경우, 아니면 이를 유지하려 하는 경우에 문제가 발생한다. 우리는 흔히 이를 영토 문제라 말한다.

---

[44] 이명박 정부의 행동은 전후 맥락이 없고 합리적이지도 않은 국내정치용 행동이었다. 신주백, 「시론: '독도' 해법, 역사 문제로 접근해야지」, 『한겨레신문』, 2012.8.23; 신주백, 「시론: 외교적 한건주의를 경계한다」, 『경향신문』, 2013.10.14.

[45] 예를 들어 일본 정부는 2020년 11월 12일 독도가 미일안보조약 제5조의 적용 대상이 아니라고 밝혔다. 『연합뉴스』, 2020.11.12. 21:06.

동아시아에서 영토 문제는 현재의 시점에서 해결의 전망을 예단할 수 없을 정도로 불투명하고 복잡하다. 동북아의 경우 한일 간 독도(죽도) 문제, 한중 간 간도(間島)·백두산(白頭山) 문제, 중일 간 센카쿠열도 문제(댜오위다오 문제), 러일 간 북방4도(남쿠릴열도) 문제가 있다. 여기에 남한과 북한, 중국과 타이완이라는 2개의 분단국가가 있어 복잡한 영토 문제를 더 꼬이게 하고 있다.

동북아의 영토 문제는 1945년 이전 일본의 침략과 연관된다는 공통점이 있다. 오랜 역사적 권원(權原)과 깊은 연관이 있다는 점도 공통된다.

이에 비해 동남아의 영토 문제는 위에서 언급한 동북아의 공통된 특징을 찾기가 쉽지 않다. 물론 내륙에서는 역사인식과 연관된 국경선 문제가 있기는 하다. 하지만 지역의 안정과 맞물려 가장 민감한 영토 문제는 동중국해의 난사군도(南沙群島, 스프래틀리, 쯔엉사)와 시사군도(西沙群島, 파라셀) 문제이다. 이곳은 석유 등 천연자원을 둘러싼 경제 요인과 석유 수송로 확보 등의 안보 요인이 얽혀 있다. 500여 개의 섬과 암초로 이루어진 이곳에는 5개 국가에서 영유권을 주장하고 있으며, 일부 국가는 군대를 주둔시키는 등 지역 내의 긴장 관계를 조성시키고 있다. 바다와 섬들을 가리키는 이름도 나라마다 다르다.[46]

더구나 앞서도 보았듯이 2010년부터 미국이 공공연하게 발언하며 동중국해와 남중국해를 둘러싼 일련의 문제에 개입하기 시작하였다. 2010년 7월 미국은 베트남에서 열린 아세안지역포럼(ARF)에서 남중국해의 영유권 문제가 "미국의 중요한 외교적 사안"이라며 중국과 동남아

---

46 'East China sea'와 'South China Sea'의 번역어인 동중국해와 남중국해로 통칭하였다.

국가들 사이의 갈등을 해결할 수 있는 국제적 메커니즘을 구축하자고 공개적으로 제안하였다.[47] 미국이 양국 관계 차원을 넘어 지역의 안보기구가 주최하는 회의에서 공개적으로 개입한 것이다. 이에 중국은 영토와 주권에 관한 문제이므로 남중국해 영유권 문제를 국제 이슈화하지 말도록 미국에 요구하였다. 미국은 여기에 멈추지 않고 2011년 들어 남중국해상에서 호주 및 일본의 해군과 합동 군사훈련을 실시했고, 베트남 및 필리핀의 해군과도 각각 합동으로 훈련하였다. 미군과 베트남군 및 필리핀군의 훈련은 1973년 미국이 베트남전쟁에서 패한 이후, 그리고 1992년 수빅만 해군기지와 클라크공군기지에서 미군이 철수한 이후 처음이었다.[48] 대륙의 앞바다를 지켜 안보를 굳건히 하겠다는 중국 당국의 군사전략을 비웃기라도 하는 듯한 조치를 미국이 취한 것이다.

이렇듯 두 곳의 해양 영토 문제는 두 나라 간의 문제인 동북아의 영토 문제에 비해 다국 간 문제라는 특징이 있다. 동남아의 해양 영토 문제는 동북아의 영토 문제와 비교할 때 비역사적인 데다 여러 국가가 동시에 연관된 경우가 많다는 등 또 다른 측면에서 복잡하다.

동아시아의 두 공간에서 제기되고 있는 영토 문제에 모두 관련되어 있는 국가가 중국이다. 실제 중국은 육지에서 14개국, 해양에서 8개국

---

47 『한겨레신문』, 2010.7.25. 클린턴 미국 국무장관은 미국이 "남중국해에서 자유롭게 항해하고 아시아의 공동수역에 제한 없이 접근하는 데 국가적인 이해를 갖고 있다"고 발언하였다. 중국이 주장하는 영해의 경계선을 인정하지 않겠다고 밝힌 것이다.

48 2014년 들어 필리핀은 미군의 주둔을 다시 허용하였다. 『한국일보』, 2014.4.13. 20:13:44. 베트남은 남중국해 북단의 파라셀군도(호앙사, 중국명 시사군도)에서 1974년과 1988년 두 차례 중국과 무력 충돌하여 수십 명의 병력이 희생되는 손해를 보기도 하였다.

과 접경하고 있다. 그리고 이들 대부분의 국가와 해안선이나 국경선 문제가 있어 협상과 무력 충돌 과정에서 미얀마(1960),[49] 네팔(1961), 북한(1962), 몽골(1962), 파키스탄(1963), 라오스(1991), 러시아와의 서부국경(1994), 카자흐스탄(1994), 키르기스스탄(1996), 타지키스탄(1999), 베트남(1999), 러시아와 동부국경(2004)에 대해 문제를 해결하였다.

하지만 중국은 인도, 부탄, 남북한과 내륙의 영토 문제를 해결하지 못하고 있으며, 해양의 영토 문제 역시 전혀 해결하지 못하고 있다.[50] 특히 해양의 영토 문제는 냉전체제가 해체된 이후인 1990년대 들어 갈등이 더욱 커지고 있다. 이 문제는 중국의 지속적인 경제성장을 뒷받침할 자원 확보 정책과도 밀접한 관련이 있어 더욱 복합적이다. 그래서 21세기 동아시아의 영토 문제는 해양 영토 문제를 중심으로 전개되리라고 쉽게 예측할 수 있다. 해양의 영토 문제도 현재까지는 자원 획득 경쟁의 성격을 띠고 전개되고 있다. 지금의 수준은 해상의 주도권을 일본과 미국, 아니면 중국이 장악하느냐를 판가름하는 본격적인 경쟁이 일어나기 직전의 전초전 정도다.[51]

---

[49] 중국이 이즈음부터 국경선 문제의 해결에 적극 나선 계기는 1959년 인도와의 국경분쟁 때문이었다. 중국과 인도는 그해 8월과 10월 국경선 문제로 무력 충돌을 벌일 만큼 대결 관계였다. 그런데 당시 소련은 엄격한 중립을 표방하면서 사실상 인도 편을 들어주었는데, 중국은 사회주의 국가 소련의 태도에 상당한 충격을 받았다. 당시 중소논쟁이 계속 확대되고 있어 중소 간의 우호 관계가 무너지고 있던 시점이었으므로, 중국으로서는 주변국과의 갈등 요인을 최대한 줄이면서 대외 관계를 안정시킬 필요가 있었다.

[50] 필자는 해양의 경계선 문제와 바다의 명칭 문제도 영토 문제로 간주하고 있다. 또 영토 문제를 크게 내륙의 영토 문제, 해양의 영토 문제로 구분하고 있다.

[51] 박정현, 2007, 「근대 중국의 해양인식과 영유권 분쟁」, 안병우 외, 2007, 『중국의 변강 인식과 갈등』, 한신대학교출판부, 426쪽.

중국은 그동안 영토 문제를 해결하는 과정에서 제3자의 개입을 인정한 적이 없었다. 당사자 간의 해결 원칙을 고수하고 있는 것이다. 그래서 2008년 국제사법재판소(ICJ)가 싱가포르의 영토로 인정한 페드라 브랑카(말레이시아 명칭으로 '푸라우 바투 푸테') 영유권 분쟁처럼 제3자의 도움으로 문제를 해결한 경우를 동북아에서는 기대하기 어려울 것이다. 그런데 일본도 자신이 실효적으로 지배하고 있는 센카쿠열도 문제를 국제사법재판소로 회부하는 것을 거부하고 있다. 그러면서 한국에 독도(죽도) 문제를 해결하기 위해 국제사법재판소에 가자고 주장하는 이중적 태도를 보이고 있다. 하지만 역사적으로나 국제법적으로 독도가 자신의 땅이라 생각하고 있는 한국이 여기에 동의하지 않고 있다.

더구나 동북아시아의 영토 문제는 오랜 역사적 맥락을 이해하지 못하면 문제의 발생 원인과 복잡성을 제대로 파악할 수 없다. 특징적 요인을 제대로 분석하기 어려우면 해결 방향을 찾기도 쉽지 않다.

2) 역사 문제의 상수화(常數化)

2010년을 고비로 동아시아 역사 갈등이 지역 질서의 재편과 연동해 가기 시작한 이후 그 흐름에 확장적 가속도가 붙었다. 이러한 양상을 제어하지 못한 이유의 하나는 동북아의 트러블메이커 아베 신조 일본 총리를 비롯한 아베 정권의 역사 정책 때문이었다.

2010년대 들어 일본의 보수 정치 세력은 공식적으로 침략에 의문을 제기하였다. 그 선봉에 아베 신조(安倍晋三) 총리가 있다. 그는 2013년

4월 23일 참의원 예산위원회에서 "침략의 정의는 국제적으로 정해지지 않았다"고 발언하였다.[52] 2006년 10월 제1차 아베 내각이 정부 답변서라는 형식을 빌려 "'침략 전쟁' 및 '전쟁 책임'이라는 개념에 대해서 국제법상 확립된 정의가 있는지는 모르겠다"고 드러낸 역사인식을 되풀이한 것이다.[53] 그의 발언은 일본의 우익과 일부 보수 세력이 정치 공간에서 침략을 공공연하게 부정함으로써 새로운 공론 공간을 만들어 가려는 의도에서 나왔다. 또 해석헌법을 인정받아 사실상 헌법을 개정한 효과를 거두어 일본헌법 제9조의 족쇄로부터 벗어나 제한적이지만 미래에는 자위대의 집단적 자위권을 보장받으려는 바닥다지기의 일환이었다. 또 연합국이 강요한 도쿄재판 사관과 같은 역사인식을 바로잡고 '적극적 평화주의'를 내세우며 미국의 '종속 국가'인 일본의 지위를 탈바꿈시키려는 정치 계획의 일환이었다.[54] 궁극적으로는 미중 관계에서 독자적으로 자신을 지킬 수 있는 '자주'의 힘을 확립하고, 천황을 중심으로 새로운 일본국을 만들려는 장기 전망에 따른 행동이었다.

21세기 들어서는 한일, 중일 사이만이 아니라 한중 간에도 역사 갈등이 일어나고 있다. 한중 간 역사 갈등은 2003년에 이어 2006년에도 재차 폭발하였다. 동북공정은 티베트 지역에서 진행된 서남공정, 우루무치를 중심으로 진행된 서북공정과 더불어 중국 정부가 당면한 변방

---

[52] 『한국일보』, 2013.4.25. 03:43.

[53] 『연합뉴스』, 2013.5.20. 2:00.

[54] 아베의 평화주의에 대한 비판은 신주백, 「시론: 아베의 적극적 평화주의」, 『경향신문』, 2014.4.8 참조.

문제를 해결하기 위해 진행한 거대한 종합 프로젝트의 하나였다. 이들 국가사업 가운데 초기 동북공정의 두드러진 특징은 역사화의 측면이 중요한 비중을 차지했다는 점이다. 이런 점에서는 중국 고대 역사의 재조명을 시도한 하상주단대공정(1996~2000)과 유사했다고 볼 수 있다. 달리 말하면 두 공정은 아주 오래전의 역사를 현재의 중화인민공화국의 영토와 정치 상황에 맞추어 재해석하려는 정책인 것이다.

중국 정부가 이처럼 대규모 국가 프로젝트를 추진한 배경은 중국 내부의 현실과 연관이 있다. '한족'이 아니라 '중화민족'의 역사를 재구성하고 애국주의로 뭉친 중국 인민을 동원하여 시장경제의 발전이란 과제를 연착륙시키는데 역사를 활용하기 위해서였다. 또 경제 성장 과정에서 동반될 수밖에 없는 계층 갈등과 그에 따른 사회적 이완(弛緩)을 방지하며 사회를 안정시키는데 긍정적으로 활용하기 위해서였다. 동북공정의 경우는 여기에 또 한 가지의 정치적 의도가 깔려 있었다. 중국 정부는 동북공정을 추진함으로써 향후 예상되는 한반도의 정세 변화와 맞물려 동북3성에 미칠 정치적·사회적 영향과 충격을 미리 차단하는 한편, 동북아 국제 질서의 변화에 적극 대처하기 위한 포석이었다.[55] 달리 보면, 동북공정 자체는 신중화주의의 부활 전략, 또는 패권 국가를 추구하는 중국이란 관점에서 보면 진실을 볼 수 없다.

그럼에도 중국이 민족주의적인 역사인식을 강화하는 과정에서 우리의 역사인식과 충돌되는 영역이 있다는 점이다. 중국은 '부여사·고구

---

[55] 동북아역사재단, 2007, 『중국의 국가만들기 프로젝트 동북공정 바로알기』, 동북아역사재단, 10쪽.

려사·발해사=중국사'라는 논리를 일반화하여 한국의 고대사 논리에 대응하려 하였다. 이는 한반도의 변화와 관련되는 조치일 뿐만 아니라 국경을 맞대고 있는 몽골, 중앙아시아, 베트남과의 역사인식을 둘러싼 갈등에도 적극 대비하려는 사전 포석이다.[56] 중국 정부는 2006년부터 5년 계획의 2단계 동북공정을 추진하였다. 프로젝트는 이전과 달리 동북 3성의 성 정부가 각각 추진하였으며, 역사 문화유적에 대해 학술적 측면보다는 관광자원화하고 생활과 접맥시키는 데 정책의 무게중심을 두는 방향으로 전개되었다.[57]

이처럼 동북아 지역에서는 시간이 흐르면서 갈등이 관리되거나 해결될 기미가 보이기보다 확대되고 첨예화하고 있다. 21세기 들어 제기된 동아시아의 역사 문제를 유형화하면, 역사 교과서와 역사교육 문제, 대륙과 해양의 영토 문제, 야스쿠니 신사 참배 문제, 일본의 침략과 지배에 대한 사과와 보상 문제, 중국의 역사인식 문제로 구분할 수 있겠다.

21세기에 들어 동아시아에서는 다섯 가지 유형의 역사 문제 가운데 최소한 한 가지 이상의 문제로 매년 갈등이 있어 왔다. 역사 갈등이 연례화(年例化)·다양화(多樣化)하면서 한·중·일 3국에만 한정하지 않

---

[56] 동북아역사재단, 2007, 앞의 책, 11쪽. 여기서 문제는 오늘날의 국가 경계선 안에 있는 영토의 역사 모두를 자신의 것으로 독점화할 수 있는가이다. 관계성과 역사성을 설명하는 차원에서 선사시대나 고대사의 영역을 설정할 수는 있으나, 현대적 의미의 독점적 소유권을 주장할 수는 없다. 우리의 역사지키기도 이런 방향에서 접근했으면 한다.

[57] 이에 대해서는 尹輝鐸, 2008, 「'포스트(Post) 동북공정': 중국 東北邊疆戰略의 새로운 패러다임」, 『歷史學報』 197쪽, '제Ⅲ장' 참조.

고 동남아 지역의 국가들 사이에서, 아니면 동남아와 동북아 3국 사이에도 역사 갈등이 일어나는 광역화(廣域化) 경향이 일정한 흐름으로 자리를 잡았다. 역사 갈등의 공간적 확장과 더불어, 일본만이 아니라 중국과 다른 국가 사이의 갈등으로도 광역화, 지역화한 것이다. 연례화와 다양화, 그리고 광역화(지역화) 과정에서 상대국에 대한 국민감정이 나빠지는 흐름은 당연히 따라오는 현상이었다.[58]

21세기 초입을 지나며 동아시아의 역사 갈등은 역내의 국제관계를 뒤틀어 놓을 정도로 폭발력을 내장하면서 정세 변화를 추동할 수 있는 독립변수로까지 확대되었다. 역사 문제는 다른 사안에 붙어 있는 종속변수가 아니기도 하지만 어쩌다 일어나는 문제가 아니라 동아시아 국제관계를 일상적으로 규정하는 상수(常數)가 되었다.[59]

---

[58] 아사히신문이 한·중·일 3국의 국민을 대상으로 2014년 2월과 3월 실시한 여론조사 결과에 따르면, 한국인 응답자의 67%가 일본이 싫은 데 반해 호감을 표시한 응답자는 4%에 불과하였다. 일본인도 34%가 한국이 싫다고 응답하였다. 한국이 좋다는 응답자는 조사 대상자의 8%에 불과하였다. 중일 국민의 상호 감정에 관한 조사에서도 중국인의 74%가, 일본인의 51%가 상대방이 싫다고 답변한 데 반해, 상대방에 호감을 가진 국민은 중국인 응답자의 11%, 일본인 응답자의 4%에 불과하였다. 영토 문제를 비롯해 역사 문제를 둘러싼 국민감정의 골이 매우 깊음을 알 수 있다. 또 한국인 응답자의 97%, 중국인의 경우 98%가 아직 역사 문제는 마무리되지 않았다고 답한 데 반해, 일본인 응답자는 48%만이 그렇다고 답했고 47%의 일본인은 이미 지난 일이라는 역사인식을 드러냈다. 『한국일보』, 2014.4.7. 19:54:49.

[59] 이에 따라 한국인은 북한의 위협에 대한 부담보다 일본의 우경화에 대한 부담을 더 크게 느꼈다. 2014년 아산정책연구원이 전국의 남녀 1000명에게 전화로 설문한 조사에 따르면, 한국을 위협하는 국가는 일본(65.8%) - 북한(60.8%) - 중국(56.0%) - 미국(30.9%)순이었다. 『아시아경제』, 2014.3.12. 18:14.

3) G2 중심으로 냉전 시기 질서 구도의 지속과 역사 문제 하위화(下位化)

　동아시아 역시 세계적인 차원에서 진행된 냉전의 해체라는 구조적인 변화로부터 큰 영향을 받았다. 하지만 역학관계와 구도라는 측면에서 보면 유럽처럼 근본적인 변화를 겪고 있지는 않다. 유럽의 변화와 비교할 때 동아시아 역내에서 미국의 지위는 여전히 확고부동하다. 동유럽과 소련의 붕괴와 지역 안보기구의 해체라는 유럽의 상황과 확연히 다른 동아시아의 정세 구도는 개혁 개방의 연착륙에 성공한 중국이 계속 발전해 가면서 냉전체제 시기의 질서 구도와 비슷하게 다시 단순해지고 있다.

　특히 2013년 6월 중국이 미중 정상회담에서 '신형대국관계'를 미국에 요구하면서 그 실체가 선명해지기 시작하였다.[60] 신형대국관계란 미국과 중국 두 나라가 상대방의 핵심이익을 존중하는 가운데 협력하는 관계를 말한다. 글로벌 리더로서의 미국의 지위는 인정하겠지만 적어도 아시아 역내에선 중국의 위치를 이젠 미국이 존중해 줬으면 한다는 뜻이 담겨 있는 관계 설정인 것이다. 그러면 중국으로서는 영토와 주권 등 '핵심 이익'이 걸린 문제만 아니면 미국의 아시아정책에 협조하겠다는 의미인 것이다.

　그런데 시진핑은 2013년 중국에서 유럽까지의 '실크로드 경제 벨트',

60　유상철, 「박 대통령 방중 이후 해야 할 일」, 『中央日報』, 2013.7.4. 신형대국관계는 세 가지 근본원칙으로 갈등과 대립 해소, 상호존중, 원원협력을 내세웠다.

곧 '일대'와 중국에서 아프리카 동해안까지의 '21세기 해상 실크로드', 곧 '일로'를 제창하였다. 중국 역사가 문자로 기록을 남긴 이래 중국 대륙의 권력체 가운데 시진핑 정권이 처음으로 세계전략을 제시한 것이다.

그럼에도 신형대국관계와 일대일로 구상은 논리적으로 밀접한 연관성을 가지고 작동하지 않았다. 두 가지 국가 전략 담론은 2017년 제19차 중국공산당 대회를 고비로 일체화하였다. 당대회에서 시진핑이 '중국 특색의 사회주의 사상'을 제창하며 개도국 외교, 다자외교, 공공외교, 주변국과의 외교관계까지 포괄하는 '신형국제관계'를 제창하며 '인류운명공동체'론을 제기했기 때문이다. 하지만 미국은 세계 질서의 리더로서 중국과 지분을 나눌 생각이 앞으로도 없다. 오히려 중국의 부상을 저지하려는 정책을 구체화하고 있다. 인도·태평양 전략은 그러한 정책의지를 드러낸 단적인 보기이다. 결국 일대일로 전략과 인도·태평양 전략이 가치와 힘에서 직접 부딪히는 곳이 동아시아임이 드러나고 있다. 달리 말하면 2010년대 들어 지역으로서 동아시아의 질서를 새롭게 만들어 가려고 했던 동아시아정상회의(EAS, East Asia Summit) 등의 움직임이 G2의 전략적 대결 구도 짜기에 빨려 들어가기 시작하였다. 역사 갈등의 광역화(지역화)와 상수화가 전략을 재편하려는 움직임에 흡수되기 시작한 것이다.

동아시아 역사 문제가 G2 중심의 질서에서 하위 구조로 빨려들며 재편되어 가는 과정은 역내 국가 사이에 역사적 결속력이 떨어진 현실과도 무관하지 않다. 동북아 3국은 전쟁의 과정에서 큰 정치 변동과 더불어 사회 변화를 겪은 경험을 공유하고 있었다. 하지만 유럽과 비교할 때 게르만 민족의 대이동처럼 민족 간 혼합 과정이 있지 않았다. 교황을 중심으로 하나의 종교 세계에서 모두가 함께 살았던 것과 같은 경험도 없었다. 십자군원정처럼 자신의 종교적 신념을 위해 대규모 인원을 여러 차례 동원하여 다른 종교를 공격하고, 그 과정에서 자신을 발견하면서 재구성한 공동의 경험도 없었다. 합스부르크왕가처럼 하나의 왕조에서 통치했던 영역이 오늘날 여러 국가의 영토에 해당되는 경우도 없었다. 또 종교개혁, 문예부흥, 산업혁명처럼 비슷한 시기에 유럽의 주요 지역을 휩쓸며 여러 민족과 국가 구성원들의 내면적 정서에 영향을 끼쳤던 역사적 경험이 동북아에는 없었다. 결국 유럽의 이러한 역사적 과정이 오늘날 유럽의 정체성을 형성하는 밑거름이 되었다.

이에 비하면 동북아 3국의 정치적 경계는 언제나 명확했고 같이 나눈 역사적 경험은 일천하였다. 불교와 유교가 한·중·일의 대중 사이에 내면적 공감대를 확보하고 의사소통의 매개가 될 정도로 발전하지 않았다. 중국으로부터 삼국에 전래된 불교가 6세기 중반에서야 일본으로 전래되었을 정도로 시차가 있었다. 송(宋)의 주자학이 임진왜란을 계기로 일본에 전래되어 국학으로 연결되기까지 몇백 년이 걸렸다.[61] 따라서 동아시아의 역사와 문화 교류는 유럽에 비해 역내의 사람들 사이에 시간적 동시성을 갖고 지속적이면서 내면적으로 소통했던 경험이 크게 부족하였다. 당연히 각 국가의 대중 사이에 동아시아적 정체성 내지는 유대감을 형성할 수 있는 역사적 기반이 취약할 수밖에 없었다.[62]

---

61 자세한 것은 高柄翊, 1996, 『동아시아사의 전통과 변용』, 문학과 지성사 참조.
62 그렇다고 유럽의 '일체성'을 전제로 그것과의 비유·비교 속에서 동아시아 문화권의 일체

더 나아가 서구의 충격이 동아시아를 휩쓸 때까지도 역내의 사람들은 동아시아라는 지역을 자각할 정도에 이르지 못하였다. 동아시아라는 지역 개념을 동아시아인 스스로가 발견한 언어가 아닐 정도로 동아시아인의 경계 의식은 약하였다. 이러한 상황에서 서구의 충격이란 외적 자극은 동아시아에 새로운 전환점을 제공했지만, 동북아 3국은 외적 자극을 받아들여 소화하는 정도가 서로 달랐다. 그뿐만 아니라 이후 기본적인 질서 구도가 일본의 침략 전쟁과 지배, 그리고 이에 대한 저항이라는 양태로 전개되었다. 한·중·일의 소원(疎遠)했던 관계는 근대 시기에 들어 전쟁을 계기로 서로에 대한 차별적 언행과 적대적 감정이 대중적 차원에서 형성되는 와중에 극복하기가 더욱 어려워졌다. 아니, 전근대 시기의 부정적인 유산이 더욱 강화되었다고 보아야 할 것이다.

1945년, 비록 일본이 패전했지만, 미국과 소련이란 초강대국을 중심으로 한 냉전체제는 동북아에서 침략 전쟁과 지배·피지배 관계를 거치며 더욱 심화된 대중의 부정적 정서를 치유하고 새로운 관계를 설정할 기회 자체를 원천적으로 차단하였다. 냉전으로 동북아 지역 내의 여러 갈등 요소가 드러나지 못하고 이데올로기적인 편 가름 속에 숨죽인 채 유예되고 억눌려 왔기 때문이다. 한반도의 분단사가 정치적으로나 문화적으로 그것을 상징하는 대표적인 역사이다.

성과 공통성을 부정할 이유가 없다는 이성시의 지적은 적절하다(이성시, 2012, 「일본 역사학계의 동아시아 세계론에 대한 검토」, 『歷史學報』 216, 74쪽). 다만, 필자는 이성시가 말하는 '동아시아'를 동북아로 좁힌다면 성립 가능한 논리라고 본다. 필자는 기본적으로 동아시아에서 구성원 사이에 공유하는 문화는 역사적 정체성이라는 측면보다 혼재된 다양성의 측면이 더 광범위했다고 본다. 그래서 역사적으로 작동해 온 여러 소중심에 주목해야 한다.

이처럼 동아시아적 요인에 기인하는 동아시아 지역만의 특징은 2010년대 들어서도 여전히 해소될 기미를 보이지 않고 있다. 왜냐하면 동아시아 지역에 있는 '사회주의 중국'과 '사회주의 베트남'이 몰락하지 않음으로써 존재하는 냉전체제 시기의 동북아 질서 구도, 곧 구자본주의권과 구사회주의권의 강한 잔존, 그리고 냉전체제의 강렬한 잔존물인 한반도의 남북 분단체제 남아 있기 때문이다. 그래서 역내에서는 여전히 한·미·일이란 남방형 삼각구도와 북·중·러라는 북방형 삼각구도가 1953년 한국전쟁이 끝난 이후 오늘까지 지속되고 있는데다, 세계적인 차원에서 냉전체제가 해체되었음에도 각 삼각구도 내에서조차 다자간 안전을 보장하는 협정이 없다. 요컨대 동북아 지역에서 안전보장체제는 다자간 협력체 대신에 쌍무적인 협력 관계만 존재하는 수준인 것이다. 달리 보면, 군사전략 중심이었던 안보 개념이 정치에서부터 환경과 자연재난까지 다양한 내용을 담아내면서 광역화하는 양상을 띠고 있는 오늘날의 세계 동향을 염두에 둘 때, 동북아의 협력 관계는 지극히 초보적인 안보 협력조차 경험해 보지 못한 수준인 것이다.

4) G2 구도화 속 지역 관념의 형애화(荊艾化)

21세기 들어 동아시아 정세의 긍정적인 특징의 하나는 지역협력 시스템을 제도화하고 지역통합을 향한 논의가 더욱 활발해지고 있었다는 점이다. 새로운 논의는 냉전체제가 해체되고, 유럽의 지역통합과 북미자유무역지역(NAFTA)의 움직임에 자극받아 시작되었다. 1997년 동아시아 통화위기는 지역 통합논의가 시대적 요구임을 받아들이는 계기였다. 통화위기 때 아시아태평양경제협력체(APEC)와 국제통화기금(IMF)이 거의 효과적으로 대응하지 못한 데다, 미국이 아니라 아시아 자신이 주도하고 문제를 해결할 수 있는 능력을 높여야 한다는 공감대가 동아시아 여러 국가 사이에 형성되었던 점도 중요한 이유였다. 일본은 아시아통화기금을 만들자고 제기했고, 1998년 12월에 열린 ASEAN 10개국과 한·중·일 세 나라 사이의 대화 기구, 곧 ASEAN+3이 만들어진 배경도 이러한 상황 판단과 깊은 연관이 있었다. 지역협력체를 세우기 위한 움직임은 2005년 12월 말레이시아에서 처음 열린 동아시아정상회의(EAS)로 이어졌다.[63] 제1차 EAS는 ASEAN+3회의 때와 달리 동북아 3국이 ASEAN 국가들과 동등한 자격으로 참여한 새로운 정상회의체로서 동아시아공동체(EAC)를 형성하기 위한 본격적인 가시적 조치가 처음으로 태동했음을 의미한다.

동아시아에서 상시적인 협력시스템을 만들어 가기 위한 일련의 움직임은 미국이 주도하지 않고 동아시아 역내 국가들 스스로가 참여하여 주도적으로 이끌어 가고 있다는 점에서 냉전적인 국제관계가 지배했던 시기와 분명히 달랐다. 역내 국가들은 이때 처음으로 독립적인 안보의제를 갖게 되었다. 또한 통합 논의의 주제와 추진 기반이 경제 중심이라는 점도 특징이다. 한·중·일·동남아시아의 인구, 경제력, 문화

---

[63] 미국은 이즈음부터 어떤 형태로든 동아시아정상회의에 관여하려 하였다(『每日經濟新聞』, 2005.12.27). 방관적 태도를 버리고 동아시아 차원의 새로운 움직임에 적극 개입하려는 외교적 움직임을 보이기 시작한 것이다.

수준에서 편차가 아주 심함에도 통합 논의가 진행되고 있는 이유 가운데 하나는 역내의 자본이 활발한 유통을 기대했기 때문이다.

또 하나 빼놓을 수 없는 특징은 1990년대 후반 들어 중국이 동아시아 지역협력시스템을 구축하려고 이 당시 만해도 적극적이었다는 점이다. 중국은 2001년에 창설한 상하이협력기구(SOC)와 북핵을 둘러싼 6자 회담을 정례화하는 데 적극적일 뿐만 아니라, ASEAN10+한·중·일 3회의에도 적극 참여하고 있고 동남아시아조약기구(TAC)에도 가맹하였다. 일련의 연장선상에서 2002년 제16차 중국공산당대회에서는 '소강사회의 전면적 건설'을 내걸고 실용주의적으로 접근하되 세계와 지역을 적절히 결합하며 국제사회에 적극 참여한다는 방침을 결정하였다.[64] 중국이 이처럼 적극적인 이유의 하나는, 미국이 일본 등 동아시아의 동맹국가들 및 협력적인 국가들의 도움을 받아 중국을 견제하거나 포위하는 다자간 협력체를 만들 수 있다는 우려 때문이다.

그러나 여기까지였다. 미국의 오바마 정권이 동아시아 정세의 변동을 지켜보며 동아시아로 회귀하였다. 앞서도 확인했듯이 센카쿠열도를 둘러싼 중일 사이의 갈등은 미국에게 중요한 빌미였다. 남중국해 영토 갈등 역시 마찬가지였다. 개혁 개방의 연착륙에 성공해 가고 있던 중국에서 시진핑 정권이 들어서며 제시한 국제전략은 중국에서 출발하는 자기 중심의 국제전략이었다. 미국과 중국 사이에 2010년대 들어 전략적 대결 구도가 가시화하면서 역내 패권을 장악하려는 경쟁이 구조화해 왔다. 2010년대 역사 갈등은 G2 중심의 질서로 구조화하는 과정을

---

64 『京鄕新聞』, 2002.11.20.

저지하고 해체하기보다 포섭되어 촉매제로 작용해 왔다. 결국 G2의 강렬한 자장으로 1990년대 후반부터 2000년대 초반까지 반짝했던 지역협력에 관한 주체적인 움직임도 형애화(荊艾化)하고 있다.[65]

동아시아 내 국가 또는 거주자 스스로가 지역협력을 강화하고 그 속에서 새로운 질서를 만들려는 의지와 관념이 희박해지고 있는 흐름은 한국, 일본, 중국, 타이완에서 2022년 현재 실시하고 있는 학교 교육에서 명확히 확인된다.

한국은 2012년부터 고등학교 2, 3학년을 대상으로 동아시아사 과목을 개설하였다. 타이완은 2019년부터 고등학교 2학년에게 '중국과 동아'라는 부제가 붙은 『역사2』 교과서를 가지고 동아시아사 수업을 진행하고 있다.[66] 두 나라 역사교육은 학생들에게 동아시아의 역사를 가르치고 있는 것이다. 다만, 이때의 동아시아는 한·중·일, 몽골 그리고 베트남이 포함되는 정도이다. ASEAN을 보려는 관점과 태도는 확인하기 어려운 것이다.[67] 통화위기 이후 새로운 지역 질서를 만들려는 노력조차 제대로 주목하지 않은 역사교육인 것이다.

이에 비해 중국은 2019년부터 국정 교과서인 『중외역사강요(中外歷

---

[65] 동아시아는 내적인 취약점도 있다. 사회주의 국가들이 건재하다는 점, 세계적인 부국과 최빈국, 그리고 세계에서 인구와 경제 규모가 가장 큰 나라와 도시 국가 규모의 나라가 함께 있다는 점, 오늘날 세계에 있는 정치제도가 동아시아에 모두 다 있을 만큼 복잡하다는 점, 세계의 대표적인 종교가 모두 있는 등 종교도 복잡하다.

[66] 교육과정은 臺灣敎育部, 2018.10, 「十二年國民基本敎育課程綱要國民中小學暨普通型高級中等校-社會領域」 참조.

[67] 한국은 '2022 역사과 교육과정'을 확정하고 학생들의 부담을 줄이기 위해 역사 기행 형식으로 동아시아사 교과서를 크게 개편하려 하고 있다.

史綱要)』를 가지고 일반 고등학교에서 역사교육을 시작하였다. 일본은 고등학교 1학년 또는 2학년 때 배우는 필수과목으로 역사총합(歷史総合)을 개설하고, 2022년부터 역사교육을 실시하고 있다.

하지만 냉전체제 해체 이후를 기술한 부분에서, 중국의 국정 교과서에는 동아시아라는 말 자체가 없다. 대신에 중국의 교과서에는 중국공산당의 공식 입장인 인류운명공동체의 당위성을 강조하고, 그 실행 방안으로 '일대일로(一帶一路)'를 제기하고 있다.[68] 역사 교과서가 마치 당선전 책자 같은 것이다. 결국 2019년의 국정 교과서 상권(上卷)은 중국 내부를 향해 애국주의를 바탕으로 중화민족의 부흥과 중국몽(夢)을 말한다. 하권은 미국을 대신해 인류의 운명공동체를 세울 지도 국가가 중국이라는 점을 드러내고 있다. 이에 따라 현재와 미래의 인류에 중국과 세계 사이의 관계만이 존재한다는 현실 인식에 동아시아가 비집고 들어갈 여백이 없는 것이다.

일본의 7개 출판사에서 발행한 11종의 교과서 가운데 '동아시아'라는 말을 사용하며 지역 내 현안, 특히 '역사 현안'을 언급하고 있는 교과서는 『제국서원(帝國書院)』이 유일하다.[69] 나머지 10종의 역사총합 교과서는 동아시아라는 단어 자체를 사용하지 않고 있다. 교육과정에 따라 글로벌화와 지역화를 다루는 부분에서 유럽연합(EU)의 등장을 언급하고 '아시아'의 움직임은 ASEAN과 미국이 주도하는 아시아태평양경

---

[68] 教育部組織編寫, 2019, 『普通高中敎科書 歷史 必修 中外歷史綱要』, 北京人民教育出版社, 하권 132쪽. 상권 141~142쪽.

[69] 『歷史總合』, 帝國書院, 2022, 192쪽.

제협력회의(APEC)를 언급하는 데 그친다. 중국의 국정교과서처럼 일본의 역사총합 교과서에서도 동아시아가 사라진 것이다. 그에 따라 역내 역사 문제에 관한 언급도 없다.

결국 2002년 제6차 아세안+3 정상회의 때 합의하여 2005년 동아시아 공동체 형성을 위한 사업 중 하나로 출범한 지역 협력체인 EAS를 언급하고 있는 중국의 국정교과서와 일본의 역사총합 교과서는 없다. 동남아와 동북아 국가들이 스스로 만든 지역 협력체 가운데 지금까지 가장 높은 협력 수준에 도달한 회의체를 전혀 언급하지 않고 있는 것이다. 이는 1993년 EU의 등장 때부터 2010년대 끝자락까지의 동향을 상세하게 기술한 서술방식과 확연히 다른 태도이다. 물론 EU와 EAS는 도달하는 과정, 수준 그리고 파급력이란 측면에서 아직은 비교할 수 없어 서술 태도가 차이가 날 수밖에 없는 측면도 있다. 하지만 자신이 속한 지역의 변화가 주체적인 결과이고 그것이 내포한 긍정적이며 미래지향적인 의미를 담아내지 않는 태도는 동아시아에 대한 거리두기 태도임이 분명하다. 달리 말하면 두 나라 역사교육은 동남아와 아시아태평양이란 공간을 말하면서도 동아시아라는 공간을 배제하는 현실 인식을 드러냈다. 이러한 공간인식을 드러낸 교과서들에 제2차 세계대전과 식민지 지배에 관한 역사인식을 둘러싸고 일본과 주변국 사이의 격차를 다룬 내용이 서술되어 있기를 기대하기는 어렵다.

4. 맺음말 : 역사 문제 해법의 방향, 종합적·입체적·다자적

이상으로 1990년경부터 2010년경 사이 동아시아 역사 갈등의 역사와 현재적 특징을 살펴보았다. 맺음말에서는 역사 문제의 해법을 방향성 제시라는 측면에서 언급해 보겠다.

주지하듯이 중국은 일대일로를 내세우며 서진 정책을 지속해 왔다. 한때 우리가 여기에 합류해야 하느냐의 여부를 놓고 국내에서 갈등이 일어났지만, 중국조차 대한민국을 포함하려 하지 않았고, 한국 정부도 여기에 가담하지 않았다. 이에 맞서 미국 정부가 공개적인 움직임을 벌이고 있는 정책이 인도·태평양 전략(Indo-Pacific Strategy)이다. 미국의 새로운 아시아 정책인 이 전략은 아베 신조 일본 수상의 설득으로 2017년 11월 트럼프 미국 대통령이 공식 천명하며 시작되었다.

미국의 새로운 국제전략은 일본·호주는 물론 인도와도 손잡고 안보와 경제 등 여러 방면에서 중국을 견제하려는 구상이다. 미국 정부는 이를 위해 2018년 5월 71년 역사의 태평양사령부 간판을 인도·태평양사령부로 바꿔 달았을 정도다.[70] 중국의 남중국해 군사기지화 움직임과 무관치 않다는 관측이 많은 이유도 여기에 있다.

2021년 1월 출범한 바이든 정부도 트럼프 정부의 신전략을 계승하여 대중국 압박정책을 지속하고 있다. 아니 오히려 그 수위를 더욱 높이고 있다. 바이든 정부는 민주주의, 인권과 자유, 평화와 안전, 법치 등을 강

---

70 『한국경제』, 2018.8.6. 9:17.

조하는 '가치동맹'을 앞세워 인도·태평양 전략과 그 추진체인 4개국 안보대화(QUAD)를 강화하고, 한국, 베트남, 인도네시아를 참여시켜 쿼드플러스(Quad Plus)를 구축하려 하고 있다. 유럽의 동맹국인 영국, 프랑스, 독일과의 협력도 강화하고 있다. 미국을 필두로 호주, 뉴질랜드, 캐나다, 영국의 국가 정보기관이 참여하는 파이브아이즈(Five Eyes)란 공동체도 추진하고 있다.[71] 중국의 태평양 진출을 저지하고, 일대일로의 종점인 유럽에서 확실한 우위를 차지하겠다는 전략인 것이다.

그렇다면 한국은 동아시아 질서를 재편하려는 미국과 중국 사이의 치열한 패권경쟁 사이에서 어떻게 대응해야 하는가. 2010년대 들어 역내 역사 문제와 경제 및 군사 안보 문제가 밀접해져 온 현실, 곧 패권경쟁의 구조화가 깊숙이 진행되고 있는 현실에서 한국의 대외전략은 이와 연동할 수밖에 없다. 한국으로서는 역사 갈등에만 집중할 수도 없고, 안보의 측면만을 고려할 수도 없다. 양자를 모두 중시하며 밀접하게 연관시키는 전략적 접근이 필요하다. 두 측면 각각이 모두 복합적이어서 종합적이고 전략적으로 풀어야 하는 과제다. 그렇지 않으면 한국으로서는 많은 외교 비용을 지불해야 할 것이다.

역사 문제만을 놓고 보면, 어느 국가를 막론하고 양자관계를 중시해야 하지만, 그렇다고 쌍무적 차원에서만 역사 갈등의 해법을 찾는 접근은 필패의 대책일 수밖에 없다. 왜냐하면 일본은 실효적으로 지배하고 있는 해양 영토 이외에도 자신의 고유영토라고 주장하고 있는데 다른 나라에서 지배하고 있는 해양 영토가 있고, 그 반대의 경우에 해당하는

---

[71] 『머니투데이』, 2021.9.14. 7:27.

해양 영토 또한 갖고 있기 때문이다. 센카쿠열도(댜오위다오)와 북방영토(남쿠릴열도)처럼 전자는 가급적 문제가 불거지지 말아야 하는 영토라면, 독도(다케시마)처럼 후자는 가급적 시끄럽게 하면서 분쟁화로까지 나아갈 수도 있다는 의지를 표출해야 하는 영토이다.

한국도 일본과 마찬가지로 상반된 처지의 영토를 갖고 있다. 독도를 실효적으로 지배하고 있지만, 간도와 녹둔도(鹿屯島)는 그렇지 않다. 백두산 천지는 중국과 절반씩 나누고 있다.[72] 더구나 분단국가 한국으로서는 향후 통일 전략을 수립하고 실행하는 데 있어 중국과 러시아의 협조가 절대 필요하다는 국제 정치적 현실까지 고려한다면 더 복잡한 경우의 수를 고려해야 한다.

중국의 처지도 예외일 수 없다. 댜오위다오(센카쿠열도)는 일본이 실효적으로 지배하고 있다. 시사군도는 통제하고 있지만, 난사군도는 일부 도서만 장악하고 있다. 그래서 난사군도의 경우에만 주변국에 공동 개발을 위한 협력 의사를 피력하고 있을 뿐이다. 센카쿠열도에 대해서는 고유영토론에 입각하여 학교 교육을 실시하고 있다.[73] 다만, 일본처럼 교육과정에 명시하고 있지 않을 뿐이다.

---

[72] 1962년의 조약, 1964년의 의정서 체결로 조선민주주의인민공화국과 중화인민공화국 간에 타결된 국경 문제란 백두산 지역의 국경선 방향과 경계 팻말의 위치, 압록강과 두만강의 섬과 沙柱를 말한다. 양국 간의 합의에 따라 백두산 천지는 북한이 54.5%, 중국이 45.5%를 차지하게 되었으며, 섬과 사주 총 451개 가운데 북한이 264개, 중국이 187개를 귀속하였다. 자세한 것은 이종석, 『북한 - 중국관계 1945~2000』, 227~236쪽; 박선영, 2007, 「1960년대 중국의 국경 인식과 조선과 중국의 국경 조약」, 안병우 외, 『중국의 변강 인식과 갈등』, 한신대학교출판부, 참조.

[73] 신주백, 2010, 「한국병합 100년과 동아시아형 미래 만들기」, 『일본공간』 8.

그러므로 사안별, 곧 문제 된 영토별로만 접근하거나 쌍무적 차원에서 접근하는 것만으로는 동아시아의 해양 영토 문제가 근본적으로 마무리될 가능성이 없다. 해양의 경계와 연관된 문제이기 때문에 바다의 명칭 문제(동해/일본해, 동지나해/동중국해/동해)와도 연관되어 있어 더욱 복잡하다. 더구나 한·중·일·북한·타이완은 고유 영토론에 입각하여 1945년 이후 지금까지 해당 장소에 대해 국민교육을 실시해 왔다. 그래서 수십 년간의 교육과정에서 누적된 국민의 정체성 문제를 해결하는 일까지 동반해야 한다. 결국 양자 간 대화(협력)의 모색과 더불어 다측면의 다자간 협력 관계를 장기 지속의 차원에서 모색해야 한다. 그리고 사안들 사이의 연관성과 복합성을 고려할 수 있는 종합적 시야가 필요하다. 이때 영토 문제 이외의 영역이나 국내 및 국제 정치와도 연관되어 있으므로 역사 문제와 경제 및 군사 안보 사이가 괴리되지 않게 하면서 입체적으로 고민할 수 있는 전략적 사고가 필요하다.

그런데 이때 미국을 어떻게 고려할 것인가도 중요한 관건이 될 것이다. 사실 위에서 언급한 동아시아 해양 영토 문제가 있는 세 곳의 현재적 귀결에는 모두 미국의 관여가 있었다. 특히 센카쿠열도(댜오위다오) 문제는 주일 미군의 핵심이 집중되어 있는 오키나와와 인접한 지리적 특징 때문에도 미국이 자신의 세계 전략 속에서 어떤 형태로든 관여하려고 할 것이다.

이와 관련해 간략히 짚어보자. 위에서 언급한 어떤 국가도 다른 영토 문제, 달리 말하면 다른 국가와 얽혀 있는 문제까지 고려해야 할 사안에서 자유로울 수 없는 현실이 영토 문제이다. 그런데 G2를 중심으로 한 전략 대 전략의 대결, 곧 일대일로 대 인도·태평양 전략 사이의 갈등에서 벗어날 수 없는 것 또한 현실이다. 지금은 세 번째 '그레이트 게임'이 진행 중이기 때문이다. 이 게임에서 완전히 자유로울 국가는 동아시아에서 아무도 없다. 특히 한국이 그렇다. 한반도의 공간적 위치가 '지정학의 지옥'이기 때문이다.

  2022년 현재는 미국과 중국 사이의 전략적 대결 경쟁이 첨예해지고 있는 가운데 역사 문제는 지역 정세의 상수(常數)에서 종속 변수로 바뀌었다. 아니, 지금은 종속 변수에 들어가지도 못하는 측면이 있다. 덮어지고 있다고 말할 수도 있고, 포섭되어 있다고 볼 수도 있는 실정이기 때문이다. 따라서 문제 해법을 찾기 위한 모색 자체가 사라져 버린 것처럼 비춰지고 있다. '동아시아'라는 지역이 부각될 여지가 없어지고 있는 것이다. 그렇게 되면 '지정학의 지옥'인 한반도가 더 위태로워질 우려가 있다. 그동안 두 번의 '그레이트 게임'에서 우리가 배운 역사적 가르침이다. 식민과 분단이 바로 그것이다.

  우리는 기본 방향을 구체화하는 과정에서 한미동맹의 안정과 동아시아에서 다자간 협력체제를 구축할 필요가 있다. 두 관계는 모순된 측면이 있어 우리로서는 대단히 어려운 문제이지만, 이렇게 하면 동북아에서 증대되고 있는 정치군사적 불확실성을 완화시키고 군사전략 위주의 안보 개념에서 정치, 외교, 환경, 경제를 포함하는 다차원적인 안보 개념으로의 광역화에 적절히 대응할 수 있을 것이다. 또한 동북아에서 안정자로서의 미국의 역할이 제한적인 상황에서 동아시아의 새로운 지역 질서를 구축하는 데 기여할 수 있을 뿐만 아니라 한반도 문제의 평화적 해결에도 기여할 수 있을 것이다. 역사 문제도 동아시아에서 다자간 상시적인 논의시스템을 다양한 경로와 수준에서 만들어내는 중요한 매개 고리가 될 수 있다. 특히 동아시아 역내 질서를 G2에 의해서만 규정받는 현상은 바람직하지 않다고 할 때, 역사 문제는 바람직하지 않은 현상을 제어하고 교정할 수 있는 내적 매개 고리일 수 있다.

이러한 견지에서 보면 독도(죽도) 문제를 한일 간의 영토 문제로만 좁게 보아서는 안 된다. 갈등 있는 영토 간의 연관성도 종합적으로 보고, 국내정치와 국제 정치의 역학적 관계도 입체적으로 고려하는 폭넓고 끈기 있는 접근이 필요하다. 그럼에도 영토 문제를 해결하려는 동북아의 움직임은 아직 시작도 되지 않았다고 볼 수 있다. 그래서 정부 차원이든 민간 차원이든 쌍무적 또는 다자간 협력을 통해 작은 성취를 반복적으로 체험할 필요가 있다.

한국 입장에서 냉전 시대의 질서 구도와 분단체제가 여전히 엄존하는 거대한 장벽 같은 현실에서 한일 간 역사 갈등을 비롯해 역사 문제는 핵심 '관리의 대상'이다. 역사 갈등의 관리는 한반도 주변 정세를 안정시키는 필요조건이고, 북방형과 남방형 질서 구도를 축으로 하는 동북아 지역의 근본적 장벽을 낮추는 전제이다. 한국 사회는 관리를 실천하는 과정에서 갈등을 풀어갈 수 있는 능력과 비전, 곧 역사 화해를 달성하여 지역의 구성원들이 공유할 수 있는 보편적 가치도 선도적으로 제시할 필요가 있다.

역사 화해를 향한 제반의 노력은 한반도의 분단을 극복하는 데 큰 힘이 될 것이다. 그것은 동아시아의 분단을 극복하는 지름길이기도 하다. 왜냐하면 한반도의 분단은 민족의 분단에 한정되지 않고 동아시아의 분단으로 작동해 왔고, 앞으로도 그럴 것이기 때문이다. 우리가 역사 문제에 적극 관심을 갖고 창조적인 능동성을 발휘해야 할 이유가 바로 여기에 있다. 그래서 동아시아의 역사 문제를 관리하고 해결하려고 노력하는 과정은 과거청산이자 식민주의를 극복하는 과정이며 동아시아의 새로운 미래를 만들어 가는 미래기획인 것이다. '지정학의 지옥'을 '지정학의 힘'으로 바꾸는 시작이자 촉매제인 것이다. 그 종착점에 한반도와 지역의 분단 극복이 있다.

| 참고 문헌 |

- 『京鄕新聞』, 『東亞日報』, 『每日經濟新聞』, 『머니투데이』, 『연합뉴스』, 『아시아경제』, 『朝鮮日報』, 『中央日報』, 『한계레 21』, 『한겨레신문』, 『한국경제』, 『韓國經濟新聞』, 『韓國日報』

- 國會事務處, 2001.4.6, 『第220回國會(臨時會) 統一外交通商委員會會議錄』
- 『독도교육강화방안(안)』(2010.5).

- 「钓鱼岛是中国的固有领土'白皮书(全文)(2012年09月25日 16:00:30)」. http://news.sina.com.cn/c/2012-09-25/160325249980.shtml
- 「东北边疆历史与现列研究状系工程课题指南(2003年3月20日修訂)」(http://chinaborderland.cass.cn/more_news_dbgc(n).asp)
- 「普通高中历史课程标准(2017年版2020年修訂)」
- 臺灣教育部, 2018. 10, 「十二年國民基本教育課程綱要國民中小學暨普通型高級中等校-社會領域」

- http://www.h2.dion.ne.jp/~kyokasho/main01.htm
- 宝月圭吾・藤木邦彦, 1966, 『新編 日本史』, 山川出版社.
- 石井進 외 3인, 2007, 『常說 日本史』, 山川出版社
- 文部科学省, 2008, 『中學校學習指導要領解說 社會編』
- 日本文部省, 「(地理歷史編)高等学校学習指導要領(平成30年告示)解説」

- 歷史總合: 山川出版社A,B,C, 實敎出版, 東京書籍 A,B, 淸水書院, 帝國書院, 第一學習, 2022, 明星社
- 教育部組織編寫, 普通高中教科書 歷史 必修 中外歷史綱要』上・下, 2019, 北京人民教育出版社.
- 민족화해협력범국민협의회, 2021, 『조선인 강제연행 진상조사단 자료집』1-20.

- 신주백, 「시론: '독도' 해법, 역사 문제로 접근해야지」, 『한겨레신문』, 2012.8.23.
- _____, 「시론: 외교적 한건주의를 경계한다」, 『경향신문』, 2013.10.14.
- _____, 「시론: 아베의 적극적 평화주의」, 『경향신문』, 2014.4.8.
- 유상철, 「박 대통령 방중 이후 해야 할 일」, 『中央日報』, 2013.7.4.

- 高柄翊, 1996, 『동아시아사의 전통과 변용』, 문학과 지성사.
- 권병현, 1999, 「우리나라 대중국 외교의 성과」, 『外交』51.

- 金材澈, 2003, 2004, 「중국의 '등장', 균형정책, 그리고 한반도」, 『中蘇研究』 100.
- 김정란, 2003, 「일본군 '위안부' 운동의 전개와 문제인식에 대한 연구 - 정대협의 활동을 중심으로」, 이화여대 박사학위논문.
- 盧泳暾, 2004, 「청·일 간도협약의 무효와 한국의 간도영유권」, 『間島學報』 1.
- 동북아역사재단, 2007, 『중국의 국가만들기 프로젝트 동북공정 바로알기』, 동북아역사재단.
- 박선영, 2005, 「한중 국경획정의 과거와 현재」, 『北方史論叢』 4.
- _____, 2007, 「1960년대 중국의 국경 인식과 조선과 중국의 국경 조약」, 안병우 외, 『중국의 변강 인식과 갈등』, 한신대학교출판부.
- 朴仁煇, 2001, 「중국과 동북아 국제관계: 중국의 대외정책분석과 지정학적 특성」, 『中蘇研究』 89.
- 박정현, 2007, 「근대 중국의 해양인식과 영유권 분쟁」, 안병우 외, 『중국의 변강 인식과 갈등』, 한신대학교출판부.
- 白珍鉉, 1995, 「東北亞 多者間 安保協力體制 摸索과 韓.中關係」, 『中蘇研究』 68.
- 신주백, 2005, 「일본 중학교 역사 교과서 검정본 분석」, 『한국근현대사연구』 33.
- _____, 2005, 「한국과 일본에서 대일과거청산운동의 역사 - 한국과 관련하여」, 『역사 문제 연구』 14.
- _____, 2010, 「한국과 일본 역사 교과서의 독도에 관한 기술의 변화」, 『獨島研究』 8.
- _____, 2010, 「한국병합 100년과 동아시아형 미래 만들기」, 『일본공간』 8.
- _____, 2014, 『역사화해와 동아시아형 미래만들기』, 선인.
- 梁佶炫, 2000, 2001, 「21세기 한중 관계의 기회요인과 제약요인 분석」, 『中蘇研究』 88.
- 柳鏞泰, 2005, 「중화민족론과 동북지정학 - '東北工程'의 논리근거」, 『東洋史學研究』 93.
- 尹輝鐸, 2008, 「'포스트(Post) 동북공정': 중국 東北邊疆戰略의 새로운 패러다임」, 『歷史學報』 197.
- 이성시, 2012, 「일본 역사학계의 동아시아 세계론에 대한 검토」, 『歷史學報』 216.
- 이성환, 2006, 「간도문제 연구의 회고와 전망」, 『백산학회창립40주년 기념학술대회 - 韓民族 北方關係史의 回顧와 展望』.
- 이종석, 2001, 『북한 - 중국관계 1945~2000』, 중심, 2001.
- 한일민족문제학회 강제연행문제연구분과, 2005, 『강제연행 강제노동 연구 길라잡이』, 선인.

- 와다 하루끼 지음, 임경택 옮김, 2013, 『동북아시아 영토문제, 어떻게 해결할 것인가』, 사계절.
- 하나후사 도시오, 하나후사 에미코 지음, 고향옥 옮김, 2021, 『관부재판: 소송과 한국의 원고 피해자 할머니들과 함께한 28년의 기록』, 도토리숲.

제5장

탈진실(Post-truth) 시대의 역사인식

- 햐쿠타 나오키(百田尚樹)를 중심으로

| 박삼헌 · 건국대학교 일어교육과 교수 |

1. 머리말: 우경 엔터테인먼트, 햐쿠타 나오키의 등장

2. '이 나라의 역사'가 아닌 '우리나라 역사'

3. 학교가 가르치지 않는 일본사

4. 레이와(令和)의 국체론

5. 맺음말

1. 머리말 : 우경 엔터테인먼트, 햐쿠타 나오키의 등장

2019년 9월 15일, JTBC의 한 예능프로그램에서 일본의 '혐한 망언 3인방' 중 1명으로 소개된 햐쿠타 나오키(百田尚樹)는 한국에서 대표적인 '혐한 작가'로 평가받고 있다. 그는 방송 작가로 활동하다가 50세

〈그림 1〉 JTBC '구독TV, 막 나가는 뉴스 쇼, 김구라의 현장 PLAY'(2019년 9월 15일 방송)

가 된 2006년에 데뷔한 늦깎이 소설가이다. 하지만 가미카제(神風) 특공대를 소재로 다룬 데뷔작 『영원의 제로(永遠の0)』가 550만 부 이상 판매되면서 일본에서 금세기 최고의 판매 부수를 기록했고, 2010년에는 만화, 2013년에는 영화, 2015년에는 TV 드라마로도 제작되어 대중적으로 '가미카제 붐'을 불러일으켰다.[1]

그는 2012년 자민당 총재 선거 당시 아베 신조(安部晋三)를 공개 지지하며 현실 정치에 적극적으로 참여한 이후 헌법 개정 등 정치적 현안에 관한 저서도 다수 출판했다.[2] 그러다 2019년 6월에 갑자기 소설

---

1 한국에서는 햐쿠타를 혐한 작가로 분석한 연구(노윤선, 2019, 『혐한의 계보』, 글항아리), 햐쿠타의 『영원의 제로』가 지닌 전후 일본 내셔널리즘의 복잡함을 분석한 연구(서동주, 2019, 「현대일본의 '특공' 서사와 새로운 '공공'의 상상력-소설 『영원의 제로』를 중심으로-」, 『일본사상』제37호) 등 소설 분석이 주를 이룬다.

2 정치 현안에 대해서는 安倍晋三・百田尚樹, 2013, 『日本よ 世界の真ん中で咲き誇れ』, WAC; 百田尚樹, 2015, 『大放言』, 新潮社; 田原総一朗・百田尚樹, 2017, 『愛国論』, 新潮社; 百田尚樹, 2017, 『戦争と平和』, 新潮社; 百田尚樹, 2019, 『偽善者たちへ』, 新潮社; 百田尚樹, 2020, 『百田

가 은퇴를 선언하고 지금은 인터넷방송 DHC TV 캐스터 출연, 개인 YouTube 운영, 저술 활동 등을 활발히 하면서 대표적인 우경 엔터테인먼트로 활약하고 있다(〈표 1〉 참조).

〈표 1〉 햐쿠타 나오키 주요 이력

1956.2.23	오사카시(大阪市) 출생
1975.4.1	도시샤대학(同志社大学) 법학부 입학
1980.4.1	도시샤대학 법학부 중퇴
1980.4	TV 방송 작가 시작
1989.3	아사히(朝日) 방송 '탐정! 나이트 스쿠프(探偵!ナイトスクープ)' 구성작가
2006.8.23	소설 『영원의 제로(永遠の0)』 발표, 소설가 데뷔(한국어판 양억관 옮김, 2014, 『영원의 제로』 출판)
2009.3.4	소설 『바람 속의 마리아(風の中のマリア)』 출판(한국어판 이기중 옮김, 2012, 『딸들의 제국』), 2011년 7월, 도쿄대학 학생이 추천하는 100권 선정
2010.5	트위터 활동 시작(2022년 10월 30일 현재 51.8만 팔로워)
2010.7.28	만화 『영원의 제로』 전5권 출판(~ 2012.4.28)
2012.9.24	자민당 총재 선거 당시, '아베 신조 총리대신을 요구하는 민간인 유지 모임(安倍晋三総理大臣を求める民間人有志の会)' 발기인
2012	오리콘 "서적" 랭킹 문고부문에서 『영원의 제로』 100만 부 돌파
2013.4.9	소설 『해적이라 불린 남자(海賊とよばれた男)』로 제10회 혼야대상(本屋大賞) 수상
2013.11.8	NHK경영위원 1기(~ 2016.2.28. 임기 만료 퇴임)
2013.12.21	영화 『영원의 제로』 개봉(누적 관객 700만, 수입 86억 엔, 역대 일본 영화 6위) 제38회 일본 아카데미상 최우수작품상 수상

尚樹の日本国憲法』, 祥伝社; 百田尚樹, 2020, 『バカの国』, 新潮社 등이 있다.

2013.12.27	아베 신조와 공저 『일본이여, 세계의 중심에서 활짝 펴라(日本よ´世界の真ん中で咲き誇れ)』 출판
2015.2	TV 도쿄 개국 50주년 특별기획 드라마 『영원의 제로』 3회 방영
2015.7	인터넷방송(DHC TV) '도라노몬 뉴스(虎ノ門ニュース)' 화요일 캐스터
2017.6.2	히토쓰바시대학(一橋大学) 'KODAIRA제(祭)' 초청 강연회 중지
2017.6.14	『지금이야말로 한국에 사과하자(今こそ´韓国に謝ろう)』 출판
2018.11.10	『일본국기(日本国紀)』 출판
2018.12.31	아리모토 가오리(有本香) 공저 『「일본국기」 부독본: 학교에서 가르치지 않는 일본사(「日本国紀」の副読本 学校が教えない日本史)』 출판
2019.3.22	증보문고판 『지금이야말로 한국에 사과하자 그리고 '안녕'이라 말하자』 출판
2019.6.12	소설가 은퇴 선언
2019.7.16	유튜브 「햐쿠타 나오키 채널(百田尚樹チャンネル)」 운영 시작(2022년 10월 30일 현재 구독자 26.4만 명)
2019.10.19	아리모토 가오리 공저 『「일본국기」의 천황론(「日本国紀」の天皇論)』 출판
2020	누적 판매 2000만 부, 『일본국기』(65만 부) 및 관련서 2권 누적 판매 100만 부
2021.11.15	문고판 『신판 일본국기』 상·하 출판
2022.7.10	『금단의 중국사(禁断の中国史)』 출판

(주) 花田紀凱編修, 2017, 『月刊Hanada セレクション 百田尚樹 永遠の一冊』, 飛鳥新社, 위키피디아(百田尚樹), Twitter(百田尚樹), YouTube(百田尚樹チャンネル) 등을 참고로 작성함.

이 글에서는 햐쿠타 나오키가 '일본의 통사'로서 출판한 『일본국기(日本国紀)』를 통해서 2000년대 일본의 역사인식의 한 사례를 살펴보고자 한다.

『일본국기』에 대한 일본의 역사학계나 역사교육 관계자의 평가는 다음과 같다.

이웃 나라를 모멸하는 발언을 반복해 온 작가 햐쿠타 나오키 씨가 '일본통사의 결정판'이라 칭하는 『일본국기』를 출판하고 경이로운 판매를 기록하고 있다. 이 책은 침략 전쟁과 식민지 지배를 정당화하는 근래의 속설로 가득 차 있다. 77년 전에 일본이 태평양전쟁을 시작한 12월 8일이라는 날을 잊지 않기 위해서라도 우리는 역사수정주의의 만연을 허락해서는 안 된다(밑줄은 인용자, 이하 동일).³

2018년 11월에 소설가 햐쿠타 나오키 씨가 발표한 일본통사 『일본국기』는 출판사 겐토샤(幻冬社)에 따르면 60만 부 넘게 팔렸다고 한다. 그 경이로운 판매량과 달리 사실 오인, 부정확한 서술, 불친절한 설명 등이 다수 지적되면서 각 방면으로부터 비판받고 있다. (중략) 『일본국기』는 사소한 잘못이 많은 것 이전에 햐쿠타 씨가 일본사에 관한 기본적인 지식과 논리적 사고가 부족하기 때문에 역사서로서는 지리멸렬한 것이 되어 버렸다.⁴

햐쿠타 씨는 『일본국기』를 '일본의 통사'라고 하면서도 그 서술을 신화에 토대를 두고, 근거를 제시하지 않고서 자신의 생각만으로 지론(持論)을 늘어놓는다. 햐쿠타 씨가 『일본국기』를 쓴 동기는 "누구나 일본이 좋아지는, 일본인임을 자랑스럽게 생각하는, 일본에 태어나서 좋았다고 느끼도록 하는 것"이라고 하지만, 역사를 배우고 그렇게 생각

---

3 「"百田尚樹史観"に反論! 特集 『日本国紀』で学ぶ日本黒紀」, 『週刊金曜日』1212号, 2018.12.8.
4 呉座勇一, 2019, 「俗流歴史本と対峙する」, 『中央公論』1627号, 134쪽.

할지는 현실의 사실(事実)이나 사실(史実)이 어떠한 것인지에 따른다. 가령 일본인으로서의 긍지를 얻기 위해 '사실(史実)'을 만들어 내거나 사실(史実)을 왜곡하거나 부정해서는 안 된다.[5] (중략) 분명히 『일본국기』는 역사상 실재한 인물이나 사건 등을 다루면서 고대에서 현대까지 시대의 흐름을 적고 있다. 이런 점에서는 통사의 체제를 갖춘 일본사에 관한 저서라 할 수는 있다. 하지만 그 내용으로는 사실(史実)을 확인할 수 없는 이야기[物語]나 상상을 아무렇지도 않게 적고 있다. 따라서 『일본국기』는 일본의 통사가 아니라 신화 등을 역사에 포함하고, 저자 자신의 공상(空想)과 원망(願望) 그리고 일방적 단정을 다수 포함한 역사 방언집이다.[6]

겐토샤 창립 25주년 기념 출판이라 명명된 이 책은 조몬시대(縄文時代)부터 헤이세이(平成)에 이르는 일본의 통사이고, 현재(2019년 7월)까지 65만 부가 발행되었다. 하지만 간행 직후부터 사실(史実) 관계의 오류, 위키피디아를 포함한 타 문헌의 표절과 무단 인용이 지적되면서 그 시비를 둘러싸고 저자 햐쿠타 씨와 편집자 아리모토 가오리(有本香) 씨가 변명하고 반론하는 상황이 발생하고 있다.[7] (중략) 역사를 연구하는 학자가 보면, 햐쿠타 씨의 언설은 모두 '재검토' 대상이지만, 전

5　家長友史·本庄豊·平井美津子, 2019, 『『日本国紀』をファクトチェック-史実をどう歪めているか-』, 日本機関紙出版センター, 3쪽.

6　위의 책, 25쪽.

7　別冊宝島編集部編, 2019, 『百田直樹「日本国紀」の真実』, 宝島社, 3쪽.

문가의 상세한 해설은 일반 대중에게 장벽이 높다는 딜레마가 있다. 도서를 장르별로 분류하는 'C코드'의 경우, 『일본국기』는 '0095', 즉 '일본문학, 평론, 수필, 기타'로 분류된다. 따라서 이 분류에 따르면 이 책은 역사서가 아니고, 전문가의 관점으로는 '장르가 다른 책'이 된다. 하지만 그렇다고 해서 사실(史実)을 무시한 저서를 묵살하면 음모사관이 되살아날 가능성도 있다. 역사에 대한 겸허한 태도의 중요성을 알리기 위해서라도 『일본국기』에 대한 역사 연구자들의 적확한 비평이 있어야 한다.[8]

『일본국기』는 "일본만큼 대단한 역사를 지닌 나라는 없습니다"라는 문장으로 시작한다. 이어서 "신화와 함께 성립한 이후 2천 년 가깝게 하나의 나라가 이어진 사례는 세계 어느 곳에도 없습니다. 이것 자체가 기적이라 말할 수 있을 정도입니다"라고 적고 있다. 『일본국기』는 이러한 관점에서 '우리나라 일본'에 주목한다. 하지만 서술하고 있는 것은 역사적 사실(事実)이 아니다. 역사는 "이야기[物語]"라고 하면서 "일본인의 이야기", "우리 자신의 장대한 이야기"를 쓰고 있다. 따라서 역사학적으로 검토할 정도의 학문적 의미는 거의 없다. (중략) 솔직히 '역사'를 안줏거리 삼거나 이용하는 속설 부류는 진절머리가 난다.[9]

---

8 앞의 책, 127~128쪽.
9 大日方純夫, 2020, 「百田尚紀『日本国紀』の検証」, 『民主文学』 652号, 110~111쪽.

일본의 역사학계와 역사교육 관계자에 따르면, 『일본국기』는 '일본통사'라고는 하지만 사실(事實)과 사실(史實)의 오류는 물론이고 검증되지 않은 인터넷 위키피디아나 타 문헌의 표절 등으로 가득 찬 비(非)역사서이기 때문에 학문적 의미를 전혀 찾을 수 없는, 따라서 검토의 가치도 없지만 그 대중적 영향력을 고려했을 때 올바른 역사인식을 보급하기 위해 '팩트 체크'를 할 필요가 있는 역사수정주의 계열의 저서 중 하나에 불과하다.

역사학계와 역사교육 관계자로부터 꼼꼼한 '팩트 체크'가 제시되자,[10] 햐쿠타는 1쇄(2018.11.10)부터 9쇄(2019.1.30)까지 약 50군데 이상 수정했다.[11] 하지만 무엇을 어떻게 수정했는지 밝히지 않았을 뿐만 아니라 참고문헌도 제시하지 않았기 때문에 『일본국기』의 신뢰성에 대한 비판은 계속되었다.[12]

그럼에도 『일본국기』는 출판 전 예약 단계에서 이미 3쇄 25만 부를 기록했고, 출판 이후에도 증쇄를 거듭하여 약 3개월 만에 9쇄 65만 부를 기록했다. 『일본국기』 부독본(副読本) 2권[13]의 판매 부수를 합치면

---

10 浮世博史, 2020, 『もう一つ上の日本史-「日本国紀」読書ノート·古代~近世編-』; 『もう一つ上の日本史-「日本国紀」読書ノート·近代~現代編-』, 幻戯書房. 이 책은 『일본국기』의 2.5배에 달하는 분량이다. 우키요 씨는 『일본국기』에 대해 "주의와 주장이 앞서서 사실(事実)을 잠식하고 엔터테인먼트의 성격을 우선시"한 저서라고 비판한다(「歴史巡るフェイク疑え/インタビュー 浮世博史さん」, 『朝日新聞』 2020.7.15).

11 別冊宝島編集部編, 2019, 앞의 책, 61~97쪽.

12 「売れる『日本国紀』やまぬ批判 /「わかりやすい」一方で修正·追記」, 『朝日新聞』(2019.5.22).

13 百田尚樹·有本香, 2018, 『「日本国紀」の副読本-学校が教えない日本史-』, 産経新聞出版; 百田尚樹·有本香, 2019, 『「日本国紀」の天皇論』, 産経新聞出版.

〈그림 2〉『日本経済新聞』, 2021.11.20. 幻冬舎plus, https://www.gentosha.jp/article/19946(2022년 7월 10일 검색)

누계 100만 부를 넘을 정도로 그 어떤 역사서도 엄두 낼 수 없는 초대형 베스트셀러가 되었다.[14]

2021년 11월 20일 햐쿠타는 "단행본으로 150쪽, 문고본으로는 200쪽 이상 가필하고, 약 2만 군데를 수정"[15]한 문고본(상·하)『일본국기』를 출판했는데, 발매 즉시 3쇄 30만 부를 기록할 정도로 '햐쿠타 나오키 현상'은 현재진행형이다(〈그림 2〉). 참고로 문고판에는 그동안의 비판을 의식했는지 권말에 각 장의 참고문헌을 제시하고 있다.

'햐쿠타 나오키'와 그의 독자들은 일본의 '리버럴파와 좌파들'에게 가장 '불가시(不可視)'한 존재 중 하나로 취급되고 있다.[16] '리버럴파와

---

14 石戸諭, 2020,『ルポ百田尚樹現象-愛国ポピュウリズムの現在地-』, 小学館, 6쪽.

15 百田尚樹チャンネル(百田尚樹の新版・日本国紀 # 1「縄文人が素敵過ぎる!」, 업로드 2021.12.14) https://www.youtube.com/watch?v=OiY0DtB3P9I&list=PLNLq1IhdbjePQLnJ7piNKQWv4pjGAyMB2(2022년 07월 10일 검색).

16 石戸諭, 2020, 위의 책, 5~6쪽.

좌파들'로서는 왜 과격한 보수·우익적인 햐쿠타의 책이 읽히는지, 도대체 누가 읽고 있는지 분명하게 파악하지 못하고 있는 실정이다. '불가시'한 것은 불안함의 반대이기도 하므로, 햐쿠타에 대한 '리버럴파와 좌파들'의 반응은 완전히 무시하든지 아니면 강하게 비판하든지 둘 중의 하나를 취하곤 한다.

『일본국기』의 비판은 '팩트 체크'에 집중되어 있다. 이는 1990년대에 등장한, 역사적 사실(事實)보다는 구성된 역사적 서술[物語]의 해석을 우선시하는 역사수정주의에 대한 역사학계와 역사교육 관계자의 전통적인 대응방식이기도 하다.[17]

하지만 햐쿠타는 역사학계와 역사교육 관계자들의 '팩트 체크'에 대해 '자신'있게 말한다.

> 『일본국기』가 발표되면 역사학자가 비판을 시도할 것이라고 기대했던 안티가 많지만, 그들의 기대는 배신당하였다. 왜냐하면 『일본국기』에 실려 있는 것은 모두 사실(事實)이기 때문이다. 단지 그 사실의 대부분이 지금까지 역사 교과서에 실리지 않았을 뿐이다.[18]

그렇다면 역사학자와 역사교육 관계자가 꼼꼼하게 '팩트 체크'를 하고 그 서술 내용이 '거짓'임을 '논증'해도, 햐쿠타 나오키의 자신감을 증명이라도 하듯 꾸준히 『일본국기』의 판매량이 높은 이유는 무엇일까.

---

[17] 倉橋耕平, 2018, 『歴史修正主義とサブカルチャー』, 青弓社, 47~52쪽 참조.
[18] 2018년 11월 4일 햐쿠타 나오키 트위터(別冊宝島編集部編, 2019, 앞의 책, 56쪽에서 재인용).

여기에서는 2000년대 들어 제기된 '탈진실(post-truth)'이라는 개념으로 햐쿠타 나오키의 역사인식을 검토하면서 그 이유를 찾아보고자 한다.

'옥스퍼드 영어사전'에서 탈진실은 "여론을 형성할 때 객관적인 사실보다 개인적인 신념과 감정에 호소하는 것이 더 큰 영향력을 발휘하는 현상"이라고 정의된다. 이때 접두사 '포스트(post)'는 전쟁 이후를 뜻하는 '포스트워(postwar)'와 달리, 시간 순서상 진실 '이후'라는 뜻이 아니라 진실이 무의미할 정도로 '퇴색'되었다는 의미이다.[19] 탈진실 시대에 새롭게 나타난 중요한 문제는 현실을 파악할 수 있는지는 물론이고 애초에 현실 자체가 존재하는지에 대한 의문이 제기되고 있다는 점이다. 요컨대 자신이 진실이라고 믿고 싶은 사실이 다른 어떤 사실보다 중요하다고 생각하는 전반적 분위기가 문제인 것이다. 진실 자체보다 중요하다고 생각하는 무언가를 확고히 하고자 할 때 탈진실 현상이 나타난다. 따라서 탈진실은 감정이 사실보다 중요할 수 있음을 보여주는 '사회현상'이다.[20] 이런 의미에서 햐쿠타의 『일본국기』는 기존의 역사 교과서에서는 찾아볼 수 없는 "민족의 굴욕, 분노, 슬픔, 절망"[21]과 같은 '감정'을 중시하는 한편, 다른 한편으로는 『일본국기』에 실린 '사실(事實)'이 그동안 '교과서가 가르치지 않았던 사실'이라 강조하는, 기존의 역사수정주의와 그 내용은 유사하지만 그 서술방식을 달리하는 탈진실 시대의 새로운 역사인식이라 할 수 있다.

---

19 리 매킨타이어 지음, 김재경 옮김, 2019, 『포스트 트루스』, 도서출판 두리반, 19쪽.
20 위의 책, 26~28쪽 참조.
21 百田尚樹·有本香, 2019, 앞의 책, 100쪽.

이제 햐쿠타 나오키의 『일본국기』에 나타난 탈진실 시대의 역사인식이 무엇인지 구체적으로 살펴보도록 하자.

2. '이 나라의 역사'가 아닌 '우리나라 역사'

『일본국기』의 부독본에서 저자 햐쿠타 나오키는 편집자 아리모토 가오리(有本香)와 함께 『일본국기』의 집필 목적을 다음과 같이 이야기한다.

> 아리모토 『일본국기』가 이토록 판매되는 이유는 많은 일본인의 '외침'이 아닐까요? 사례 하나를 들어보겠습니다. 아사히신문이 몇 년 전에 '70년이 된 해의 수상'이라는, 즉 '아베 신조는 누구인가'라는 연재 기사를 보도하고 나중에 그것을 책으로 출판했는데, 그 책 제목이 『이 나라를 흔드는 남자(この国を揺るがす男)』(朝日新聞取材班, 2016, 筑摩書房)입니다. <u>아사히로 상징되는 분들은 왠지 일본을 항상 '이 나라'라고 합니다.</u> 이러한 '습관'은 다른 나라에는 없다고 생각해요. (중략) (『일본국기』의 놀라운 판매 부수는) 우리나라를 '이 나라'라 불러온 체제(establishment)에 대한 일본인의, 민중의 반란입니다.
>
> 햐쿠타 <u>『일본국기』의 첫 문장은 '우리 역사는 어디에서 시작할까'로 시작합니다.</u>

아리모토   '일본의 역사'라고는 말하지 않는 거죠.
햐쿠타   그래요. '우리 역사', 따라서 『일본국기』는 언제나 자신의
         이야기[物語]를 쓴다는 생각으로 집필했습니다.[22]

햐쿠타와 아리모토의 비판은 아사히신문으로 대표되는 '리버럴파와 좌파들'을 향하고 있다. 하지만 중요한 것은 그 비판의 방향이 '이 나라의 역사'가 아니라 '우리 역사'라는 점이다. 타자를 배제하는 '우리'라는 개념, 다시 말해서 근대 이후 성립한 국민국가의 원리인 내셔널리즘을 전면에 내세우고 있기 때문이다. 따라서 그 '우리'를 어떻게 규정할 것인가는 『일본국기』의 역사인식에서 핵심적 사안이다. 햐쿠타가 규정하는 '우리'가 무엇인지 『일본국기』의 '서문을 대신하며(序にかえて)'를 참고하도록 하자. 그 전문은 다음과 같다.

일본만큼 멋진 역사를 지닌 나라는 없습니다.
물론 세계의 모든 사람이 자신의 나라에 대해 같은 생각을 할 겁니다. 그럼에도 감히 일본만큼 멋진 역사를 지닌 나라는 없다고 저는 단언합니다. 신화와 함께 성립한 이래 2천 년 가깝게 하나의 나라가 이어진 사례는 세계 어디에도 없습니다. 그 자체가 기적이라 말할 정도입니다.
북태평양 서쪽에 떠 있는 일본열도는 풍요로운 자연의 혜택을 받고 있지만, 한편으로는 세계에서 몇 안 되는 지진국이고 태풍과 하천 범람 등 항상 격심한 자연재해에 직면해 왔습니다. 때문에 사람들은 서로

---

22 百田尚樹·有本香, 2018, 앞의 책, 24~28쪽.

돕고 사이좋게 살아왔고, 동시에 어떤 어려움에 직면해도 다시 일어서는 강인함을 길러 왔습니다.

막말(幕末)부터 메이지(明治)에 걸쳐 일본을 방문한 서구인들은 한결같이 일본인의 성실함, 선량함, 근면함에 놀랐습니다. 하지만 근세만 그런 것이 아닙니다. 1700년 전 중국 대륙에서 쓰여진 『위지(魏志)』의 '왜인전(倭人伝)'에도 일본인은 훔치지 않고 다툼이 적다고 특별히 적혀 있습니다. 외국인이 특별히 적어 놓을 정도로 우리 조상이 뛰어난 사람들이었다는 점이 진심으로 기쁩니다.

1800년대 중반, 우리나라는 서구열강에 의해 쇄국의 빗장이 열리고 강제로 세계 무대로 내몰렸습니다. 당시 세계는 서구열강의 식민지 쟁탈전이 펼쳐지던 시대이고, 백인에게 유색인종은 '사람'이 아니라 노예에 가까운 존재였습니다. 일본은 그 폭풍 속에서 독립을 유지한 것만이 아니라 순식간에 서구열강과 어깨를 겨루는 강국이 되었습니다. 하지만 제2차 세계대전으로 일본은 산산조각이 났습니다. 300만 명 이상의 소중한 목숨을 잃었고 국력은 세계 최빈국이라 할 상황까지 떨어졌습니다. 하지만 다시 세계가 놀랄 만큼 부흥을 이뤄냈습니다. 그뿐만 아니라 전후 일본은 세계 평화에 공헌하고 많은 발전도상국을 원조해 왔습니다.

<u>이것이 일본입니다. 우리나라입니다.</u>

히스토리라는 단어는 스토리와 어원이 같다고 합니다. 즉 역사는 '이야기[物語]'입니다. <u>이 책은 일본인의 이야기, 아니 우리 자신의 장대한 이야기입니다.</u>[23]

23　百田尚樹, 2021, 『[新版] 日本国紀』上, 幻冬舎, 4~5쪽.

햐쿠타는 『일본국기』가 '일본인의 이야기, 아니 우리 자신의 장대한 이야기'라고 선언한다. 그렇다면 '우리 자신'에 대한 규정이 중요하게 되는데, 그는 '신화와 함께 성립한 이래 2천 년 가깝게 이어진 하나의 나라'와 그곳에서 '어려움을 함께 극복하고 다시 일어서며 서로 돕고 사이좋게 살아온 사람들'='우리 조상'을 '우리 자신'과 단선으로 연결 짓는다. '신화와 함께 성립'했다는 문장의 의미는 『일본국기』 광고문의 "신화와 함께 탄생하고 만세일계의 천황을 중심으로 독자적 발전을 이뤄 온 우리나라 일본"(〈그림 2〉)에서도 알 수 있듯이 근대 이후 성립한 천황 중심의 배타적 내셔널리즘이다. 바로 이 점이 '리버럴파와 좌파들'이 햐쿠타의 『일본국기』를 비판할 수밖에 없는 지점이기도 하다.

그렇다면 '천황 중심의 역사인식'이라 지적되는 '신화와 함께 성립한 이래 ~ 그 자체가 기적이라 말할 정도입니다'라는 밑줄 부분을 생략하고 '북태평양 서쪽에 떠 있는 ~' 이하의 문장을 다시 한번 읽어보도록 하자.

'왜인전'이나 막말유신기에 일본을 방문한 서구인의 평가, 메이지유신 이후 '독립을 유지한 것만이 아니라 순식간에 서구열강과 어깨를 겨루는 강국'이 되었다가, 제2차 세계대전 패전 이후 다시 경제부흥을 이뤄낸 것 등의 서술에서 학술적인 '오류'는 찾아보기 어렵다. 물론 '독립을 유지하거나 서구열강과 어깨를 겨루는 강국'이 되는 과정은 타자(국)의 배격 또는 희생을 전제로 한다. 그러나 이것은 근대 이후 국민국가와 제국의 성립을 어떻게 바라볼 것인가와 관련된 '역사인식'의 영역이지 그 자체가 '팩트 체크'의 영역은 아니다. 다시 말해서 근대 이후 균질한 일본인의 존재를 전제로 하는 국민국가의 논리를 비판적으로 고찰하는 영역인 것이다. 때문에 '천황(제)'은 '폐지'되어야 한다는 '역사인식'을 지닌 독자'만' 아니라면, 균질한 일본인의 존재를 전제로 기술된 '서문을 대신하며'의 '역사인식'은 문제가 되지 않을 뿐 아니라 오류도 아닐 수 있다. 더군다나 『일본국기』가 출판된 2018년 여론 조사 중 '천황에 대한 감정'에 대해 존경 41.1%, 호감 36%, 무감정 22%, 반감 0%의 결과가 보여주듯이,[24] 현재 일본 사회에서 천황(제) '폐지' 논의가 거의 사라지고 있는 실정을 고려한다면, 오히려 '천황(제)'을 전제로 서술된 '우리 자신의 장대한 이야기'라는 『일본국기』의 선언이야말로 균질한 일본인의 존재, 즉 일본(인) 내셔널리즘을 긍정하거나 적어도 부정하지 않는 독자의 '흥미'를 끄는 핵심적 요소라 할 수 있다.[25]

그렇다면 균질한 일본인의 햐쿠타의 표현대로 "우리 역사는 어디에서 시작되는 것일까", "본래 우리 일본인의 조상은 어디에서 왔을까"[26] 라는 질문에 햐쿠타는 다음과 같이 답한다.

---

[24] NHK放送文化研究所, 2020, 『現代日本人の意識構造[第九版]』, NHK出版, 123~129쪽.

[25] 장인성은 현대 일본의 보수와 우익을 구분하고, 우익은 천황제 이념에 기반한 민족문화를 옹호하면서 세계와의 연루를 배제한, 배타적이고 원리적인 자민족 중심의 내셔널리즘이 강한 행동가라 규정한다. 이에 반해 보수는-진정한 보수라면-국가의식을 중시하되 세계나 국제사회와의 연관 속에서 일본의 국가와 사회의 존재 양태를 생각하고, 천황제를 옹호하지만 천황제 가치를 공동체의 절대원리로 여기지 않는 열린 내셔널리즘을 보인다고 규정한다. 이와 같은 구분을 전제로 현대일본사회와 일본정치에 대해 보수적 성향이 강해졌다는 의미의 '보수화'라는 용어는 의미가 있지만, 우익적 경향이 세졌다는 뜻의 '우경화'라는 용어는 적절하지 않다고 지적한다. 때문에 '우경화'는 일본 보수정권의 정책을 비판하는 정치 언어로는 유용할 수도 있지만, 현대일본의 사회와 정치를 이해하는 데 오히려 방해가 될 수도 있다고 주장한다(장인성, 2021, 『현대일본의 보수주의』, 연암서가, 21~22쪽). 필자는 장인성의 규정과 견해에 동의한다. 하지만 장인성의 규정에 따르면 우익적 역사인식으로 분류될 수밖에 없는 햐쿠타의 『일본국기』와 부독본 2권이 왜 100만 부나 판매되었는지, 그렇다면 그 독자들을 보수가 아니라 우익으로 봐야 하는지에 대한 의문은 여전히 남는다.

[26] 百田尚樹, 2021, 앞의 책(上), 16쪽.

지금 이 책을 쓰고 있는 저도, 그리고 독자 여러분도 조몬(繩文) 시대의 여성이 목숨 걸고 낳아 기른 아이들의 후손입니다. 기아, 질병, 전쟁과 같은 가혹한 환경 속에서 살아남아 출산과 육아라는 영위가 수천 년 이상 반복되어 온 결과, 우리가 지금 여기에 있다고 생각하면 저는 가슴이 뜨거워집니다.[27] (중략)

조몬시대에는 채집, 수렵, 어로가 생활수단의 중심이었지만, 기원전 10세기경 기타큐슈(北九州)에서 수도(水稻) 경작을 시작하는데, 이후의 시대를 야요이(弥生) 시대라 부릅니다. (중략)

오랫동안 조몬인과 야요이인은 그 골격 차이(야요이인 쪽이 크다) 등 때문에 다른 민족이 아닌가 여겨졌습니다. 즉 일본열도에 토착하고 있던 조몬인을 바다 건너온 야요이인이 몰아냈다는 설이 주류였습니다. 하지만 당시의 항해 기술로는 대량의 인간이 이동하기 어렵고, 큰 전쟁의 흔적도 없으며, 나아가 최근 DNA 연구 등으로 지금은 이 설이 거의 부정되고 있습니다. 양자의 골격 차이는 그때까지 채집과 어로를 중심으로 하던 식생활이 쌀을 주식으로 하는 식생활로 바뀌면서 나타난 변화라고 생각하는 것이 자연스럽습니다. 대동아전쟁 후 서구식 식생활로 변화하면서 불과 반세기 만에 일본인의 평균신장이 10센티 가깝게 커지고 체격이 크게 변한 것을 보면, 식량 사정의 변화가 조몬인의 체격을 변화시켰을 가능성은 충분히 있습니다. 그렇습니다. 조몬시대와 야요이시대는 민족과 문화의 단절 없이 같은 일본인이었다고 말할 수 있습니다.[28]

27　앞의 책, 20~21쪽.
28　위의 책, 22~24쪽. 참고로 "오랫동안 조몬인과 야요이인의 골격 차이 ~ 같은 일본인이었

햐쿠타는 '우리나라 역사'와 '우리 일본인'의 시작으로 '조몬인'을 제시하면서 조몬인과 야요이인이 다르다는, 즉 현대 일본인을 조몬인과 야요이인의 혼혈로 보는 일본 역사학계의 정설을 부정한다.[29] 물론 이것은 햐쿠타 개인만의 "대담한 해석"[30]이 아니다.

예를 들어 패전을 딛고 경제부흥이 시작된 1955년, 고이즈미 신조(小泉信三)는 다음과 같이 균질한 일본인론을 제시하고 있다.

> 우리 일본 국민은 하나의 행복을 가지고 있다고 말할 수 있습니다. 그것은 일본이라는 섬에 일본인만 살고 있다는 점입니다. 이것은 일견 지극히 당연한 듯 보이지만 넓은 세계를 보면 언어도 피부색도 다른 여러 인종이 모여 하나의 국가를 이루었지만 서로 이해나 감정이 같지 않아서 하나의 국민으로서 완전한 일체를 이루지 못하는 사례는 너무도 많습니다. 러시아, 인도, 중국이 그렇습니다. (중략) 이렇게 생각해 보면 사방이 바다로 둘러싸여 있어서 이웃 나라와 경계를 만들 필요도 없고 나라 안에서는 이민족도 없이 일본인만 함께 살 수 있는 것이 얼

다고 말할 수 있습니다"는 9쇄까지는 없다가 문고본에서 새로 추가된 부분이다.

[29] 현재 일본의 역사 교과서는 현대 일본인을 조몬인과 야요이인의 혼혈이라고 기술한다. 예를 들어 『개정판 상설 일본사』에서는 "일본인의 원형은 오래전부터 아시아대륙에 살던 사람들의 자손인 조몬인이고, 이후 본래 북아시아에 살다가 야요이시대 이후 도래(渡來)한 사람들과의 혼혈이 반복되어 현재의 일본인이 형성되었다.", "야요이시대의 수도(水稻) 경작 기술이 조선반도 남부에서 전해진 것은 그것과 공존하는 각종 유물이 공통하는 것으로 보더라도 확실하다"고 기술하고 있다. 笹山晴生・佐藤信・五味文彦・高埜利彦(ほか12名), 2018, 『改訂版 詳説日本史』, 山川出版社, 9쪽, 16쪽.

[30] 百田尚樹, 2021, 앞의 책(上), 15쪽.

마나 큰 행복인지 모릅니다. (중략) 일본의 국토는 일본인의 것이고, 일본인만의 것이라는 점이 우리에게는 실로 감사한 일입니다. 우리는 이 국토를 조상으로부터 이어받아 자손에게 전해야 합니다만, 그러한 우리에게 이 국토를 전해 준 것도 우리가 그것을 이어받는 것도 모두 같은 일본어를 말하고 같은 마음으로 국기를 받드는 일본인이라는 점이 행복한 것은 아닐까요.[31]

미시마 유키오(三島由起夫)도 1968년에 발표한 '문화방위론'에서 "일본은 세계에서도 드문 단일 민족, 단일 언어 국가이고, 언어와 문화 전통을 공유하는 우리 민족은 태곳적부터 정치적 통일을 이뤘으며, 우리 문화의 연속성은 민족과 국가의 비(非) 분리에 달려 있다"며 균질한 일본인론을 주장했다.[32] 이렇듯 패전 이후 고이즈미나 미시마 등이 "태고로부터 단일한 민족만이 거주하던 변경의 평화로운 섬나라. 거기에 살고 있는 사람은 이민족과의 접촉이 없고 전쟁이나 외교에 익숙하지 않은 자연의 농업인"[33]이라는 단일민족론, 즉 균질한 일본인론을 주장했는데, 이들은 국가와 천황의 일체성을 주장하는 보수·우익적 논객이라는 공통점을 지닌다.

패전 이후 등장한 보수·우익적 단일민족론은 1990년대에 등장한 역사수정주의 '새로운 역사교과서를 만드는 모임(新しい歷史敎科書を

---

31 小泉信三, 1967, 『小泉信三全集』第16卷, 文芸春秋, 11~12쪽.
32 三島由起夫, 1969, 『文化防衛論』, 新潮社, 46쪽.
33 오구마 에이지 지음, 조현설 옮김, 2003, 『일본 단일민족신화의 기원』, 소명출판, 457쪽.

つくる会, 이하 새역모)'에 의해서 계승되었다. 새역모의 발기인이자 회장을 역임한 니시오 간지(西尾幹二)는 저서『국민의 역사(国民の歴史)』에서 다음과 같이 적고 있다.

> 수전도작(水田稲作) 문화를 담당한 주체는 조몬인이다. 조몬인이라 부르든 야요인이라 부르든 이것은 고고학에서 부르는 명칭이지 인종이나 민족을 부르는 명칭이 아님에도 왠지 모를 오해가 있다. 기원전 300년경에 엄청난 수의 도래인이 상륙하고 점차 생활권을 넓히는 '민족대이동'이 있었다는, 막연한 믿음이 일부 연구자의 인식을 사로잡고 있기 때문이다.
> 도래인에 의한 전투나 정복도 있었을지 모른다고 그들은 말한다. <u>도래인과 함께 등장한 새로운 생활 시스템의 시작이 소위 '문명의 여명'이고, 수전도작은 그 대표라고 강하게 말하는, 어디까지나 야요이시대의 변혁 주체는 도래인이었다고 보는 '선입견'이 차츰 교육계에도 퍼지고 있다.</u>[34]

'조몬시대와 야요이시대는 민족과 문화의 단절 없이 같은 일본인이었다'는 햐쿠타의 견해는 전후 경제부흥과 함께 등장한 보수·우익적 단일민족론, 그리고 이를 계승한 1990년대 역사수정주의의 연장선상에 있다고 할 수 있다. 이것은 햐쿠타가 "(조몬인은) 본격적인 농경 단계

---

34 西尾幹二, 1999,『国民の歴史』, 産経新聞ニュースサービス, 72쪽. 이 책은『일본국기』의 참고문헌으로 제시되고 있다.

에 도달하지 않았다"³⁵는 학계의 '정설'에 대해서도 "농경 생활의 맹아도 보인다"³⁶고, '농경'을 매개로 한 조몬인과 야요이인의 연속성을 강조하고 있는 것에서도 확인할 수 있다. 다만, 햐쿠타가 문고본에 추가한 참고문헌으로 판단해 보건대, 패전 이후의 보수·우익적 단일민족론이나 1990년대 역사수정주의의 주장을 그대로 답습하기보다는 의학자 시노다 겐이치(篠田健一)나 사키타니 미쓰루(崎谷満) 등의 '최신 연구'를 참고하여 기존의 단일민족론을 보강하고 있다.³⁷ 그 결과 햐쿠타가 조몬인을 '우리 일본인의 조상'으로 설정하고 야요이인과의 혼혈을 부정하는 견해는 '최신 연구'가 제기하는 하나의 '학설'을 반영한 것이므로 '팩트 체크'의 영역이 아니라 향후 '최신 연구'에 대한 학계의 면밀한 '검토'가 필요한 '과제'에 속하게 된다. 다시 말해서 햐쿠타의 견해는 비록 그것이 아직은 '소수 의견'일 수는 있지만 적어도 '거짓'은 아니게 되는 것이다. 더군다나 이전의 보수·우익적 논객과 달리 DNA 분석이라는 최신 과학기술과 연구를 참고하고 있는 만큼, '리버럴파와 좌파들'이 '팩트 체크'를 하면 할수록, 이들과 달리 균질한 일본인이라는 존재, 즉 일본(인) 내셔널리즘을 내면화하거나 하려는 독자들로서는 오히려 『일본국기』의 내용을 확인하고 싶어지게 되는 것이다. 이런 의미에서 『일본국기』 부독본이 내걸고 있는 '학교가 가르치지 않는 일본사'라

---

35 笹山晴生·佐藤信·五味文彦·高埜利彦(ほか12名), 2018, 앞의 책, 12~13쪽.

36 百田尚樹, 2021, 앞의 책(上), 18쪽.

37 篠田健一, 2007, 『日本人になった祖先たち-DNAから解明するその多元的構造-』, NHK出版; 崎谷満, 2009, 『新日本人の起源:神話からDNA科学へ』, 勉誠出版.

는 광고 문구야말로 일본(인) 내셔널리즘을 긍정하거나 적어도 부정하지는 않는 독자의 욕구를 정확하게 포착한 것이라 할 수 있다.

그렇다면 이제 햐쿠타가 『일본국기』에서 기술하고 있는 '학교가 가르치지 않는 일본사'의 내용이 구체적으로 무엇인지 살펴보도록 하자.

3. 학교가 가르치지 않는 일본사

햐쿠타가 제시하는 '학교가 가르치지 않는 일본사'라는 문구는 후지오카 노부카쓰(藤岡信勝)가 조직한 자유주의사관연구회가 1996년 1월부터 약 1년 7개월 동안 산케이신문(産経新聞)에 연재한 칼럼 '교과서가 가르치지 않는 역사'에서 따온 것으로 보인다. 후지오카는 칼럼을 묶어서 동일한 '교과서가 가르치지 않는 역사'라는 제목으로 시리즈 총 4권을 출판했는데,[38] 이 시리즈는 합계 100만 부 이상 판매될 정도로 큰 주목을 받았다.[39] 이듬해 1997년 1월에는 후지오카도 발기인으로

---

38 藤岡信勝·自由主義史観研究会, 1996, 『教科書が教えない歴史』, 産経新聞ニュースサービス(연재 기간 1996.1.15~6.1); 藤岡信勝·自由主義史観研究会, 1996, 『教科書が教えない歴史』2, 産経新聞ニュースサービス(연재 기간 6.11~11.2); 藤岡信勝·自由主義史観研究会, 1997, 『教科書が教えない歴史』3, 産経新聞ニュースサービス(연재기간 11.12~1997.3.22); 藤岡信勝·自由主義史観研究会, 1997, 『教科書が教えない歴史』4, 産経新聞ニュースサービス(연재 기간 3.31~8.9).

39 藤岡信勝·自由主義史観研究会, 1997, 『教科書が教えない歴史』4, 産経新聞ニュースサービス, 10쪽.

참가한 새역모가 설립되었는데, 결과적으로 '교과서가 가르치지 않는 역사' 시리즈는 일반 독자들이 새역모라는 단체와 그들의 자유주의사관이라는 역사수정주의 역사인식을 알게 만드는 데 큰 역할을 했다. 마침 새역모가 설립되고 7개월이 지난 8월에, 1965년부터 32년간 이어진 이에나가 사부로(家永三郎)의 교과서 소송이 '문부성의 교과서 검정 행정을 위법적 행위로 규정'하는 최종 판결이 내려졌는데, 이는 국가를 상대로 한 '리버럴파와 좌파들'의 역사인식이 일정정도 성과를 올렸음을 보여준다. 하지만 역설적이게도 같은 해 새역모 그룹이 내건 '교과서가 가르치지 않는 역사'라는 문구는 이에나가 교과서 소송으로 대표되는 '리버럴파나 좌파들'의 역사인식을 '자학사관'이라 공격하기 위한, 결과적으로는 매우 성공적인 대중적 슬로건이었음을 말해 준다. 이런 의미에서도 햐쿠타의 『일본국기』는 1990년대 역사수정주의의 충실한 계승이다. 이것은 『일본국기』의 기술 내용에서도 확인된다.

〈표 2〉에 따르면 『일본국기』에서 근현대사 분량은 52.9%이다. 햐쿠타가 '학교가 가르치지 않는 일본사'의 사례로 제시하는 『개정판 상설 일본사』의 근현대사 분량이 39.8%인 것과 비교해 보면, 『일본국기』의 기술이 얼마나 근현대사에 치우쳐 있는지 알 수 있다(〈표 3〉 참조).[40]

---

[40] 햐쿠타가 비판하는 교과서는 현재 일본의 대학 수험생이 가장 많이 사용하는 『개정판 상설 일본사』(山川出版社, 2016년 3월 문부과학성 검정필, 2018년 발행), 중학교 사회과용 『함께 배우는 인간의 역사(ともに学ぶ人間の歴史)』(学び舎, 2015년 문부과학성 검정필, 2018년 발행)이다 (百田尚樹·有本香, 2018, 앞의 책, 12쪽).

〈표 2〉『일본국기』목차

장	절	분량
제1장 고대~ 야마토정권 탄생	조몽(繩文) 시대 / [칼럼] 세계 4대 문명 / 야요이(弥生) 시대(기원전 10세기~3세기) / 농경 생활과 일본인 / 통일국가로 / 당시의 일본 사회와 일본인 / 왜란 무엇인가 / 야마토 조정이 탄생하기까지 / 동탁(銅鐸)의 수수께끼 / 조선반도와의 관계 / 광개토왕비 / 진구황후(神功皇后)의 수수께끼 / 왜 5왕 / 고분(古墳) 시대 / 게이타이(継体天皇)의 등장 / [칼럼] '만세일계'에 대해 간단히 설명해봅시다	상권 16~55쪽 (5.1%)
제2장 아스카시대~ 나라시대	아스카飛鳥시대(6세기 후반~8세기초두) / 쇼토쿠태자(聖徳太子) / [칼럼] '해 뜨는 곳의 천자'라는 국서를 보낸 것은 쇼토쿠태자가 아니라는 설이 있습니다 / 17조 헌법의 놀라움 / 아스카 시대 문화 / 율령국가로 / 백촌강 전투와 사키모리(放人) 제도 / [칼럼] 백촌강 전투에 참가한 일본군 병사 중에 오토모베노 하카마(大友部博麻)라는 인물이 있습니다 / 견당사 / 『고지키(古事記)』『니혼쇼키(日本書紀)』『만요슈(万葉集)』의 탄생 / [칼럼] 만요가나(萬葉仮名) 읽기가 얼마나 난해한지 한가지 예를 들어봅시다 / 닌토쿠천황(仁德天皇)의 '대어심(大御心)'과 '대어보(大御宝)' / 일본의 탄생 / [칼럼] 덴치천황(天智天皇)과 덴무천황(天武天皇) / 율령제도와 반전수수법 / 신분제도 / 헤이조쿄(平城京) / 농민의 피폐 / 나가오카쿄(長岡京)로 / [칼럼] '만세일계'를 사실(史実)로서 기술	57~102쪽 (5.8%)
제3장 헤이안시대	헤이안쿄(平安京) / 성숙의 시대로(국풍문화의 개화(開花)) / 무사의 탄생 / [칼럼] 『겐지모노가타리(源氏物語)』 / 후지와라씨(藤原氏) 대두 / '저주[祟り]'에 대해 / [칼럼] 교토는 미야코(都)가 되면서 동시에 언어의 발신지가 되었습니다. / 무사의 반란 / 섭관정치의 폐해 / 도이(刀伊)의 입구(入寇) / 무사의 대두 / 싸움을 싫어한 헤이안 귀족들 / [칼럼] 이전의 성애(性愛) / 원정(院政)의 시대 / 호겐(保元)의 난 / [칼럼] 스토쿠천황(崇徳天皇) / 헤이지(平治)의 난 / [칼럼] 다이라 기요모리(平清盛) / 다이라씨(平氏)의 영광 / 다이라씨의 몰락	103~ 150쪽 (6.1%)

제4장 가마쿠라막부~ 오닌의 난	가마쿠라(鎌倉) 정권 / 조큐(承久)의 난 / '잇쇼켄메이(一所懸命)'와 '가자 가마쿠라(いざ鎌倉)' / 상업의 발달 / 분에이(文永)의 역(役) / 고안(弘安)의 역 / [칼럼] '가미카제' / 가마쿠라 막부의 쇠퇴와 아쿠토(惡党)의 대두 / 가마쿠라 문화 / 가마쿠라 불교 / 고다이고(後醍醐天皇)의 토막(討幕) 운동 / 아쿠토, 구스노키 마사시게(楠木正成)의 거병 / 겐무(建武) 중흥 / 남북조시대 / [칼럼] 지묘인통(持明院統)과 다이카쿠지통(大覚寺統) / 간오(観応)의 소란 / 남북조 통일 / 아시카가 요시미쓰(足利義満)의 야망과 죽음 / 왜구와 감합무역 / [칼럼] 명의 책봉조공 / 훼예포폄(毀誉褒貶)이 심한 아시카가 요시노리(足利義教) / 슈고다이묘(守護大名) 대두에서 오닌(応仁)의 난으로 / 무로마치(室町) 문화 / 오닌의 난 / 오닌의 난 영향 / [칼럼] 류큐국(琉球国)	151~214쪽 (8.1%)
제5장 센고쿠시대	센고쿠(戰国) 시대의 전반(前半) / 센고쿠 시대의 후반 / 무로마치막부의 멸망 / 난세의 괴물, 오다 노부나가(織田信長) / [칼럼] 선교사 루이스 프로이스의 『일본사』 / 하시바 히데요시(羽柴秀吉)의 천하통일 / 철포 전래 / 그리스도교 전래 / [칼럼] 그리스도교 선교사와 선승(禅僧) / 검지(檢地)와 가타나가리(刀狩) / 그리스도교 선교사 추방 / 조선출병 / [칼럼] 히데요시의 명 정복 동기 / 세키가하라(関が原) 전투 / [칼럼] 히데요리(秀頼)	215~255쪽 (5.2%)
제6장 에도시대	에도(江戶) 막부 / [칼럼] 정이대장군 / 3대 쇼군 이에미쓰(家光) / [칼럼] 참근교대 / 에도막부의 정치체제 / 쇄국 / [칼럼] 일본이 쇄국정책을 취하지 않았다면 / 에도시대의 신분제도 / [칼럼] 무사의 녹(禄) 무단정치에서 문치정치로 / [칼럼] 동물애호령(生類憐み令) / 꽃피는 겐로쿠(元禄) 문화 / 케인즈를 200년 이kd이나 앞선 오기와라 시게히데(荻原重秀) / 세계 최고의 교육 수준 / [칼럼] 에도시대의 무술 / 아카호(赤穂) 사건 / 호상(豪商) 출현 / [칼럼] 개의 이세참배(犬のお伊勢参り) / 가도(街道) 정비 / 도시 발전 / [칼럼] 화재와 싸움은 에도의 꽃 / 에도의 식문화 / '오공오민(五公五民)'의 거짓과 '햐쿠쇼잇키(百姓一揆)'의 진실 / [칼럼] 각기병 / 간인노미야케(閑院宮家) 창설 / [칼럼] 간인모미야케 창설이 중요한 이유 / 요시무네(吉宗) 시대 / 걸물, 다누마 오키쓰구(田沼意次) /	257~357쪽 (12.8%)

근대 /현대 (52.9%)		간세이(寬政) 개혁 / [칼럼] 이 시기에 유행한 교카(狂歌) / 겉으로만 천하태평 / 연달아 밀려오는 이국선 / 페이튼(Phaeton) 호 사건 / 우왕좌왕하는 막부 / 지볼트 사건과 반샤(蛮社)의 옥(獄) / [칼럼] 지볼트가 가지고 나가려던 지도/ 내우외환, 흔들리는 일본 / 구로후네(黒船) 전야 / [칼럼] 미국인 그린이 해방시킨 선원 / 구로후네 내항 / [칼럼] 개국과 막부의 언령주의	
	제7장 막부 말기	막부 낭패 / 개국 / [칼럼] 일러화친조약 / 사쿠라다몬가이(桜田門外) 변 / [칼럼] 사쿠라다몬가이의 변을 일으킨 히코네번사(彦根藩士) / 가즈노미야(和宮) 강가(降嫁) / [칼럼] 이에모치(家持)와 가즈노미야 / 세차게 부는 테러의 폭풍 / 황폐해진 교토 거리 / 견미사절단 / [칼럼] 간림마루(咸臨丸)의 나가하마 만지로(中浜万次郎)	359~391쪽 (4.2%)
	제8장 메이지 유신	구미열강과의 첫 전투 / 나베시마 나오마사(鍋島直正)와 시마즈 나리아키라(島津斉彬) / [칼럼] 히노마루(日の丸) / 오구리 다다마사(小栗忠順) / 미즈노 다다노리(水野忠徳) / 삿초(薩長) 연합 / 제2차 조슈(長州) 정토 / 토막의 밀칙(密勅) / [칼럼] 민중의 봉기 / 왕정복고 대호령 / 도바(鳥羽)·후시미(伏見) 전투 / 에도 무혈 개성(開城) / 도쿠가와 요시노부(徳川慶喜)라는 남자 / [칼럼] 막말유신기 방문한 외국인의 일본평 / 오구리 다다마사의 죽음	하권 11~59쪽 (6.2%)
	제9장 메이지 여명	보신(戊辰) 전쟁 / [칼럼] 도쿄초혼사 / 5개조 어서문 / 일본 대개조 / [칼럼] 폐번치현 / 경이로운 근대화 / [칼럼] 폐불훼석 / 메이지(明治) 6년 정변 / 타이완 출병 / 조선을 개국시키다 / 세이난(西南) 전쟁	61~90쪽 (3.8%)
	제10장 세계로 치고 나가는 일본	입헌정치로 / 제국헌법 / [칼럼] 구화정책 / 불평등조약으로 고심하는 일본 / 일청전쟁 / 삼국간섭 / 잠식된 청제국 / 의화단의 난 / [칼럼] 의화단의 난과 일본인 / 불씨가 남아 있는 조선반도 / 일러전쟁 / [칼럼] 다카하시 고레키요(高橋是清) / 일본해 해전 / 포츠담 조약 / [칼럼] 발틱함대/ 분노하는 민중 / 한국병합 / 메이지를 지탱한 학자들 / [칼럼] 일본이 만든 한자어 / 불평등조약개정의 비원 달성 / [칼럼] 메이지천황	91~143쪽 (6.7%)

제11장 다이쇼에서 쇼와로	청제국의 붕괴 / 전후의 세계 / 국제연맹의 탄생 / 아메리카의 대일(對日) 정책의 변화 / '대화(對華) 21개조 요구'로 보는 일본 외교의 치졸함 / 워싱턴 회의 / 다이쇼 데모크라시 / 간토(関東) 대지진 / 쇼와(昭和) / [칼럼] 영미의 블록 경제 / 통수권 간범 문제 / 만주사변 / 만주는 중화민국의 것인가 / 5·15 사건과 2·26 사건 / 파시즘의 폭풍 / 독일과 중화민국의 밀월 / 암약하는 코민테른과 중국 / 노구교 사건에서 지나(支那) 사변 / [칼럼] '난징대학살'	145~200쪽 (7.1%)
제12장 대동아전쟁	전면전쟁으로 / 날뛰는 독일 / [칼럼] 독일의 유대인 박해 정책과 일본인 / 제2차 세계대전 / 개전 전야 / 진주만 공격 / 전쟁 목적을 잃은 일본 / [칼럼] '대동아전쟁은 동남아시아 각국으로의 침략 전쟁이었다'고 망하는 사람이 있지만 이 견해는 틀린 것입니다 / 미드웨이 해전과 언령주의 / [칼럼] 총력전을 이해 못하는 군부 / 무의미한 전쟁 / 가미카제 특공대 / 악마와 같은 아메리카군 / [칼럼] 포츠담 선언 수락과 어전회의	201~247쪽 (5.9%)
제13장 패전과 점령	연합군의 통치 / 일본국헌법 / [칼럼] GHQ가 공갈로 밀어붙인 일본국헌법 / 극동국제군사재판 / [칼럼] 일본병은 해외에서도 비참했다 / 살아남은 야스쿠니 신사(靖国神社) / [칼럼] 쇼와천황의 전쟁 책임 / War Guilt Information Program(WGIP) / 『진상은 이것이다(真相はかうだ)』의 세뇌 / [칼럼] 쇼와천황의 순행 / 교직 추방 / 공직 추방 / [칼럼] WGIP는 음모론이라는 주장 / 점령군과 조선인 범죄 / [칼럼] 공직추방과 교직추방은 GHQ의 오산 / 일본 개혁 / 화족제도 폐지 / [칼럼] 쇼와천황의 전쟁책임과 GHQ	249~303쪽 (6.9%)
제14장 일본의 부흥	독립하는 아시아 각국 / 다시 혼란스러운 세계 / 일본 독립 / [칼럼] '전범'의 조기 석방 / 일미안전보장조약 / [칼럼] 신문의 반미노선 / 기적의 경제부흥 / [칼럼] 국민의 근면함 / 텔레비전의 등장 / 일한기본조약 / 좀비 같이 되살아나는 자학 사상 / 아사히신문이 유발한 국제 문제 / [칼럼] 조선인 위안부 / 전시 징용공 강제노동의 거짓 / 반일(反日) 테러 활동 / 오키나와 복귀 / [칼럼] 오키나와의 조국복귀운동 / 대국 사이에서 흔들리는 일본 / '베트남에 평화를! 시민연합'의 기만 / 오일 쇼크 / 교과서 문제 / 평화로 인한 바보 상태	305~367쪽 (7.9%)

	종장 헤이세이에서 레이와로	헤이세이(平成) / 버블 붕괴 / 소련 붕괴 / 팽창하는 중화인민공화국 / 광기의 북조선 / 내우외환 / 헌법 개정의 움직임 / 레이와(令和)로, 그리고 미래로	369~401쪽 (4.2%)

(주) 百田尚樹, 2021, 『[新版] 日本国紀』 上 · 下, 幻冬舎文庫.

〈표 3〉『개정판 상설 일본사』 목차

장		절	분량
역사로의 접근법 (1.9%)		[역사와 자료] 다이부쓰(大仏) 조립을 둘러싼 역사 자료 [역사의 해석] 중세의 상품유통 [역사의 설명] 조선통신사 [역사의 논술] 역사의 흐름을 구성하다	4~5쪽 153~154쪽 196~197쪽 416~417쪽
제1부 원시/고대 (18.8%)	제1장 일본문화의 여명	1. 문화의 시작 / [칼럼] 연륜연대법과 탄소14연대법 / 2. 농경사회의 성립 / [칼럼] 환호(環濠) 집락과 고지성(高地性) 집락 / 3. 고분과 야마토 정권	7~33쪽 (6.5%)
	제2장 율령국가의 형성	1. 아스카의 조정 / 2. 율령국가로의 길 / 3. 헤이죠쿄 시대 / [칼럼] 목간 / 4. 덴표(天平) 문화 / 5. 헤이안 왕조의 형성	34~67쪽 (8.2%)
	제3장 귀족정치와 국풍문화	1. 섭관정치 / 2. 국풍문화 / 3. 지방정치의 전개와 무사	68~84쪽 (4.1%)
제2부 중세 (16.8%)	제4장 중세사회의 성립	1. 원정과 다이라씨의 대두 / 2. 가마쿠라 막부의 성립 / 3. 무사의 사회 / [칼럼] 지명에서 중세를 찾아보자 / 4. 몽골 습래와 막부의 쇠퇴 / [칼럼] 아쿠토의 활동 / 5. 가마쿠라 문화	85~119쪽 (8.4%)
	제5장 무가사회의 성장	1. 무로마치 막부의 성립 / 2. 막부의 쇠퇴와 서민의 대두 / [칼럼] 야류(柳生)의 덕정비문(徳政碑文) / 3. 무로마치 문화 / 4. 센고쿠다이묘의 등장	120~154쪽 (8.4%)
제3부 근세 (22.5%)	제6장 막번체제의 확립	1. 쇼쿠호(織豊) 정권 / [칼럼] 철포 / [칼럼] 이와미(岩見)은광 / 2. 모모야마(桃山) 문화 / 3. 막번체제의 성립 / 4. 막번체제의 구조	155~197쪽 (10.3%)

	제7장 막번체제의 전개	1. 막정(幕政)의 안정 / [칼럼] 동물애호령(生類憐み令)과 복기령(服忌令) / 2. 경제의 발전 / [칼럼] 산촌의 역사와 고문서 / 3. 겐로쿠 문화	198~217쪽 (4.8%)
	제8장 막번체제의 동요	1. 막정의 개혁 / 2. 호레키(宝暦)·덴메이(天明) 문화 / 3. 막부의 쇠퇴와 근대로의 길 / 4. 가세이(化政) 문화 / [칼럼] 흥행(興行)	218~248쪽 (7.4%)
제4부 근대 /현대 (39.8%)	제9장 근대국가의 성립	1. 개국과 막말의 동란 / 2. 메이지유신과 부국강병 / [칼럼] 형식적인 해방령 / 3. 입헌국가의 성립과 일청전쟁 / [칼럼] 일한 양국민의 역사인식의 차이/ 일러전쟁과 국제관계 / 4. 근대산업의 발전 / [칼럼] 공녀(工女)가 넘은 고개 / [칼럼] 다나카 쇼조(田中正造)와 아시오(足尾) 광독(鉱毒) 사건 / 5. 근대문화의 발달 /[칼럼] 도쿄의 변용	249~317쪽 (16.5%)
	제10장 두 개의 세계대전과 아시아	1. 제1차 세계대전과 일본 / 2. 워싱턴 체제 / [칼럼] 간토대지진의 혼란 / 3. 시민생활의 변용과 대중문화 / 4. 공황의 시대 / 5. 군부의 대두 / 6. 제2차 세계대전 / [칼럼] 오키나와 전투	318~368쪽 (12.0%)
	제11장 점령하의 일본	1. 점령과 개혁 / [칼럼] 도쿄재판 / [칼럼] 복원(復員)과 인양(引揚げ) / 2. 냉전의 개시와 강화	369~385쪽 (4.1%)
	제12장 고도성장 시대	1. 55년 체제 / 2. 경제부흥에서 고도성장으로	386~401쪽 (3.8%)
	제13장 격동하는 세계와 일본	1. 경제 대국으로의 길 / 2. 냉전의 종결과 일본사회의 변용	402~415쪽 (3.4%)

(주) 笹山晴生·佐藤信·五味文彦·高埜利彦(ほか12名), 2018, 『改訂版 詳説日本史』, 山川出版社.

그 내용도 간토대지진 당시 자경단의 조선인 학살은 허구 및 과장이고,[41] 1937년 12월 일본군의 난징 점령 후 난징대학살은 날조되었다

41　百田尚樹, 2021, 『[新版] 日本国紀』下, 幻冬舎, 167~169쪽.

고,[42] 1990년대 이래 역사수정주의자들이 반복적으로 주장하던 것을 종합적으로 제시하는 한편, 다른 한편으로는 War Guilt Information Program(WGIP)이라는 GHQ의 점령정책을 적극적으로 비판한다. 참고로 『일본국기』에서 GHQ 점령정책을 비판적으로 다룬 '제13장 패전과 점령'의 분량은 전체의 7.9%이고, 단일주제 중에서 5번째로 많은 분량이다(표2 참조). 『개정판 상설 일본사』에서 GHQ를 다루는 '제11장 점령하의 일본'이 4.1%인 것과 비교해 보면(표3 참조), 『일본국기』의 역사인식에서 WGIP로 대표되는 GHQ 점령정책의 비판이 얼마나 중요한 부분을 차지하고 있는지 분명하게 보여준다.

WGIP는 GHQ민간정보교육국(Civil information and Education Section, CIE) 설립령 a3항에 제시되어 있는 "모든 계층의 일본인에게 패전의 진실, War Guilt, 현재 및 장래 일본의 고난과 궁핍에 대한 군국주의자의 책임, 연합국에 의한 군사 점령 이유와 목적을 주지"[43]시키는 임무에 기초하여 개시된 미디어를 이용한 정보교육정책 중 하나이다(〈표 4〉 참조).

〈표 4〉 WGIP의 주요 시책

	태평양전쟁사 (太平洋戰爭史)	진상은 이렇다 (眞相はこうだ)	진상은 이렇다 질문 상자 (眞相はこうだ質問箱)	진상 상자 (眞相箱)
기간	1945.12.8.~17.	1945.12.9. ~1946.2.10.	1946.1.18.~2.08.	1946.2.17.~11.29.

---

42 앞의 책, 194~200쪽.
43 賀茂道子, 2018, 『ウォー・ギルト・プログラム: GHQ情報教育政策の実像』, 法政大学出版局, 2쪽.

매체	신문(전국지)	라디오	라디오	라디오
시간대 또는 게재 방식	연재 기사로 전국지에 연재	매주 일요일 20시~20시 30분. 주3회 재방송	매주 금요일 20시~20시 15분	매주 일요일 20시~20시 30분. 1946년 6월 28일부터 매주 금요일 20시 30분~21시
내용	CIE가 작성한 전쟁사 (만주사변~종전)	소년과 문필가가 전쟁사에 대해 서로 이야기	청취자가 보낸 전쟁에 대한 질문에 답하는 형식	청취자가 보낸 전쟁에 대한 질문에 답하는 형식
특징	CIE 작성이라고 명기. 1946년 4월에 다카야마서원(高山書院)이 출판하여 역사 교과서로 반년간 사용.	미국의 라디오 프로그램을 참고로 제작. CIE 제작임을 명시하지 않음.	'진상은 이렇다' 방송 기간 중 갑자기 시작.	CIE 제작이라고 명시

(주) 賀茂道子, 2018, 『ウォー・ギルト・プログラム: GHQ情報教育政策の実像』, 法政大学出版局, 4쪽에서 재인용.

WGIP는 문예평론가 에토 준(江藤淳)이 GHQ가 일본 국민에게 '죄의식'을 철저히 심어주기 위해 수립한 정책이라고 제시한 이래, 역사수정주의자를 비롯한 보수·우익적 논자들이 반복적으로 언급하는 정책이다.[44] 에토에 따르면, '태평양전쟁사'는 그때까지 일본인이 싸운 전쟁인

---

[44] 역사수정주의자를 비롯한 보수·우익적 논자들의 주장은 高橋史朗, 2019, 『WGIPと「歴史戦」:「日本人の道徳」を取り戻す』, モラロジー研究所 참조. 이에 대한 비판적 고찰은 정지희, 2016, 「사실로서의 역사와 역사적 진실 -전후와 포스트 전후 일본의 "태평양 전쟁"사 다시 쓰기와 진실의 정치-」, 『동아시아문화연구』 65권; 정지희, 2020, 「전후 민주주의와 그 적들-미군 점령기 일본의 진상 폭로 미디어와 냉전 자유주의-」, 『동양사학연구』 제152

'대동아전쟁'의 존재와 의의를 말소하고 그 결락의 흔적을 미국인이 싸운 전쟁인 '태평양전쟁'으로 메꿨는데, 이렇듯 '태평양전쟁사'에서 제시된 역사관은 전후 일본의 역사 기술의 패러다임을 규정했고, 현재까지도 여전히 그 패러다임이 굳게 지켜지고 있다고 비판하면서 도쿄재판 자체를 대규모 'War Guilt Program'이라고 주장했다.[45]

햐쿠타의 『일본국기』는 기본적으로 에토 준의 주장을 이어받아 GHQ에 의한 검열, 언론통제, 선전공작에 의해서 일본 국민이 '세뇌'당한 결과, 일본 국민이 '전전(戰前) 일본'을 철저히 부정하고 혐오하게 되었다고 주장하는 한편, 한 걸음 더 나아가 다음과 같이 적고 있다.

> 무엇보다 무서운 것은 그 세뇌의 깊이입니다. GHQ의 점령은 7년간이었지만, 그것이 끝난 지 70년 가깝게 지난 지금도 '역사 교과서' 등의 영향도 있어서 많은 일본인이 '전전의 정부와 군부는 최악'의 존재이고 '대동아전쟁은 악랄하고 비도(非道)한 침략 전쟁이었다'고 무조건 믿고 있습니다. 물론 전전의 정부와 군부에게 잘못은 있었습니다. 하지만 연합국에게도 잘못이 있고, 또한 대동아전쟁은 결코 이른바 '침략 전쟁'이 아니었습니다.[46]
> 왜 그후 일본에 자학사관이 침투했을까요. 그것은 GHQ 점령 이후 아이들이 '교육'을 받았기 때문입니다. 구체적으로 말하자면 1940년대

집 등 참조.

45 江藤淳, 1994, 『閉された言語空間: 占領軍の検閲と戦後日本』, 文芸春秋, 267~268쪽.
46 百田尚樹, 2021, 앞의 책(下), 279~280쪽.

부터 전후에 태어난 아이들입니다. 나중에 '단카이(団塊) 세대'가 되는 아이들도 포함됩니다. 이 아이들은 GHQ가 만들어 놓은 자학적인 교육, 자학적인 교과서로 배웠습니다. 순진하고 무구한, 아무것도 모르는 백지상태의 아이들이 '일본인은 나빴다'고 배웠으니 어땠을까요. 당연히 '아, 우리들이 나빴구나'하고 믿게 됩니다. 이 세뇌는 마음 깊이 침투합니다. 그리고 그렇게 한번 마음에 자리 잡은 사상을 없애는 것은 매우 어렵습니다. 단카이 세대 사람들이 자학적인 사상을 강하게 지니는 것은 어떤 의미에서 당연합니다.[47]

햐쿠타는 '태평양전쟁'이 아니라 '대동아전쟁'이고, 이 전쟁은 '결코 침략 전쟁'이 아니었다고 주장하며, 그렇게 생각하게 만든 것이 GHQ의 WGIP 정책의 '세뇌'라고 한다. 그의 데뷔작이자 출세작 『영원의 제로』라는 소설이 '대동아전쟁' 당시의 특공대를 어리석고 광신적인 애국자라고 믿던 청년이 관련자들의 증언을 들으면서 그 '세뇌'에서 벗어나 역사의 '진실'을 알아간다는 줄거리인 만큼, 이 소설의 구조는 전후 자학사관을 탈각하고 진정한 역사를 각성한다는 1990년대 이후 에토 준으로 대표되는 보수적 논조는 물론이고 역사수정주의로 대표되는 우익적 논조와도 동일하다. 이런 의미에서 『영원의 제로』가 보수·우익적 역사인식의 '정전(正伝)'이라면, 『일본국기』는 '정사(正史)'라 할 수 있다.

그렇다면 햐쿠타가 제시하는 '학교가 가르치지 않는 일본사'는 과연 어떤 내용인지 구체적으로 살펴보도록 하자.

47　百田尚樹·有本香, 2018, 앞의 책, 60~61쪽.

아리모토   예를 들어 '난징사건'은 제가 배운 교과서에는 없었어요. 제가 1962년에 태어났으니까, 실은 그 자학사관 교육을 아슬아슬하게 받지 않았죠. (중략) 중국 쓰촨성(四川省) 출신 평론가 시핑(石平) 씨는 저와 동갑입니다. 1970년대에 중국에서 교육받은 시핑 씨도 '난징대학살'은 교과서에 실려 있지 않았고, 배우지도 않았으며, 그런 말은 들어 본 적도 없다고 합니다. 일본의 자학사관 교육이 심해지는 것은 제가 대학에 입학한 1980년대부터입니다. 이때부터 일본의 교육은 대단히 이상해졌어요. (중략) 일본 측이 교육을 통해서 손자에 이르기까지 집요하게 '반성'을 교과서에 기술해도 일중(日中)이나 일한(日韓) 사이의 골은 메워지지 않았고, 오히려 새로운 '역사 문제'가 만들어지지 않았나 싶어요.

햐쿠타   자학사관 교육이 문제가 많은 이유는 정치적인 문제와 전혀 관계없다고 생각되는 고대사, 중세사마저 우리가 배우는 교과서와 다르게 만들었기 때문입니다.

아리모토   『일본국기』에도 적혀 있지요. 예를 들어 미마나(任那) 일본부. 이것은 4세기경에 있었던 것이기 때문에 우리가 역사 교과서를 펼치면 맨 처음에 당연히 배웠습니다. 그러던 것을 지금은 가르치지 않아요.

햐쿠타   미마나가 교과서에서 사라진 이유는 한국이 자신들은 위대한 조선 민족이라고 주장하고 있기 때문이죠. 한국의 교과서에서 고대 조선은 지금 중국 면적의 절반 정도를 차지하고 있었으니까요(웃음). (중략) 4세기 중반 조선반도의 북은 고구려, 동은 신라, 서는 백제가 있었습니다. 그때 일본은 몇 번이나 조선반도에 병사를 보내서 신라와 백제를 굴복시켰습니다. 그것은 『니혼쇼키(日本書紀)』에도 적혀있어요. 그리하여 조선반도의 남부를 지배하면서 미마나 일본부로 삼았던 겁니다. 당시 백제 부근은 상당 부분 일본의 영향 아래에 있었습니다. 저는, 개인적으로는 일본의 반(半)식민지가 아니었을까 생각하고 있지만, 이 부분은 역사학적, 고고학적으로 아직 분명하지 않습니다. 하지만 일찍이 백제가 있었던 장소에서 '전방후원분'이 발굴되고 있습니다. 게다가 그것은 일본의 고분보다 후대에 만들어진 고분이라는 것이 탄소 측정 등으로 밝혀졌어요. 전방후원분은 '일본식'이지요. 즉 백제 땅에 있는 전방후원분은 일본의 영향을 받아 만들어졌거나 일본인이 만든 것일지도 모릅니다. 이것은 한국에 있어서 기분 나쁜 이야기이기에 학자들이 필사적으로 감추고 있습니다. 그들에게 있어서는 진실보다도 체면이 더 중요하겠지요.[48]

이들의 대화를 정리하면, 현재 일본에서는 본인들이 배우지 않았던 '난징대학살'은 가르치고 있지만 정작 본인들이 배웠던 '미마나 일본부'는 가르치지 않는다는 것이다.

그렇다면 실제로 일본의 역사 교과서에서 '미마나'는 어떻게 기술되어 있을까.

고등학교 역사 교과서 『개정판 상설 일본사』에는 다음과 같이 적혀 있다.

---

[48] 위의 책, 46~49쪽.

조선반도 남부의 철자원을 확보하기 위해 일찍부터 이전의 마한 지역에 가야 각국(주)과 밀접한 관계를 맺고 있던 왜국(야마토 정권)은 4세기 후반에 고구려가 남하책을 추진하자 백제, 가야와 함께 고구려와 싸웠다. 고구려의 호태왕비 비문에는 왜국이 고구려와 교전했던 것이 적혀 있다.

㊟ 마한 각국에서는 백제가, 진한 각국에서는 신라가 대두되었지만, 변한이라 불리던 조선반도 남부의 지역에서는 4~6세기에도 소국가 연합적 상태가 이어졌다. 이러한 각국을 가야라 부른다.『니혼쇼키』에서는 가야를 '미마나'라 부른다.[49]

고등학교 역사 교과서에서는 (각주)라는 형태로 제시되어 있다. 중학교 사회과 교과서 가운데 햐쿠타가 강하게 비판하는 마나비샤(学び舎)의『함께 배우는 인간의 역사(ともに学ぶ人間の歴史)』는 '미마나'에 대한 언급이 전혀 없고,[50] 도쿄서적(東京書籍)의『새로운 사회 역사(新しい社会 歴史)』에서는 "5세기에서 6세기에 걸쳐 조선반도에서는 고구려·백제·신라가 세력을 다투고 있었습니다. 야마토 정권은 조선반도 남부의 가야 지역(미마나) 국가들, 백제와 교류가 깊었고, 그 원군(援軍)으

---

49 笹山晴生·佐藤信·五味文彦·高埜利彦(ほか12名), 2018, 앞의 책, 26쪽.
50 마나비샤의『함께 배우는 인간의 역사』는 2011년 검정 이후 일본의 역사 교과서에서 사라졌던 '위안부' 관련 기술을 4년 만에 부활시키고도 검정을 통과한 역사 교과서로 주목받았던 만큼 햐쿠타의 비판이 집중된 역사 교과서이다. 마나비샤 역사 교과서에 대해서는 박삼헌, 2015,「2015년 일본, 또 다른 역사교육의 도전-마나비샤 중학교 역사 교과서를 중심으로-」,『역사비평』111호 참조.

〈그림 3〉

로서 고구려, 신라와 싸우기도 했습니다."[51]라는 설명과 함께 '미마나'의 위치를 표시한 '5세기 동아시아' 지도가 제시되고 있다(〈그림 3〉 참조).

햐쿠타의 비판처럼 '미마나'를 가르치지 않는 것이 아니라 '미마나'라는 존재는 언급하고 있으나 그것이 어떤 존재인지에 대한 설명이 없는 것이다. 즉 햐쿠타가 '일본의 반 식민지'라고 '추측'하는 것과 같은 '평가'가 없는 것이다.

앞에서도 밝혔듯이 이 글의 목적은 『일본국기』의 역사인식을 검토하는 것이지 기술 내용을 '팩트 체크'하는 것이 아니다. 따라서 '미마나'의 진위 여부는 이 글의 검토 대상이 아니다. 그렇다면 '미마나' 기술에서 보이는 햐쿠타와 아리모토의 역사인식은 무엇일까. 그것은 "지금 중학교와 고등학교의 역사교육에서는 일한관계를 매우 편향적으

---

51 矢ケ崎典隆 外, 2021, 『新しい社会 歴史』, 東京書籍, 35쪽.

로 가르치고 있다. 사실(史実)보다도 '조선반도에 대해 항상 일본은 가해자'라는 이미지를 만들기 위한 역사교육이 이뤄지고 있다"[52]는, '좀비처럼 되살아나는 자학사상'[53]을 비판하는 역사인식이다. 그리고 이 역사인식은 일본군'위안부'와 강제징용 피해자라는 '역사 문제'를 매개로 삼아 한국의 '반일'을 비판하는 역사인식과 합체를 이룬다.[54] 햐쿠타의 자학사상 비판이 아무리 '건전한' 일본(인) 내셔널리즘을 지향한다고 해도, 내셔널리즘 자체는 타자를 배제함으로써 자신의 아이덴티티를 성립할 수밖에 없기 때문에 배제할 타자가 필요한데, 마침 '반일'하는 한국이야말로 최적의 타자인 것이다. 게다가 그 한국에 동조하는 '반일'의 일본인도 있다면 타자로서의 한국의 조건은 더욱 완벽하게 된다.

이것은 아리모토가 『일본국기』의 외전(外伝)이라고 평가하는 『지금이야말로 한국에게 사과하자 그리고 '안녕'이라고 말하자(今こそ'韓国に謝ろう そして「さらば」と言おう)』에서도 분명하게 나타난다.

한국은 실로 짜증 나는 이웃입니다.
50년 이상 이전의 '일한기본조약'으로 보상문제는 모두 해결되었음에도 불구하고 한국인은 지금도 우리에게 "사과하라, 사과하라! 돈을 내놔라, 돈을 내놔라!"라고 소리 지르고 있습니다. 우리는 그럴 때마

---

52 百田尚樹·有本香, 2018, 앞의 책, 158쪽.
53 百田尚樹, 2021, 앞의 책(下), 336~337쪽.
54 위의 책, 338~348쪽.

다 사죄하고, 막대한 돈을 주었습니다. 그 총액은 천문학적인 숫자입니다.

하지만 그들은 결코 만족하지 않습니다. 작년(2018)은 법적으로 완전 해결된 전시 노동 문제로 한국의 최고재판소가 "일본 기업은 배상금을 지불하라!"는 터무니없는 판결을 내렸습니다. 일본이 지불하지 않으면 압류하겠다고. 이번에는 일본의 EEZ(배타적 경제수역)에서 한국의 구축함이 일본의 해상자위대 초계기에게 레이더를 조준하는 언어도단의 행동을 했습니다. 한국 안에서는 일본에 떨어진 원폭을 기뻐하는 듯한 T셔츠를 입고 춤추는 아이돌 그룹도 있습니다.

이러한 사람들을 보고 있자니, 가령 잠시나마 그들과 동포였다는 과거가 너무도 불쾌해서 참을 수가 없습니다. 2천 년에 걸친 우리나라 역사 속에서 그만큼 후회막심한 시대는 없을 겁니다. 아주 잠시 같은 나라였을 뿐인데 헤어지고 나서도 지속적으로 원한을 품고 집요하게 해코지하며 돈을 요구하고 있는 것입니다. (중략)

우리 조상은 병합 시절 35년간 엄청난 돈과 노동을 퍼부어서 가난했던 조선반도를 풍요로운 국토로 바꿨습니다. 학교를 세워서 아이들을 교육하고, 공장과 건물을 세우고 근대적 산업을 발전시켰으며, 철도와 전기를 전국에 깔았습니다. 또한 황무지를 경작하여 경지면적을 몇 배로 만들고 조선인의 인구와 평균수명을 약 두 배로 만들었습니다. 그리고 조선반도의 생활 수준 및 문화 수준을 단번에 높였습니다.

그것은 좋은 일을 했네...하고 생각될 듯싶지만, 실은 그것이야말로 문제였습니다. 우리 조상이 좋게 생각하고 했던 모든 것이 그들에게는

모두 '쓸데없는 참견'이었던 것입니다.55 (중략)

일본과 한국은 다른 나라입니다. 역사, 문화, 전통, 사람들 사고방식 등 어느 하나 공통적인 것이 없습니다. 일본은 유사 이래 조선반도와 관계 맺어 오면서 좋은 일은 한 번도 없습니다. 고대에는 '백촌강 전투'가 있고, 근대에 들어서도 '일청전쟁' '일러전쟁'의 원인은 조선반도라고 말합니다(이 부분은 졸저 『일본국기』를 읽길 바랍니다). 전후도 한국과의 관계는 진절머리가 날 뿐입니다.

"이웃 나라이니 사이좋게 지내야만 한다"고 말하는 사람이 있지만, 나라 전체가 반일 정책을 취하는 국가와 친할 수 있을 리가 없습니다. 일본의 EEZ 안에서 초계기에 레이다를 조준하는 나라와 동맹관계를 맺을 수 있겠습니까? 한신(阪神)·아와지(淡路) 대지진과 도호쿠(東北) 대지진과 같은 큰 재해가 발생하면 SNS가 축제처럼 소동을 벌이는 나라와 우호관계를 구축할 수 있겠습니까? 딸기와 와규(和牛) 품종을 도둑질하는 나라를 신용할 수 있겠습니까? 그리고 '천년 원한'이라 말하는 사람들과 어떻게 친구가 될 수 있겠습니까? 지금이야말로 한국에게 사과하고 '안녕'이라 말합시다.56

일반적으로 어떤 사실을 믿고 싶다는 의지가 있다면, 게다가 주위 사람들마저 그 사실을 믿는다면, 아주 사소한 자극만으로도 그 사실을 믿고 마는 '확증 편향'의 심리가 작동한다. '의도적 합리화'가 자신이 생각

---

55 百田尚樹, 2019, 『今こそ韓国に謝ろう そして「さらば」と言おう』, 飛鳥新社, 9~11쪽.
56 위의 책, 264~265쪽.

하는 대로 믿음을 마음껏 비틀고자 하는 무의식적 정신상태라면, '확증 편향'은 이미 믿고 있는 사실을 확증하는 방향으로 정보를 해석하는 정신상태를 말하는데, 확증 편향이야말로 탈진실 시대의 특징을 설명하는 중요한 개념이다.[57] 따라서 햐쿠타의 역사인식은 '전후 일본은 GHQ의 WGIP 정책으로 자학사관에 세뇌'당했다는 '믿음'과 '한국은 실로 짜증나는 이웃'이라는 '믿음'으로 일본의 역사 교과서와 한국을 확증 편향적으로 '해석'하려는 탈진실 시대의 역사인식이라 할 수 있다. 그리고 이와 같은 햐쿠타의 역사인식은 일본이라는 국가는 '신화와 함께 성립한 이래 2천 년 가깝게 하나로 이어진 나라', 즉 만세일계의 천황 국가라는 '믿음'으로 이어진다.

4. 레이와(令和)의 국체론

2019년 4월 30일 천황 아키히토(明仁)가 생전 퇴위하고 다음 날 5월 1일 그의 장남 나루히토(德仁)가 황위를 계승하여 제126개 천황에 즉위했다. 이로써 원호는 헤이세이(平成)에서 레이와(令和)로 바뀌었다. 물론 이번에도 새로운 황위 계승을 계기로 "천황제라는, 민주주의와는 다소 이질적인 장치"이자 "세습에서 유래하는 권위"를 "조금씩 바꿔 나

---

[57] 리 매킨타이어 지음, 김재경 옮김, 2019, 앞의 책, 70쪽, 89쪽.

가는 시기가 되지는 않았을까?"라며,[58] 전후 상징천황제를 비판적으로 보려는 '리버럴파와 좌파들'의 움직임이 없지는 않았다. 하지만 2020년 5월 3일 자『아사히신문』여론 조사에서 "지금의 상징천황제 그대로 좋다"가 80%인 데 비해 "천황제는 폐지하는 편이 좋다"는 7%에 불과한 결과는 현재 일본인이 상징천황제를 긍정적으로 인식하고 있음을 보여준다.[59]

한편, 현 천황은 자녀가 여성인 아이코(愛子)밖에 없으므로 향후 황위 계승이야말로 레이와 시대의 난제 중 난제이다. 그런데 앞의 여론 조사에서 '황실전범을 개정하여 여성 천황을 용인하는 것'에 찬성 67%, 반대 8%, 어느 쪽도 아니다 24%, '여계(女系)도 인정하는 편이 좋다'에 찬성 59%, 반대 16%, 어느 쪽도 아니다 24%라는 결과는 천황제를 어떻게 인식하고 있느냐에 따라 긍정적으로도 부정적으로도 평가될 수 있다. 즉 긍정적으로 본다면 '남계남자(男系男子)' 황위 계승만 인정하는 현재의 황실전범(皇室典範)을 개정하여 '여계여자(女系女子)' 황위 계승도 인정해야 한다는 입장이고, 부정적으로 본다면 현재의 황실전범을 개정할 필요가 없고, 그 대신 '옛 미야케(宮家) 황족 복귀'[60]를 위한 개정이 필요

---

58 『朝日新聞』, 2019.4.25, 1면.

59 『朝日新聞』, 2020.5.3, 6면.

60 GHQ의 압력으로 1947년 10월에 신적(臣籍)으로 강등된 11개 옛 미야케의 남계남자손에서 새로운 미야케를 창설하는 것, 즉 황적(皇籍) 복귀론이다. 11개 옛 미야케는 야마나시노미야(山階宮), 가야노미야(賀陽宮), 구니노미야(久邇宮), 나시모토노미야(梨本宮), 아사카노미야(朝香宮), 히가시쿠니노미야(東久邇宮), 다케다노미야(竹田宮), 기타시라카와노미야(北白川宮), 후시미노미야(伏見宮), 간인노미야(閑院宮), 히가시후시미노미야(東伏見宮)이다.

하다는 입장이다. 대체로 전자는 리버럴파(또는 일부 좌파), 후자는 보수·우파인데, 그 분기점은 '천황이 왜 천황인가'라는 천황의 정통성을 초대 진무천황(神武天皇)의 혈통을 남계만 계승하는 '100% 혈통주의'에 기반한 '만세일계(万世一系)'를 어떻게 보느냐이다.[61]

보수·우익적 논객으로 분류되는 햐쿠타는 당연히 만세일계에 기반한 '남계남자' 황위 계승만을 주장한다. 이런 의미에서 『일본국기』는 '어느 쪽도 아닌 일본인 24%'를 '남계남자' 황위 계승 쪽으로 설득하기 위한 보수·우익적 프로파간다이기도 하다. 그렇다면 햐쿠타의 논리는 무엇일까.

> 거의 2천 년 전, 신을 조상으로 한 왕조가 탄생하고, 그것이 21세기인 지금도 이어지고 있는 나라가 있다고 하면, 세계의 사람들은 어떻게 생각할까요. 그런 나라는 존재하지 않는다고 비웃거나, 만약 진짜 있다면 기적이라고 말할지도 모릅니다.
> 하지만 그런 나라는 실재합니다. 그렇습니다. 우리나라 일본입니다.
> 물론 현실에는 신을 조상으로 하는 인간이 없습니다. 황실의 역사도 『니혼쇼키』에 적혀있는 만큼 길지 않다고도 합니다. 하지만 천황이 신

---

[61] 박삼헌, 2016, 「'만세일계'의 주박에 걸린 보수 논객들」, 『일본연구』제26집 참조. 물론 '만세일계'라는 개념에 대해서도 1867년 '왕정복고 대호령'을 작성할 당시 이와쿠라 도모미(岩倉具視)가 생각해 내어 사용한 것이라는 '실증적' 연구가 있다(島善高, 2009, 「万世一系の天皇'について」, 『律令制から立憲制へ』, 成文堂 등 참조). 따라서 '만세일계'는 근대 이후 국민국가의 형태로 천황제 국가가 성립하는 과정에서 제시된 일본(인) 내셔널리즘을 구성하는 하나의 '개념'이라 할 수 있다.

화의 세계와 연결되어 있는 것은 분명합니다.

고대에 발전한 나라 대부분은 일본과 마찬가지로 신화의 세계에서 태어난 왕들이 통치했습니다. 하지만 그런 나라는 모두 없어지고, 신의 계보를 잇는 왕들도 그 자취를 감췄습니다. 그런데 동아시아에 있는 섬나라 일본은 한 번도 다른 나라가 된 적 없이 오직 하나의 왕조 아래에서 현재에 이르고 있습니다. 이것은 실로 기적입니다.

저는 『일본국기』를 집필하면서 일본이라는 나라를 줄곧 생각했습니다. 우리나라는 어떻게 만들어졌을까. 나라의 형태는 어떤 것일까. 나라의 핵심은 어디에 있을까. 그리고 사람들을 떠받치는 것은 무엇일까.

고대에서 현대까지의 역사를 둘러싼 여행을 마친 지금, 알게 된 것이 있습니다. 그것은 일본이라는 나라는 천황을 중심으로 한 가족과 같은 국가였다는 점입니다. (중략) 고대에는 절대권력자였던 천황이 헤이안(平安) 시대에는 그 힘을 잃습니다. 그로부터 800년간 정치적으로는 전혀 무력한 존재였습니다(가마쿠라(鎌倉) 시대가 끝날 때 일시적으로 정권을 담당하지만). 그러나 권력은 없어도 그 누구도 갖지 못한 권위를 지니고 있었습니다.

800년간 강대한 힘을 지닌 자가 몇 명이나 나타났습니다. 후지와라씨(藤原氏), 다이라씨(平氏), 호조씨(北条氏), 아시카가씨(足利氏), 오다 노부나가(織田信長), 도요토미 히데요시(豊臣秀吉), 그리고 도쿠가와씨(德川氏). 그러나 그 누구도 천황의 자리를 빼앗을 수 없었습니다. 그들은 일본 최대의 권력을 차지하면서도 천황을 대신하는 권위를 차지할 수 없었습니다. 그리고 800년 이상 정권으로부터 멀어진 천황이지만, 그 불가사의한 '힘'은 사라지지 않았습니다. 그것이 출현한 것이 막말

(幕末)입니다.

왜 누구도 천황의 권위를 빼앗을 수 없었을까요. 왜 800년 이상 천황의 힘이 사라지지 않았을까요. 왜 막말에 그 힘이 나타났을까요. (중략) 천황이야말로 일본이라는 국가를 지탱해 온 존재입니다.

그러나 현재, 그 천황의 권위를 없애려는 세력이 있는 것도 사실입니다. 그것이 누구인지, 그 목적이 무엇인지도 이 책에서는 분명히 했습니다. 그러나 만약 황실의 '만세일계'가 끊긴다면 그때부터 일본은 서서히 붕괴할 것입니다.[62]

다소 긴 문장을 요약하면 '신화와 함께 성립한 이래 2천 년 동안 만세일계의 천황을 중심으로 가족과 같이 이어 온 우리나라 일본'이다. 여기에서 "일본의 천황은 제2대 스이제이천황(綏靖天皇)부터 제126대 현 천황까지 모두 초대 진무천황의 남계 자손"[63]이어야만 한다. 때문에 다음과 같이 여계 천황에 대해서는 매우 비판적이다.

일본에서는 개벽 이래 단 한 번도 진무천황의 남계 자손이 아닌 천황은 즉위한 적이 없습니다. 여기에서 이해가 필요한 것은 여계 천황과 여성 천황은 전혀 의미가 다르다는 점입니다. 여성 천황이란 문자 그대로 '여성인 천황'이고, 역사상 8명(10대)이 존재했지만, 모두 남계의 여성 천황입니다. 즉 부친을 거슬러 올라가면 반드시 천황에 나타납니다(8명의

62　百田尚樹·有本香, 2019, 앞의 책, 3~5쪽.
63　百田尚樹, 2021, 앞의 책(上), 52쪽.

여성 천황 중 6명은 아버지가 천황, 1명은 아버지가 황태자, 1명은 아버지의 증조할아버지가 천황).

한편 '여계 천황'이란 과거에 한 번도 존재한 적이 없습니다. 굳이 말하자면 어머니가 남계 자손의 여성이라 해도 아버지가 진무천황의 남계 자손이 아닌 천황의 경우를 가리키지만, 이것은 근래 들어서 등장한 개념과 용법에 불과합니다.

가령 여성 천황이 천황의 피를 잇지 않은 남성과 결혼하고, 그 아이가 천황이 되면 그 천황은 '여계 천황'이 되지만, 이 시점에서 하나의 황통(皇統)은 끊기고 다른 황통이 시작되는 것입니다. (중략) 일본의 과거 8명의 여성 천황 중 4명은 기혼자(미망인)이고, 그녀들의 아이는 천황이 됩니다. 단, 그녀들의 남편도 천황이었기 때문에 그 아이들은 모두 남계의 혈통을 이은 것입니다. 다른 4명의 미혼 여성 천황은 평생 독신으로 아이를 낳지 않았습니다.[64]

역사적으로든 만세일계의 측면에서든 여성 천황은 존재했고 문제가 없었지만, 여계 천황은 역사적으로도 없었고 만세일계의 측면에서도 결코 있어서는 안 되는 황위 계승 방식인 것이다. 따라서 앞의 아사히신문사 여론 조사처럼 황위 계승 문제를 물으면서 '여성·여계 천황'이라고 일괄하는 것은 "남녀동권론 같은, 매우 얄팍한 논리로 일본 역사상 한 번도 끊어지지 않은 '만세일계'를 바꾸려는" '리버럴파와 좌파들'

---

64 앞의 책, 53~54쪽.

의 '거만한 사고방식'이라고 강하게 비판하는 한편,[65] "미야케가 없으면 앞으로도 결코 황통의 위기가 해결될 수 없으므로 옛 미야케의 복귀"를 대안으로 제시한다.[66]

그런데 이와 같은 햐쿠타의 주장은 한 가지 중요한 문제를 해결해야만 설득력을 지닐 수 있다. 그것은 "아들은 모두 천황인 부친인 Y염색체를 가지고 있지만 딸은 가지고 있지 않다. 천황A의 아버지도 할아버지도 증조부도 같은 Y염색체를 가지고 있다. 따라서 초대 진무천황의 Y염색체와 같은 Y염색체를 지닌 사람이 현 천황"[67]이라는 것이 합리적으로 설명되어야만 한다. 다시 말해서 진무천황은 신화 속 인물이 아니라 실재했던 인간이어야만 하는 것이다.

이를 위해 햐쿠타는 『니혼쇼키』에 등장하는 '진무 동정(東征)'을 '진실'이라고 주장한다.

> 『니혼쇼키』에 따르면, 아마테라스오미카미(天照大神)의 자손인 진무천황은 규슈에서 세토나이(瀬戸内)를 지나 오사카 평야로 들어가려 했지만, 나가스네히코(長髄彦)와 싸워서 졌습니다. 이에 진무천황은 오사카를 크게 우회하여 와카야마(和歌山)의 구마노(熊野)에서 야마토(大和) 평야로 들어가 그곳에서 힘을 길러 다시 나가스네히코와 싸워 이겼다는 『니혼쇼키』와 『고지키(古事記)』의 기록이 있습니다. 이것은

---

65 百田尚樹·有本香, 2019, 앞의 책, 73쪽.
66 위의 책, 78쪽.
67 위의 책, 88~89쪽.

신화(神話)이지 사실(事實)은 아니라는 학자가 적지 않지만, 지어낸 이야기치고는 묘하게 리얼리티가 있습니다. 일부러 진 이야기를 창작하는 것도 자연스럽지 않습니다. 또한 구마노는 예부터 야마토정권에게 있어서 신성한 땅입니다. 이러한 이유로 '진무 동정'은 진실이라고 저는 생각합니다. 본래 『니혼쇼키』에 따르면 진무천황의 즉위는 기원전 660년이지만, 사실 이 연대는 고고학적으로도 신용하기 어렵습니다. 단, 진무천황이 야마타이국(邪馬台国)의 후손인지 여부는 모릅니다. 『고지키』와 『니혼쇼키』에 히미코(卑弥呼)에 관한 기술이 전혀 없기 때문입니다. 『위지』「왜인전」에는 야마타이국이 구나국(狗奴国)고 싸우고 있다는 기술이 있는데, 저는 그후 구나국이 야마타이국을 멸망시킨 것은 아닌가 생각하고 있습니다. 진무천황은 야마타이국을 멸망시킨 구나국에 속하는 일족 출신이 아닌가 하는 생각도 합니다만, 이것을 입증하는 문헌도 고고학적 자료는 존재하지 않습니다.[68]

이어서 햐쿠타는 "진무 동정이 사실(事實)이라고 생각하는 근거 중 하나로 동탁(銅鐸)을" 제시한다.

2~4세기경 일본에는 동모(銅矛) 문화권과 동탁 문화권이 있었습니다. 현재의 역사 교과서에서는 '문화권'이라는 용어는 사용하지 않게 되었지만, 이 책에서는 굳이 사용하기로 합니다.
기나이(畿内)에서 주고쿠(中国) 지방의 동부가 동탁 문화권이고, 규슈

---

68 百田尚樹, 2021, 앞의 책(上), 33~34쪽.

에서 주고쿠 지방 서부가 동모(銅矛) 문화권입니다. 두 문화권은 기본적으로 겹치지 않습니다(최근에 일부의 예외가 있는 것이 판명). 즉 두 개의 나라가 있었다고 생각됩니다.

둘 다 청동기인데, 동모는 무기이고, 동탁은 제사에 사용되었다고 합니다. 하지만 동탁은 3세기경부터 갑자기 사용되지 않게 된 흔적이 있습니다. 그리고 주고쿠 지방(특히 이즈모[出雲]) 유적에서 발굴되는 동탁은 정성껏 매장되어 있어서 깨지지 않은 경우가 매우 많습니다. 마치 소중한 것을 감추기 위해 묻기라도 한 것 같다고 말하는 학자도 있습니다. 만약 그렇다면 이유는 무엇일까요. 발견되면 위험하므로 몰래 묻었다고 생각하는 것이 자연스럽지 않을까요. 즉 새로운 위정자가 동탁을 사용하는 제사를 금지했을 가능성이 생각됩니다.

한편, 야마토 평야의 유적에서 발견되는 대부분의 동탁은 부서진 채 발견되고 있습니다. 야마토 평야는 야마토 정권의 최초 본거지입니다. 그 땅에서 발견되는 대부분의 동탁이 인위적인 충격으로 파괴되어 있다는 것은 의미심장하지 않나요. 세계의 역사를 봐도 정복민이 피정복민의 종교를 탄압하고 그 시설과 제사 도구를 파괴하는 행위는 흔합니다. 즉 나라(奈良)에 있던 동탁 문화를 지닌 나라를 별도 문화권의 나라가 침략하고 동탁을 파괴했다고 생각하면 이치가 맞습니다.

만약 진무천황이 이끌던 일족이 동탁 문화를 지니지 않았고, 야마토 평야에 살던 일족이 동탁 문화를 지녔다고 한다면, 진무천황의 일족이 동탁을 파괴했다고 해도 이상하지 않습니다. 그리고 나중에 야마토 정권이 조금씩 세력을 넓혀 주고쿠 지방의 동탁 문화권 나라들을 지배해 가는 가운데 피정복민들이 동탁을 파괴할 것을 우려하여 몰래 매장했다고 생각할 수 있지 않을까요.

물론 이러한 것을 기술한 사서(史書)는 없습니다. 사실 그렇게 보면 본래 『니혼쇼키』와 『고지키』에는 동탁에 관한 기술도 전혀 없습니다. 기나이에서 대량 발견되는 동탁에 대한 기술이 없는 것은 자연스럽지 않습니다. 더군다나 <u>주고쿠 지방에서 출토되는 동탁은 정성껏 매장되어 있지만, 나라(奈良)에서 출토되는 대부분의 동탁은 파괴되어 있다는 점, 나아가 『고지키』와 『니혼쇼키』의 '진무 동정' 기술 등을 토대로 저는 야마토 정권은 동탁문화권의 국가가 아니었다고 생각합니다.</u>
『고지키』와 『니혼쇼키』에는 아마테라스오미카미가 오쿠니누시노미코토(大国主命)로부터 아시하라노나카쓰쿠니(葦原中国)를 물려 받았다는 이야기(나라 양도(国讓り) 신화)가 있습니다. 이 아시하라노나카쓰쿠니는 이즈모(出雲) 부근이라고 생각되고 있는데, 혹시 야마토 정권이 이즈모 지방을 정복한 이야기가 '나라 양보 신화'로 남아있는 것일지도 모릅니다.[69]

여기에서 햐쿠타는 『고지키』와 『니혼쇼키』의 기술=신화와 발굴된 동탁 상태의 차이=사실(事實)을 '소설가'다운 상상력으로 엮어서 '진무 동정'이 '진실'이라고 설명하고 있다. 이러한 성명은 말 그대로 역사소설의 소재 중 하나로 말하거나 역사 에세이 정도로 쓴다면 그 나름대로 흥미롭게 읽을 수 있는 '이야기'이다. 물론 햐쿠타 자신도 '이것을 입증하는 문헌도 고고학적 자료도 존재하지 않는다'고 적고 있는 만큼, 적

---

69 百田尚樹, 2021, 앞의 책(上), 34~36쪽.

어도 '역사본(歷史本)'이라고 내건 저술에 기술될 내용은 아니라고 비판할 수는 있다.[70] 그러나 이러한 비판은 오히려 '팩트 체크'의 영역을 벗어난 비판이 되어 버린다. 그리고 이렇듯 '팩트 체크'의 영역을 벗어난 '리버럴파와 좌파들'의 비판이야말로 자신들이 수행한 다른 '팩트 체크'에 대한 대중적 설득력을 저하시키는 결과를 초래하기도 하는데, 햐쿠타의 저서는 바로 그 '틈'을 비집고 들어가는 '글쓰기'를 하고 있는 것이다.

한편, 햐쿠타는 '야마타이국 기나이설'을 부정한다. 즉 "야마타이국이 어디 있었는지는 지금도 명확하지 않다. 유적과 유물로부터 기나이설(畿内説)이 유력하기는 하지만 결정적이라고는 말할 수 없고, 규슈설을 주장하는 학자도 있다. 저는 몇 가지 이유를 근거로 규슈에 있었다고 생각한다"고 주장한다.[71] 여기에서 언급된 '몇 가지 이유'가 바로 '진무 동정이 사실'이라는 주장을 하기 위해 제시된 지역에 따른 '동탁 상태의 차이'이다.

그렇다면 역사 교과서는 야마타이국 소재지에 대해 어떻게 기술하고 있을까.

[중학교]

야마타이국은 어디에 있었나.

---

70 家長友史・本庄豊・平井美津子, 2019, 『「日本国紀」をファクトチェック-史実をどう歪めているか-』, 日本機関紙出版センター, 22~25쪽.
71 百田尚樹, 2021, 앞의 책(上), 27쪽.

야마타이국이 있었던 장소에 대해서는 에도시대부터 규슈설, 긴키설 등 많은 설이 있다.[72]

야마타이국이 있었던 장소에 대해서는 긴키(나라[奈良] 분지)설과 규슈설이 있다.[73]

[고등학교]
야마타이국의 소재지에 대해서는 긴키(近畿) 지방의 야마토에 있었다는 설과 규슈 북부에 있었다는 설이 있다. 긴키설을 따르면, 이미 3세기 전반에는 긴키 중앙부에서 규슈 북부에 이르는 광역의 정치 연합이 성립한 것이 되고, 이것이 나중에 성립하는 야마토 정권으로 이어지게 된다. 한편 규슈설을 따르면, 야마타이국 연합은 규슈 북부를 중심으로 한 비교적 작은 범위가 되고, 야마토 정권은 그것과 별도로 동족에 형성되어 규슈의 야마타이국 연합을 통합했거나 거꾸로 야마타이국 세력이 동천(東遷)하여 야마토 정권을 형성한 것이 된다(주).
㈜ 나라현 사쿠라이시(桜井市) 마키무쿠(纒向) 유적에서는 2009년에 3세기 전반경의 정연하게 배치된 대형 건물 자리가 발견되어 야마타이국과의 관계로 주목받고 있다.[74]

72　安井俊夫 外 32名, 2018, 『ともに学ぶ人間の歴史』, 学び舎, 35쪽.
73　矢ケ崎典隆 外, 2021, 앞의 책, 33쪽.
74　笹山晴生·佐藤信·五味文彦·高埜利彦(ほか12名), 2018, 앞의 책, 22쪽.

역사 교과서에서는 긴키설과 규슈설을 '병기'하는 것이 통례이다. 다만 중학교와 달리 학습량이 증가하는 고등학교 역사 교과서에서는 '최근 연구'도 기술하고 있다. 즉 2009년에 3세기의 최대 집락 유적인 마키무쿠 유적에서 발견된 대형 건물군이 '위지왜인전'에 적혀 있는 히미코의 '궁실(宮室)'이 아닌가 하고 학계의 주목을 받았고, 이후 집필된 교과서에서는 이 건물군의 발견을 언급하는 경우가 많아졌다.[75]

물론 이것은 역사서를 집필할 때, 대부분의 연구자가 고민하는 부분, 즉 '최신 연구'를 어떻게 기술할 것인가의 문제이기도 하다. 야마타이국의 소재지에 대해서는 '국민적 관심사'라고 할 정도로 일본 고대사의 뜨거운 주제이다. 때문에 역사 교과서에서는 긴키설과 규슈설을 '병기'하는 한편, 다른 한편으로는 많은 토론과 검증을 통해서 '유력'하지만 아직 '정설'이라고까지는 할 수 없는 '최신 연구'도 기술하여 학생(=독자)의 알 권리를 충족시키고 있는 것이다. 이에 비해 햐쿠타의 기술은 '최신 연구'인 마키무쿠 유적에 대해서는 전혀 언급하지 않고 있다. 그 대신 '유적과 유물로부터 긴키설이 유력하기는 하지만 결정적이라고는 말할 수 없고, 규슈설을 주장하는 학자도 있다'고 양쪽 모두 언급은 하지만 그것은 명백하게 규슈설에 치우친 언급에 불과하다. 이것은 '거짓'을 말한다고는 할 수 없다. 따라서 『일본국기』에 대한 '리버럴파와 좌파들'의 비판 중에서 햐쿠타의 '규슈설'에 대한 '팩트 체크'는 전혀 보이지 않는다. 하지만 바로 이 지점, 즉 진실과 거짓의 경계를 '흐릿하게 만드는 것'이 탈진실적 글쓰기라는 점을 고려한다면, 만세일계를 역

---

[75] 高橋秀樹·三谷芳幸·村瀬信一, 2016, 『ここまで変わった日本史教科書』, 吉川弘文館, 12쪽.

사적인 '진실'로 설명하기 위해 '진무 동정'은 '사실'이어야 하기 때문에 '최근 연구'에서 긴키설이 유력하다고는 해도 여전히 불분명하다는 '사실'을 근거로 규슈설이 '진실'이라고 주장하는 역사인식을 드러내고 있는 것이다.

5. 맺음말

이 글에서는 현재 한일 양국에서 대표적인 '우경 엔터테인먼트'로 평가받는 햐쿠타 나오키의 '일본 통사'『일본국기』를 '탈진실'이라는 개념으로 검토했다. 그 결과는 다음과 같다.

첫째, 햐쿠타의 『일본국기』는 기존의 역사 교과서에서는 찾아볼 수 없는 '민족의 굴욕, 분노, 슬픔, 절망'과 같은 '감정'을 중시하는 한편, 다른 한편으로는 『일본국기』에 실린 '사실(事実)'이 그동안 '교과서가 가르치지 않았던 사실'이라 강조하는, 기존의 역사수정주의와 그 내용은 유사하지만 그 서술방식을 달리하는 탈진실 시대의 새로운 역사인식이다.

둘째, 햐쿠타는 『일본국기』가 '일본인의 이야기, 아니 우리 자신의 장대한 이야기'라고 선언하고, 조몬인과 야요이인을 구별하지 않고 같은 민족으로 규정하고 그들을 '우리'라고 규정한다. 이것은 전후 경제 부흥과 함께 등장한 보수·우익적 단일민족론과 1990년대 역사수정주의의 논리를 계승하면서도, 다른 한편으로는 DNA 분석과 같이 과학적이고 합리적이라 인식되는 '최신 연구'를 참고하여 기존의 단일민족론을 보강한 것이다. 그 결과 햐쿠타가 조몬인을 '우리 일본인의 조상'으로 설정하고 야요이인과의 혼혈을 부정하는 견해는 '최신 연구'가 제기하는 하나의 '학설'을 반영한 것이므로 '팩트 체크'의 영역이 아니라 향후 '최신 연구'에 대한 학계의 면밀한 '검토'가 필요한 '과제'에 속한다. 아직은 '소수 의견'이지만 적어도 '거짓'은 아닌, 다시 말해서 배격되어야 할 부정적인 내셔널리즘이 아니라 건전한 내셔널리즘으로 인식되는 것이다.

셋째, 햐쿠타의 『일본국기』는 GHQ가 일본 국민에게 '죄의식'을 철저히 심어주기 위해 수립한 WGIP 정책이 실시되면서 GHQ에 의한 검열, 언론통제, 선전공작으로 일본 국민이 '세뇌'당한 결과, 전후 일본인이 '전전(戰前) 일본'을 철저히 부정하고 혐오하게 되었다는 에토 준과 1990년대 역사수정주의자들의 주장을 답습하고 있다. 그 결과 햐쿠타의 역사인식이 아무리 '건전한' 일본(인) 내셔널리즘을 지향한다 해도, 내셔널리즘 자체가 타자를 배제함으로써 자신의 아이덴티티를 성립할 수밖에 없는 한 배제할 타자가 필요했고, 때마침 '반일'하는 한국이야말로 그 최적의 타자로 설정되면서 혐한론의 성격을 강하게 드러냈다. 이런 의미에서 햐쿠타의 역사인식은 '전후 일본은 GHQ의 WGIP 정책으로 자학사관에 세뇌'당했다는 '믿음'과 '한국은 실로 짜증나는 이웃'이라는 '믿음'으로 일본의 역사 교과서와 한국을 확증 편향적으로 '해석'하려는 탈진실 시대의 역사인식이다.

넷째, 햐쿠타는 만세일계에 기반한 '남계남자' 황위 계승만을 주장한다. 따라서 만세일계를 역사적인 '진실'로 설명하기 위해 '진무 동정'을 '사실'로 설명한 결과, '최근 연구'에서 긴키설이 유력하다고는 해도 여전히 불분명하다는 '사실'을 근거로 규슈설이 '진실'이라고 주장하는, 즉 진실과 거짓의 경계를 흐릿하게 만드는 탈진실적 글쓰기를 하고 있다. 따라서 햐쿠타의 『일본국기』는 레이와 시대의 최대 난제인 황위계승 문제를 '남계남자' 황위 계승 쪽으로 설득하기 위한 보수·우익적 프로파간다라 할 수 있다.

| 참고 문헌 |

1. 햐쿠타 나오키 저서
- 百田尚樹, 2019(초판 2017), 『今こそ 韓国に謝ろう そして「さらば」と言おう』, 飛鳥新社.
- 花田紀凱責任編集, 2017, 『月刊Hanada セレクション 百田尚樹 永遠の一冊』, 飛鳥新社.
- 百田尚樹, 2021(초판 2018), 『[新版] 日本国紀』上・下, 幻冬舎.
- 百田尚樹・有本香, 2018, 『『日本国紀』の副読本-学校が教えない日本史-』, 産経新聞出版.
- 百田尚樹・有本香, 2019, 『『日本国紀』の天皇論』, 産経新聞出版.

2. 한국 참고 논저
- 노윤선, 2019, 『혐한이 계보』, 글항아리.
- 리 매킨타이어 지음, 김재경 옮김, 2019, 『포스트 트루스』, 도서출판 두리반.
- 박삼헌, 2015, 「2015년 일본, 또 다른 역사교육의 도전-마나비샤 중학교 역사 교과서를 중심으로-」, 『역사비평』111호.
- _____, 2016, 「'만세일계'의 주박에 걸린 보수 논객들」, 『일본연구』제26집.
- 서동주, 2019, 「현대일본의 '특공' 서사와 새로운 '공공'의 상상력-소설『영원의 제로』를 중심으로-」, 『일본사상』제37호.
- 오구마 에이지 지음, 조현설 옮김, 2003, 『일본 단일민족신화의 기원』, 소명출판.
- 장인성, 2021, 『현대일본의 보수주의』, 연암서가.
- 정지희, 2016, 「사실로서의 역사와 역사적 진실 -전후와 포스트 전후 일본의 "태평양 전쟁"사 다시 쓰기와 진실의 정치-」, 『동아시아문화연구』65권.
- _____, 2020, 「전후 민주주의와 그 적들-미군 점령기 일본의 진상 폭로 미디어와 냉전 자유주의-」, 『동양사학연구』제152집.

3. 일본 참고 논저
- NHK放送文化研究所, 2020, 『現代日本人の意識構造[第九版]』, NHK出版.
- 浮世博史, 2020, 『もう一つ上の日本史-「日本国紀」読書ノート・古代~近世編-』, 幻戯書房.
- 家長友史・本庄豊・平井美津子, 2019, 『『日本国紀』をファクトチェック-史実をどう歪めているか-』, 日本機関紙出版センター.
- 石戸諭, 2020, 『ルポ百田尚紀現象-愛国ポピュウリズムの現在地-』, 小学館.
- 大日方純夫, 2020, 「百田尚紀『日本国紀』の検証」, 『民主文学』652号.
- 笠原十九司, 2018.12.7, 「「百田尚樹史観」に反論！特集『日本国紀』で学ぶ日本黒紀 初歩的知識も欠いた事実誤認の数々 南京大虐殺を否定する使い古されたウソ」, 『週刊金曜日』1212号.
- 片山杜秀, 2020, 『皇国史観』, 文芸春秋.

- 賀茂道子, 2018, 『ウォー・ギルト・プログラム: GHQ情報教育政策の実像』, 法政大学出版局.
- 倉橋耕平, 2018, 『歴史修正主義とサブカルチャー』, 青弓社.
- 呉座勇一, 2019, 「俗流歴史本と対峙する」, 『中央公論』1627号.
- 纐纈厚, 2018.12.7, 「"百田尚樹史観"に反論！特集『日本国紀』で学ぶ日本黒紀 相も変わらぬ昔ながらの陰謀史観 果たして対米戦争は「仕掛けられた」のか」, 『週刊金曜日』1212号.
- 笹山晴生・佐藤信・五味文彦・高埜利彦(ほか12名), 2018, 『改訂版 詳説日本史』, 山川出版社.
- 杉田俊介・藤田直哉, 2020, 『百田直樹をぜんぶ読む』, 集英社.
- 高橋史朗, 2019, 『WGIPと「歴史戦」:「日本人の道徳」を取り戻す』, モラロジー研究所.
- 高橋秀樹・三谷芳幸・村瀬信一, 2016, 『ここまで変わった日本史教科書』, 吉川弘文館.
- 高原到, 2018.12.7, 「"百田尚樹史観"に反論！特集『日本国紀』で学ぶ日本黒紀 多様な「ヒ」の欠けた「ストーリー」」, 『週刊金曜日』1212号.
- 丸浜昭, 2018.12.7, 「"百田尚樹史観"に反論！特集『日本国紀』で学ぶ日本黒紀 現代版「大東亜戦争肯定論」は破綻している 日本は「アジアを侵略していない」という荒唐無稽」, 『週刊金曜日』1212号.
- 別冊宝島編集部編, 2019, 『百田直樹「日本国紀」の真実』, 宝島社.
- 矢ケ崎典隆 外, 2021, 『新しい社会 歴史』, 東京書籍.
- 安井俊夫 外 32名, 2018, 『ともに学ぶ人間の歴史』, 学び舎.
- 八幡和郎, 2019, 『「日本国紀」は世紀の名著かトンデモ本か』, ぱるす出版.

제6장

한국과 아세안에 대한 일본의 외교정책과 역사인식

- 2000년대 이후를 중심으로

| 조진구·경남대학교 극동문제연구소 조교수 |

1. 머리말
2. 전사(前史): 전후 일본 외교와 아시아, 그리고 전쟁책임
3. 고이즈미 정권에서 민주당 정권까지 일본의 한국과 ASEAN 외교
4. 아베 정권의 인도·태평양 전략 속의 한국과 ASEAN
5. 맺음말

* 이 글은 『한국동북아논총』 제27집 제2호(통권 103호, 2022.6)에 수록된 내용을 수정·보완한 것이다.

1. 머리말

최근 일본의 외교나 경제에서 한국이 차지하는 비중과 중요성에 대한 인식이 약화되고 있다. 한국의 경제 규모가 커지면서 일본과의 격차가 현저하게 줄어든 영향도 있지만, 한일 간에 역사 문제가 주기적으로 반복된 것도 작용했던 것으로 보인다. 특히, 2012년 12월부터 2020년 9월까지 최장수 총리로 재임했던 아베 정권 시기의 한일 관계는 일본군'위안부' 문제와 강제징용 문제 등 역사 문제에서 발단한 문제가 경제와 안보까지 악영향을 미치는 복합갈등 양상을 띠면서 해결의 실마리를 찾기는커녕 '전후 최악'이나 '국교 정상화 이후 최악'이라는 수식어가 자연스럽게 따라붙었다.

반면, 일본과 동남아시아국가연합(Association of Southeast Asian Countries, 이하 '아세안')과의 관계는 매우 긴밀해졌다. 일본 방위성이 매년 발간하는 『방위백서』에서는 동맹국 미국을 제외한 국가들과의 안전보장협력을 다룬 장이 마련되어 있는데, 한국은 오스트레일리아에 이어 두 번째로 서술되어 있었던 것이 2018년부터 오스트레일리아, 인도, 아세안에 이어 네 번째로 밀려났다.

2006년 9월 전후세대로는 처음 총리가 된 아베 신조(安倍晋三)는 366일 재직한 후에 지병을 이유로 총리에서 물러났다. 후쿠다 야스오(福田康夫), 아소 다로(麻生太郎) 등 두 명의 자민당 출신 총리는 1년 전후의 단명으로 끝났으며, 2009년 8월 30일 치러진 총선거에서 야당인 민주당은 480석의 중의원 의석 가운데 308석을 획득해 대승을 거두었다. 양대 정당의 전후 첫 번째 실질적인 정권교체라고 할 수 있었으며, 하토야마 유키오(鳩山由紀夫) 정권에 대한 일본 국민의 기대감이 컸다.

그러나 2012년 12월 16일의 중의원 선거에서 민주당은 선거 전 의석의 4분의 1 이하밖에 얻지 못해 궤멸적인 패배를 했고 자민당은 3년 3개월 만에 정권을 탈환했다. 자민당에 대한 신뢰 회복이라기보다 민주당 정권의 잘못된 정치 주도가 혼란을 초래한 것에 대한 국민의 심판이라는 성격이 강했지만,[1] 자민당의 승리를 견인했던 것이 아베 신조였다. 전후 일본의 기틀을 마련했다는 요시다 시게루(吉田茂)에 이어 아베는 두 번째로 다시 총리 자리에 올랐다.

일본군 '위안부' 문제를 둘러싸고 고성이 오갈 정도로 험악했다는 2011년 12월의 교토 한일정상회담, '폭거'라고 일본의 격렬한 항의를 불러왔던 2012년 8월 독도 방문과 천황 사죄 발언 등으로 이명박 정권 말기의 한일 관계는 악화일로로 치달았다. 그 때문인지 아니면 국내의 격렬한 반대를 누르고 한일국교정상화를 실현했던 박정희의 딸이라는 것에 대한 기대감 때문이었는지 2013년 2월 출범한 박근혜 정권에 대한 아베의 기대감이 컸다. 2013년 2월 28일 국회 시정방침연설에서 아베 총리는 한국을 "자유나 민주주의와 같은 기본적 가치와 이익을 공유하는 가장 중요한 이웃 나라"라고 언급할 정도로 한국을 중시했다. 재임 중 한일 관계가 악화함에 따라 국회 시정방침연설에서 사용한 한국에 대한 표현은 "기본적 가치나 이익을 공유하는 가장 중요한 이웃 나라"(2014년 1월 24일), "가장 중요한 이웃 나라"(2015년 2월 12일) 등으

---

1 日本再建イニシアチブ, 2013, 『民主党政権 失敗の検証』, 東京: 中央公論新社.

로 점점 냉담해졌다. 2017년 5월 문재인 출범 이후에는 '기본적 가치나 (전략적)이익을 공유'라는 표현조차 사라질 정도로 우선순위가 낮아진 것처럼 보였는데, 일본의 대한국 외교와 대조적인 모습을 보인 것이 아세안 외교다.

경제면에서 일본 인구의 약 5배인 아세안 10개국(약 6억 6천만 명)이 일본의 무역총액(2019)에서 차지하는 비율은 15.0%로 중국(21.3%)과 미국(15.4%)에 이어 3위다. 아세안의 무역총액에서 일본이 차지하는 비율은 수출 7.8%, 수입 8.3%로 한국(수출 4.3%, 수입 7.0%)보다 높으며, 2018년 3월 일본이 아세안 국가와 체결한 경제연계협정(자유무역협정)이 모두 발효되었다.

2013년 1월 아베 총리는 취임 후 첫 해외 순방국으로 베트남, 태국, 인도네시아 등 아세안 3국을 선택했다. 중국과 영유권 다툼을 벌이고 있는 베트남을 방문한 아베 총리는 16일 응웬 떤 중(Nguyen Tan Dung) 총리와 만나 남중국해 문제와 관련해 '힘에 의한 현상 변경에 반대'한다는 데 의견일치를 봤다. 아세안 전체 인구의 40%를 차지하는 인도네시아는 자원 확보와 시장이라는 측면에서 중요한데, 18일 유도요노 대통령과의 정상회담 후 열린 기자회견에서 아베 총리는 아세안과의 관계를 일본 외교의 '가장 중요한 기축'임을 확인하면서 '일본 외교의 새로운 5원칙'에 대해 언급했다. 베트남과 인도네시아는 일본이 정부개발원조(ODA) 제공 순위 3위와 4위 국가로 연간 6억 달러 이상의 원조를 받고 있다. 2018년 일본 ODA 공여 상위 10개국 가운데 베트남, 인도네시아, 필리핀, 미얀마, 태국 등 5개국이 아세안 국가이며, 전체에서 차지하는 비율은 15.6%에 달한다.

인도양과 태평양을 잇는 아세안 지역이 일본 외교에서 차지하는 비중이 점차 커지고 있다는 점은 주목할 만하다. 아베 총리의 국회 시정방침연설에서도 "긴밀한 미일관계를 기축으로 호주, 인도, 아세아 제국 등 해양 아시아 국가들과의 연계를 심화"시켜 가겠다(2013)는 표현에서 "미일동맹의 강고한 기반 위에 유럽, 인도, 호주, 아세안 등 기본적 가치를 공유하는 국가들과 함께 '자유롭고 개방된 인도·태평양'의 실현을 추진"해 가겠다(2020)고 표현이 바뀌었다. 아세안은 아베 총리가 일본 외교의 지평을 넓히는 핵심 정책으로 추진해 온 '자유롭고 개방된 인도·태평양' 실현을 위한 파트너로서 위상이 강화되고 있음이 확인된다.

한일 관계나 일본-아세안 관계를 다룬 국내의 선행연구는 많다. 한일 간에는 역사 문제가 갈등 요인으로 작용하는 경우가 많아 일본군'위안부' 문제나 강제동원 문제를 다룬 연구도 많으며, 2019년 7월 발표된 한국에 대한 일본의 일방적인 수출규제 강화나 일본 사회의 보수화에 따른 혐한 문제에도 관심이 많다. 제2차 아베 정권 등장 이후 제도와 정책 면에서 커다란 변화가 있었던 외교·안보나 방위 문제를 다룬 연구도 적지 않다.[2]

---

2   위안부 문제와 관련해서는 조윤수, 2014, 「일본군'위안부' 문제와 한일 관계」, 『한국정치외교사논총』 제36권 1호, 한국정치외교사학회, 71~98쪽; 조진구, 2019, 「문재인 정부의 대일정책 - 일본군 '위안부' 문제를 중심으로 -」, 『한일민족문제연구』 제36호, 한일민족문제학회, 165~205쪽; 김창록, 「한국 법원의 일본군'위안부' 판결들」, 『일본비평』 25호, 서울대 일본연구소, 242~259쪽; 강제동원문제와 관련해서는 김민철, 2020, 「강제동원·강제노동 부정론 비판」, 『역사 문제연구』 제44호, 역사 문제연구소, 411~455쪽; 김창록, 2018, 「2012년 대법원 강제동원 판결의 의의」, 『한일민족문제연구』 제35호, 한일민

반면, 일본과 동남아시아 관계에서 역사 문제를 다룬 연구는 거의 없으며, 일본의 공적개발원조(ODA)나 경제협력, 동남아시아에 대한 일본의 경제적 지배 우려를 불식시키려는 의미의 문화외교 등을 다룬 것이 많다.[3] 또한 최근에는 일본의 인도·태평양 전략의 문맥에서 아세안과의 협력이나 중국의 팽창 억지, 문재인 정부의 '신남방정책'과의 비교 시각을 다룬 연구도 많다.[4]

한국과 아세안은 과거 전쟁과 식민 지배로 인해 일본이 심대한 피해를 주었던 지역이지만, 역사 문제로 일본을 비판하는 한국과 달리 동남

족문제학회, 213~244쪽; 일본의 대한수출규제에 관해서는 김양희, 2021, 「일본의 수출규제 강화에 대응한 한국의 탈일본화에 대한 시론적 고찰」, 『일본비평』 24호, 서울대 일본연구소, 20~51쪽; 일본 내의 혐한문제에 관해서는 조관자, 2016, 「일본인의 혐한의식-반일의 메아리로 울리는 혐한」, 『아세아연구』 제59권 제1호, 고려대 아세아문제연구소, 250~281쪽; 아베 정권기의 외교안보문제에 관해서는 조진구, 2017, 「아베 정권의 외교안보정책-국가안전보장회의, 집단적 자위권 그리고 헌법 개정 문제」, 『동북아역사논총』 58호, 동북아역사재단, 416~457쪽; 최희식, 2018, 「아베 정권의 외교안보정책: 해양안전보장을 중심으로」, 『국방연구』 제61권 제4호, 국방대학교 안보문제연구소, 117~139쪽; 경제희, 2018, 「아베정권 시기의 외교·안보에 대한 여론과 정책」, 『일본비평』 19호, 서울대 일본연구소, 372~405쪽.

3 강철구, 2014, 「일본의 대 동남아시아 ODA 정책에 대한 평가」, 『비교일본학』 제31권, 한양대 일본학국제비교연구소, 1~17쪽; 허원영, 2021, 「전후 일본의 대 동남아시아 경제협력과 문화외교-'경제지배' 이미지의 대응 수단으로서의 소프트파워」, 『일본학』 제54집, 동국대학교 일본학연구소, 297~321쪽.

4 조은일, 2020, 「아베 시기 일본의 '자유롭고 열린 인도-태평양' 지역전략」, 『한국과 국제정치』 제36권 제2호, 경남대 극동문제연구소, 73~103쪽; 이기태, 2021, 「일본과 유럽의 '자유롭고 열린 인도·태평양' 안보협력」, 『국가안보와 전략』 제21권 2호, 국가안보전략연구원, 77~110쪽; 신정화, 2021, 「센카쿠열도 갈등과 일본의 대중 안보전략: '실질적 위협' 중국과 '자유롭고 열린 인도·태평양 전략'」, 『대한정치학회보』 제29권 3호, 대한정치학회, 49~67쪽.

아시아 국가들과는 과거 역사 문제가 외교 현안이 된 적이 거의 없다. 일본은 오히려 한국과의 역사 문제가 이들 국가에 파급할 것을 우려하고 있다.

여기서는 선행연구를 참고하면서 2000년대 이후 한국과 아세안에 대한 일본의 외교정책의 내용과 특징을 통시적으로 살펴볼 것이다. 아세안 지역은 한일 양국과 우호적이지만 경제적으로 한국과 일본이 경쟁하는 지역이라는 점도 염두에 두면서 일본의 정책이 상반된 양상을 보인 요인이 무엇인지, 그것이 한국의 대일 외교와 아세아 외교에 주는 함의는 무엇인지 살펴보고자 한다. 이 글이 일본의 역사인식 문제를 다루는 만큼 전사(前史)로서 전후 일본의 아시아 외교와 전쟁책임 문제를 간략하게 정리해 보고자 한다.

2. 전사(前史): 전후 일본 외교와 아시아, 그리고 전쟁책임

일본이 전쟁에 패배한 지 77년이 지났다. 전후 일본의 원형을 형성하는 데 절대적인 영향을 미친 국가가 미국이다. 전승국 미국은 천황제의 존속을 기반으로 일본의 '비군사화'와 '민주화'를 목적으로 일본군 헌법을 만들고 대일 평화조약 체결을 주도하고 국제사회에서 일본의 독립 국가의 지위를 회복시켰다. 전승국이 패전국의 '비군사화'와 '민주화'를 동시에 추진했던 것은 역사상 유례를 찾아보기 어렵다.

일본을 점령한 연합군 총사령부의 맥아더 사령관은 1947년 3월 17일 기자회견에서 소련과의 협조를 전제로 1년 이내의 대일 조기 강화교섭의 시작을 언급했지만, 미소 간의 냉전이 본격화하면서 점령정책은 재검토되고 조기 강화는 좌절한다.[5]

1947년 3월 12일 미 상하 양원 합동연설을 통해 트루먼 대통령은 그리스와 터키가 공산화되는 것을 막기 위해 미국이 경제·군사원조를 제공할 것임을 밝히면서 "무장한 소수자나 외부의 압력에 저항하는 자유로운 사람들을 지원하는 것이 미국의 정책이 되어야 한다"고 강조했다. 미소 관계가 두 개의 서로 다른 생활양식, 즉 이데올로기의 대립이라는 것을 확인한 것이다. 3개월 후인 6월 5일 하버드대학 졸업식 연설에서 마셜 국무장관은 미국의 원조는 그리스와 터키만을 대상으로 한 것이 아니라면서 미국은 '배고픔과 빈곤, 절망과 혼돈' 속에서 자유로운 제도의 생존을 위해 싸우는 국가를 지원할 것이라는 '마셜 플랜'을 발표했다.[6]

미 국무부의 소련 전문가 조지 케난이 외교 전문잡지 『포린 어페어스(Foreign Affairs)』 1947년 7월호에 '미스터 X'라는 필명으로 소련의 팽창주의에 경종을 울리면서 봉쇄정책의 필요성을 강조하고, 미국의 저널리스트 리프먼이 이를 비판하는 저서 『냉전: 미국의 대외정책연구

---

5 五十嵐武士, 1995, 『戰後日米関係の形成 -講話·安保と冷戦後の視点に立って』, 東京: 講談社, 14~19쪽.

6 Norman Rich, 2003, Great Power Diplomacy Since 1914, New York: McGraw-Hill, pp. 316-321

(The Cold War: A Study in U. S. Foreign Policy)』를 출간했을 즈음 미소 간의 대립은 더욱 선명해졌다. 미소 협조의 가능성이 약화하면서 미국은 아시아의 유일한 공업국가인 일본의 전략적 가치를 높이 평가하고 그때까지의 징벌적인 미국의 대일점령정책을 재검토하기 시작했다. 미국은 공산주의의 침투와 지배, 소련의 군사적 공격으로부터 일본의 안전을 확보하면서 일본을 경제적으로 재건해 미국의 극동정책의 전략적 거점으로 활용하고자 했다.[7]

1949년 10월 중국에서 공산주의 혁명이 승리해 중화인민공화국이 수립된 데 이어 1950년 2월 중소동맹조약이 체결되자 미국은 일본의 재군비문제를 강화조약의 조기 체결과 관련지어 본격적으로 추진한다. 또한 1950년 6월의 한국전쟁 발발은 일본의 군사·전략적 가치를 더욱 높였으며 미국과 중소 양국과의 관계는 결정적으로 악화됐다. 미국은 일본에 경찰예비대의 창설을 지시하고 일본과의 조기 강화를 추진한다. '평화문제담화회'를 중심으로 전면강화와 비무장중립을 주장하는 사람들도 있었지만, 미소 냉전이라는 현실을 고려하면 전면강화는 불가능하며 미국을 비롯한 일부 국가들과 강화조약을 체결할 수밖에 없다는 주장이 일본 국내에서 강했다.

강화교섭이 시작되면서 일본의 재군비문제와 강화조약 체결 후 미군의 일본 주둔 문제의 처리가 관심사로 부상했다. 요시다 시게루 총리는 일본의 군사력은 국내 치안 유지를 위해 필요한 정도로 억제함으로

---

7   田中明彦, 2020, 「第5章 冷戦と東アジアの「熱戦」」, 田中明彦·川島真編著, 『20世紀の東アジア史Ⅰ 国際関係史概論』, 東京: 東京大学出版会, 147~162쪽.

써 군사비를 절약해 경제 재건에 투입하고자 했으며, 대외적인 안전보장은 미국에 의존한다는 생각을 지니고 있었다. 일본은 강화조약과는 별도의 협정을 통해 미군의 주둔을 용인하지만, 이 협정은 집단적 자위권을 규정한 유엔의 틀 속에서 설정하려고 했다. 반면, 미국 측은 자위의 수단조차 없는 일본과의 집단적 자위 관계는 불가능하다면서 일본 측의 구상을 거부했다.

결국, 일본은 1951년 9월 8일 일본에 매우 관대한 대일강화조약과는 별도로 미국과 안보조약을 체결했지만, 일본 주둔 미군은 "극동의 국제평화와 안전 유지"와 "일본국의 안전에 기여하기 위해 사용할 수 있다"(강조는 필자)고 규정함으로써 일본방위는 미국의 조약상의 의무에서 제외되었다. 또한 1952년 2월 체결된 행정협정은 주일미군에 다양한 특권을 제공하게 되어 있었기 때문에 대등한 주권국가 간에 체결된 협정이라고 말하기는 어려웠다. 강화회의에 참석한 소련은 대일평화조약에는 서명하지 않았으며, 체코슬로바키아와 폴란드가 소련에 동조함으로써 일본은 미국을 비롯한 48개국과 조약을 체결하는 데 그쳤다.

특히, 공산 중국과 국민당 정권의 합법성 여부를 둘러싸고 미국과 영국의 의견이 대립해 강화조약에 양쪽 모두 초청받지 못했으며, 국민당 정권을 중국의 합법적인 정부로 인정했던 미국의 의향을 수용해 1952년 4월 일본은 중화민국(타이완의 국민당 정권)과 평화조약을 체결했다.[8]

미소 냉전을 배경으로 일본은 대일강화조약 체결과 발효를 통해 국제사회에서 주권을 회복했으며, 아시아에서는 '샌프란시스코 체제'라

---

8 五百旗頭真編, 2010, 『戰後日本外交史 第3版』, 東京: 有斐閣, 66~75쪽.

불리는 새로운 국제 질서가 형성되었다. 이것은 미국의 압도적 군사력을 배경으로 일본과 오키나와, 한국, 타이완, 필리핀, 호주, 뉴질랜드를 잇는 반공 진영을 한 축으로 하고 소련과 중국, 북한 등 공산주의 진영을 다른 한 축으로 군사적으로 대립하는 구도였다.

대일강화조약의 발효로 패전국 일본이 공식적으로 국제사회에 복귀하면서 교전국과 식민지 혹은 점령지였던 아시아 국가들과의 관계 정상화를 위한 전후처리가 일본 외교의 중요한 과제로 부상하게 되었다. 1957년 처음 발간된 일본의 『외교청서』는 '유엔중심주의, 자유진영의 일원, 아시아의 일원'이라는 외교 3원칙을 제시했는데, 전쟁과 식민지 지배라는 역사를 가진 아시아 국가들과 어떻게 마주할 것인가에 관해서 일본 국내에서 충분한 논의가 있었다고는 할 수 없었다. 전후 첫 내각의 히가시쿠니노미야 총리는 일본 국민에게 '총참회(1억 총참회)'를 요구하면서 점령 당국이 요구했던 전쟁범죄인을 처벌하지 않았으며, 1945년 10월 점령 당국이 내무성과 경찰 관료 약 4천 명의 파면을 발표하자 이를 내각에 대한 불신임으로 간주하고 내각이 총사직했다.

외교관 출신의 시데하라 기주로 총리는 1945년 10월 30일 '패전의 원인과 진상조사'를 위한 정부 기관으로 전쟁조사회를 설치했는데, 패전 직전인 1945년 8월 14일부터 일본군과 정부 기관은 전쟁책임 회피와 증거인멸을 위해 기밀문서를 파기하기 시작했다. 전쟁책임에 대해 전쟁조사회는 "전쟁을 도발하고 일으키고, 확대하고 오래 끌어 미룬 책임"에 그치지 않고 "전쟁을 방관하고 패전에 박차를 가한 자의 책임"까지 폭넓게 정의하려고 했다. 또한 "전쟁은 나쁘지 않았다, 적이 나쁘지만 (일본이) 졌기 때문에 모두 나쁜 것을 일본이 짊어지고 있는 것"이라고 생각해 반성하지 않는 민중의 전쟁책임 문제도 전쟁조사회에서 논의되었다. 그렇지만 조사 결과는 공표되지 않았고, 채 1년도 지나지 않은 1946년 9월 말 전쟁조사회는 폐지되었다.[9]

1946년 5월 3일 도쿄재판(극동국제군사재판)이 시작되어 1948년 11월 12일 25명의 전범 피고에게 유죄가 선고되었다. 일본 정부와 점령 당국은 도조 히데키 등에 전쟁책임을 물었으나 천황의 전쟁책임은 불문에 부쳤다. 도쿄재판이 일방적인 승자의 단죄라는 비판이 지금도 제기되고 있지만, 샌프란시스코 평화조약 제11조에서 "일본은 극동국제군사재판소 및 국내외의 다른 연합국 전쟁범죄 법정의 재판을 수락(Japan accepts the judgments of the International Military Tribunal for the Far East and of other Allied War Crimes Courts both within and outside Japan)"했다.[10]

도쿄재판이나 뉘른베르크재판에서는 추축국만이 단죄되고 미국의 원폭 투하나 소련의 일소중립조약 위반 등 연합국의 행위는 문제가 되지 않는 불공정한 재판이었다는 비판도 있다.[11] 그렇지만 일본의 전쟁으로 가장 피해를 본 아시아 국가들 가운데 중국, 인도, 필리핀 등 세

---

9 井上寿一, 2017, 『戦争調査会-幻の政府文書を読み解く』, 東京: 講談社, 3~8쪽, 239~243쪽.

10 '재판의 수락'이 무엇을 의미하는지를 둘러싸고는 지금까지 견해의 차이가 존재한다.

11 1945년 8월 8일 미국, 영국, 프랑스, 소련 등 연합국은 '유럽 추축국의 주요 전쟁범죄자의 소추 및 처벌에 관한 협정'(런던협정)을 체결했으며, 이에 따라 30개 조로 구성된 국제군사재판소헌장(뉘른베르크헌장)이 만들어지고 1945년 10월 18일 4개국 검찰이 작성한 기소장이 베를린의 관리이사회에 제출되면서 뉘른베르크재판이 시작되었다. 이 재판에 이어 미군정에 의해 이뤄진 12개의 뉘른베르크군사재판에서 나치 독일의 전쟁범죄가 단죄되었다. '세기의 재판' '문명의 재판'이라 형용되었던 뉘른베르크재판에 관해서는 芝健介, 2015, 『ニュルンベルク裁判』, 東京: 岩波書店 참조.

나라만이 도쿄재판에 판사를 보냈을 뿐 일본의 식민지였다는 이유로 한국은 물론 베트남, 인도네시아 등도 참여하지 못했던 것이 무엇보다 큰 문제라고 할 수 있었다.[12]

 1950년대 일본은 전쟁의 과거에서 하루빨리 벗어나려고 했다. 기시 노부스케가 일본군이 점령했던 동남아시아 국가들과 호주와 뉴질랜드 등 옛 적국을 방문했던 것도 그런 일환이었다고 할 수 있다.[13] 1950년대 말까지 대부분의 동남아시아 국가들과의 관계를 정상화했는데, 중국과 한국과의 관계 정상화 없이 전쟁과 식민지 지배의 청산은 있을 수 없었다. 역사 화해라는 측면에서 보면 일본은 과거의 역사에 관해 명확한 형태로 유감이나 사죄를 표명하고 우호 관계를 수립하려는 생각은 없었던 것 같다.

 오타케 히데오는 1950년대 독일과 프랑스가 화해를 이뤘던 배경에는 아데나워를 비롯한 서독 정치 엘리트들이 패전에 이르는 독일 역사에 대한 깊은 반성을 바탕으로 화해를 위한 강한 사명감이 있었지만, 일본의 정치 엘리트들은 반성은커녕 과거 역사를 긍정하는 발언조차 서슴지 않았으며 이러한 태도로 이웃 국가와 화해하는 것은 불가능했

---

[12] 도쿄재판은 뉘른베르크헌장을 참고로 만들어진 극동국제군사재판소 조례에 따라 재판이 진행되었는데, 3개국 이외에 미국, 영국, 프랑스, 소련, 호주, 뉴질랜드, 캐나다, 네덜란드가 판사를 파견했다. 大沼保昭, 1989, 「東京裁判─法と政治の狭間」, 細谷千博·安藤仁介·大沼保昭編, 『東京裁判を問う』, 東京: 講談社, 48~51쪽.

[13] 조진구, 2020, 「일본의 전후 아시아 '배상외교'와 역사인식-정부 간 화해의 성과와 한계」, 『日本歷史研究』, 제51집, 일본사학회, 55~88쪽.

다고 지적한다.[14] 일본 제국주의의 침략이나 이민족에 대한 식민지 지배에 대한 반성의 모습은 찾아보기 어려웠고, 역사적 화해가 필요하다는 인식은 완전히 결여되어 있었다.

1951년 10월 미국의 중재로 예비회담을 시작한 한일회담은 대일강화조약이 발효하기 두 달 전인 1952년 2월부터 본회담을 시작했지만, 우여곡절을 겪어야 했다. 1953년 10월 구보타 간이치로 일본 수석대표가 일본이 아니었더라도 한국은 중국이나 러시아의 지배를 받았을 것이며 일본은 민둥산에 나무를 심고 철도를 부설하고 항만을 건설하는 등 한국경제 발전에 기여했다는 '식민지 시혜론'을 펴서 회담을 결렬시켰다. 오카자키 외상은 구보타 발언에 대해 "당연한 것을 말했을 뿐"이라고 두둔했으며, 일본의 미디어도 한국의 태도가 너무나 감정적이라고 비판하기도 했다. 일본 측이 구보타 발언을 철회하고 중단된 회담이 재개된 것은 4년 반 뒤였다.[15]

또한 미소 냉전은 전쟁으로 피폐했던 서독과 일본의 경제를 재건하는 계기가 되었으며, 아시아에서 미국은 적국 일본을 '극동의 공장' 내지 '아시아의 무기 창고'로 재건하는 것을 우선했다. 특히, 한국전쟁을 계기로 일본은 1950~1955년 사이에 35억 달러 상당의 특수를 획득했는데, 이것이 일본경제 부흥과 고도성장의 밑거름이 되었던 것은 물론이다. 마셜 플랜이 서독을 중심으로 유럽 전체의 부흥과 통합을 의도하고

14　大嶽秀夫, 1992, 『二つの戦後・ドイツと日本』, 東京: 日本放送出版協会, 143~144쪽.
15　유의상, 2016, 『13년 8개월의 대일협상』, 서울: 역사공간, 58~65쪽; 大嶽秀夫, 『二つの戦後・ドイツと日本』, 147쪽.

성공을 거뒀던 것과는 대조적이었다. 특수에 따른 일본의 부흥은 다른 아시아 국가들과의 협력은커녕 이후 일본이 동남아시아와 한국, 타이완 등에서 일본의 경제적 지배를 강화하는 계기가 되었다.[16] 1950년대 일본은 필리핀, 인도네시아, 버마, 베트남 등 동남아시아 국가들과 협정을 맺어 총액 약 10억 달러의 배상을 하고 경제원조도 제공했는데, 이것은 결과적으로 동남아시아 국가들의 대일 경제의존을 심화시켰다.

1960년 1월 미일안보조약을 개정해 일본방위를 조약상의 미국의 의무로 명문화했으며 '사전협의' 조항을 도입해 이전에 비해 불평등성은 많이 해소됐다. 1950년대 후반의 좌우 이념대결은 모습을 감추고 1960년대는 경제주의 시대를 맞이하게 된다. 10년간 일본의 국민소득은 두 배로 증가했으며, 실질 경제성장률도 10%에 달하는 경이적인 성장을 달성했다. 1963년 일본의 GATT 11조 국가와 IMF 8조 국가 이행이 결정되었으며, 1964년에는 선진국 클럽이라 불리는 경제협력개발기구(OECD)에 가입했다. 이해 열린 도쿄올림픽은 일본이 패전국이 아니라 선진국이 되었다는 자부심을 국민에게 심어주는 계기가 되었다.

일본 안보의 미국 의존은 계속되었으나 1971년 6월 미국 시정권 아래에 있던 오키나와 반환협정이 체결되고 이듬해 5월에는 실현되었다. 1960년대 10년 동안 연평균 10.9%라는 경이적인 경제성장을 통해 일본의 국민소득은 4.5배 늘어났으며, 방위예산도 1960년 1,564억 엔에서 1970년 5,695억 엔으로 약 3.6배 늘어났다. 자위대의 규모는 크게 변화하지 않았지만, 1962~1966년과 1967~1971년 두 번의 방위력정

---

16 大嶽秀夫, 『二つの戦後・ドイツと日本』, 127~150쪽.

비계획에 따라 자위대 무기와 장비의 현대화가 착실하게 추진되었다.[17]

1965년과 1972년 한국이 중국과 국교를 정상화하면서 북한을 제외하면 아시아 국가들과의 전후처리는 사실상 일단락되었다고 할 수 있다. 1970년대 두 번의 석유 위기를 극복한 일본은 1976년 아시아에서 유일하게 G6(1977년부터 G7) 정상회의에 참여하게 된다. 경제면에서 세계 2위가 된 일본의 존재감은 매우 커졌지만, 1980년대의 교과서 문제와 야스쿠니 신사 참배, 1990년대에 들어와 특히 주목받게 된 일본군 '위안부' 문제 등에 상징적으로 나타나 있듯이 전쟁과 식민지 지배에 기인한 아시아 국가들과의 앙금이 깨끗하게 정리된 것은 아니었다.

또한 제2차 세계대전에서 사망한 자국민에 대해서도 정부의 책임을 인정하고 보상하는 것에 일본 정부는 매우 소극적이었다. 일본 정부는 군인·군속(군무원) 약 230만 명과 민간인 약 80만 명 등 약 310만 명의 전몰자 수를 공표한 적은 있으나 전쟁으로 인한 일본 국민 피해자 수를 공표한 적이 없다. 매년 8월 15일 일본 정부는 전국전몰자추도식을 개최해 왔는데, 1993년 추도식에서 호소카와 모리히로 총리는 "이 기회에 다시 한번 아시아 근린 제국을 포함해 전 세계 모든 전쟁희생자와 그 유족에 대해 국경을 초월해 삼가 애도의 뜻"을 표명했다. 일본 총리가 아시아 국가들에 대해 '애도'의 뜻을 표명한 것은 처음이었는데, 추도식에 참석했던 도이 다카코 중의원 의장은 한발 더 나아가 "우리들의 잘못으로 참담한 피해를 강요받은 아시아 사람들과의 화해를 우리는 이루지 못했다. 살아남은 사람이 무엇을 해야 하는가는 명확하다"

---

17 五百旗頭真編, 『戦後日本外交史 第3版』, 113~126쪽.

면서 전쟁책임과 피해국과의 역사 화해의 필요성을 언급했다. 호소카와 총리와 도이 의장의 발언에 대해 가해 측면의 일본만 강조되었다면서 유족들은 불만을 토해냈지만, 식민지 시대 일본인으로서 전범으로 몰려 사형선고를 받았다가 감형되어 11년이나 복역했던 한국인 이학래 씨처럼 보상을 포함해 구체적인 행동으로 전쟁책임을 이행해 줄 것을 기대하는 목소리도 있었다.[18]

전쟁이 끝나고 50년이 된 시점에서도 전쟁책임을 포함해 과거 역사에 관해 공통의 인식이 일본 내에 존재했던 것은 아니다. 앞에서 살펴본 바와 같이 미국이 주도해 체결한 관대한 강화조약과 미일안보조약 덕분에 일본은 안보를 미국에 의존하면서 경제 재건에 매진했으며, 한국전쟁 특수는 일본경제의 고도성장의 발판이 되었다. 일본은 전쟁과 식민지 지배로 막대한 인적·물적 피해를 주었던 아시아 국가들과 (준) 배상 조약과 경제협력협정을 체결해 전후처리를 했지만, 이것은 침략전쟁과 식민지 지배에 대한 명확한 책임 의식에 입각한 것은 아니었다. 일본 정부는 자국민에 대해서도 '전쟁피해 수인론(受忍論)'을 방패로 행정도 사법도 보상의 필요성을 인정하지 않았다.[19] 역사 문제에 대한 이러한 일본 정부의 인식이 현재까지 주변국과 일본 국내에서 문제를 제기하는 원인이 되고 있다고 할 수 있다.

---

18 1993.8.15, 「首相、アジアに哀悼の意、両陛下迎え戦没者追悼式 48回目の終戦記念日」, 「期待と不満、反応さまざま 首相発言に参列者」, 『共同通信』.

19 栗原俊雄, 2016, 『戦後補償裁判-民間人たちの終わらない「戦争」』, 東京: NHK出版.

3. 고이즈미 정권에서 민주당 정권까지
   일본의 한국과 ASEAN 외교

1) 구조적 전환기의 한일 관계

 2001년 4월 24일 자민당 총재선거에서 구태의연한 '자민당을 깨부수겠다(ぶっ壊す)'는 고이즈미 준이치로(小泉純一郎)가 총리를 역임한 하시모토 류타로(橋本龍太郎)를 누르고 총재에 당선되었다. 이틀 뒤인 26일 출범한 고이즈미 내각에 대한 여론조사는 78%(아사히신문)에서 87%(요미우리신문)까지 최고의 지지율을 보였다.
 약 5년 5개월 재임했던 고이즈미 정치에 대한 평가는 "인상적인 짧은 말로 사람들의 이성(理性)보다 정념(情念)에 호소하면서 유권자들의 지지를 얻어내려고 했다"는 '극장형 정치'로 비유되기도 한다. 파벌과 족의원의 영향력이 강했던 자민당의 구조를 크게 바꿔놨을 뿐만 아니라 총리관저 중심의 톱다운 방식의 강력한 정책결정을 통해 경제와 재정개혁, 도로공단 민영화와 우정 민영화, 국고보조금과 지방교부세 및 지자체의 세원(稅源) 이양을 하나로 묶는 삼위일체개혁 등을 추진했다는 평가가 있다.
 반면, 1972년 중의원에 처음 당선된 고이즈미는 외교와 직접 관련이 있는 일을 해본 경험이 없었다. 그런 고이즈미 외교에 대해 '최고의 미일 밀월시대'라는 평가와 더불어 미국에 대한 의존도가 높아 주체적인 판단이 결여한 전략성 부재 외교라고 평가하기도 한다. 특히, 한국과 중국 등 아시아 외교에 대해서는 매우 부정적이며, 가장 큰 장애가 되었던 것이 야스쿠니 신사 참배다.[20] 자민당 총재선거에서 고이즈미는 매년 8월 15일 야스쿠니 신사를 참배하겠다고 공약했지만, A급 전범이 합사된 야스쿠니 신사 참배는 한국과 중국의 반발이 예상되어 외교 문제로 비화할 가능성이 컸다.

특히, 7월 24일 다나카 마키코 외상과의 회담에서 탕자쉬안 중국 외교부장은 만약 고이즈미 총리가 8월 15일에 야스쿠니 신사를 참배하면 중국 인민의 강한 반발에 직면할 것이라고 경고했다. 그러나 고이즈미 총리는 8월 15일 참배가 "전몰자에게 마음으로부터 경의와 감사를 드리고… 전쟁을 두 번 다시 일으켜서는 안 된다는 부전(不戰)의 다짐을 새롭게 한다"는 자신의 의도와 다른 결과가 초래될 우려가 있다는 점을 고려해 8월 13일 오후 야스쿠니 신사를 참배했다.[21]

고이즈미 총리는 이날 "아시아의 근린제국에 대해서는 과거의 한 시기 잘못된 국책에 입각한 식민지 지배와 침략을 하여 말할 수 없는 참해와 고통을 주었던" 역사를 겸허하게 받아들이며 "모든 전쟁희생자분들에 대해 깊은 반성과 함께 삼가 애도의 뜻을 드리고 싶다"는 담화를 발표했지만,[22] 일본에 "가장 중요한 양자 관계의 하나"인 중국과의 관계나 "민주적 가치를 공유하고 가장 지리적으로 가까운 나라인 한

---

20 内山融, 2007, 『小泉政権-「パトスの首相」は何を変えたのか』, 東京: 中央公論新社.

21 読売新聞政治部, 2006, 『外交を喧嘩した男 - 小泉外交2000日の真実』, 東京: 新潮社, 222~234쪽.

22 "小泉内閣総理大臣の談話," http://www.kantei.go.jp/jp//koizumispeech/2001/0813danwa.html(검색일: 2021.8.5)

국"과의 관계에는 어두운 그림자가 드리워졌다.

고이즈미 총리는 재임 중 51회, 81개국(실제 방문국은 49개국)을 방문하는 왕성한 정상외교를 펼쳤는데, 8번 방문했던 미국을 제외하면 한국(7회), 인도네시아(4회), 중국(3회), 태국·베트남·말레이시아(각 2회) 등 아시아 국가들을 많이 방문했다. 2001년 10월 8일 처음으로 중국을 방문한 고이즈미는 중국의 요청을 받아들여 루거우차오(盧溝橋)와 항일전쟁기념관을 방문했는데, 장쩌민 국가주석은 야스쿠니 신사 참배와 교과서 문제에 대한 언급을 잊지 않았다. 1주일 뒤 고이즈미 총리는 야스쿠니 신사 참배로 서먹해진 한일 관계 개선을 위해 당일치기로 한국을 찾았는데, 일본의 총리로서는 처음으로 서대문형무소역사관을 방문했다. 역사관 시찰을 마친 고이즈미 총리는 "일본의 식민지 지배로 한국 국민에게 다대한 손해와 고통을 준 것에 대해 마음으로부터 반성과 사죄의 심정으로 시설을 견학"했다고 말했다. 김대중 대통령은 한일정상회담에서 "서대문 발언을 높이 평가"한다면서도 "과거의 역사를 제대로 검증하고 그 결과를 구체적으로 교과서에 반영시켜야 한다"고 강조했다.[23]

한국과 중국은 고이즈미 총리가 야스쿠니 신사를 더 이상 참배하지 않을 것을 기대했지만, 2002년 4월 21일, 2003년 1월 14일, 2004년 1월 1일, 2005년 10월 17일, 총리에서 물러나기 직전인 2006년에는 8월 15일 야스쿠니 신사를 참배했다. 고이즈미 총리는 2002년 3월 21~23일과

---

23 飯島勳, 2007, 『実録小泉外交』, 東京: 日本経済新聞出版社, 35~42쪽; 服部龍一, 2015, 『外交ドキュメント 歴史認識』, 東京: 岩波書店, 184~185쪽.

5월 31일~6월 1일, 2003년 2월 24~25일, 2004년 7월 21~22일, 2005년 6월 20~21일과 11월 18~19일 등 6차례 한국을 방문했다. 2003년 6월 정상 공동성명에서 국교정상화 40년이 되는 2005년을 '한일(일한) 우정의 해'로 정해 양국 국민의 상호이해와 우정을 증진하기로 했다. 그렇지만, 2005년 3월 16일 시마네현 의회에서 1905년 다케시마(독도를 일본에서 부르는 호칭)를 시마네현에 편입시켰던 2월 22일을 '다케시마의 날'로 정하는 조례를 제정하면서 한일 관계가 급격하게 냉각되었다.

노무현 대통령은 3월 23일 '최근 한일 관계와 관련하여 국민 여러분에게 드리는 글'에서 "침략과 지배의 역사를 정당화하고 또다시 패권주의를 관철하려는 의도를 더 이상 두고 볼 수만은 없게 됐다"면서 '각박한 외교전쟁'도 불사하겠다는 강경한 태도를 보였다. 2004년 7월 21일 제주 한일정상회담 공동기자회견에서 임기 중에 "한국 정부가 한일 간 과거사 문제를 공식적인 의제나 쟁점으로 제기하지 않겠다"던 노무현 대통령은 기회가 있을 때마다 역사 문제를 제기했다.[24]

6월 20일 서울에서 열린 한일정상회담에서는 고이즈미 총리의 야스쿠니 신사 참배는 한국 국민에게 과거를 정당화하는 것으로 비친다면서 '새로운 추도시설' 건설 문제를 언급했다. 부산에서 열린 APEC 정상회의에 참석하기 위해 11월 다시 한국을 방문한 고이즈미 총리는 19일 기자회견에서 "나는 일중우호론자이며 일한우호론자"라면서 "일중우호, 일한우호의 중요성을 충분히 인식하고 있다"고 말했지만, 고이즈

---

24 조진구, 2006, 「국교정상화 40주년의 한일 관계: 신한일어업협정과 독도문제를 중심으로」, 『평화연구』, 제14권 1호, 211~246쪽.

미 정권기의 한일 및 중일 관계는 결코 우호적이지 않았다.[25]

관계 악화 속에서도 정상의 상호방문이 이뤄졌던 한일과 달리, 2001년 10월 고이즈미 총리의 방중 이후 2006년 10월 아베 총리가 중국을 방문할 때까지 중일 간에는 5년 동안 정상회담조차 열리지 못했다.[26] 무엇보다 충격적이었던 것은 2005년 4월 2일 청두(成都)의 일본계 슈퍼마켓 이토요카도 습격 사건이 선전(深圳), 베이징(北京), 상하이(上海) 등에서 대규모 반일 시위로 확대된 것이다. 특히, 상하이의 반일 시위대는 5~6만 명 규모로 확대되어 일본인 경영 레스토랑과 일본 총영사관 유리창이 깨지는 사건도 발생했다. 중국 내의 반일 시위는 야스쿠니 신사 참배나 교과서 문제, 동중국해 해저자원을 둘러싼 갈등, 2월 미일 안보협의회(2+2)에서 미국 일본방위 범위에 타이완이 포함되었던 문제, 일본의 유엔안보리 상임이사국 진출 반대 등이 복잡하게 얽혀 있었다.

3·1절 기념사에서 노무현 대통령이 "아무리 경제력이 강하고 군비를 강화해도 이웃의 신뢰를 얻고 국제사회의 지도적 국가가 되기는 어려울 것"이라면서 에둘러 일본의 안보리 상임이사국 진출에 반대 의사를 표명했던 것도 '정치 대국 일본'에 대한 중국인의 감정을 자극했을 것이다. 또한 개혁개방 이후 중국의 국력이 강해지면서 젊은 층을 중심으로 배외적이며 '대국주의'적 민족주의가 만연하기 시작했던 것도 간

---

25 飯島勲, 『実録小泉外交』, 238~240쪽, 251~155쪽.
26 고이즈미 총리는 APEC 정상회의와 보아오포럼 참석을 위해 2001년 10월 19~22일과 2002년 4월 11~13일 중국을 각각 방문했지만, 정상회담은 열리지 못했다. 2002년은 중일 국교정상화 30년이 되는 중요한 해였지만, 고이즈미 총리의 신사참배로 가을로 예정된 총리의 방중은 실현되지 못했다.

과할 수 없을 것이다.²⁷

한편, 역사 문제를 둘러싸고 한일 관계가 악화하는 가운데서도 한국에 대해 친근감을 느끼는 일본 국민이 증가하고 있었던 점은 주목할 필요가 있다. 1975년 일본 내각부가 '외교에 관한 여론조사'를 실시한 이후 1988년 10월 조사를 제외하고 한국에 대해 '친근감을 느낀다'는 응답보다 '친근감을 느끼지 않는다'는 응답이 많았는데, 1999년 조사부터 '친근감을 느낀다'가 '친근감을 느끼지 않는다'보다 많아졌다. 그 뒤에는 일본에서〈겨울연가〉같은 한국드라마와 영화, 대중음악이 붐을 일으킨 '한류'가 큰 역할을 했으나 한일 관계의 새로운 이정표로 평가받는 김대중-오부치 한일 파트너십 공동선언(1998년 10월 8일)의 영향도 컸다. 공동선언 이후 한국 정부는 일본의 대중문화를 단계적으로 개방했는데, 이것이 일본에서 긍정적으로 받아들여지면서 1999년 10월 내각부 여론조사부터 한국에 대해 '친근감을 느낀다'는 일본인이 계속 증가했다. 독도문제로 한일 관계가 극도로 악화했던 2005년과 2006년에도 '친근감을 느낀다'는 응답이 약간 줄어들었으나 뒤집히지는 않았다.

이러한 한국에 대한 일본 국민의 호감도 증가와 연동하는 형태로 일본 정부는 2004년부터 한국을 '기본적 가치를 공유하는' 국가로 규정하기 시작했다. 2007년부터 일본『외교청서』는 공유하는 가치의 대상을 '민주주의와 시장경제'에서 '자유와 민주주의, 기본적 인권'으로 범위를 확대했다. 또한 2003년부터 김포-하네다를 잇는 셔틀 항공편이 취항하고 취업이나 영리활동을 제외하고 2006년 3월부터 일본을 방

27　毛里和子, 2017,『日中漂流-グローバル・パワーはどこへ向かうか』, 東京: 岩波書店, 45~53쪽.

문하는 한국인에 대해 최대 90일까지 비자 면제 조치가 취해지면서 양국 간 인적교류가 비약적으로 증가했다. 등신대의 일본을 보려는 의식이 한국인에게 싹트기 시작했다고 할 수 있지만, '일제(日製)'의 수용이 '일제(日帝)'에 대한 반감을 완전히 상쇄시킨 것은 아니었다.[28]

같은 진보성향의 정권이었지만, 일본에 대한 이해가 깊었던 김대중 정권과 비교해 일본 정부 및 정·재계와의 연결고리가 약했던 노무현 정권기의 한일 간에는 상호이해보다 불신이 강했다. 2008년 4월 21일 이명박 대통령은 취임 후 첫 해외순방이자 후쿠다 총리와의 정상회담에서 "양국 관계를 한층 성숙한 파트너십 관계로 확대하여 '한일신시대'를 열어가자는 결의를 확인"하면서 관계 개선에 대한 기대감이 커졌지만,[29] 2006년 9월부터 아베 신조, 후쿠다 야스오, 아소 다로 등 세 명의 자민당 출신 정권에서는 역사 문제가 장애로 작용해 한일 간의 약화한 신뢰 관계는 회복하지 못했다.

2007년 7월 참의원 선거에서 대패한 자민당은 결당 이후 처음으로 참의원이 제1당 자리를 민주당에 내주었으며, 2009년 8월 30일 치러진 중의원 선거에서는 민주당이 단일정당으로는 전후 최다의석(정권 480석 가운데 308석)을 획득해 실질적인 정권교체가 실현되었다. 자민당의 대미 추종 외교, 아시아 외교 부재를 비판하면서 동아시아공동체 구축을 강조했던 민주당의 하토야마 유키오 총리는 가치관을 공유하는

---

28 李鍾元·木宮正史·磯崎典世·浅羽祐樹, 2017, 『戰後日韓関係史』, 東京: 有斐閣, 230~237쪽.
29 「日韓共同プレス発表」, https://www.mofa.go.jp/mofaj/area/korea/visit/0804_2_pr.html(검색일: 2021.9.7).

민주주의 국가 한국과의 관계를 중시했지만, 오키나와의 후텐마 미군 기지 이전 문제와 정치자금 문제의 책임을 지고 9개월 만에 총리에서 물러났다.

하토야마의 뒤를 이어 총리가 된 간 나오토는 한일 강제병합조약 체결 100년이 되는 2010년 8월 10일 "정치적 군사적 배경하에 당시 한국인들은 그 뜻에 반한 식민지 지배로 인하여 나라와 문화를 빼앗기고 민족의 자긍심에 큰 상처를 입었다"면서 식민 지배가 한국인의 의사에 반해 강압적으로 이뤄졌다고 인정하고 처음으로 사과했다.

이명박 정권 초반의 한일 관계는 정상 간의 셔틀 외교를 복원하는 등 비교적 양호했지만, 2011년 8월 30일 헌법재판소가 일본군'위안부' 문제 해결을 위해 외교적 노력을 하지 않은 한국 정부의 행동에 대해 부작위 위헌 결정을 내린 후에는 최악이었다. 특히, 12월 교토에서 열린 한일정상회담에서 위안부 문제 해결을 강하게 요구하는 한국 측과 1965년 국교정상화 당시 조약으로 이 문제는 이미 해결되었으나 가능한 범위에서 지혜를 짜보겠다는 일본 측 사이에 공방이 벌어졌다. 양국 외교 당국 간의 협의를 거쳐 사이토 쓰요시(斎藤勁) 관방부(副) 장관과 이동관 대통령 특사가 2012년 10월 28일 도쿄에서 만났다. 정상회담 공동성명을 통해 일본 총리가 국가와 정부의 책임을 인정하고 주한 일본 대사가 피해자를 찾아가 총리의 사죄문과 사죄금을 전달한다는 등의 내용에 합의했지만, 최종단계에서 노다 요시히코 총리가 합의안을 거부해 결실을 맺지 못했다.[30]

---

[30] 와다 하루키, 정재정 옮김, 2016, 『일본군'위안부' 문제의 해결을 위하여』, 서울: 역사공간,

일본 정부와 국민의 한국에 대한 이미지를 악화시켰던 것은 2012년 8월 10일 이명박 대통령의 독도 방문이었다. 이를 일본 언론은 '폭거'라고 비판했으며, 일본 정부는 다케시마는 일본의 고유영토라고 강력하게 반발했다. 이해 10월에 실시한 내각부 여론조사에서 한국에 '친근감을 느끼지 않는다'는 응답이 전년도 35.3%에서 59.0%로 크게 증가한 반면 '친근감을 느낀다'는 전년도 62.2%에서 39.2%로 급락했다. '친근감을 느끼지 않는다'는 응답은 2014년 10월 조사에서 66.4%로 정점을 찍은 뒤 점차 줄고는 있지만, 아직도 독도 방문 이전 수준을 회복하지 못하고 있다.

민주당 정권 3년여 동안에도 '미래지향' 혹은 '한일신시대'는 구호에 그쳐 한일 관계는 진전을 보지 못했다. 1965년 국교 수립 당시에 비해 한일 양국의 국력 차이가 현저하게 줄어들고 민주주의와 기본적 가치를 공유할 수 있는 한일 양국이 서로 이해하고 협력할 수 있다는 기대감이 실망감으로 나타난 것이다. 이것은 일본에서 한류 붐과 혐한이 중첩되어 나타났던 것과도 궤를 같이하는 것으로 한일 관계가 중대한 전환기를 맞이했다는 것을 의미했다.[31]

203~211쪽.

[31] 역사나 영토 문제에도 불구하고 2000년대 내각부 조사에서 한국에 대한 호감도가 높게 나타난 것을 기미야 교수는 한국에 대한 일본의 '짝사랑'이라고 말한다. 木宮正史, 『日韓関係史』, 東京: 岩波書店, 178~180쪽.

2) 동아시아공동체와 일본의 아세안 외교

아세안은 1967년 인도네시아, 말레이시아, 필리핀, 싱가포르, 태국 등 반공산주의 5개국 대표가 방콕에 모여 설립되었지만, 군사동맹으로 결성된 것은 아니었다. 1984년 브루나이가 가맹한 데 이어 베트남이 1995년, 라오스와 미얀마가 1997년, 캄보디아가 1999년에 가맹하면서 현재와 같은 10개국 체제가 구축되었다.

전후 배상으로 시작된 일본과 아세안과의 관계는 경제를 중심으로 확대·심화되었다. 1985년 플라자합의 이후 아세안의 잠재력에 주목한 일본, 한국과 타이완을 포함한 NIES(신흥공업경제지역)의 투자가 급증했다. 냉전 종식 이후 인접한 국가들끼리 자유로운 무역지대를 형성하는 지역주의가 각광을 받았다. 글로벌 통상시스템을 모색하면서도 양자와 다자 자유무역협정을 통한 지역적 통상시스템을 모색하는 지역주의가 세계질서 형성의 기반이 되었다. 지리적인 의미와 귀속 의식이 일치하는 유일한 지역이라 할 수 있는 아세안의 존재감이 커졌는데, 아이러니하게도 1997년부터 1998년까지 동아시아를 휩쓸었던 금융위기가 지역협력 구상의 필요성을 더욱 각인시켰다.[32]

아세안 10개국 사이에는 정치체제와 경제 수준, 문화, 종교 등의 차이는 존재하지만, 역외 국가들과의 관계에서 아세안은 허브 기능을 했다. 1997년 12월부터 한·중·일 정상이 아세안 정상회의의 초청을 받는 형태로 시작한 ASEAN+3 정상회의가 개최되었으며, 2005년부터는

---

[32] 古田元夫, 『東南アジア史10講』, 東京: 岩波書店, 213~216쪽, 219~225쪽.

ASEAN+3에 인도, 호주, 뉴질랜드가 참가하는 동아시아정상회의(EAS)가 시작되었다. 미국과 일본이 아세안에 대해 적극적으로 접근하면서 아세안의 존재감은 더욱 커졌다. 그뿐만 아니라 정치적 측면에서 한·중·일의 협력이 한계를 보이면서 아세안은 동아시아 지역협력의 허브로서 기능하게 되었다. 특히, 2003년 10월 7일 인도네시아 발리에서 개최된 제9회 아세안 정상회의에서 채택된 아세안 협력선언 II(Declaration of ASEAN Concord II)에서 안전보장공동체, 경제공동체, 사회문화공동체로 구성되는 아세안공동체 결성을 선언했다. 목표로 했던 2020년보다 5년 빠른 2015년 아세안공동체가 설립되었지만, 유럽연합(EU)과 달리 법적 구속력이 강한 공동체는 아니었다.[33]

아세안이 개별국가의 주권을 존중하는 형태로 제도화되어 감에 따라 일본과 아세안의 관계는 경제를 중심으로 더욱 확대되었다. 특히, 2002년 1월 9일~14일까지 필리핀, 말레이시아, 태국, 인도네시아, 싱가포르 등 아세안 5개국을 순방한 고이즈미 총리는 후쿠다 독트린을 계승하면서 미래를 위한 협력을 강조했다. 1월 13일 싱가포르와 양자 간 경제연계협정(EPA)을 체결한 데 이어 다음 날 '동아시아 속의 일본과 아세안'이란 정책연설에서 처음으로 동아시아공동체 구상을 밝혔다.

고이즈미 총리는 구체적으로 "가까운 미래에 가장 발전할 가능성이 있는 지역이 어디냐고 묻는다면 틀림없이 '동아시아'라고 말할 것"이라며 "협력을 통해 이 가능성을 최대한 끌어낼 수 있을 것"이라고 강조

---

33 古田元夫, 『東南アジア史10講』, 253~255쪽.

했다.³⁴ 고이즈미 총리가 연설에서 제안한 대로 일본은 2006~2009년에 걸쳐 말레이시아, 태국, 인도네시아, 브루나이, 필리핀, 베트남과 차례로 EPA를 체결했으며, 2008년 3월에는 일본과 아세안과의 포괄적 경제연계협정이 체결되었다.

2005년 12월 12~14일까지 말레이시아에서 개최된 제1회 EAS에서는 "일본의 주장이 상당 부분 반영된"(일본 외무성 평가) 쿠알라룸푸르 선언은 EAS가 "이 지역의 공동체 형성에 있어서 '중요한 역할'을 할 수 있다"고 언급했다. 또한 쿠알라룸푸르 선언은 EAS가 정치, 안보, 경제, 사회문화의 폭넓은 분야에서 글로벌한 규범과 보편적 가치의 강화를 위해 노력하겠다고 강조했다. 하지만 정치체제와 종교, 언어와 문화, 경제 규모와 발전 정도 등이 다른 국가들이 혼재되어 있었던 만큼 동아시아공동체를 형성하는 것은 쉬운 일이 아니었다.³⁵

특히, 중국은 자국의 영향력 확대를 위해 ASEAN+3으로 참가국을 한정할 것을 주장했지만, 일본은 타이완해협 문제와 북한 핵 문제 등의 안보 문제를 이유로 들면서 미국을 배제하고 13개 국가로 한정해서는 안 된다고 주장해 대립했다. 결국, EAS에는 ASEAN+3에 호주, 뉴질랜드, 인도 나아가 미국 등 협력이 필요한 국가에도 문호를 개방해야 한다는 일본 측의 주장에 싱가포르와 인도네시아가 동조해 호주와 뉴질

---

34 "小泉総理大臣のASEAN諸国訪問における政策演説 東アジアの中の日本とASEAN－率直なパートナーシップを求めて－," https://www.mofa.go.jp/mofaj/press/enzetsu/14/ekoi_0114.html(검색일: 2021.9.7).

35 "小泉総理の東アジア首脳会議等への出席(概要と取りあえずの評価)," https://www.mofa.go.jp/mofaj/kaidan/s_koi/asean05/gh.html(검색일: 2021.9.8).

랜드, 인도가 참여하게 되었다. 역내 국가 대부분 미국 시장에 대한 의존도가 높아 미국을 제외한 동아시아공동체가 형성되면 중국의 영향력이 커져 미국의 지위가 위축될 우려가 있었기 때문이다.

동아시아에서는 유럽과 달리 역내 국가 사이에 공유할 공통의 가치가 존재하지 않고 공통의 가치를 공유해야 한다는 동기와 의욕이 약했다. 또 역내 정치지도자들도 공동체 구축을 위한 비전과 리더십이 약했다.[36] 그런 의미에서 일본 민주당이 2009년 8월 총선에서 '동아시아공동체' 구축을 공약으로 제시했던 것은 특기할 만하다. 총선을 대승으로 이끌었던 하토야마 유키오 총리는 9월 21일 유엔기후변화 정상회의 참석에 앞서 열린 후진타오 중국 국가주석과의 정상회의에서 '우애의 정신(서로 차이를 인정하고 서로 존경하는 정신)'에 입각한 아시아 외교를 추진해 신뢰 관계를 구축하고 장기적으로 동아시아공동체를 구축해 가는 것이 중요하다고 말했다.[37] 10월 9일 총리 취임 후 첫 번째 해외 순방국으로 한국을 선택한 하토야마 총리는 이명박 대통령과의 정상회담과 회담 후 기자회견에서도 '가치관을 공유하는 중요한' 한일 관계가 일본의 '아시아 외교의 핵'이며, 양국 간 협력을 더욱 심화시켜 '동아시아공동체 구상'을 실현해 갈 뜻을 다시 밝혔다.[38]

---

[36] 동아시아공동체에 관한 일본 정부 입장은 "東アジア共同体構築に係るわが国の考え方(平成18年11月)," https://www.mofa.go.jp/mofaj/area/eas/pdfs/eas_02.pdf(검색일: 2021.9.8); 松井一彦, "東アジア共同体と日本,"『立法と調査』, No. 254(2006.4.7).

[37] "日中首脳会談(概要)," https://www.mofa.go.jp/mofaj/area/china/visit/0909_sk.html(검색일: 2021.9.9).

[38] "日韓首脳共同記者会見," https://warp.ndl.go.jp/info:ndljp/pid/1042913/www.kantei.

특히, 역사 문제에 관해 자민당 정권보다 전향적이며 아시아 중시 외교 방침을 천명했던 하토야마는 11월 15일 싱가포르에서 열린 APEC 정상회의 후의 강연에서 '동아시아공동체 구상'의 실현을 위한 포부를 밝혔다. 하토야마 총리는 과거 일본이 아시아지역의 많은 국가에 "다대한 손해와 고통을 주고 60년 이상 지난 지금도 아직 진정한 화해가 달성되었다고는 생각하지 않는다"면서 지론인 '우애'를 바탕으로 '열린 지역협력'의 원칙을 바탕으로 무역, 투자, 금융, 교육 등 광범위한 분야에서 기능적인 공동체의 망을 겹겹이 쌓아가는 것이 중요하다고 강조했다.[39]

그렇지만, 약 3년 3개월 지속된 민주당 정권에서 실질적인 성과를 거두지는 못했다. 하토야마 총리가 9개월도 재임하지 못한 채 물러나고 뒤를 이어 총리가 된 간 나오토는 2011년 1월 국회 시정방침연설에서 '동아시아공동체'에 대해 한마디도 언급하지 않았으며, 3월에 발생한 동일본대진재(東日本大震災)로 인해 외교에 집중할 여력이 없었다. 특히, 경제 분야에서 '동아시아공동체' 추진의 핵심고리라 할 수 있는 역내 국가와의 양자 간 자유무역협정은 앞에서 언급한 대로 자민당 정권 때 아세안 국가와 이미 체결했을 뿐만 아니라 중국과 뉴질랜드와는 교섭조차 시작하지 못했다. 한국과 호주와는 교섭을 계속했을 뿐이며

---

go.jp/jp/hatoyama/statement/200910/09kyoudou.html(검색일: 2021.9.9).

[39] "鳩山総理によるアジア政策講演 アジアへの新しいコミットメント -東アジア共同体構想の実現に向けて-(仮訳)," https://warp.ndl.go.jp/info:ndljp/pid/1042913/www.kantei.go.jp/jp/hatoyama/statement/200911/15singapore.html(검색일: 2021.9.9).

유일한 성과는 6년 전부터 교섭을 시작했던 인도와 협정을 체결한 것이다.

호시로(保城) 교수는 표면적으로 자민당에 비해 민주당이 적극적인 것처럼 보이지만, 자민당이나 공명당도 '동아시아공동체' 추진을 주장했을 뿐만 아니라 민주당과 큰 차이가 없었다고 지적한다. 특히, 그는 민주당의 지지 기반인 농업단체나 노동조합, 경제단체는 자민당 지지 단체보다 '동아시아공동체'에 대한 지향성이 상대적으로 낮았으며, '아시아는 하나'라는 매력적인 구호만 요란했을 뿐 시간이 지나면서 '동아시아공동체' 구상은 점차 유명무실해져 갔다고 비판한다.[40]

나아가 민주당 내에는 리버럴한 이념에 바탕을 두면서 자민당 외교에서 전환하려는 입장(하토야마 유키오)과 현실주의 입장에서 재구성하려는 입장(간 나오토와 노다 요시히코)이 공존하고 있었고, 하토야마는 '동아시아공동체 구상'을 대미 자립 지향과 연동시키면서 미국을 제외하려 함으로써 미국의 불신을 샀다. 경제력을 바탕으로 군사력을 증강하면서 중국이 적극적인 해양 진출을 모색하자 2010년 12월 간 정권은 방위계획의 대강을 개정해 자국의 방위능력 강화와 함께 외교안보의 기축인 미일동맹의 강화, 나아가 역내 국가들과의 안보협력을 추진하게 된다. 2011년 11월의 EAS에서 노다 총리는 동중국해와 남중국해에서 항행의 안전과 신뢰 양성 문제를 논의하는 '동아시아해양포럼'의 설립을 제창했는데, 중국과 영유권을 다투던 베트남과 필리핀 등 아세안

---

40 保城広至, 2011, 「日本の政権交代と「東アジア共同体」の停滯 −地域経済協力の国内条件−」, 『社会科学研究』 63巻 3-4号.

국가들로부터 높은 평가를 받았다. '민주당의 현실주의로의 재회귀'라고 할 수 있었지만,⁴¹ 센카쿠열도 주변수역의 어선 충돌 사건과 센카쿠열도 일부 국유화를 둘러싸고 중국과 대립하면서 나타난 위기관리 능력의 결여와 과도한 정치 주도는 민주당의 통치 능력을 약화시켰다. 결국 민주당에 대한 일본 국민의 기대는 실망으로 바뀌어 2012년 12월 총선에서 민주당은 자민당에 다시 정권을 빼앗겼다.⁴²

4. 아베 정권의 인도·태평양 전략 속의 한국과 ASEAN

1) 아베 정권의 인도·태평양 전략과 소원해지는 한국과 일본

2012년 12월 두 번째 총리가 된 아베 신조는 이듬해 2월 미국을 방문해 국제전략문제연구소(CSIS)에서 '일본은 돌아왔다(Japan is Back)'는 제목의 정책연설로 아시아 외교에 관한 포부를 밝혔다. 아베는 조금 생소한 '인도·태평양'이라는 말을 사용하면서 "아시아·태평양, 인도·태평양 지역은 점점 부유해지고 있다"면서 이 지역에서 일본이 '무역·투자·지적 재산권·노동·환경을 규율하는 규범'의 촉진자 역할을 하겠

---

41 日本再建イニシアチブ, 『民主党政権 失敗の検証』, 155~157쪽.
42 佐橋亮, 2013, 「民主党外交と政治主導の失敗」, 『季刊 政策·経営研究』 Vol. 1.

다고 강조했다. 특히, 아베는 '글로벌 공공재'의 수호자로서 일본은 "미국, 한국, 호주 등 뜻을 같이하는 민주주의 국가들과 지금보다 더 힘을 합쳐야 한다"고 말했지만, '역사적으로 법적으로' 일본 영토인 센카쿠열도(중국명 댜오위다오)의 일본 주권에 대한 "어떠한 도전도 용인할 수 없다"고 역설했다.[43] 2010년 경제적으로 일본을 제치고 세계 2위가 된 중국이 안정적인 자원 확보를 위해 적극적인 해양 진출을 모색하고 있던 것을 염두에 두었던 것은 말할 필요도 없다.

아베 총리는 2014년 5월 30일 싱가포르에서 열린 '아시아안보회의(샹그릴라 대화)' 연설에서도 "아시아·태평양에서 인도양까지 뻗어 있는 이 위대한 성장 센터에 그리고 거기에 사는 사람들의 숨어 있는 잠재력을 만개하게 하는 것"이 공통의 사명이라고 강조했다.[44] 2016년 8월 27일 케냐 나이로비에서 개최된 제6차 아프리카개발회의(TICAD6)에서 아베는 일본은 "태평양과 인도양, 아시아와 아프리카의 융합을 힘이나 강압과는 무관하게 자유롭고 법의 지배와 시장경제가 중심이 되는 곳으로 만들고 풍요롭게 할 책임이 있다. 양 대륙을 잇는 바다를 법이 지배하는 평화로운 바다로 만들고 싶다"고 역설했다.[45]

---

43 日本国内閣総理大臣 安倍晋三, "日本は戻ってきました," https://www.mofa.go.jp/mofaj/press/enzetsu/25/abe_us_0222.html(검색일: 2021.9.13).

44 "The 13th IISS Asian Security Summit -The Shangri-La Dialogue - Keynote Address by Prime Minister Abe," https://warp.ndl.go.jp/info:ndljp/pid/8833367/japan.kantei.go.jp/96_abe/statement/201405/0530kichokoen.html(검색일: 2021.9.13).

45 "Address by Prime Minister Shinzo Abe at the Opening Session of the Sixth Tokyo International Conference on African Development (TICAD VI)," https://warp.ndl.go.jp/info:ndljp/pid/10992693/japan.kantei.go.jp/97_abe/statement/201608/1218850_11013.

<그림 1> 아베 총리의 '자유롭고 개방된 인도·태평양 전략'의 개념도

새로운 외교전략: '자유롭고 개방된 인도·태평양 전략'

| '지구의를 부감하는 외교' | 국제협조주의에 입각한 '적극적 평화주의' |

아베 정권의 실적을 바탕으로 이들 외교 개념을 더욱 발전시킨다.

⬇

'자유롭고 개방된 인도·태평양 전략'

국제사회의 안정과 번영의 열쇠를 쥐고 있는 것은
'2개의 대륙': 성장이 현저한 '아시아'와 잠재력이 풍부한 '아프리카'
'2개의 바다': 자유롭고 개방된 '태평양'과 '인도양'의 융합으로 만들어지는 다이너미즘
→ 이것을 하나로 인식함으로써 새로운 일본외교의 지평을 개척한다.

※ 출처: 『外交靑書 2017』, 16쪽.

2017년 4월에 발간된 2017년판 『외교청서』는 이 연설을 기회로 "'자유롭고 개방된 인도·태평양 전략(Free and Open Indo-Pacific Strategy)'을 제창했다"고 자리매김했다. 자유롭고 개방된 인도·태평양을 통해 경제성장이 현저한 아시아와 잠재력이 풍부한 아프리카의 연결성을 향상시켜 지역 전체의 안정과 번영을 촉진하겠다는 것이다(〈그림 1〉 참조).[46] 이것은 아베 외교의 트레이드마크가 된 '지구의를 부감하는 외교'와 '국제협조주의에 입각한 "적극적 평화주의"'에 바탕을 둔 새로운

---

html(검색일: 2021.9.13).

46 『外交靑書 2017 平成29年版(第60号)』, 15~16쪽.

외교전략이라고 할 수 있었다.

2013년 2월 28일 취임 후 첫 번째 국회 시정방침연설에서 아베 총리는 '전략적 외교', '보편적 가치를 중시하는 외교' 그리고 국익을 보호하는 '주장하는 외교'를 외교안보정책의 기본원칙으로 제시했다. 무엇보다 주목되는 것은 이 연설에서 아베 총리가 미일동맹에 이어 한국과의 관계를 매우 중요시했다는 점이다. 중국과의 관계에 있어서는 '가장 중요한 양자 관계의 하나'라고 했으나, 센카쿠열도 문제에 더해 자위대 호위함에 대한 중국 측의 화기관제레이더 조사(照射) 사건을 언급하면서 중국에 위험한 행위를 자제하고 국제적 규범에 따를 것을 촉구했다면, "한국은 자유나 민주주의와 같은 기본적 가치와 이익을 공유하는 가장 중요한 이웃 나라"라고 규정했다. 또한 3일 전에 취임한 박근혜 대통령의 취임을 환영한다면서 "21세기에 어울리는 미래지향의 중요한 파트너십 구축을 목표로 협력해 갈" 것이라고 밝혔다.[47]

2013년 12월 처음으로 책정된 '국가안전보장전략'에서 국가안보의 기본이념으로 등장한 것이 '국제협조주의에 입각한 적극적 평화주의'이다. 여기에는 아시아태평양지역 내외 국가와의 신뢰·협력관계를 강화하는 것이 필요하다면서 보편적 가치와 전략적 이익을 공유하는 한국, 호주, 아세안, 인도와의 협력관계를 강화하겠다고 지적했다. 일본의 유일한 동맹인 미국에 이어 한국과 긴밀하게 연계하는 것이 지역

---

[47] "第百八十三回国会における安倍内閣総理大臣施政方針演説," https://warp.ndl.go.jp/info:ndljp/pid/8295038/www.kantei.go.jp/jp/96_abe/statement2/20130228siseuhousin.html(검색일: 2021.9.13).

의 평화와 안정에 중요하다고 강조했다. 일본 외무성이 매년 발간하는 『외교청서』의 2014년판에서도 기본적 가치와 이익을 공유하는 한국을 가장 중요한 이웃 나라라고 기술했는데, 이것은 박근혜 신정권 출범에 대한 일본 측의 기대가 반영된 것이라고 할 수 있다. 이명박 대통령이 2012년 8월 10일 한국 대통령으로서는 처음으로 독도를 방문한 데 이어 14일 한국교원대 워크숍에서 "(천황이) 한국을 방문하고 싶으면 독립운동을 하다 돌아가신 분들을 찾아가 진심으로 사과하면 좋겠다"고 말한 것을 계기로 한일 관계가 급격하게 악화했던 것과는 매우 대조적이었다.[48]

그렇지만 기대와 달리 박근혜 정권 시기의 한일 관계는 처음부터 순탄하지 못했다. 2013년 2월 25일 대통령 취임식에 참석했던 아소 다로 부총리는 미국 남북전쟁을 예로 들면서 특정 국가 내에서도 역사인식이 일치하지 않는다면서 그런 차이를 전제로 한일 간의 역사인식 문제를 논해야 한다고 훈계하면서 박근혜 대통령을 불쾌하게 만들었다. 2013년 3·1절 기념사에서 박 대통령은 "천년이 흘러도 가해자와 피해자의 입장은 바뀌지 않는다"면서 "역사를 직시하고 책임지는 자세를 가지라"고 일본에 주문했으며, 5월 7일 워싱턴에서 열린 한미정상회담에 이어 8일 상하 양원 합동회의 연설에서도 "역사에 눈을 감는 자는 미래를 보지 못한다"고 일본을 강하게 비판했다.

일본군'위안부' 문제와 관련해서도 '한국 국민이 납득할 수 있는 수

---

[48] 『한겨레』, 2012년 8월 15일. 8월 24일과 29일 이명박 대통령의 독도 방문과 천황 사죄 요구 발언에 항의하는 결의가 중의원과 참의원에서 채택되었다.

준'의 해결책을 주문하면서 아베 총리의 정상회담 제의에도 응하지 않았다. 미국의 중재로 2014년 3월 25일 헤이그 핵안보정상회의 참석을 계기로 한일 양자가 아닌 3자회담 형태의 한·미·일 정상회담이 열렸다. 2015년 11월 2일 서울에서 열린 한·중·일 정상회의를 계기로 한일 양자 정상회담이 처음 열렸는데, 이때에도 최대 현안이었던 일본군'위안부' 문제는 "피해자가 받아들일 수 있고 한국 국민이 납득할 수 있는 수준에서 해결되어야 한다"는 박 대통령과 법적 책임은 1965년의 한일 청구권 협정으로 이미 해결되었다는 아베 총리의 주장은 평행선을 그었다. 회담 후 점심 식사를 대접하지 않을 정도로 박근혜 대통령은 아베 총리를 냉대했는데, 이로부터 두 달도 지나지 않은 12월 28일 한일 외교 장관회담에서 위안부에 관한 합의가 전격적으로 이뤄졌다.[49]

2015년판 『외교청서』에서 '기본적 가치와 이익을 공유'한다는 표현이 삭제되었던 것과 대조적으로 위안부 합의 이후 발간된 2016년판 『외교청서』에는 '전략적 이익을 공유하는 가장 중요한 나라'라는 표현이 다시 사용되었다.[50] 한국 헌정사상 처음 있었던 박근혜 대통령 탄핵 이후 등장한 문재인 정권이 한일 위안부 합의를 인정하지 않고, 북한이 탄도미사일 발사 시험에 이어 2017년 9월 6차 핵실험을 강행한 이후

---

49 조진구, 2017, 「일본군'위안부' 문제, 12·28 한일 위안부 합의는 무엇이었는가」, 박홍규·조진구 편저, 『한국과 일본, 역사 화해는 가능한가』, 고양: 연암서가, 207~210쪽.

50 『외교청서』는 https://www.mofa.go.jp/mofaj/gaiko/bluebook/index.html(검색일: 2021.9.13) 참조.

한국과 북한에 대한 아베 정권의 태도는 더욱 강경해졌다. 아베 총리는 북한의 위협과 소자고령화를 '국난'으로 규정하고 9월 28일 중의원을 해산했다.[51] 2018년 1월 22일 시정방침연설에서는 2017년판 『외교청서』와 2017년 1월의 시정방침연설에 포함되어 있던 '한국은 전략적 이익을 공유하는 가장 중요한 이웃 나라'라는 표현이 다시 삭제되고 "문재인 대통령과는 지금까지의 양국 간의 국제적 약속, 상호신뢰 축적 위에 미래지향으로 새로운 시대의 협력관계를 심화시켜 가겠다"고 언급하는 데 그쳤다.

특히, 연설에서 아베는 자유, 민주주의, 인권, 법의 지배 같은 기본적 가치를 공유하는 국가들과 연계하고, 미국, 유럽, 아세안, 호주, 인도와 손을 잡고 '자유롭고 개방된 인도·태평양 전략'을 추진하겠다고 강조했는데, 중국·러아와 함께 한국을 언급할 정도로 후순위로 밀려났다.[52] 2019년판 『외교청서』에는 '전략적 이익을 공유하는 가장 중요한 이웃 나라'라는 표현은 물론 2017년판과 2018년판에 있던 "상호신뢰하에 미래지향의 신시대로 발전시켜 간다"는 의례적인 문구조차 삭제되었다. 나아가 2019년판 『외교청서』는 2018년 10월 30일 일본기업에 대한 한국 대법원판결, 2015년 12월 한일 위안부 합의에 따라 설립된 화해치유재단의 해산 발표, 해상자위대의 제주 국제관함식 불참 한국 해

---

51 10월 22일 치러진 총선에서 자민·공명 연립여당이 3분의 2의 의석을 확보하면서 중의원과 참의원에서 개헌이 가능한 상태가 되었다.

52 "第百九十六回国会における安倍内閣総理大臣施政方針演説," https://warp.ndl.go.jp/info:ndljp/pid/11547454/www.kantei.go.jp/jp/98_abe/statement2/20180122siseihousin.html(검색일: 2021.9.14).

군의 레이더 조사(照射) 문제 등을 구체적으로 언급하면서 "한국의 부정적인 움직임이 이어져 매우 엄중한 상황에 직면해 있다"고 관계 악화 책임을 한국 측에 일방적으로 전가했다.

또한 2019년 9월 27일 각의에 보고된 『방위백서』는 한국과의 안보협력에 대해 "한국 측의 부정적인 대응이 방위협력, 교류에 영향을 미치고 있다"면서 미국을 제외하고 안보교류가 활발한 국가의 순서에서 2018년까지 '준동맹국'인 호주에 이어 두 번째로 서술되었던 한국은 인도와 아세안에 밀려 네 번째로 후퇴하게 된다.[53] 2016년 8월 아베의 제창 이후 '자유롭고 개방된 인도·태평양 전략'에 협력적인 국가들의 순서를 앞당겨 중국 견제 의도를 분명하게 한 것이다.

2017년 9월 14일 인도를 방문한 아베 총리에게 모디 총리는 중국 견제와 동남아시아 국가들과의 관계 강화를 목표로 한 자신의 '액트 이스트(Act East) 정책'과 '자유롭고 개방된 인도·태평양 전략'의 연계 강화에 지지를 표명했다.[54] 2017년 11월 10일 베트남 다낭에서 열린 APEC 정상회의에서 트럼프 대통령은 "'자유롭고 개방된 인도·태평양'이라는 비전을 공유할 수 있는 것을 영광스럽게 생각한다"고 말했다.[55] 아베의 연설문 작성에 관여했던 이치카와 게이치(市川惠一)는 국제사회

---

53 『방위백서』는 https://www.mod.go.jp/j/publication/wp/index.html(검색일: 2021.9.14) 참조.
54 "日印首脳会談," https://www.mofa.go.jp/mofaj/s_sa/sw/in/page4_003293.html(검색일: 2021.9.14).
55 연설문은 https://vn.usembassy.gov/20171110-remarks-president-trump-apec-ceo-summit/(검색일: 2021.9.14).

에서 일본의 존재감이 약해지고 있는 것에 대한 위기감에서 나왔다면서 일본이 제창한 외교 구상을 미국이 채용한 매우 이례적인 일이라고 의미를 부여했다.[56]

2018년 11월 16일 호주의 다윈에서 열린 정상회담에서 아베 총리와 모리슨 총리는 "일본의 자유롭고 개방된 인도·태평양에 관한 비전과 호주의 2017년 외교백서에 표명된 법의 지배에 입각한 자유롭고 개방적이며 포용적(inclusive)이며 번영한 인도·태평양지역의 확보를 위한 협력 심화"에 합의했다.[57] 무엇보다 상징적이었던 것은 2018년 5월 30일 매티스 국방장관이 하와이에서 열린 미태평양군사령관 이·취임식에서 태평양사령부의 명칭을 인도·태평양사령부로 변경한다고 밝힌 점이다. 매티스 장관은 "갈수록 증대하는 인도양과 태평양 간의 연결성을 중시해" 이름을 바꾸었다고 설명했지만, 이면에 일본, 인도, 호주와 함께 중국을 견제하려는 의도가 담겨 있었다.[58]

2020년 말 유럽연합에서 완전히 이탈한 영국은 트럼프 정권 때 미국이 이탈한 이후 일본이 주도해 체결한 포괄적·점진적 환태평양경제동반자협정(CPTPP) 참가 의사를 표명했으며, 프랑스는 일본이 추진한 인도·태평양 개념을 유럽에서 가장 먼저 받아들인 나라다. 중국에 대한 대응이란 점에서 각국 간에 인식의 차이가 있기는 하지만, 유럽의

---

56 "自由で開かれたインド太平洋誕生秘話," https://www.nhk.or.jp/politics/articles/feature/62725.html(검색일: 2021.9.13).

57 Joint Press Statement Visit to Darwin by Japanese Prime Minister Abe, 16 November 2018.

58 『조선일보』, 2018.6.1.

국가들도 인도·태평양지역에 대한 관심이 크며 미국·일본·호주·인도 등 4개국과의 안보협력을 강화하고 있다.[59]

자유롭고 개방된 인도·태평양 전략을 기반으로 일본이 미국과 아세안, 유럽 등으로 외교적 지평을 확대하는 가운데서도 가장 가까운 한국과의 관계는 점점 더 소원해졌다. 2019년 7월 일본이 한국의 반도체 부품에 대한 수출규제조치에 대항해 한국이 일본과의 군사정보보호협정(GSOMIA, 지소미아)의 종료 방침을 결정하면서 역사 문제에서 발단한 한일 갈등은 통상과 안보, 나아가 국민감정으로까지 비화했다. 지소미아 종료 직전 한일 정부 당국 간 협의로 간신히 파국적인 상황은 피했지만, 7년 8개월간의 아베 정권 동안 한일 간 갈등과 대립은 지속되었다. 일본 정부는 중국의 우려를 완화하려는 의도에서 2018년 11월 자유롭고 개방된 인도·태평양 '전략'을 '구상'으로 변경했지만, 한국의 참여에 대해서는 여전히 소극적이었다.

2017년 11월 9일 인도네시아 국빈 방문 중이던 문재인 대통령은 한·인도네시아 비즈니스포럼 기조연설에서 한국과 아세안과의 관계를 주변 4대국 수준으로 끌어올리기 위해 아세안과의 협력관계를 획기적으로 발전시켜 나가기 위한 신남방정책의 추진 의사를 표명했다.[60] 문재인 정부는 코로나19의 확산 이후 이를 더욱 발전시킨 신남방정책

---

[59] 이기태, 2021, 「일본과 유럽의 '자유롭고 열린 인도·태평양' 안보협력」, 『국가안보와 전략』, 제21권 2호, 국가안보전략연구원.

[60] "한-인니 비즈니스포럼 기조연설," https://www1.president.go.kr/articles/1448(검색일: 2021.9.15).

플러스로 격상해 아세안과 인도 등 11개 국가와의 관계 강화를 추진하고 있는데, 중국 견제 의도가 미일 주도의 인도·태평양 전략과는 경쟁 측면이 강하다. 한국의 최대 교역상대국인 중국과의 관계에 더해 북한 핵 문제 해결과 한반도 평화프로세스에서 중국의 역할을 높이 평가하는 문재인 정권은 미일의 인도·태평양 전략에 대한 협력 의사를 명확하게 밝히지 않았다. 지역 국가들 사이에도 일치된 견해가 존재하는 것은 아니지만, 역내 질서가 미중에 의해서만 규정되는 것은 바람직하지 않기 때문에 역내 국가 간 관계를 어떻게 우리의 국익에 맞게 이끌어 갈 것인가가 우리의 과제라고 할 수 있다.

2) 아베 정권하에서 심화하는 일본과 아세안의 협력과 천황의 동남아시아 방문

일본과 아세안의 우호 협력 40주년이 되는 2013년 베트남과 태국 방문을 마친 아베는 1월 18일 인도네시아의 유도요노 대통령과의 정상회담 후 기자회견에서 아세안과의 관계를 일본 외교의 '가장 중요한 기축'이라고 규정했다. 알제리에서 일어난 일본인 납치사건 때문에 일정을 앞당겨 귀국해 예정된 자카르타 연설은 하지 못했으나, '일본 외교의 새로운 5원칙'에 대해 언급했다.[61]

---

61 '개방된 바다의 혜택: 일본외교의 새로운 5원칙(The Bounty of the Open Seas: Five New Principles for Japanese Diplomacy)'이란 제목의 연설 전문은 https://warp.ndl.go.jp/info:ndljp/

첫째, 두 개의 바다(태평양과 인도양)가 만나는 이 지역에서 사상, 표현, 언론의 자유 같은 인류가 획득한 보편적 가치는 만개해야 한다.

둘째, 가장 소중한 공공재인 바다는 힘이 아니라 법과 규범으로 지배되어야 한다.

셋째, 일본 외교는 자유롭고 개방되고 서로 연결된 경제를 추구해야 한다.

넷째, 일본과 이 지역 사이에 문화적 유대가 더욱 충실하도록 노력해야 한다.

다섯째, 미래를 짊어질 젊은 세대 간 교류를 촉진해야 한다.

1977년 8월 18일 필리핀의 마닐라에서 후쿠다 다케오 총리가 천명한 동남아시아 외교 3원칙(후쿠다 독트린)보다 훨씬 포괄적인 내용을 담고 있었다. 아베 총리에 앞서 아소 다로 부총리는 2013년 1월 13일 미얀마를 방문해 대일채무의 일부 포기 의사를 밝혔으며, 9~14일까지 기시다 후미오 외상이 필리핀, 싱가포르, 브루나이, 호주를 방문했다. 총리를 비롯한 정권의 핵심 각료들의 방문은 일본이 아세안 및 호주와의 협력을 중시하고 있다는 것을 보여주는 것이었다고 할 수 있다.

이러한 원칙에 따라 아베 총리는 2013년 2월 국회 시정방침연설에서 미일동맹을 기축으로 하여 지역협력의 허브로서 아세안을 중시하면서 아세안의 통일성을 지지하고, 나아가 호주와도 협력해 나가겠다

pid/8833367/japan.kantei.go.jp/96_abe/statement/201301/18speech_e.html(검색일: 2021.9.13).

는 방침을 천명했다. 12월 14일에는 도쿄에서 일본-아세안 특별정상회의가 열려 일본과 아세안의 미래 방향성을 제시하는 문서와 이를 실행하기 위한 구체적인 계획이 담긴 부속 문서가 채택되고, 지역과 지구 규모의 과제에 대한 공동 인식과 대응의 필요성을 담은 공동성명도 발표하였다. 특히, 후자에는 중국을 염두에 두면서 아시아태평양지역의 평화와 안정 및 번영을 위한 지역협력에서 아세안의 중심성이 중요하다는 점이 강조되었으며, 국제법의 보편적 원칙에 따른 분쟁의 평화적 해결, 해양 안보와 협력의 강화 필요성을 강조했다.[62]

아세안 국가들에게 미일이 주도하는 인도·태평양 전략(구상)에 대한 경계심이 없었던 것은 아니었지만, 일본과 아세안 국가와의 관계는 더욱 긴밀해져 갔다. 일본은 아세안공동체 구축의 중핵인 아세안의 연결성 강화를 지원하고 일본-아세안 경제 관계를 심화시켜 갔다. 1967년 설립 당시 5개국의 230억 달러였던 GDP는 50년 사이에 3조 달러로 100배 이상 증가했으며, 2018년 일본은 아세안의 네 번째 무역상대국이 되었다. 또한 2018년 일본의 아세안 직접투자는 대중국 투자의 2배가 넘어 25조 2,676억 엔에 달했으며, 인적교류도 비약적

---

[62] VISION STATEMENT ON ASEAN-JAPAN FRIENDSHIP AND COOPERATION: Shared Vision, Shared Identity, Shared Future, https://www.mofa.go.jp/mofaj/files/000022449.pdf(검색일: 2021.9.16); Implementation Plan of the Vision Statement on ASEAN-Japan Friendship and Cooperation: Shared Vision, Shared Identity, Shared Future, 14 December 2013, Tokyo, https://www.mofa.go.jp/mofaj/files/000022447.pdf(검색일: 2021.9.16); Joint Statement of the ASEAN-Japan Commemorative Summit "Hand in hand, facing regional and global challenges," https://www.mofa.go.jp/mofaj/files/000022451.pdf(검색일: 2021.9.16).

으로 확대되었다.63

무엇보다 아베 총리가 심혈을 기울였던 '자유롭고 개방된 인도·태평양(FOIP)'을 실현해 가는 파트너로서 아세안의 존재감이 커졌다는 것이 중요하다. 미일 주도의 인도·태평양 구상에 대한 경계심에서 아세안도 독자적인 인도·태평양 구상을 가져야 한다는 주장도 있었지만,64 아세안 국가들 사이에 공통의 인식이 존재했던 것은 아니다. 그런 가운데 전후 비동맹운동을 주도했던 인도네시아가 아세안의 맹주를 자부하면서 주도권을 발휘해 2019년 6월 23일 열린 아세안정상회의에서 독자적인 '아세안 인도·태평양전망(ASEAN Outlook on the Indo-Pacific, AOIP)'이 채택되었다.65 아세안의 중심성을 견지하면서 미일 등 역내 대국 주도의 인도·태평양 구상에 의한 아세안의 분열을 막고 역내 국가 간 협력의 필요성 강조에 중점이 놓여 있었다. 즉, AOIP는 인도·태평양 구상을 구체화하기 위해 새로운 제도를 만들기보다는 아세안을 활용하면서 자신들이 중요한 역할을 할 수 있도록 일본, 인도, 호주 등 주변국과의 연계를 강화하는 것이 바람직하다고 지적했다.66

---

63 外務省, 2020. 3,『日本とASEAN』, https://www.mofa.go.jp/mofaj/press/pr/pub/pamph/asean2020/ebook/html5.html#page=1(검색일: 2021.9.16).

64 아세안 국가들은 아시아태평양의 지역 질서 형성 과정에서 중요한 역할을 했던 아세안의 역할이 저하할 수 있으며, 이것이 중국을 억제하려 한다는 점에서 적대적인 구상으로 비칠 수 있다는 우려를 했다.

65 https://asean.org/wp-content/uploads/2019/06/ASEAN-Outlook-on-the-Indo-Pacific_FINAL_22062019.pdf(검색일: 2021.9.16).

66 菊地努, "序章 インド太平洋の新秩序と日本-ルールに基づく多極秩序を目指して,"日本国際問題研究所研究報告,『インド太平洋地域の海洋安全保障と『法の支配』の実体化に

한편, 일본은 미국, 호주, 인도 등 자유나 민주주의, 법의 지배 등 가치관을 공유하는 4개국 협의체인 쿼드(Quad)를 중심으로 인도·태평양 구상을 실현하고자 했다. 쿼드는 2004년 수마트라에서 발생한 지진과 쓰나미 피해 지원을 위해 4개국이 협력했던 것을 바탕으로 2006년 아베 총리가 4개국 전략대화를 제안한 것이 계기가 되어 시작된 비공식협의체다. 2017년 11월 4개국의 국장급 협의가 처음 열린 데 이어 2019년 9월 26일 뉴욕에서 처음 개최된 외교장관 회의에서는 자유롭고 개방되고 번영하는 인도·태평양의 추진을 위해 함께 노력하기로 합의했다.[67] 2019년 6월과 11월 국방부와 국무부가 발표한 인도·태평양 전략에 관한 보고서를 통해 미국도 쿼드 국가와 함께 아세안과의 협력을 강조했다. 대중국 견제를 위한 군사적 색채가 강했던 국방부 보고서와 달리 국무부 보고서는 중국을 자극하지 않도록 '전략'이라는 말을 사용하지 않았으며, 지리적으로 인도·태평양지역의 중심에 있는 아세안의 중심성을 중시했다.[68]

미중이 대립하는 가운데 다른 국가에 안보적 위협을 주지 않는 중소국가들로 구성된 아세안은 아세안의 중심성에 대한 각국의 지지를 바

 むけて：国際公共財の維持強化に向けた日本外交の新たな取り組み』(令和元年度インド太平洋研究会), 2021년 3월, https://www.jiia.or.jp/research/JIIA_indopacific_research_report_2020.html(검색일: 2021.9.15), pp. 1-20.

[67] "日米豪印閣僚級協議," https://www.mofa.go.jp/mofaj/fp/nsp/page6_000392.html(검색일: 2021.9.16).

[68] 국방부 보고서 "Indo-Pacific Strategy Report: Preparedness, Partnerships, and Promoting a Networked Region," June 1, 2019; 국무부 보고서 "A FREE AND OPEN INDO-PACIFIC: Advancing a Shared Vision," November 4, 2019.

탕으로 지역협력의 추진을 주도함으로써 대외관계의 외연을 확대하려 했다. 그렇지만, 아세안 내부에서 의견대립이 없었던 것은 아니며, AOIP 채택을 주도했던 인도네시아에서도 인도·태평양에 대한 생각이 긍정적이었던 것만은 아니었다. 특히, 미국과 중국이 아세안에 대해 서로 추파를 던지자 아세안은 어느 쪽에도 기울지 않도록 균형을 유지하려고 노력했다. 일본 정부는 AOIP에 대한 지지와 함께 아세안과의 안보협력을 강화하고 있지만, 미중관계의 전개 양상은 일본의 아세안정책에도 적지 않은 영향을 미칠 것이다.[69]

이와 같이 아베 정권의 아세안 외교는 경제협력이 중심이었으며, 일본과의 경제협력 확대가 아세안 국가의 경제발전을 자극할 것이라는 시각이 컸다. 또한 해양과 무역의 자유, 법의 지배 등과 같은 보편적 가치와 원칙에 입각한 인도·태평양 전략을 통해 외교적 지평을 확대하는 것에 중점이 놓여 있어 역사 문제는 도외시되었다고 할 수 있다. 이것은 아세안 국가들과의 관계는 크게 개선되고 전후 일본이 걸어온 평화 노선이 아세안의 발전에 공헌했다는 것을 아세안 국가들이 잘 인식하고 있다는 생각에 따른 것이라고 할 수 있다.

일본 정부는 매년 8월 15일 입법, 사법, 행정 3부 수장이 참가한 가운데 전국전몰자추도식을 개최했는데, 1995년 8월 15일 추도식에서 무라야마 도미이치 총리는 아시아의 피해국에 대해 '반성과 애도'를 표명했다. 이것은 이날 전후 50년을 맞이해 발표한 무라야마 담화와 궤를

---

[69] 大庭三枝, 2021, 「第6章 ASEANにとっての「インド太平洋」構想と海洋安全保障」, 日本国際問題研究所研究報告, 81~97쪽.

같이한 것이었다. 일본 총리가 과거 일본 정부의 잘못된 정책으로 일본 국민을 존망의 위기에 빠뜨렸다고 책임을 인정하고 일본 국민과 외국인 피해자에게 애도의 뜻을 공식적으로 표명한 것은 처음이었다.[70]

2007년 아베 총리는 아시아 국가들에 '다대한 손해와 고통'을 준 것에 대해 "국민을 대표해서 깊은 반성과 함께 희생된 분들에게 삼가 애도의 뜻"을 표명했지만, 2013~2020년 총리에서 물러날 때까지 '반성과 애도'란 표현을 사용하지 않았다. 2020년에는 2013~2019년까지 사용했던 "역사와 겸허히 마주하고", "역사의 교훈을 가슴에 깊이 새겨"라는 표현 대신 2013년 12월 처음 책정한 '국가안전보장전략' 문서에서 국가안보의 기본이념으로 제시했던 '적극적 평화주의'가 처음으로 포함되었다.[71]

아베 총리에게 과거 역사는 더 이상 반성과 사죄의 대상이 아니었다. 이는 추도식의 총리 식사(式辭)와 2015년 8월 14일 발표된 전후 70년 아베 담화에 응축되어 있다. 아베 총리와 대조적이었던 것이 천황의 추도식 발언이었다. 2015년 8월 15일 추도식에서 아키히토 천황은 "과거를 되돌아보고 지난 대전에 대한 깊은 반성(강조는 필자)"을 처음으로 표명했다.[72] '지난 대전'이 어떤 전쟁을 의미하는 것인지 모호하며

---

[70] 무라야마 담화의 한국어는 조진구, 2020, 『한일 관계 기본문헌집』, 서울: 늘품플러스, 133~135쪽.

[71] 『朝日新聞』, 2016년 8월 16일 및 2020년 8월 16일. 2003년 11월 제2차 고이즈미 내각 이후 총리의 연설 등은 http://www.kantei.go.jp/jp/archive/index.html(검색일: 2021.8.4)에서 접속이 가능하다.

[72] "全国戦没者追悼式 平成27年8月15日," https://www.kunaicho.go.jp/okotoba/01/

일본인 전몰자만을 대상으로 한 것이라는 비판도 있지만,[73] 과거의 전쟁에 대해 사용했던 '깊은 슬픔'이란 말을 '깊은 반성'으로 바꿔 사용하기 시작한 것은 주목할 만하며 일본 국내에서도 커다란 반향을 일으켰다.

1991년 9월 태국, 말레이시아 및 인도네시아를 방문했을 때 아키히토 천황은 전후 일본은 과거의 "불행한 전쟁의 참화를 다시 반복하지 않도록 평화 국가로서 살아갈 것을 결의"했다면서 "전후 일관해서 동남아시아 국가와의 새로운 우호 관계를 구축하도록 노력해 왔다"고 말했지만, 반성의 뜻을 표명하지는 않았다.[74] 2016년 1월 26일부터 30일까지 필리핀을 국빈 방문한 헤이세이 천황은 27일 아키노 대통령 주최 만찬회에서 "(지난 전쟁 당시 필리핀에서) 미일 간의 '치열한 전투'가 벌어져) 귀국의 많은 사람이 목숨을 잃고 상처를 입었던" 것을 "우리 일본인은 결코 잊어서는 안 된다"고 말했다.[75]

'일본국의 상징이며 일본 국민통합의 상징'으로서 헌법상 정치적 행위를 하지 못하는 천황이 과거의 전쟁을 침략 전쟁이 아니라 아시아 국가들의 해방을 위한 정의로운 전쟁으로 미화하는 역사수정주의자나 과거 회귀주의 세력을 견제하려는 의도가 있었다고 말하기는 어렵다.

---

okotoba/okotoba-h27e.html#D0815(검색일: 2021.8.4).

73 吉田裕, 2018, 「「先の大戦」における戦死者数について」, 『地歷・公民科資料』, No. 86, 1~6쪽.

74 "天皇皇后両陛下東南アジア諸国ご訪問時のおことば," https://www.kunaicho.go.jp/okotoba/01/speech/speech-h03e-seasia.html(검색일: 2022.4.20).

75 "天皇皇后両陛下フィリピンご訪問時のおことば," https://www.kunaicho.go.jp/page/okotoba/show/3(검색일: 2022.4.20).

그러나 과거의 전쟁과 아무 관련이 없는 후대에 "사죄를 계속하는 숙명을 짊어지게 해서는 안 된다"는 2015년 8월의 아베 담화와 달리 '불편한(不都合な)' 역사적 사실과 마주하려는 메시지가 담겨 있었던 것도 부인할 수 없을 것이다.

  82세 생일을 앞둔 2015년 12월 18일 기자회견에서도 헤이세이 천황은 전후 70년의 해인 2015년을 "여러 면에서 지난 전쟁을 생각하고 보낸 1년이었다"고 회고하면서 "매년 전쟁을 모르는 세대가 증가하고 있습니다만, 지난 전쟁에 대해 충분히 알고 생각을 깊게 해가는 것이 일본의 미래에 대단히 중요한 일이라고 생각한다"고 말했다.[76] 일본 국내외의 격전지를 방문하면서 전몰자를 위령하는 여행을 계속했던 아키히토 천황의 뒤를 이어 2019년 5월 새로 즉위한 나루히토 천황이 8월 15일 첫 번째 추도식에서 "과거를 되돌아보고 깊은 반성 위에 서서 다시 전쟁의 참화가 반복되지 않는 것을 간절히 바라고… 전화(戰禍)로 쓰러진 사람들에 대해 전 국민과 함께 마음에서 추도의 뜻을 표했다"는 점도 주목할 필요가 있다.[77]

---

[76] "天皇陛下お誕生日に際し(平成27年)," https://www.kunaicho.go.jp/okotoba/01/kaiken/kaiken-h27e.html(검색일: 2022.4.22).

[77] "主な式典におけるおことば(令和元年)」, https://www.kunaicho.go.jp/page/okotoba/detail/48#184(검색일: 2022.4.22).

5. 맺음말

이 글에서는 2000년대 이후 일본의 한국과 아세안 외교를 살펴보았다. 두 번에 걸쳐 총리에 재임했던 아베는 최장수 총리 재임 기록을 남겼지만, 한국과의 관계는 악화상태가 지속되었다. 2013년 12월 만들어진 '국가안전보장전략'에서 한국과의 협력은 우선순위가 높았지만, 역사 문제를 둘러싼 갈등은 경제와 안보 문제로까지 확대되어 한국의 중요성에 대한 인식이 점차 약화하고 있다.

부상하는 중국을 견제하려는 의도에서 일본이 제창한 '자유롭고 개방된 인도·태평양' 전략은 중국 포위망이라는 비판을 의식해 최근 '전략'이나 '구상'이라는 표현 자체를 빼고 '자유롭고 개방된 인도·태평양'이라는 표현을 사용하고 있다. 미국을 비롯해 호주와 인도, 영국과 프랑스, 독일 등 유럽의 국가와 함께 협력적인 태도를 견지해 온 아세안이 '자유롭고 개방된 인도·태평양'을 실현하는 중요한 파트너라는 인식이 일본에서 강해지고 있다. 2020년 1월 20일 국회 시정방침연설에서 아베 총리는 아세안을 동맹국 미국과 유럽, 쿼드 구성국인 인도, 호주와 더불어 "기본적 가치를 공유하는 국가들"에 포함했으며, 스가 요시히데 총리는 2021년 1월 18일 국회 시정방침연설에서 "전략적 파트너이며 무엇과도 바꿀 수 없는(かけがえのない) 친구"라고 언급했다.

소에야 요시히데는 일본의 인도·태평양 외교에서 한국이 빠진 것은

'전략상의 커다란 공백'이라고 비판한다.[78] 아세안 국가들이 일본의 역사인식을 문제화하지 않고 있는 것과 달리 한일 간에 껄끄러운 역사 문제가 외교 현안으로 계속 남는다면 뚜렷한 인식 차이를 보이는 역사 문제의 해결 없이 악화한 한일 관계 개선의 실마리를 찾기는 어려울 것이다.

일본에서는 '지난 대전(先の大戦)'이나 '그 전쟁(あの戦争)'이라는 말이 통용되고 있고, 교과서에서는 표준적으로 '태평양전쟁'이라는 호칭이 '대동아전쟁'이나 '아시아태평양전쟁'과 함께 병기되는 상황이다. 일반적으로 널리 정착한 '남북전쟁'은 미국에서 '내전(The Civil War)'으로 불리지만 '주간(州間)전쟁', '남부 독립을 위한 전쟁', '북부의 침략전쟁' 등으로 불리기도 하며 노예제도나 인종차별을 둘러싸고 지금도 논쟁이 있는 것도 사실이다.[79]

한일 간 역사 문제의 핵심 쟁점은 일본의 식민 지배의 합법성 여부다. 제국주의 시대의 서구 열강이 아시아와 아프리카 국가를 식민 지배했던 것이 합법인가, 불법인가에 관해서는 현재에 이르기까지 명백한 불법이라는 국제적 합의가 존재하는 것은 아니다. 영국을 포함한 서구 제국주의 국가들은 노예제도나 식민지 지배에 침묵하고 비인도적인 행위나 경제 수탈에 눈을 감아왔지만, 국제사회에서 인권 의식이 높아지면서 과거 부(負)의 역사에 관한 재조명이 이뤄지고 있는 것도 사실이다.

---

[78] 添谷芳秀, 2020.1.2, 「日本のインド太平洋外交と近隣外交」, 『国際問題』 No. 688, 29쪽.
[79] 『朝日新聞』, 2022.8.31.

2020년 5월 미국 미네소타 미니애폴리스에서 백인 경찰의 과잉 진압으로 비무장 상태의 흑인 남성 조지 플로이드가 사망한 사건을 계기로 차별에 항의하는 BLM(Black Lives Matter) 운동이 일어났다. 이것은 대서양을 건너 영국으로 비화해 브리스틀의 노예무역 상인의 동상이 짓밟히고 강물에 내던져졌다. 영국의 보험회사 로이즈는 6월 18일 노예무역의 해상보험 등에 관여했던 부끄러운 과거 역사에 대해 사죄했으며,[80] 영국의 중앙은행(Bank of England)도 6월 19일 성명을 내고 "잉글랜드은행은 노예무역에 직접 관여하지 않았지만, 전 총재 등이 용서할 수 없는 행위에 가담했던 것은 알고 있다"면서 사죄했다. 노예무역에 관여했던 역대 은행 총재의 초상화는 완전히 철거되었으며, 잉글랜드은행 부속 박물관에서는 이 문제에 관한 상세한 조사를 하고 있다고 발표했다.[81]

2021년 10월 18일 프랑스의 마크롱 대통령은 1961년 10월 파리 교외에서 벌어진 옛 식민지 알제리 출신 주민이 경찰에게 학살당했던 사건에 대해 "용서할 수 없는 범죄"라고 비난하는 성명을 발표했다. 프랑스 대통령으로서 처음으로 추도식에도 참석했지만, 사죄나 국가의 책임에 대해서는 언급하지 않았다.[82]

---

80 Our full statement on the Lloyd's market's role in the slave trade, 2020.6.18, https://www.lloyds.com/news-and-insights/news/our-full-statement-on-the-lloyds-markets-role-in-the-slave-trade(검색일: 2021.10.5).

81 Statement in relation to the Bank's historical links to the slave trade, 19 June 2020, https://www.bankofengland.co.uk/news/2020/june/statement-in-relation-to-the-banks-historical-links-to-the-slave-trade(검색일: 2021.10.5).

82 『朝日新聞』, 2021.10.18.

1965년 6월 한일국교정상화 이후 과거사에 대해 우리를 만족시킬 수 있는 수준은 아니었지만, 일본이 '사죄와 반성'을 표명하지 않았던 것은 아니다. 1984년 9월 한국 대통령으로서 처음으로 일본을 방문했던 전두환 대통령 환영 만찬에서 '일본국의 상징이며 일본 국민통합의 상징'(일본 헌법 제1조)인 천황은 "금세기의 한 시기에 있어서 양국 간에 불행한 과거가 있었던 것은 진심으로 유감이며, 다시 되풀이되어서는 안 된다"고 유감을 표명했다. 1990년 5월 노태우 대통령의 일본 국빈 방문 때에도 천황은 일본에 의해 초래된 '불행한 시기에' 한국 국민이 겪었던 고통에 대해 '통석(痛惜)의 염'(몹시 애석한 마음)을 금할 수 없다고 이전보다 진일보한 표현으로 유감을 표명했다.

1998년 10월 김대중-오부치 공동선언에는 일본의 식민지 지배로 인해 "한국 국민에게 다대한 손해와 고통을 안겨주었다는 역사적 사실을 겸허히 받아들이면서, 이에 대하여 통절한 반성과 마음으로부터의 사죄"가 포함되었다. 나아가 2010년 8월 10일 한일강제병합조약 체결 100년을 맞이하여 발표한 담화에서 간 나오토 총리는 "정치·군사적 배경하에 당시 한국인들은 그 뜻에 반하여 이루어진 식민지 지배로 국가와 문화를 빼앗기고, 민족의 자긍심에 깊은 상처를 입었다"면서 "통절한 반성과 마음으로부터의 사죄"를 재차 표명했다.

한일 간의 역사인식의 차이가 극복할 수 있는 것이라면 나아가 역사인식을 공유할 수 있는 것이라면, 이를 위해서는 우선 양국 사이에 어떤 인식의 차이가 있는지를 이해할 필요가 있다. 일본에 대해 비판할 것은 마땅히 비판해야 하지만, 그것은 사실에 입각한 것이어야 한다. 그렇지 않으면 오히려 우리의 입장을 약화하고 공격의 빌미를 제공할 수 있기 때문이다.

　과거의 어두운 역사를 직시하려는 움직임은 이제는 돌이킬 수 없는 흐름이다. 역사적으로 지리적으로 가장 가까운 이웃 나라인 한국과 일본의 국력, 국제사회의 위상을 고려하면 한반도와 동아시아, 나아가 국제사회의 평화와 번영을 위해서도 한일 관계 개선이 필요하다. 한일 역사화해는 '기억의 화해'에 기반해야 하며, 이것이야말로 양국 정치지도자에게 부여된 책무라고 할 수 있다.

| 참고 문헌 |

- 강철구, 2014, 「일본의 대 동남아시아 ODA 정책에 대한 평가」, 『비교일본학』 제31권, 한양대 일본학국제비교연구소.
- 경제희, 2018, 「아베정권 시기의 외교·안보에 대한 여론과 정책」, 『일본비평』 19호, 서울대 일본연구소.
- 김민철, 2020, 「강제동원·강제노동 부정론 비판」, 『역사 문제연구』 제44호, 역사 문제연구소.
- 김양희, 2021, 「일본의 수출규제 강화에 대응한 한국의 탈일본화에 대한 시론적 고찰」, 『일본비평』 24호, 서울대 일본연구소.
- 김창록, 2021, 「한국 법원의 일본군'위안부' 판결들」, 『일본비평』 25호, 서울대 일본연구소.
- _____, 2018, 「2012년 대법원 강제동원 판결의 의의」, 『한일민족문제연구』 제35호, 한일민족문제학회.
- 신정화, 2021, 「센카쿠열도 갈등과 일본의 대중 안보전략: '실질적 위협' 중국과 '자유롭고 열린 인도·태평양 전략'」, 『대한정치학회보』 제29권 3호, 대한정치학회.
- 와다 하루키(和田春樹)저·정재정 역, 2016, 『일본군'위안부' 문제의 해결을 위하여』, 서울: 역사공간.
- 유의상, 2016, 『13년 8개월의 대일협상』, 서울: 역사공간.
- 이기태, 2021, 「일본과 유럽의 '자유롭고 열린 인도·태평양' 안보협력」, 『국가안보와 전략』, 제21권 2호, 국가안보전략연구원.
- 조관자, 2016, 「일본인의 혐한의식-반일의 메아리로 울리는 혐한」, 『아세아연구』 제59권 제1호, 고려대 아세아문제연구소.
- 조윤수, 2014, 「일본군 위안부문제와 한일 관계」, 『한국정치외교사논총』 제36권 1호, 한국정치외교사학회.
- 조은일, 2020, 「아베 시기 일본의 '자유롭고 열린 인도-태평양' 지역전략」, 『한국과 국제 정치』 제36권 제2호, 경남대 극동문제연구소.
- 조진구, 2006, 「국교정상화 40주년의 한일 관계: 신한일어업협정과 독도문제를 중심으로」, 『평화연구』 제14권 1호, 고려대학교 평화와민주주의연구소, 2006.
- _____, 2017, 「아베 정권의 외교안보정책-국가안전보장회의, 집단적 자위권 그리고 헌법 개정 문제」, 『동북아역사논총』 58호, 동북아역사재단.
- _____, 2017, 「일본군'위안부' 문제, 12·28 한일 위안부 합의는 무엇이었는가」, 박홍규·조진구 편저, 『한국과 일본, 역사 화해는 가능한가』, 고양: 연암서가.
- _____, 2019, 「문재인 정부의 대일정책-일본군'위안부' 문제를 중심으로-」, 『한일민족문제연구』, 제36호, 한일민족문제학회.

- _____, 2020, 「일본의 전후 아시아 '배상외교'와 역사인식 - 정부 간 화해의 성과와 한계」, 『日本歷史研究』, 제51집, 일본사학회.
- _____, 2020, 『한일 관계 기본문헌집』, 서울: 늘품플러스.
- 최희식, 2018, 「아베 정권의 외교안보정책: 해양안전보장을 중심으로」, 『국방연구』, 제61권 제4호, 국방대학교 안보문제연구소.
- 허원영, 2021, 「전후 일본의 대 동남아시아 경제협력과 문화외교-'경제지배' 이미지의 대응 수단으로서의 소프트파워」, 『일본학』, 제54집, 동국대학교 일본학연구소.
- 日本再建イニシアチブ, 2013, 『民主党政権 失敗の検証』, 東京: 中央公論新社.
- 五十嵐武士, 1995, 『戦後日米関係の形成-講話・安保と冷戦後の視点に立って』, 東京: 講談社.
- 田中明彦, 2020, 「第5章 冷戦と東アジアの「熱戦」」, 田中明彦・川島真編著, 『20世紀の東アジア史Ⅰ 国際関係史概論』, 東京: 東京大学出版会.
- 五百旗頭真編, 2010, 『戦後日本外交史 第3版』, 東京: 有斐閣.
- 井上寿一, 2017, 『戦争調査会 - 幻の政府文書を読み解く』, 東京: 講談社.
- 芝健介, 2015, 『ニュルンベルク裁判』, 東京: 岩波書店.
- 大沼保昭, 1989, 「東京裁判 ― 法と政治の狭間」, 細谷千博・安藤仁介・大沼保昭編, 『東京裁判を問う』, 東京: 講談社.
- 大嶽秀夫, 1992, 『二つの戦後・ドイツと日本』, 東京: 日本放送出版協会.
- 栗原俊雄, 2016, 『戦後補償裁判 - 民間人たちの終わらない「戦争」』, 東京: NHK出版.
- 内山融, 2007, 『小泉政権 -「パトスの首相」は何を変えたのか』, 東京: 中央公論新社.
- 読売新聞政治部, 2006, 『外交を喧嘩した男 - 小泉外交2000日の真実』, 東京: 新潮社.
- 飯島勲, 2007, 『実録小泉外交』, 東京: 日本経済新聞出版社.
- 服部龍一, 2015, 『外交ドキュメント 歴史認識』, 東京: 岩波書店.
- 毛里和子, 2017, 『日中漂流-グローバル・パワーはどこへ向かうか』, 東京: 岩波書店.
- 李鍾元・木宮正史・磯崎典世・浅羽祐樹, 2017, 『戦後日韓関係史』, 東京: 有斐閣.
- 木宮正史, 2021, 『日韓関係史』, 東京: 岩波書店.
- 古田元夫, 2021, 『東南アジア史10講』, 東京: 岩波書店.
- 松井一彦, 2006, 「東アジア共同体と日本」, 『立法と調査』, No.254.
- 保城広至, 2011, 「日本の政権交代と「東アジア共同体」の停滞-地域経済協力の国内条件-」, 『社会科学研究』, 63巻 3-4号.
- 佐橋亮, 2013, 「民主党外交と政治主導の失敗」, 『季刊 政策・経営研究』, Vol. 1.
- 外務省, 2017, 『外交青書 2017 平成29年版(第60号)』, 東京：外務省.
- _____, 2020, 『日本とASEAN』, 東京：外務省.
- 菊地努, 2021, 「序章 インド太平洋の新秩序と日本-ルールに基づく多極秩序を目指して」, 令和元年度インド太平洋研究会, 『インド太平洋地域の海洋安全保障と『法の支配』の実体化にむけて：国際公共財の維持強化に向けた日本外交の新たな取り組み』, 東京: 日本国際問題研究所研究報告.

- 大庭三枝, 2021, 「第6章 ASEANにとっての「インド太平洋」構想と海洋安全保障」, 東京: 日本国際問題研究所研究報告.
- 吉田裕, 2018, 「「先の大戦」における戦死者数について」, 『地歴・公民科資料』, No. 86.
- 添谷芳秀, 「日本のインド太平洋外交と近隣外交」, 『国際問題』, No. 688, 2020.
- "東アジア共同体構築に係るわが国の考え方(平成18年11月)." https://www.mofa.go.jp/mofaj/area/eas/pdfs/eas_02.pdf(검색일: 2021.9.8).
- Department of State. 2019, "A FREE AND OPEN INDO-PACIFIC: Advancing a Shared Vision."
- Department of Defense. 2019, "Indo-Pacific Strategy Report: Preparedness, Partnerships, and Promoting a Networked Region."
- "Implementation Plan of the Vision Statement on ASEAN-Japan Friendship and Cooperation: Shared Vision, Shared Identity, Shared Future." 14 December 2013. https://www.mofa.go.jp/mofaj/files/000022447.pdf(검색일: 2021.9.16).
- "Joint Statement of the ASEAN-Japan Commemorative Summit 'Hand in hand, facing regional and global challenges'." https://www.mofa.go.jp/mofaj/files/000022451.pdf(검색일: 2021.9.16).
- Norman Rich. 2003, Great Power Diplomacy Since 1914, New York: McGraw-Hill.
- Our full statement on the Lloyd's market's role in the slave trade. 18 Jun 2020, https://www.lloyds.com/news-and-insights/news/our-full-statement-on-the-lloyds-markets-role-in-the-slave-trade(검색일: 2021.10.5).
- Statement in relation to the Bank's historical links to the slave trade. 19 June 2020, https://www.bankofengland.co.uk/news/2020/june/statement-in-relation-to-the-banks-historical-links-to-the-slave-trade(검색일: 2021.10.5).
- "VISION STATEMENT ON ASEAN-JAPAN FRIENDSHIP AND COOPERATION: Shared Vision, Shared Identity, Shared Future." https://www.mofa.go.jp/mofaj/files/000022449.pdf(검색일: 2021.9.16).
- "한-인니 비즈니스포럼 기조연설." https://www1.president.go.kr/articles/1448(검색일: 2021.9.15).
- "小泉内閣総理大臣の談話." http://www.kantei.go.jp/jp//koizumispeech/2001/0813danwa.html(검색일: 2021.8.5).
- "日韓共同プレス発表." https://www.mofa.go.jp/mofaj/area/korea/visit/0804_2_pr.html(검색일: 2021.9.7).
- "小泉総理大臣のASEAN諸国訪問における政策演説 東アジアの中の日本とASEAN －率直なパートナーシップを求めて－." https://www.mofa.go.jp/mofaj/press/enzetsu/14/ekoi_0114.html(검색일: 2021.9.7).
- "小泉総理の東アジア首脳会議等への出席(概要と取りあえずの評価)." https://www.mofa.

- go.jp/mofaj/kaidan/s_koi/asean05/gh.html(검색일: 2021.9.8).
- "日中首脳会談(概要)." https://www.mofa.go.jp/mofaj/area/china/visit/0909_sk.html(검색일: 2021.9.9).
- "日韓首脳共同記者会見." https://warp.ndl.go.jp/info:ndljp/pid/1042913/www.kantei.go.jp/jp/hatoyama/statement/200910/09kyoudou.html(검색일: 2021.9.9).
- "鳩山総理によるアジア政策講演 アジアへの新しいコミットメント －東アジア共同体構想の実現に向けて-(仮訳)." https://warp.ndl.go.jp/info:ndljp/pid/1042913/www.kantei.go.jp/jp/hatoyama/statement/200911/15singapore.html(검색일: 2021.9.9).
- 日本国内閣総理大臣 安倍晋三. "日本は戻ってきました." https://www.mofa.go.jp/mofaj/press/enzetsu/25/abe_us_0222.html(검색일: 2021.9.13).
- "第百八十三回国会における安倍内閣総理大臣施政方針演説." https://warp.ndl.go.jp/info:ndljp/pid/8295038/www.kantei.go.jp/jp/96_abe/statement2/20130228siseuhousin.html(검색일: 2021.9.13).
- "第百九十六回国会における安倍内閣総理大臣施政方針演説." https://warp.ndl.go.jp /info:ndljp/pid/11547454/www.kantei.go.jp/jp/98_abe/statement2/20180122siseihousin.html(검색일: 2021.9.14).
- "日印首脳会談." https://www.mofa.go.jp/mofaj/s_sa/sw/in/page4_003293.html(검색일: 2021.9.14).
- "自由で開かれたインド太平洋誕生秘話." https://www.nhk.or.jp/politics/articles/feature/62725.html(검색일: 2021.9.13).
- "日米豪印閣僚級協議." https://www.mofa.go.jp/mofaj/fp/nsp/page6_000392.html(검색일: 2021.9.16).
- "全国戦没者追悼式 平成27年8月15日." https://www.kunaicho.go.jp/okotoba/01/okotoba/okotoba-h27e.html#D0815(검색일: 2021.8.4).
- "天皇皇后両陛下東南アジア諸国ご訪問時のおことば." https://www.kunaicho.go.jp/okotoba/01/speech/speech-h03e-seasia.html(검색일: 2022.4.20).
- "天皇皇后両陛下フィリピンご訪問時のおことば." https://www.kunaicho.go.jp/page/okotoba/show/3(검색일: 2022.4.20).
- "天皇陛下お誕生日に際し(平成27年)." https://www.kunaicho.go.jp/okotoba/01/kaiken/kaiken-h27e.html(검색일: 2022.4.22).
- "主な式典におけるおことば(令和元年)." https://www.kunaicho.go.jp/page/okotoba/detail/48#184(검색일: 2022.4.22).

제7장

한·미·일 협력과 한일 역사 갈등
－미국의 동맹 관리의 시각에서

| 조양현 · 국립외교원 외교안보연구소 교수 |

1. 머리말
2. 탈냉전기 한·미·일 협력의 부침(浮沈)
3. 한일 일본군 '위안부' 갈등과 오바마 정부의 동맹 관리
4. 트럼프 정부 시기 한·미·일 협력의 위기
5. 바이든 정부 출범과 한·미·일 협력
6. 맺음말: 한국 외교에의 제언

* 이 글은 『미국 바이든 정부 출범과 한·미·일 협력: 미국의 동맹 관리의 시각에서』(국립외교원 외교안보연구소 정책연구시리즈, 2022.1)에 수록된 내용을 수정·보완한 것이다.

1. 머리말

이 글은 탈냉전 이후 한·미·일 협력과 한일 역사 갈등의 관계를 미국의 '동맹 관리'의 시각에서 분석하고, 이를 토대로 우리의 대일 외교 및 대외전략에의 함의를 제시하는 것을 목적으로 한다.

탈냉전 이후 한·미·일 협력에 대해서는 한일/한·미·일 간의 안보협력의 발전 과정에 대한 연구(서동만, 2006; 김태효, 2006; 박영준 2017; Takahashi, 2007; 富樫, 2017), 북한 핵 문제 관련 한·미·일 3국 간의 공동 대응의 확대 과정에 대한 연구(이종원, 2015)가 있다.[1] 최근 과거사 문제를 둘러싼 한일 갈등이 한일협력은 물론 한·미·일 협력에 부정적인 영향을 미치고 있지만, 정작 과거사 문제와 안보 문제의 관계에 대해서는 이렇다 할 선행연구가 없다. 이 연구는 미국의 동맹 관리의 시각에서 과거사 문제와 안보협력 간의 상관관계를 밝히고자 한다는 점에서 선행연구와 차별화된다.

미국은 21세기 들어 동아시아 지역에서 부상하는 중국을 견제하고 자국의 영향력을 유지하기 위해, 미국의 최대 동맹국인 한일 양국 간의

---

1 김태효, 2006, 「한일 관계 민주동맹(Democratic Alliance)으로 거듭나기」, 『전략연구』 37; 박영준, 2017, 『한국 국가안보 전략의 전개와 과제』, 한울; 서동만, 2006, 「한일 안보협력에 관하여」, 김영작·이원덕 편, 『일본은 한국에게 무엇인가』, 한울아카데미; 이종원, 2015, 「전후 한일 관계와 미국: 한·미·일 삼각관계의 변용과 지속」, 『한일 관계사 1965-2015 Ⅰ 정치』, 역사공간; Sugio Takahashi, 2007, 「Toward Japan-ROK Security Cooperation beyond Northeast Asia」, Korean Journal of Defense Analysis, 19:3; 富樫 あゆみ, 2017, 『日韓安全保障協力の検証-冷戦以後の「脅威」をめぐる力学』, 亜紀書房.

갈등을 최소화하고, 다른 한편 한·미·일 3국 간의 협력을 강화하는 정책을 추진해 왔다. 미국 민주당 정부는 일본 지도자의 야스쿠니 참배를 견제하고, 한일 간의 일본군'위안부' 갈등을 중재하여 합의를 유도하는 한편, 한일 정보보호협정(GSOMIA), 대북한 정책조율협의회(TCOG), 정상 및 고위급 한·미·일 회의 등의 협의체를 제도화시켜 왔다. 민주당 외교의 전통을 계승한 바이든 정부는 대북한 공조, 한·미·일 안보협력 차원에서 미국의 아시아전략의 '약한 고리'인 한일 관계의 개선을 압박할 가능성이 있다.

2021년 2월에 미국 CRS 보고서는 한일 관계가 2018년 이후 지난 수십 년 중에서 최악이라고 평가하고, 바이든 정부가 북한 문제 조율에 앞서 한일 관계 개선에 나설 것이라고 전망하였다. 2021년 3월에 바이든 대통령이 발표한 미국국가안보전략 잠정지침(Interim National Security Strategic Guidance)과 블링컨 연설, 3월에 도쿄와 서울에서 연달아 열린 2+2회의, 4월 미일정상회담, 5월 한일정상회담에서도 같은 취지를 표명하였다.

반면 한국에서는 한·미·일 협력, 특히 일본과의 안보협력을 반대하는 목소리가 강하다. 우선 냉전 시기에도 일본을 끌어들이지 않고 한미동맹으로 대북억지력을 확보했는데, 냉전이 끝난 상황에서 일본과의 안보협력을 추구하는 것은 시대 역행적이며, 남북한 관계 개선 및 한반도 통일에 부정적으로 작용할 수 있다는 우려가 있다. 다음으로 미일동맹과 한미동맹은 목적이 달라서 한일 혹은 한·미·일 간의 군사협력에 들어갈 경우, 한국의 의도와 관계없이 중국을 자극하거나 미·중·일 간의 패권경쟁에 말려들 수 있다는 지적이 있다. 그뿐만 아니라 일본의 과거사 반성이 미흡한 상황에서 한일 안보협력을 추진하면 일본의 군사대국화나 역사수정주의에 면죄부가 될 수 있다는 우려가 있다. 2010년대 들어 미국이 일본의 과도한 역사수정주의를 경계하면서도 중국의 부상에 대응하기 위해 미일동맹을 강화한 것과 달리, 한국에서는 중국의 군사굴기보다 일본의 군사적 보통국가화 내지는 아베 내각의 역사수정주의적 행태가 더 큰 국민적 관심사였다. 제2차 아베 내각의 출범과 때를 같이하여 한국에서는 박근혜 정부가 출범하였고, 이후 3년 가까이 한일 양국은 구일본군 '위안부'(이하 위안부) 문제를 둘러싸고 대립하였다. 2019년 7월에 일본 정부가 한국에 대한 수출규제조치를 도입하자, 한국은 한일 군사정보보호협정(GSOMIA)의 중단을 통보하면서 한일 간 과거사 갈등은 경제 및 안보 분야의 대결로 확대되었다.

한일 간 역사 갈등은 동아시아의 파워 밸런스 변화, 즉 미중 간의 전략 경쟁과 밀접히 연동되어 있다. 2010년대 들어 미중 간 패권경쟁이 가시화하면서 한일 과거사 문제는 한일 양자관계의 현안을 넘어 미국, 중국이 가세한 전략 게임과 연동되고 있다. 중국은 2010년대 들어 야스쿠니 참배나 위안부 문제 등의 역사 문제의 대응에 있어서 한국과 연대하여 일본을 압박하려는 태도를 선명히 했다. 2014년 7월에 방한한 시진핑 주석은 한중 양국의 항일의 역사를 강조하였고, 중국 관영 언론은 항일전쟁, 광복 70주년 공동행사 제안 등을 부각시켰다. 이후 중국 정부와 지방 정부들은 상하이 임시정부 청사와 충칭 광복군 총사령부, 하얼빈 안중근 의사 기념관 등 중국 각지의 한국 독립운동 사적지 보호 문제에 있어 적극적인 대응을 이어 갔다. 중국은 한·미·일 안보협력을 견제하기 위해 '약한 고리'인 한일 관계에 쐐기를 박기 위해 '역사

카드'로 동원하고 있다는 해석이 가능하다. 미국은 과거사 갈등으로 한일 관계가 악화되고 나아가 이러한 동맹 내 균열이 국제사회로 확대되는 것을 경계하였다.

이 연구는 위와 같은 문제의식에서 출발하여 21세기에 들어와 한일 간 역사 갈등과 화해는 미국의 동맹 관리 전략과 어떤 관계에 있는가, 한·미·일 협력은 시기별로 어떠한 변화와 지속성을 보여 주었는가라는 문제를 고찰하고, 우리의 대일 외교 및 대외전략에의 함의를 제시하고자 한다. 한일 갈등이 과거사 문제를 넘어 경제 및 안보 분야까지 확대되고 있는 현실에 비추어 볼 때, 이 연구의 성과는 한일 관계 갈등의 복잡한 양상을 이해하고 관계 개선을 위한 방안을 모색하는 데 기여할 것으로 기대한다.

2. 탈냉전기 한·미·일 협력의 부침(浮沈)

1) 한·미·일 협력의 촉진제로서 북한 문제

제2차 세계대전 이후 유럽에서 시작되었던 미소 간의 냉전은 한반도의 분단과 한국전쟁을 거치면서 동아시아의 냉전체제로 고착되었다. 한국과 일본은 미일안보조약과 한미상호방위조약을 체결하고 미국의 냉전 전략에서 핵심 동맹국으로 편입되었다. 그러나 식민관계의 청산을 둘러싼 갈등과 지정학적 경쟁의식으로 인해 한일 양국은 국교정상화에 20년의 시간을 필요로 했다.

미국과의 동맹관계를 공유하는 한일 양국은 냉전기를 통해 '준동맹' 관계를 유지했지만, 한일 관계에 내재된 갈등의 불씨가 해소된 것은 아니었다.[2] 1965년에 양국이 국교를 정상화한 후에도 과거사 관련 한국의 국민감정과 태평양전쟁의 유산인 '평화국가'라는 일본의 정체성이 한일 간의 본격적인 동맹관계 구축을 제약했다. 한일 간 갈등이 불거질 때마다 미국은 동맹의 '관리'에 부심했고, 한일 관계는 미국의 동아시아 냉전 전략의 '불완전한 고리'로 남았다.[3]

냉전기에 한일 양국은 경제 분야에서 우호적인 협력 관계를 구축할 수 있었지만, 안보 분야에서는 미국을 매개로 하는 간접적이고 낮은 수준의 협력 관계에 머물러 있었다.[4] 동아시아에서 미소냉전의 성격은 데탕트와 신냉전을 거치면서 변화하였지만, 이른바 '한국조항'(혹은 한반도조항)이나 한일경제협력차관의 사례에서 알 수 있듯이 안보와 경제 분야에서 한·미·일 3국이 서로를 필요로 하는 구도에는 변함이 없었다.[5] 1980년대까지 한일 간에 간헐적인 안보교류의 시도가 있었지만, 오래 지속되지 못했다. 한일 간의 직접적인 안보협력이 가시화된 것은

---

2 Victor Cha, 2000, *Alignment Despite Antagonism: The United States-Korea-Japan Security Triangle*, Stanford University Press.

3 李鍾元, 1996, 『東アジア冷戦と韓米日関係』, 東京大学出版会.

4 서동만, 「한·일 안보협력에 관하여」, 2006, 『일본은 한국에게 무엇인가』, 한울아카데미.

5 이종원, 「전후 한일 관계와 미국: 한·미·일 삼각관계의 변용과 지속」, 182~186쪽.

1990년대에 들어서부터였다. 글로벌 냉전이 종식되고 북한, 타이완 해협 등 동아시아 차원에서 지역분쟁의 가능성이 커지면서 급변하는 안보 환경에 한일 양국이 공동으로 대응할 필요성이 커졌기 때문이다.

1990년대에 한일협력은 북한이라는 공동의 위협인식을 상정하여 국방 분야의 인사 교류, 부대 간의 교류 및 정보교환의 정례화로 발전하였다. 북한의 핵 개발 의혹, 미사일 발사 등으로 제기된 '북한 위협론'은 한일 안보협력의 촉진제가 되었다.[6] 1993년에 미국 국무부와 워싱턴 주재 한일 양국의 대사관 관계자들이 회동하여 북한의 핵과 대량살상무기의 개발을 저지하기 위해 협의하였고, 1994년에 제네바 핵 합의로 한반도에너지개발기구(KEDO)를 설립하였다. 1994년부터 매년 한일 간 국방장관 회담과 방위정책 관련 실무회의를 개최하였고, 연습함대의 상호 방문도 시작하였다.

1998년 김대중 정부 출범 이후 북한의 탄도미사일 발사, 반잠수정 사건 등의 도발이 계속되는 상황에서 발표된 '21세기 한일 파트너십 선언'에는 양국 간의 협력 사업에 안보 대화와 방위교류의 확대가 포함되었다. 이를 계기로 외교와 국방 분야 관계자가 참석한 안보 정책협의회가 개최되어 한일 간에 직접적인 안보 협의 채널을 개설하였다. 그리고 공동의 해상 훈련 합의, 긴급사태 발생 시의 정보교환을 위해 한일 간에 핫라인 개설, 동중국해에서 공동의 해상 구조훈련 실시 등이 뒤따랐다. 그리고 국방과 외교 관련 연구 및 교육기관 간의 학술교류 등이

---

6 이원덕, 2002.1, 「한·일안보협력의 현황과 과제」, 『외교』 60호.

정례화되었다.[7]

1998년에 시작된 한일 간 대북정책 공조는 이듬해 10월에 '페리 프로세스'로 불리는 미국 대북정책의 전환을 가져오는 촉매제가 되었다. 1999년 4월 하와이에서 한·미·일 3국은 대북정책 조정을 위해 국장급 회의로서 3자 대북정책조정그룹회의(TCOG: Trilateral Coordination and Oversight Group)를 결성하기로 합의하였다. 동 회의는 1999년 5월에 도쿄에서 1차 회의가 개최된 이후 2003년 8월에 6자회담으로 대체되기까지 활발하게 개최되었다. 이 협의체는 북한의 핵 개발 문제 외에 북한에 대한 지원 문제도 논의하였으며, 북한 문제가 불거질 때마다 3국의 대표가 회합하여 공동성명을 발표했다. 이 협의체는 한·미·일 간의 대북정책 공조의 시발점이 되었다고 할 수 있다.[8]

2) 한·미·일 협력의 장애 요인인 한일 역사 갈등

2000년대 들어서서 한일 간의 과거사 갈등이 치열해지자 한·미·일(한일) 협력은 정체되었다. 미일 양국은 한미동맹을 한반도를 넘어 '지역동맹'으로 발전시키고 한·미·일 안보협력을 강화함으로써 미일동맹

---

[7] 박영준, 2015, 「한국외교와 한·일안보관계의 변용, 1965-2015」, 『일본비평』 제12호, 155~156쪽.

[8] 니시노 준야, 2020, 「왜 화해는 필요한가: '21세기 새로운 한일 파트너십 공동선언' 이후의 한일 관계」, 『역사 화해를 위한 한일대화 정치편』, 동북아역사재단, 213~214쪽.

의 전략 공간을 한반도까지 연장하기를 희망했다.⁹ 일본 고이즈미 정부는 9·11 사건 이후 조지 부시(George W. Bush) 정부가 추진하는 글로벌 차원의 미군 재편 전략에 적극적으로 협조하고 미일동맹을 재편하였다. 미국은 한국에 대해 한국 정부의 승인 없이 미군을 신속히 다른 지역으로 이동시킬 수 있는 '전략적 유연성'을 요구하였지만, 노무현 정부는 신중하게 대응하였다. 미국의 대북정책 변화, 북한의 일본인 납치 문제의 정치 쟁점화 및 일본의 대북정책에서 강경론의 확산, 고이즈미 총리의 야스쿠니 참배와 독도 갈등으로 한일 안보협력은 위축되었다.¹⁰

이명박 정부 시기에는 한일 안보협력이 다시 탄력을 받았다. 한일 간에 국방교류의향서의 합의, PSI(대량살상무기 확산방지구상) 훈련에 공동 참가, 군사정보보호협정 및 상호군수지원협정(ACSA)의 체결 시도와 같은 움직임이 있었다. 당시 한국 정부가 대북 억지력 확보 차원에서 한·미·일 협력을 강화한 배경에는 북한의 핵 위협 고조, 일본 민주당 정부의 역사인식에 대한 전향적 자세, 한일 안보협력에 대한 미국의 기대 등이 있었다.¹¹

그러나 2011년 말부터 한일 간에 위안부 문제를 둘러싼 갈등이 가시화되자, 한일협력의 분위기는 급변하였다. 2012년 들어 비공식 채널을 통해 진행되던 한일 간의 위안부 협의가 무산되자, 6월에 군사정보보

---

9 阪田恭代, 2016, 「米国のアジア太平洋リバランス政策と米韓同盟: 21世紀, 『戦略同盟』の三つの課題」, 『国際安全保障』 44巻 1号.

10 冨樫あゆみ, 2017, 『日韓安全保障協力の検証－冷戦以後の「脅威」をめぐる力学』, 亜紀書房.

11 박영준, 「한국외교와 한·일안보관계의 변용, 1965-2015」, 159~161쪽.

호협정 및 상호군수지원협정 체결이 중단되었다. 8월에 이명박 대통령의 독도 방문 이후 양국 관계는 냉각되었고, 국방·안보 분야의 한일교류 프로그램들이 취소되었으며 한일협력의 추동력은 상실되었다.

박근혜 정부 시기에는 위안부 문제를 둘러싸고 한일 간에 갈등 국면이 지속되었지만, 2014년에 양국은 정보공유약정이라는 양해각서에 합의하여 미국을 통해 북한의 핵과 미사일에 대한 정보를 공유할 수 있게 되었다. 그리고 2015년 12월에 한일 양국이 위안부 문제 해결에 합의하면서 과거사 갈등이 진정되었다. 이듬해 북한이 핵과 미사일 도발을 감행하자, 한일은 군사정보보호협정을 체결하여 북한의 미사일 관련 정보를 미국을 거치지 않고 한일 간에 직접 공유할 수 있는 제도적인 기반을 정비하였다.

3. 한일 일본군'위안부' 갈등과 오바마 정부의 동맹 관리

1) 한일 과거사 갈등의 상시화 및 미중 경쟁과의 연동

2010년대에는 한일 관계에서 과거사 갈등의 상시화라는 새로운 특징이 나타났다. 2011년에 한국에서 헌법재판소의 위안부 문제 관련 판결 이후 위안부 문제는 한일 관계에서 핵심 현안으로 남게 되었다. 2012년에 이명박 대통령의 독도 방문과 천황 관련 발언은 위안부 문제에 대한 일본 정부의 무성의에 대한 실망에서 비롯된 것이었다고 할 수 있다.

2012년 말에 일본에서 역사수정주의의 성향이 강한 제2차 아베 내각이 출범하고 이듬해에 한국에서 박근혜 정부가 출범하자, 이후 3년 가까이 한일 양국은 위안부 문제를 둘러싸고 대립하였다. 박근혜 정부는 출범 직후부터 대통령의 3·1절 기념사, 8·15 경축사 등을 통해 일본 정부에 위안부 문제의 해결을 촉구하였고, 워싱턴 D.C와 유엔 등 국제사회를 무대로 위안부 관련 '역사전쟁'을 전개하는 등 한국의 대일외교는 위안부 문제의 프레임에서 자유롭지 못했다. 한국은 유엔과 같은 국제기구 그리고 미국 등 국제사회를 상대로 위안부 문제 관련 일본의 무성의한 대응을 비판했고, 일본도 이에 맞대응하는 경우가 늘어났다.[12] 당시 일본 정부가 추진한 유네스코 세계유산 등재 문제는 국제사회를 전장으로 하는 한일 과거사 전쟁으로 비화했다.

박근혜 정부는 한일 관계에서 위안부 문제 해결을 우선한 결과, 모든 분야에서 한일 간의 교류와 협력이 소원해졌다. 과거사를 둘러싼 한일 갈등은 경제협력 및 안보협력에 악영향을 초래했다. 양국 간 무역과 투자가 감소하였고 통화 스와프가 중단되었다. 한일 간 인적 교류가 위축되었고, 일본 내 혐한 현상은 재일한국인 사회의 피해로 이어졌다. 그리고 북한의 핵과 미사일 위협에 대한 한·미·일 3국의 공조 기반이 약화되었다.

---

12 Kent E. Calder, 2014, *Asia in Washington: Exploring the Penumbra of Transnational Power*, Brookings Institution Press, ch. 5.

2010년대 들어 미중 간의 패권경쟁이 가시화하면서 한일 간 과거사 갈등은 미중 간 전략 게임과 연동되는 특징을 보였다. 중국은 냉전기에는 일본의 침략 전쟁에 대해 관용적인 태도를 보였던 데 비해, 탈냉전 이후에는 반일 역사교육을 강화하고 일본의 전쟁 책임에 대한 반성과 사죄를 요구하는 경우가 증가했다.[13] 중국 정부는 미일동맹과 한·미·일 안보협력에 대한 경계심이 깊어질수록 일본의 역사수정주의에 대한 비판을 강화했다. 이는 타이완, 센카쿠, 남중국해 등에서 중일 간의 전략적 이해관계의 충돌과 무관하지 않은 것으로 보인다.[14]

　이 시기에 중국은 야스쿠니와 위안부 문제의 대응에서 한국과 연대해 일본을 압박하려는 태도를 선명히 했다. 이에 대해 중국이 한·미·일 관계의 '준동맹화'를 견제하기 위해 '약한 고리'인 한일 관계를 겨냥하여 '역사 카드'를 동원하고 있다는 지적이 제기되었다.[15] 2014년 7월, 한국을 방문한 시진핑 주석은 서울대에서 행한 강연 중에 일본 군국주의의 침략 전쟁에 대한 한일 양국 국민의 항일의 역사를 강조하고, 중국 내에 있는 한국인들의 항일유적지에 대해 언급하였다.[16] 그후 중국 관영 언론은 항일전쟁, 광복 70주년 공동행사 제안 등을 집중해서 다루었고, 중국 정부와 지방 정부들은 상하이의 임시정부 청사와 윤봉길 의사 기

13　服部龍二, 2013, 「歷史認識問題」, 井上寿一ほか編, 『日本の外交第5巻』, 岩波書店.
14　読売新聞政治部, 2014, 『「日中韓」外交戦争』, 新潮社, 제3장.
15　金子秀敏 2014, 「中国の台頭と日韓関係」, 小倉和夫ほか, 『日韓関係の争点』, 藤原書店, 309~312쪽.
16　"중국 시진핑 국가주석 방한 서울대 강연 전문", 『아주경제』, 2014.8.7. https://www.ajunews.com/view/20140807151946465(검색일: 2019.4.26)

념과, 시안의 광복군 유적지, 하얼빈의 안중근 의사 기념관 등 중국 각지의 한국 독립운동의 사적지 보호 문제에 적극적인 태도로 임했다.

2015년 9월 3일, 박근혜 대통령은 중국을 방문하여 시진핑 주석과 한중정상회담을 개최하고, 중국의 전승절 행사에 참석하였다. 중국 정부는 베이징 톈안먼 광장에서 '중국 인민의 항일전쟁 승리 및 세계 반(反)파시스트전쟁 승전 70주년'을 기념하여 대규모 열병식을 열고 군사력을 과시하였다. 한국의 대통령으로는 처음으로 그리고 미국의 동맹국 가운데 유일하게 열병식을 참관한 정상이었던 박 대통령에 대해,[17] 일본은 물론 미국 정계와 전문가, 언론 등에서 한국이 미국이나 일본보다 중국 쪽으로 기울고 있다는 이른바 '중국경사론(傾斜論)'이 제기되었다.

다음 달 16일, 박근혜 대통령은 워싱턴을 방문하여 한미정상회담을 가졌다. 동 회담 직후의 공동기자회견에서 오바마 대통령은 "최근 미국 내에서 한미동맹 관계의 균열을 우려하는 일부 목소리가 나오는데 어떻게 평가하는가?"라는 질문에 대해, 오바마는 "미국은 한국이 중국과 좋은 관계를 갖는 것을 반대하지 않지만, 중국이 국제규범과 법을 준수하지 않을 때는 미국이 하는 것처럼 한국도 목소리를 내야 하며, 이 점에서 한미 양국이 공통의 이해를 갖고 있다"고 했다. 그리고 한일 간 관계개선을 위해 미국이 한국과 함께 노력하고 있으며, 후세를 위해서 동북아 국가들이 역사적인 문제를 해결하고 미래지향적인 관계를

---

17 "중국 사상 최대 열병식…한국 대통령 첫 참관" 『미국의 소리(VOA)』, 2015.9.3. https://www.voakorea.com/a/2943477.html (검색일: 2019.4.26)

만들어 달라는 희망을 피력했다.[18] 오바마의 발언은 미국 정부가 박근혜 정부 들어 활발해진 한중 접근에 대해 동북아에서 미국의 동맹 전략의 맥락에서 한·미·일 관계에 미치는 부정적인 영향, 특히 한일 과거사 갈등을 의식하면서 지켜보고 있음을 보여준다.

2) 오바마 정부의 동맹 관리

미국은 한일 간 역사 갈등이 한·미·일 협력에 미치는 부정적인 영향을 최소화하기 위해 '동맹 관리'에 부심하였다. 오바마 정부는 한일 양국의 역사수정주의적 행태나 비타협적인 태도를 견제하고, 위안부 문제의 해결을 중재하는 모습을 보였다.[19]

아베 내각의 역사수정주의에 대한 미국의 시각은 이중적이었다. 탈냉전 이후 미국의 대일(對日) 인식은 '강한 일본론(proactive Japan)'과 '신중한 일본론(prudent Japan)'으로 대별할 수 있는데, 이들 논의는 미국의 대중(對中) 정책과 밀접히 연관되어 있다.[20] 전자는 중국에 대한 견제를 위해 미일동맹의 강화를 통한 일본의 정치·안보적 역할 확대를 주장

---

18 "한미정상회담, 기자회견 일문일답 전문"『메트로신문』, 2015.10.17. https://www.metroseoul.co.kr/article/2015101700013(검색일: 2019.4.26)

19 Chen Liu,「Obama's Pivot to Asia and its Failed Japan-South Korea Historical Reconciliation」, *East Asia: An International Quarterly*, Vol.35, No.4, December 2018, pp. 293-316.

20 조양현, 2012,「동아시아 파워 밸런스 변화와 미일관계」,『정책연구과제』, 외교안보연구원.

한다. 반면 후자는 일본이 역사·영토 문제에서 주변국들과 충돌을 자제해야 하며, 미일동맹 강화가 노골적인 대중봉쇄로 비치지 않도록 해야 한다는 입장이다.

2010년대 들어 경제력과 군사력의 팽창에 자신을 얻은 중국의 공세적 대외태도가 노골화하자, 미국의 아시아 정책에서 '강한 일본론'이 힘을 얻었다. 아베 정권이 추진한 미일동맹의 강화와 일본 방위력의 제도적 정비는 미국의 동아시아 안보전략에서 '전략적 자산'이었다.[21] 아베 총리의 '탈전후체제론'은 역사수정주의적 색채가 강하였지만, 군사적 의미에서 '보통의 국가'로 전환하기 위한 촉진제였다.

미국의회조사국의 보고서에 따르면, 아베 총리의 역사관은 제2차 세계대전의 성격 및 책임, 원폭투하, 위안부 문제 등에서 미국의 인식과 충돌할 위험성이 있었다.[22] 위안부 문제를 둘러싸고 한일 관계가 냉각되었듯이, 일본의 역사수정주의는 "역사와 관련한 증오"를 재연시킴으로써 지역의 안보 질서를 동요시킬 수 있는 위협요인이었다. 그럼에도 동 보고서는 오바마 정부의 '아시아 재균형' 정책과 아베 내각의 '적극적 평화주의' 간에 공통의 이해관계를 토대로 미일동맹이 재편·강화되는 상황에서 아베의 보수적인 역사관이 미일동맹의 강화에 도움이 될 수 있음에 주목하였다.

---

21 조양현, 2014, 「아베 총리 야스쿠니 참배 이후 한·일관계」, 『주요국제문제분석』, 외교안보연구원.

22 CRS, Report for Congress, "Japan-U.S. Relations: Issues for Congress", February 20, 2014.

이러한 인식을 토대로 오바마 정부는 일본의 과도한 역사수정주의를 견제하여 그 부정적 영향을 관리하고자 하였다. 미국은 2012년 말에 제2차 아베 내각이 출범하자, 아베 총리가 추진하려고 하던 고노 담화와 무라야마 담화의 수정 작업이나 야스쿠니 신사에의 참배를 자제하도록 설득하였다. 그러나 아베 총리는 2013년 12월에 야스쿠니 참배를 강행하였고, 이에 미국 정부는 "실망하였다"라는 입장을 표명하였다. 리차드 아미티지(Richard Armitage), 커트 캠벨(Kurt Campbell), 마이클 그린(Michael Green) 등의 지일파 인사들이 앞장서서 아베 총리의 참배를 강하게 비판하였다. 미국으로부터 강한 반발을 경험한 아베 총리는 그 후 재임 중에는 야스쿠니 참배를 자제하였다.

오바마 정부는 한일 역사 갈등의 최대 현안이었던 위안부 문제에 대해서도 중재에 나섰다. 이전부터 미국 정계에는 민주당 인사들을 중심으로 위안부 문제 관련해서 일본에 대한 적극적인 대응이 필요하다는 점에서 대체적인 공감이 있었다. 1993년에 당시 고노 요헤이(河野洋平) 일본 관방장관은 위안부의 모집 및 운영의 강제성과 관헌 및 구 일본군의 관여를 인정하는 내용의 이른바 고노 담화를 발표하였다. 2006년 9월에 제1차 아베 내각 출범 이후 일본 정부가 고노 담화를 부정하려는 움직임을 보이자, 미국 하원은 위안부 관련 결의안을 채택하여 일본 정부의 태도를 비판하였다.[23] 2012년 7월, 힐러리 클린턴(Hillary Rodham Clinton) 국무장관은 위안부를 '강제된 성노예(enforced

---

23 조양현, 2007.6, 「동아시아 歷史論爭과 美 下院의 慰安婦 決議案 論議: 최근의 동향과 미·일관계에의 함의를 중심으로」, 『한일민족문제연구』 제12호, 한일민족문제학회.

sex slaves)'라고 규정하였다.[24] 2012년 12월에 제2차 아베 내각 출범 이후 일본에서 다시 고노 담화를 부정하는 발언이 증가하자, 미 의회와 언론은 일본의 퇴행적인 움직임에 대해 비판의 목소리를 높였다.

2014년 3월, 오바마 대통령은 헤이그에서 열린 핵안보정상회의를 계기로 한일 관계의 개선을 위해 박근혜 대통령과 아베 총리를 현지의 미국 대사관으로 불러 중재에 나섰다. 이것은 미국이 한일 간 역사 문제에 개입한 최초의 사례였다.[25] 이후 한일 간에 위안부 문제를 다루기 위한 국장급 회의가 10여 차례 개최되었지만, 합의에 이르지 못하고 난항을 거듭했다. 2015년 2월, 웬디 셔먼(Wendy Sherman) 미 국무차관은 "정치지도자가 과거의 적을 비난함으로써 값싼 박수를 얻는 것은 어렵지 않다. 이 같은 도발(provocations)은 진전이 아니라 마비를 초래한다"고 비판하였다. 이에 대해 국제사회는 미국 정부가 위안부 관련 박근혜 정부의 비타협적인 태도를 비판한 것으로 받아들였다.

한일국교정상화 50주년이었던 2015년 12월 말에 한일 양국은 위안부 문제의 해결에 합의하였다. 일본 정부가 '일본 정부의 책임 인정과 사죄 및 보상'이라는 한국 정부의 요구를 명시적으로 수용하지 않았음에도 양측이 합의에 도달할 수 있었던 배경에는 동맹 관리 차원에서 미국의 적극적인 중재 역할이 있었다.

---

24 [사설] "'종군 위안부' 아니라 '강제적 성노예'가 맞다", 『서울신문』, 2012.7.12.
25 손열, 2018, 「위안부 합의의 국제 정치: 정체성-안보-경제 넥서스와 박근혜 정부의 대일외교」, 『국제 정치논총』 58:2, 157~159쪽.

4. 트럼프 정부 시기 한·미·일 협력의 위기

1) 한일 복합 갈등과 트럼프 정부의 대응

 2017년에 출범한 트럼프 정부는 '미국 우선주의'와 동맹 비용의 절감을 중시하였고, 동맹 내의 '균열'이 우려되는 상황에서 한·미·일 협력은 정체되었다. 위기의 주된 원인은 한일 관계의 복합 갈등, 즉 한일 간의 과거사 갈등이 안보와 경제 등 제반 분야로 파급되어 양국이 전면적으로 대립하는 상황에 있었다. 그리고 한·미·일 협력 관련 문재인 정부의 신중한 입장, 한국에 대한 아베 내각의 공세적인 태도와 함께 한일 관계 및 한·미·일 공조에 대한 미국의 관심과 영향력의 저하도 한·미·일 협력을 위축시킨 요인이었다.

 트럼프 정부는 동맹국과의 관계에서 다자주의보다 양자적 접근을 선호하였고 이념보다 실리를 중시하였는데, 전임 오바마 정부에 비해 한일 과거사 갈등의 중재에 소극적이었다.[26] 오바마 정부 시기에는 미일동맹의 재편·강화와 환태평양경제동반자협정(TPP)의 추진을 양대 축으로 하여 미일관계가 강화되었다. 반면, 트럼프 정부 시기에는 방위비 분담금 문제, 미국의 TPP 탈퇴와 일본에 대한 경제 압박 등으로 일본에서 미일관계에 대한 불안감이 커졌다. 한미 관계에서는 동맹의 전

---

26 Robert E. Kelly, 2019.4.1, "As South Korea and Japan pick a fight, don't expect Trump to care", *The Interpreter*, Lowy Institute,

환과 주한미군의 방위비 분담 문제, '인도·태평양'으로 대표되는 대중국 견제망에 대한 한국의 참가 문제 등으로 긴장이 발생했다.

2017년 5월에 출범한 문재인 정부는 한미동맹과 관련하여 전시작전권의 조기 이양을 추진하고, 주한 미군 기지에의 고고도미사일방어체계, 즉 사드(THAAD) 문제에 소극적인 입장이었다. 한국 정부는 한미동맹과 미일동맹의 일체화를 경계했고, 북핵 문제 관련 정책 공조를 제외한 한·미·일 간의 안보협력에 소극적인 태도를 취했다. 트럼프 정부는 2017년 11월에 개최된 한미정상회담에서 한국 측에 한·미·일 협력의 강화와 '인도·태평양'에의 참가를 요청했으나, 한국 정부는 신중한 입장을 견지했다.[27] 2019년 4월 19일, 미일안보협의위원회(이른바 미일2+2회의)에서 미일 국방장관과 국무장관은 "미국, 일본 및 대한민국 간의 협력의 중요성을 강조하고, 함께 협력하여 3국 간 안보협력과 연습을 증진하기로 약속했다"라고 선언했지만,[28] 그 실질적인 성과는 저조했다.

문재인 정부 시기에는 한일 관계가 다시 긴장 국면에 들어갔다. 2017년 12월에 한국에서 2015년의 한일 위안부 합의를 검증한 'TF 보고서'가 발표되고, 2018년 11월에 한일 간 합의에 의해 설립된 화해치유재단이 해산되면서 한일 과거사 갈등이 재연되었다. 2018년 10월에 한국 대법원이 일제의 강제동원(이른바 징용공 문제) 관련 일본 기업의 배상 책

27　牧野愛博, 2018, 「北朝鮮核を巡る日米韓協力」, 『東亜』 607, 36쪽.

28　Ministry of Defense, 2019.4.19, "Joint Statement of the Security Consultative Committee", https://www.mod.go.jp/e/d_act/us/201904_js.html(검색일: 2019.4.26).

임에 대한 판결을 최종적으로 확정하자, 일본 정부는 강력히 반발했다. 그리고 제주 국제관함식에서 해상자위대 함정의 욱일기 게양 문제와 해상초계기의 위협 비행 혹은 레이더 조사 의혹 관련 한일 간 공방이 이어졌다.

2019년 7월에 일본 정부는 전략물자의 수출통제와 관련하여 신뢰 관계의 훼손을 이유로 반도체와 디스플레이 생산에 필요한 고순도 불화수소 등 3개 소재의 한국 수출을 규제하였고, 8월에는 수출관리 우대그룹에서 한국을 제외했다. 이에 한국 정부는 이들 조치를 철회하지 않는다면 군사정보보호협정을 연장하지 않을 수 있음을 시사하고 미국의 중재를 기대했지만, 일본 정부는 결정을 철회하지 않았다. 8월 22일, 한국 정부는 동년 11월에 만료되는 군사정보보호협정의 불연장 방침을 결정하고, 9월에는 일본을 세계무역기구(WTO)에 제소하는 카드로 맞섰다.

트럼프 정부는 한일 과거사 갈등에 대해서는 직접적인 개입을 자제하였지만, 한일 갈등이 군사정보보호협정이라는 안보 문제로 확대되자 본격적인 대응에 나섰다. 미국 정부는 한국 정부의 군사정보보호협정 불연장 결정에 대해 "안보 이익에 부정적 영향을 주고, 동북아에서 우리가 직면한 엄중한 안보 도전에 대해 심각한 오해를 보여준다"(8월 22일, 국무성), "문재인 정부의 결정에 강한 우려와 실망을 표명한다"(8월 22일, 국방성)라고 비판하였다. 11월에 마크 에스퍼(Mark Esper) 국방장관, 데이비드 스틸웰(David R. Stilwell) 국무부 동아시아·태평양 담당 차관보 등 미국 정부의 고관들이 방한하여 한국 정부를 설득했다. 11월 21일(미국시간), 미국 상원은 한국 정부에 대해 군사정보보호협정 불연장 결정의 재고를 강력히 권고하는 초당파 결의안을 만장일치로 채택하였다.

　11월 22일, 군사정보보호협정의 종료 약 6시간을 앞두고 한국 정부는 언제든지 동 협정의 효력을 종료시킬 수 있다는 전제하에 지난 8월 23일의 "종료 통보의 효력을 정지"시키고, 수출관리정책에 대한 한일 대화가 진행되는 동안 일본 측의 조치에 대한 WTO 제소 절차를 정지시킨다고 발표하였다. 결과적으로 군사정보보호협정의 종료는 피했지만, 한국 정부가 원하면 언제든지 협정을 종료할 수 있는 상황이 지금까지 계속되고 있다.

　미국이 한일 군사정보보호협정의 종료를 막기 위해 강력하게 개입한 것은 자국의 동아시아 군사전략에서 동 협정이 갖는 의미가 그만큼 크기 때문이다. 동 협정은 한일 간 정보공유를 위한 양국 간의 인프라이지만, 한·미·일 3국 안보협력의 핵심 연결고리이기도 하다. 북한 핵과 미사일에 대한 정보의 공유만을 생각한다면, 군사정보보호협정이 종료되더라도 다른 경로를 통해 그 기능을 대체하는 것은 가능하다. 그렇지만 미국은 북한과 중국의 탄도미사일로부터 미 본토를 방어하기 위해 주한미군에 배치된 사드와 주일미군 및 미 본토의 방공망을 일체로 운용하는 것을 추진해 오고 있는데, 군사정보보호협정은 그 제도적 기반이 될 수 있다. 정치외교적인 의미에서 군사정보보호협정은 북한 문제를 포함한 지역 안보에 관해 한·미·일 간의 정책 공조를 상징하는 것이었다.[29] 미국이 지난 20년 동안 공들여 구축한 군사정보보호협

---

[29] 高畑昭男, 2019.12.12, 「日米韓連携に暗雲-GSOMIA問題で公然化した『韓国漂流』」.

정이 종료된다면, 이는 북한, 중국, 러시아 등에 대해 미국이 추진하는 동맹 네트워크의 약화로 비추어질 수 있었다.

2) 한·미·일 대외전략의 괴리

트럼프 정부 시기에는 북한 및 중국 문제와 관련하여 한일 양국이 방향성이 다른 정책을 추진한 결과, 한·미·일 3국이 일치된 목소리를 내기가 어려웠다. 문재인 정부는 한반도 및 북한 문제에서 남·북·미 3자 관계를 축으로 냉전적 대결 구도를 극복하고 한반도에 평화를 정착시키기 위해 진력하였다. 그 실현을 위해 한국 정부가 제시한 '한반도평화프로세스' 구상에서 일본은 소외되었다. 반면 아베 내각은 트럼프 정부가 제시한 '인도·태평양' 구상의 기본 개념을 제공하고 그 핵심 파트너로 참가했지만, 일본의 대외전략에서 한국의 모습은 보이지 않았다. 한일 및 한·미·일 관계에 대한 트럼프 정부의 관심과 영향력이 저하된 상황에서 한일의 대외전략에 나타난 괴리는 방치되었고, 이는 한·미·일 협력의 약화로 이어졌다. 북한 문제를 제외하면, 이 시기에 한일 혹은 한·미·일 차원의 정부 간 소통은 막혀 있었다.

2018년에 남북관계와 북미관계를 축으로 한반도 정세가 급변하는 상황에서 한국은 북한과의 대화에 비중을 두면서 미국과 정책 공조를 이어갔고, 일본 정부는 이를 견제하는 모습을 보였다. 북한의 동계 올

---

https://www.tkfd.or.jp/research/detail.php?id=3297(검색일: 2021.10.25)

림픽 참석과 남북정상회담 및 북미정상회담의 개최 등을 전후해서 북한과의 대화를 통한 비핵화에 주력하는 한국 정부와 대조적으로, 일본 정부는 일관되게 북한의 비핵화에 대한 강경론을 견지하였다. 2018년 6월에 싱가포르에서 열린 북미정상회담을 전후해 일본 정부는 북한이 핵과 탄도미사일을 포함한 대량파괴무기(WMD)를 포기해야 하며, '완전한 비핵화' 관련 북한의 구체적 조치가 나올 때까지 '최대한의 압박(maximum pressure)'을 유지해야 한다는 주장을 반복했다.[30] 아베 총리는 한·중·일 정상회의, 미·일 정상회담 및 G-7 정상회의 등 일련의 국제회의에서 북한의 대량파괴무기와 탄도미사일 관련 계획과 시설의 '완전하고 검증 가능하며 불가역적인 폐기(CVID: Complete, Verifiable, Irreversible Dismantlement)'와 일본인 납치 문제의 조속한 해결을 촉구하였다.

한국 정부는 한반도의 평화 정착을 위해 미국 정부를 설득하여 남·북·미 3국 간에 종전 선언과 평화협정을 추진하였지만, 일본 정부는 평화 체제의 추진 과정에서 한미동맹이 상대화될 수 있음을 우려하였다. 당시 한미 양국의 연합군사훈련 유예 결정에 대해 오노데라 이쓰노리(小野寺五典) 일본 방위상은 "한미훈련은 주한미군과 함께 동아시아 안전보장에 중요한 역할을 하고 있다"라고 유감을 표명했다.[31] 아베 총

---

[30] 존 볼튼(John Bolton) 전 국가안보보좌관에 따르면, 2018년 4월의 판문점 남북정상회담과 6월의 싱가폴 정상회담을 전후하여 아베 총리, 야치 쇼타로 국가안보국장은 트럼프 대통령, 존 볼튼 국가안보보좌관과의 정상회담, 전화통화, 비공개 회담 등을 통해 한국이 주도하는 북한과의 대화 이벤트에 대한 낙관론을 경계하고, 북한에 대한 압박을 계속해야 한다는 점을 반복해서 강조했다. 졸 볼튼 회고록 John Bolton, 2020, *The Room Where It Happened: A White House Memoir*, Simon & Schuster.

[31] "日방위상, 한미훈련·주한미군, 동아시아 안보에 중요 역할", 『연합뉴스』, 2018.6.13.

리는 북한의 비핵화를 위한 협상의 일환으로 주한미군을 철수하는 방안을 반대하고, "미군의 한국 주둔은 동아시아의 평화와 안정을 위해 매우 중요한 요소"라고 강조했다.[32]

싱가포르 회담 이후 북미 양국은 비핵화와 상응 조치의 선후 문제를 놓고 협의를 계속했지만, 양측의 입장은 좁혀지지 않았다. 미국 측은 상응 조치를 위해서는 완전한 비핵화가 우선되어야 한다는 입장을 고수했고, 북한은 '행동 대 행동 원칙'에 입각하여 비핵화 조치와 상응 조치가 단계적이고 동시적으로 진행되어야 한다는 주장을 반복했다. 양측의 주장이 조율되지 않는 상황에서 2019년 2월 말에 하노이에서 제2차 북미회담이 개최되었고, 회담은 결렬되었다. 북한이 영변에 있는 핵시설의 폐기를 조건으로 대북 제재의 해제를 요구한 데 대해, 미국은 대북 제재의 완화 혹은 해제를 위한 조건으로 그 이상(이른바 영변 플러스 알파)을 요구하였던 것으로 알려졌다.[33]

하노이 회담 결과를 바라보는 한일의 시각은 대조적이었다. 북미회담의 성과를 토대로 남북관계의 진전을 유도해 가려던 한국 정부는 실망을 감추지 않았고, 앞선 1년 동안 축적되었던 한반도평화프로세스의 모멘텀이 약화될 것을 우려하였다. 일본 정부는 북한과 안이하게 타협하지 않은 트럼프 대통령의 결정을 환영하는 입장을 표명하고, 북미회담의 실무협상 단계에서 미국으로부터 설명을 듣고 회담 결과에 대

---

32 "아베, '트럼프, 주한미군 철수할 생각 없는 것으로 안다'", 『연합뉴스』, 2018.10.8.
33 민정훈, 「「트럼프 모델」을 통한 북한 비핵화 프로세스 추진과 한국의 역할」, 『IFANS FOCUS』, 외교안보연구소.

해 낙관하지 않고 있었음을 시사했다.³⁴ 북미회담에 대한 일본의 비판적 시각과 관련하여 당시 한국에서는 트럼프 대통령의 결정에는 자신의 재선 관련한 국내정치적 이해관계 외에 일본의 대북한 강경론이 영향을 미쳤을 수 있다는 시각이 제기되었다.³⁵

한편 미중관계에서 '신냉전'을 연상시키는 전략 경쟁의 구도가 선명해지자, 트럼프 정부는 오바마 정부가 제시했던 '아시아 재균형 정책'에 대신하여 '인도·태평양'을 통해 중국을 견제하고자 하였다. 2017년 11월에 발표된 '국가안전보장전략 보고서(NSSR)'는 클린턴, 부시, 오바마 등 역대 정부의 대중국 정책을 실패로 규정하고, '경쟁국' 혹은 '현상변경세력'인 중국 등에 대해 '힘에 의한 평화'를 강조하였다. 같은 해 12월, 트럼프 대통령은 아시아 순방에서 미국의 새로운 지역 전략과 관련하여 '자유롭고 열린 인도·태평양(Free and Open Indo-Pacific)'을 제시하였다. 그 후 '인도·태평양'은 종래의 '아시아태평양'을 대신하여 아시아 전략의 핵심 개념으로 정착되었다.

---

34 하노이 북미회담의 다음날, 고노 다로(河野太郎) 외상은 기자회견에서 "유감스럽게도 하노이에서 열린 북미정상회담에서 진전은 없었지만, 한반도 비핵화를 실현하려는 트럼프 대통령의 강한 결의에서 안이한 타협을 하지 않고, 북미협의를 계속해나가면서 국제사회의 단결을 배경으로 북한에 행동을 촉구해 나가겠다는 트럼프 대통령의 결정을 일본은 전면적으로 지지한다"라는 입장을 표명했다. 「河野外務大臣会見記録(2019.3.1)」 https://www.mofa.go.jp/mofaj/press/kaiken/kaiken4_000805.html(검색일: 2021.10.25) 3월 8일, 고노 외상은 중의원 외무위원회에서 "(북미정상회담에서) 합의에 이르지 못한 건 안타깝지만, 사전 실무협상 단계에서 '좀처럼 진전되기 어렵다'는 점을 미·일이 공유하고 있었다"라고 발언했다. https://www.nhk.or.jp/politics/articles/statement/15134.html(검색일: 2021.10.25)

35 정동영, "북미 정상 하노이 선언 불발, 일본이 어른거린다," 『신문고 뉴스』, 2019.3.2.

트럼프 정부가 채택한 '인도·태평양' 개념은 일본 아베 내각이 발전시켜 온 '인도·태평양 전략'을 참고한 것이었다.[36] 아베 내각 시기에 일본 정부는 인도의 지정학적 가치에 주목하여 인도와의 관계를 강화하고자 했고, 2015년에 일·인도 및 미·일·인도 협력의 제도적 토대로서 '자유롭고 열린 인도·태평양 전략(Free and Open Indo-Pacific Strategy)'을 제시했다. 아베 내각의 주된 관심은 미일동맹의 강화와 병행하여 미·일·인 및 미·일·호주·인도 등 다자연대를 강화하여 중국을 견제하는 데 있었다.

아베 내각의 '인도·태평양 전략'에서 한국은 제외되어 있었는데, 아베 내각은 일본의 국가전략에서 한국의 가치 하향화, 즉 '코리아 패싱'을 추진해 온 정황이 있음을 부인할 수 없다. 2013년 말에 채택된 일본의 국가안보전략문서와 2014년판 『외교청서』는 "한국은 자유, 민주주의, 기본적 인권 등 기본적 가치와 지역의 평화와 안정의 확보 등 이익을 공유하는 일본에게 가장 중요한 이웃 국가"라고 기술하였다. 그런데 박근혜 정부 시기에 한일 간에 위안부 갈등이 심화되자, 2015년판 일본 『외교청서』에서 "가장 중요한 이웃"이라는 표현만 남고 가치와 이익의 공유는 사라졌다. 한일 위안부 합의 이후인 2016년에는 "전략적 이익을 공유하는 가장 중요한 이웃"이라는 표현이 다시 등장하였고, 문재인 정부 출범 이후인 2018년에는 "중요한 이웃"으로 바뀌었다. 2018년 12월에 공해상에서 해상자위대 초계기의 저공비행 혹은 레이

---

36 조양현, 2017, 「인도·태평양 전략(Indo-Pacific Strategy) 구상과 일본 외교」, 『주요국제문제분석』, 외교안보연구소.

더 조사(照射) 관련 한일 갈등이 지속되자, 2019년 판 일본 『방위백서』는 미국을 제외한 일본의 안보협력 상대국에서 한국의 순서를 하향화했다.

일본 정부는 환태평양경제동반자협정(TPP/CPTPP), 미·일·호주·인도 협력(쿼드) 관련 한국 참가에 대해 신중한 입장을 취했다. 아베 내각은 국제사회에서 문재인 정부를 "약속을 안 지키는 나라" 혹은 "국제법을 위반하는 나라"로 이미지화하고자 했다. 최근까지 일본 정부는 한국의 '중국 경사'를 이유로 G7 확대 및 한국 참가를 반대하였고, 세계무역기구(WTO) 등 국제기구 수장에 한국인이 진출하는 것에도 반대하는 등 국제 정치경제체제에서 한국의 영향력 확대를 견제하였다.

일본 정부의 한국 하향화 배경에는 한국 내에서 본격화한 '한일 관계 1965년 체제'의 상대화 움직임(일본군'위안부' 및 강제동원 문제 관련 일본 기업의 배상 책임 확정), 한국의 대외관계에서 이른바 '재팬 패싱', 즉 일본의 위상 하락(한중 관계의 강화, 한반도 문제 관련 일본의 소외감)에 대한 불만과 함께 미중 전략경쟁에 대응하는 한일의 전략 차이가 있다고 할 수 있다. 일본의 국가전략은 중국 부상에 따른 지역의 파워 밸런스 변화에 대응하기 위해 미국과 연대하여 '인도·태평양'을 추진하는 등 적극적인 대중국 견제로 향했다. 반면, 한국 정부는 중국과의 경제적 상호의존 및 북한 문제에서 중국의 영향력을 고려하여 미일이 주도하는 대중국 견제에 신중한 입장을 견지했다. 트럼프 정부와 아베 내각의 전략적 관심이 대중국 견제의 '인도·태평양'에 집중된 반면, 문재인 정부는 북한 문제를 중심으로 국가전략을 추진했다. 한·미·일 3국 간의 전략상 괴리가 한·미·일 협력을 위축시켰다고 할 수 있다.

5. 바이든 정부 출범과 한·미·일 협력

1) 바이든 외교와 한·미·일 협력

바이든 정부 출범을 전후하여 미국 정계에서는 트럼프 정부 시기에 악화된 한일 관계에 대한 우려의 목소리가 끊이질 않았다. 미국의회조사국 보고서는 지난 수십 년의 한일 관계에서 문재인 정부의 출범 이후가 최악의 시기였다고 진단하고, 바이든 정부가 한·미·일 간에 북한 문제를 조율하기에 앞서 한일 관계의 개선에 나설 것이라고 전망했다.[37]

2021년 3월에 발표된 국가안보전략잠정지침(Interim National Security Strategic Guidance)에서 바이든 대통령은 글로벌 차원에서 미국과 국제사회가 직면한 위협으로 중국과 러시아를 지목했는데, 특히 중국에 대해서는 "경제·외교·군사·기술 등의 분야에서 안정적이고 개방적인 국제체제에 지속적인 도전이 될 수 있는 유일한 경쟁국"이라고 환기했다.[38] 지역 차원에서는 북한과 이란을 미국과 파트너 국가들을 위협하고 지역의 안정에 도전하면서 판도를 바꿀 역량과 기술을 추구하고 있다고 지적했다. 바이든 대통령은 국제 질서를 뒷받침하는 동맹, 제도, 협정, 규범이 시험받고 있으며, 미국은 이러한 도전에 맞서기 위해서 "민주적인" 동맹국과 파트너들, 즉 북대서양조약기구(NATO)와 호주,

---

[37] CRS, Report for Congress, 2021.2.2, "South Korea= Background and U.S. Relations."
[38] President Joseph R. Biden, Jr, 2021.3.3, "Interim National Security Strategic Guidance."

일본, 한국과의 동맹 관계를 재활성화하고 현대화하겠다고 했다.

상기 잠정지침에서 한·미·일 협력과 관련하여 주목되는 것은 바이든 정부가 트럼프 정부와 달리 동맹과 외교를 강조하고 있다는 점이다. 실제로 '동맹의 재활성화'를 위한 바이든 정부의 외교는 아시아에서 가장 중요한 동맹국인 한국과 일본을 상대로 시작되었는데, 장관급 첫 외국 방문과 첫 대면 정상회담의 상대로 양국을 택했다. 토니 블링컨(Tony Blinken) 국무장관, 로이드 오스틴(Lloyd Austin) 국방장관은 3월에 도쿄와 서울을 방문하여 미일2+2회의(정식 명칭은 미일안보협의위원회)[39]와 한미 2+2회의(외교국방장관회의)[40]를 개최하였다. 바이든 대통령은 4월과 5월에 백악관으로 스가 총리와 문재인 대통령을 초청하여 미일정상회담[41]과 한미정상회담[42]을 개최하였다. 이들 4개의 회담에서 발표된 공동성명에서 3국의 지도자와 각료들은 한·미·일 협력의 중요성에 대해 일치된 입장을 확인했다.

미국 국무부는 블링컨 장관과 오스틴 장관의 도쿄 및 서울 방문에 맞춰 각각 "견고한 미일동맹의 재확인"[43]과 "굳건한 한미동맹의 강

---

[39] 조양현, 2001, 「미일 2+2 회의 성과 및 함의」, 『IFANS FOCUS』, 외교안보연구소.

[40] 한미외교국방장관회의는 2016년 이후 5년 만에 개최된 것이다. 김현욱, 「한미 2+2 회의 성과와 향후 과제」, 『IFANS FOCUS』, 외교안보연구소.

[41] 조양현, 2014, 「미일정상회의(2021.4.16) 평가 및 전망」, 『주요국제문제분석』, 외교안보연구소.

[42] 김현욱, 「한미정상회담 분석」, 『주요국제문제분석』, 외교안보연구소.

[43] Office of the Spokesperson, U.S. Department of State, 2021.3.14, "Fact Sheet: Reaffirming the Unbreakable U.S.-Japan Alliance,". https://www.state.gov/reaffirming-the-unbreakable-u-s-japan-alliance/(검색일:

화"⁴⁴라는 문서를 발표했는데, 여기에는 '한·미·일 협력의 강화'와 관련하여 다음과 같은 내용이 공통으로 포함되었다.

> 바이든-해리스 행정부는 동맹국과 미국의 관계, 그리고 동맹국 간의 관계를 강화하기 위해 노력하고 있다. 한일(일한) 관계보다 더 중요한 관계는 없다. 미국은 코로나19 대응과 기후변화 대응을 위한 한·미·일 협력 확대를 계속 추진하고 있으며, 북한 비핵화를 비롯한 광범위한 글로벌 문제에 대해 3국 협력을 다시 활성화하고 있다.
> 강력하고 효과적인 한·미·일 3국 관계는 자유와 민주주의 수호, 인권 존중, 여성의 능력 강화, 기후변화에의 대응, 지역 및 세계 평화와 안전의 증진, 인도·태평양과 세계에서 법의 지배를 위해 불가결하다.

바이든 정부가 추진하려는 한·미·일 협력의 강화 전략은 다음과 같이 예상할 수 있다. 첫째, 미국 정부는 한일 관계, 즉 한국과 일본의 양자관계를 그 어떤 관계보다 중시한다는 입장에서 한일 갈등을 억제하고, 관계 개선을 유도할 것으로 보인다. 둘째, 코로나19, 기후변화, 북한 비핵화 그리고 인도·태평양 관련 문제 등에 대해 한·미·일 3국 간의 정상, 각료, 차관 및 실무자급 회담을 수시로 개최하여 결속을 강화

2021.10.25)

44 Office of the Spokesperson, U.S. Department of State, 2021.3.17, "Fact Sheet: Strengthening the Ironclad U.S.-ROK Alliance,".
https://www.state.gov/strengthening-the-ironclad-u-s-rok-alliance/(검색일: 2021.10.25)

해 나갈 것으로 보인다. 셋째, 3국의 입장이 충분히 좁혀지지 않은 북한 비핵화나 중국 관련 문제와 같은 민감한 주제에 대해서는 3국 간에 협의는 계속하되 합의 도출을 무리하게 추구하지 않고, 코로나19 백신이나 기후변화, 세계 경제와 같은 상대적으로 합의 도출이 쉬운 주제에서 3국의 공통된 대응을 모색할 가능성이 있다.[45]

바이든 정부에서 인도·태평양조정관에 임명된 커트 캠벨(Kurt Campbell)은 바이든 외교의 중점 목표의 하나로 '동맹국 및 파트너들과 유연하고 혁신적인 파트너십'의 구축을 제시하고, 모든 문제와 국가를 포함하는 거대연합이 아니라 이슈별로 이해 당사자들을 유연하게 엮는 맞춤형 연합을 제안했다.[46] 그는 인도·태평양 국가들이 국제경제 분야에서 중국을 배제하거나 미중 사이에서 양자택일을 강요받는 것을 원하지 않는다고 지적하고, 미국 및 중국과 기타 국가들의 이해관계가 다양하고 복잡한 현실을 감안하여 이해당사자 간에 유연한 교섭이 필요하다고 했다. 바이든 정부는 다양한 '동맹국 및 파트너들과 유연하고 혁신적인 파트너십'의 핵심에 한·미·일 협력을 위치시키고, 동맹국의 반발을 사지 않도록 조심스럽고 신중한 외교를 전개할 것으로 보인다.

---

45 Terrence Matsuo, 2021.6.4, "U.S.-Japan-Korea Trilateralism after the Biden-Moon Summit", KEI.
https://keia.org/the-peninsula/u-s-japan-korea-trilateralism-after-the-biden-moon-summit/(검색일: 2021.10.25)

46 Kurt M. Campbell and Rush Doshi, 2021.1.12, "How America Can Shore Up Asian Order: A Strategy for Restoring Balance and Legitimacy", *Foreign Affairs*.

2) 한·미·일 협력의 현주소

트럼프 정부 시기에 위축되었던 한·미·일 협력은 바이든 정부의 출범을 계기로 활발해지는 모습을 보이고 있다. 2021년 들어 3국은 국가안보실장회의(4월), 외교장관회의(5월, 9월), 외교차관회의(7월, 11월) 외에 북핵수석대표가 수시로 회동하고 있는데, 올해 들어 개최된 3국 정부 간 협의는 지난 3년간에 비해 크게 증가하였다. 바이든 정부가 제이크 설리번(Jake Sullivan) 국가안보보좌관, 블링컨 국무장관, 웬디 셔먼 국무부장관, 성 김(Sung Yong Kim) 대북특별대표 등 오바마 정부 시기에 아시아 외교와 한일 관계에 관여했던 베테랑 외교관들을 투입하여 다차원의 3국 간 소통 채널의 복원에 적극적으로 나서고 있음을 알 수 있다. 이들 회의에서는 기후변화, 코로나19 및 전염병 대응, 경제적 탄력성과 회복 등을 포함한 경제, 안보 및 지역 문제 관련 다양한 의제가 논의되고 있지만, 그중에서 바이든 정부가 3국 공조의 핵심 현안으로 간주하는 북한 및 한반도 문제가 최대의 관심사이다.

오바마 정부는 8년 동안 '전략적 인내'로 일관하여 북한 문제를 악화시켰다는 비판에서 자유롭지 못했다. 트럼프 대통령은 북미대화에 적극적으로 임했지만, 개인 외교와 국가 간의 협상을 혼동했다는 한계를 보였다. 바이든 대통령은 트럼프 전 대통령이 추진한 북미정상회담을 실패로 규정하고, 자신은 비핵화 문제에서 북한에 양보하지 않을 것이며, 북한이 핵 능력을 축소하는 데 동의한다면 북한과의 새로운 정상회담을 수용하겠다고 밝힌 바 있다. 그는 대북 협상에서 외교관들에게 힘을 실어줄 것이라고 약속했는데, 이는 바이든 정부가 북한과의 정상회담을 서두르지 않고 실무협상을 통해 비핵화에 대한 합의를 우선할 것임을 보여준다.

바이든 정부는 북한과의 비핵화 협상에 앞서 한·미·일 간에 대북정책을 조율하여 공동의 정책을 수립하겠다는 입장이다. 바이든 정부가 진행 중인 대북정책의 재검토 작업의 결론이 어디로 향할지는 아직 불확실하다. 한국 정부는 지속 가능한 남북화해 및 한반도 평화의 토대 마련을 위해 북한과의 대화를 중시하고 있다. 한국은 대북 제재의 완화와 경제 지원에 적극적인 반면, 일본 정부는 북한의 완전한 비핵화(CVID)를 강조하는 입장이다. 대북정책에서 한일의 입장이 좁혀지지 않은 상황에서 2021년 9월 말 문재인 대통령이 유엔총회에서 한국전쟁의 종전선언을 제안하였다. 이후 한·미·일 3국은 '한반도의 완전한 비핵화와 항구적 평화 정착의 실질적 진전'을 위한 3국 간 협력 방안의 일환으로 이 문제에 대해 협의해 오고 있는 것으로 보인다.[47]

2021년 11월 17일, 미국 워싱턴에서 한·미·일 차관회의가 개최되어 한반도 비핵화 외에 코로나19 대응 및 팬데믹 이후 경제의 재건, 공급망의 회복 등 다양한 의제에 관한 협력 방안이 논의되었다.[48] 동 회의 후에 3국 차관의 공동기자회견이 예정되어 있었는데, 바로 전날 한국

---

[47] "한·미·일 외교차관 '한반도 비핵화·평화 협력 지속'…공동회견은 불발" 뉴스핌, 2021.11.18.
https://www.newspim.com/news/view/20211118000947(검색일: 2021.11.25)

[48] Remarks, Deputy Secretary Wendy R. Sherman at a Press Availability, Dean Acheson Room, Washington D.C, November 17, 2021.
https://www.state.gov/deputy-secretary-wendy-r-sherman-at-a-press-availability/(검색일: 2021.11.25)

경찰청장의 독도 방문에 항의하는 일본 측의 유감 표명으로 한일 양측의 차관은 불참한 채, 셔먼 부장관 혼자서 회견에 임했다.[49] 셔먼은 3국이 한반도의 완전한 비핵화에 대한 공동의 약속에 대해 논의했으며, 종전선언 문제에 대해서도 한일과의 협의에 매우 만족하고 있다면서 "계속된 협의를 고대하고 있다"고 말했다.

한·미·일 차관회의는 3국 고위급 정책 협의를 위해 2015년에 제도화되어 2017년 7차례 개최된 이후 4년간 중단되었다가 2021년 7월에 재개된 것으로, 3국 외교 당국 간의 실질적인 최고위급 협의체라고 할 수 있다. 이번 회의 후에 원래 예정된 기자회견이 취소된 것은 3국 협력의 취약성, 즉 북한 문제와는 직접 관련이 없는 과거사와 독도 문제가 3국 협력을 제약하고 있는 구조를 상징적으로 보여주었다. 이러한 불편한 현실은 한일 간 정상회담 개최 문제에서도 확인할 수 있다. 스가 내각의 출범 이후 2021년 6월, 영국에서 개최된 G7 정상회의 참석을 계기로 한일 및 한·미·일 정상회담의 개최 여부가 언론의 주목을 받았지만, 성사되지 않았다. 한국 정부는 2021년 7월에 도쿄올림픽 개최를 계기로 북한 김정은 위원장의 초청 및 남·북·미·일 정상회담의 개최 방안을 검토했지만, 일본 측의 호응을 얻지 못한 것으로 전해졌다.[50]

현시점에서 과거사 문제에 대한 한일 양국의 입장에는 변화가 없으

---

49 "Japan diplomat pulls out of U.S. news conference over islet dispute with S.Korea", Reuters, 2021.11.18.
https://www.reuters.com/world/us/us-deputy-secretary-state-sherman-says-japan-south-korea-talks-constructive-2021-11-17/(검색일: 2021.11.25)

50 조양현, 「미일 2+2 회의 성과 및 함의」

며, 동맹의 전환과 중국 문제 관련 한·미·일 3국의 입장에는 여전히 괴리가 있다. 바이든 정부가 동맹의 관리자로서 한·미·일 협력에 외교력을 집중하고 있지만, 한일 과거사 갈등과 3국의 국가전략에서 이해관계의 충돌이 한·미·일 협력의 장애 요인으로 남아 있는 현실에는 변함이 없다고 하겠다.

6. 맺음말: 한국 외교에의 제언

동맹 중시의 바이든 정부 출범을 계기로 미국의 대아시아 전략에서 '약한 고리'인 한일 관계를 개선하려는 움직임이 강해질 것으로 보인다. 바이든 정부는 오바마 정부 때처럼 아시아 외교에서 한·미·일 공조를 강조하고 한일 관계 강화를 적극 모색할 것으로 보인다. 실제로 2021년 2월에 미국 CRS 보고서는 한일 관계가 2018년 이후 지난 수십 년 중에서 최악이라고 진단하고, 바이든 정부가 한·미·일 3국 간의 북한 문제 조율에 앞서 한일 관계의 개선에 나설 것이라고 전망했다.[51] 최근 VOA 방송, 블링컨, 설리번 등의 발언에서도 한일 관계 악화에 대한 미국의 위기의식을 느낄 수 있다.

2020년 9월에 일본에서 스가 내각이 출범했지만, 일본 정부의 대외

---

51 CRS, 2021.2.2, "outh Korea= Background and U.S. Relations,"

정책에서 한일 관계가 차지하는 정책의 우선순위에는 변화가 없었다. 2020년 말에 한국 정치인과 정부관계자의 일련의 방일이 이어지고, 문재인 대통령이 한일 관계 개선의 의지를 표명하였음에도 한일 관계 개선을 위한 돌파구는 가시화되지 않았다. 한국 정부가 과거사 관련 입장을 바꾸지 않는 한, 스가 내각이 정치적 부담이 따르는 한일 관계의 개선에 적극적으로 나올 가능성은 크지 않다.

일본은 미국이 추진하는 한·미·일 안보협력 강화에 적극적으로 협력해 왔다. 일본은 한미동맹과 미일동맹의 준동맹적 성격상, 한반도 유사시 자국이 연루되는 것을 피할 수 없다는 인식이 강하다. 탈냉전 이후 일본은 미일 방위협력지침(가이드라인)을 개정하여 한반도 유사시에 미군에 대한 적극적인 후방지원 및 군사작전 지원이 가능한 태세를 갖추고 있다. 일본은 한미동맹을 한반도를 넘어 지역의 안정에 기여할 수 있는 '전략동맹'으로 발전시키고 한·미·일 간의 군사적 상호운용성을 강화함으로써, 실질적 의미에서 미일동맹의 전략 공간을 한반도까지 연장하고자 노력해 왔다.

이러한 상황에서 한국 정부는 한미동맹의 대북 억지력을 유지하면서 미국이 요구하는 중국 견제용 군사협력에 대해서는 신중하게 대응하는 현재의 정책을 유지하는 것이 현실적이라고 할 수 있다. 다만 주한미군, 전시작전권, 유엔사, 한미연합훈련, 인도·태평양전략, 남중국해 문제, 확장억제, 미사일 방어, 중거리 핵전력 등에 대해 한미 대화 및 한·미·일 안보 대화를 활성화하여 일본이 제기하는 '한국의 중국 경사' 우려를 불식시킬 필요가 있다.

가까운 장래에 한일 혹은 한·미·일 안보협력이 추구해야 할 분야는 북한에 대한 정보공유 등 대북 공조 외에, 재난 구조, 테러 등 비전통 안보 중심의 협력이 현실적이라고 할 수 있다.[52] 대북 억지력 차원에서 보자면 한일 안보협력은 역사, 과거사 문제와 분리해서 대응하는 것이 바람직하나, 국내정치가 안보 문제를 결정하는 현실에서 한일 간 안보 협력을 위해서는 국민공감대 형성이 병행되어야 한다. 한일 간 국방안보 분야의 인적교류·정보교류의 확대와 함께 해상 재난 시의 긴급구조 협력, 대테러·해적 행위에 공동 대응, 해양 수송로(SLOC)의 공동 방위, 유엔 평화유지활동(PKO)의 협력 등을 중심으로 다자적·지역적 협력을 강화하고, 북한 문제 관련 한일 군사정보보호협정을 정상화하되, 미일이 희망하는 한일 상호군수지원협정 체결은 장기적으로 검토하는 것이 현실적이라고 할 수 있다.

---

52 조양현, 2016, 「일본의 안보법제 재정비의 의미와 한국의 대응전략」, 『외교』 117호.

참고 문헌

- 김태효, 2006, 「한일 관계 민주동맹(Democratic Alliance)으로 거듭나기」, 『전략연구』 37.
- 김현욱, 2021, 「한미 2+2 회의 성과와 향후 과제」, 『IFANS FOCUS』 외교안보연구소.
- _____, 2021, 「한미정상회담 분석」, 『주요국제문제분석』 외교안보연구소.
- 니시노 준야, 2020, 「왜 화해는 필요한가: '21세기 새로운 한일 파트너십 공동선언' 이후의 한일 관계」, 『역사 화해를 위한 한일대화 정치편』 동북아역사재단.
- 민정훈, 2019, 「'트럼프 모델'을 통한 북한 비핵화 프로세스 추진과 한국의 역할」, 『IFANS FOCUS』 외교안보연구소.
- 박영준, 2015, 「한국외교와 한·일안보관계의 변용, 1965-2015」, 『일본비평』 제12호.
- _____, 2017, 『한국 국가안보 전략의 전개와 과제』 한울.
- 서동만, 2006, 「한·일 안보협력에 관하여」 김영작·이원덕 편, 『일본은 한국에게 무엇인가』 한울아카데미.
- 손열, 2018, 「위안부 합의의 국제 정치: 정체성-안보-경제 넥서스와 박근혜 정부의 대일외교」, 『국제 정치논총』 58:2.
- 이원덕, 2002, 「한·일안보협력의 현황과 과제」, 『외교』 60호.
- 이종원, 2015, 「전후 한일 관계와 미국: 한·미·일 삼각관계의 변용과 지속」, 『한일 관계사 1965-2015 I 정치』, 역사공간.
- 조양현, 2007, 「동아시아 歷史論爭과 美 下院의 慰安婦 決議案 論議: 최근의 동향과 미·일관계에의 함의를 중심으로」, 『한일민족문제연구』 제12호.
- _____, 2012, 「동아시아 파워 밸런스 변화와 미일관계」, 『정책연구과제』, 외교안보연구원.
- _____, 2014, 「아베 총리 야스쿠니 참배 이후 한·일관계」, 『주요국제문제분석』, 외교안보연구원, 2014.
- _____, 2015, 「동아시아 지역안보구조 논의의 함의」, 『정책연구과제』, 외교안보연구소.
- _____, 2016, 「일본의 안보법제 재정비의 의미와 한국의 대응전략」, 『외교』 117호.
- _____, 2017, 「인도·태평양 전략(Indo-Pacific Strategy) 구상과 일본 외교」, 『주요국제문제분석』, 외교안보연구소.
- _____, 2021, 「미일 2+2 회의 성과 및 함의」, 『IFANS FOCUS』, 외교안보연구소.
- _____, 2021, 「미일정상회의(2021.4.16) 평가 및 전망」, 『주요국제문제분석』, 외교안보연구소.

- Bolton, John, 2020. *The Room Where It Happened: A White House Memoir*, Simon & Schuster.
- Calder, Kent E, 2014, *Asia in Washington: Exploring the Penumbra of Transnational Power*, Brookings Institution Press.

- Campbell, Kurt M. and Rush Doshi, 2021.1.12. "How America Can Shore Up Asian Order: A Strategy for Restoring Balance and Legitimacy," *Foreign Affairs*.
- Cha, Victor, 2000, *Alignment Despite Antagonism: The United States-Korea-Japan Security Triangle*, Stanford University Press.
- Cha, Victor, 2019.8.6, "Finding a Way Out from the Japan-Korea Crisis," *CSIS*, New Letter.
- CRS, Report for Congress, 2014.2.20, "Japan-U.S. Relations: Issues for Congress,".
- CRS, Report for Congress, 2021.2.2, "South Korea= Background and U.S. Relations,".
- Kelly, Robert E, 2019.4.1, "As South Korea and Japan pick a fight, don't expect Trump to care", Lowy Institute, The Interpreter.
- Liu, Chen, 2018.12, "Obama's Pivot to Asia and its Failed Japan-South Korea Historical Reconciliation", *East Asia: An International Quarterly*, Vol.35, No.4.
- Matsuo, Terrence, 2021.1.4, "U.S.-Japan-Korea Trilateralism after the Biden-Moon Summit" KEI.
- Takahashi, Sugio, 2007, "Toward Japan-ROK Security Cooperation beyond Northeast Asia" *Korean Journal of Defense Analysis*, 19:3, 2007.

- 金子秀敏, 2014,「中国の台頭と日韓関係」, 小倉和夫ほか,『日韓関係の争点』, 藤原書店.
- 読売新聞政治部, 2014,『「日中韓」外交戦争』, 新潮社.
- 李鍾元, 1996,『東アジア冷戦と韓米日関係』, 東京大学出版会.
- 牧野愛博, 2018,「北朝鮮核を巡る日米韓協力」,『東亜』607.
- 服部龍二, 2013,「歴史認識問題」, 井上寿一ほか編,『日本の外交第5巻』, 岩波書店.
- 冨樫あゆみ, 2017,『日韓安全保障協力の検証-冷戦以後の「脅威」をめぐる力学』, 亜紀書房.
- 阪田恭代, 2016,「米国のアジア太平洋リバランス政策と米韓同盟: 21世紀『戦略同盟』の三つの課題」,『国際安全保障』44巻1号.

제8장

패전자와 피식민자의 엇갈린 각투
– 한일 역사운동 속에서 '민족주의'의 부활

| 한혜인 · 아시아평화와역사연구소 연구위원 |

1. 머리말
2. 패전자로서의 역사인식이 만들어 낸 양가적 문제
3. 한국의 과거사 법제화 운동 속의 '민족'의 발견
4. 맺음말

1. 머리말

2000년대의 한일 관계는 매우 중층적이었다. 1998년 김대중 대통령과 오부치(小渕恵三) 수장은 한일 관계를 과거의 역사를 극복하고 미래지향적으로 발전시킬 것을 합의했다.[1] 한국은 일본문화를 개방했고, 일본 영화 〈러브레터〉는 당시 단일영화로는 최대의 관객을 불러오는 인기도 누렸다. 2000년 9월에는 모리(森喜朗) 수상이 일본의 대학입시인 센터시험에 한국어를 넣을 것을 발표했다.[2]

그러나 2001년에 〈새로운 역사교과서를 만드는 모임〉에서 만든 후소샤의 중학교 교과서가 검정에 통과하면서 역사 문제는 또다시 불거졌다. 한국의 한승수 외교통상부장관은 유감 표명과 함께 교과서 수정 요구와 일본문화 개방 연기 등의 조치를 취했다.[3] 또한 야스쿠니 신사 문제도 다시 불거졌다. 2001년 4월에 취임한 고이즈미 수상은 자민당 총재선거에서 어떠한 비판이 있더라도 참배하겠다는 의지를 표명하고, 8월 13일에 참배했다. 이와 같이 역사 문제가 벌어지고 있는 중에도 2001년 10월 고이즈미 수상이 한국을 방문하고 상하이에서 있었던 아시아태평양경제협력(APEC)에서 한일정상회담을 했다. 이 회담에서 고이즈미 수상은 역사 교과서 문제에 관해서는 공동연구를 제안하

---

1 「日韓共同宣言—21世紀に向けた新たな日韓パートナーシップ—」, 1998.10.8.
2 「金大中大統領の訪日(評価と概要)」, 2000.9.24.
3 외무성, 2002, 『외교청서』 평성14년판.

고, 야스쿠니 문제에 관해서는 위령 방법에 대해 검토하겠다는 것을 표명해 정부 간 역사 문제는 일단락되었다. 그리고 2002년에는 공동월드컵도 치렀다.

2001년 10월 한일정상회담에서 역사 문제의 한일공동연구가 합의되어 한일역사공동연구위원회 발족으로 활동을 시작했다.[4] 1982년 일본의 교과서 파동이 한국에서 독립기념관을 만드는 계기가 되었다면, 후소샤의 중학교 교과서 파동은 한국에서 과거사 법제화 운동의 대중적 계기가 되었다.

김대중 정권 이후, 한국의 과거사 시민운동은 의회와 정부의 협력 관계 속에서 실체화되어 갔다. 민주화 운동을 하던 유력자들이 국회의원과 정부의 영향력 있는 자리에 가면서 역사운동이 운동뿐 아니라, 제도화를 이루어 갔다. 일본군'위안부' 피해자에게는 1993년 이후 법이 제정되어 지원이 되고 있었지만, 강제동원 피해자들에 대한 지원은 없었다. 강제동원 피해자의 문제는 1990년대 일본법정에서 재판이 진행되었는데, 번번이 패소했다. 이에 한국 피해자들은 한국법원에서 재판을 시작했다. 2000년에 시작된 신일철주금 대상 재판이었다. 1990년대에는 국가와 대중이 강제동원 문제에 그다지 관심을 갖지 않았다.

2000년 10월 5일 오전, 장영달, 이미경(이상 민주당), 김원웅(한나라당) 의원과 배리 피셔 미국 변호사, 윤정옥 한국정신대문제대책협의회 대표,

---

4 한일역사공동연구위원회는 2005년 5월 3년간의 제1기 활동 끝에 결과보고서를 발표하였다. 2007년 6월 제2기 제1차 전체회의를 갖고 2기 한일 역사공동연구를 공식 재개하였다. 또한 2기에는 교과서분과위원회를 신설하였다. 이 위원회의 평가에 관해서는 다른 지면에서 다룰 예정이다.

이희자 태평양전쟁희생자유족회 서울지부장 등은 국회 의원회관 소회의실에서 기자회견을 열고, 일본군'위안부' 문제 등을 해결하기 위해 국회에 '일제강점기 강제동원 피해자의 진상규명을 위한 특별위원회' 구성을 청원하였다. 이제 강제동원, 일본군'위안부' 문제는 국회와 정부의 과제가 되었다. 그뿐만 아니라 친일 문제도 부상했다. 2003년 노무현 대통령 당선과 더불어 한국은 전반적인 과거사 청산의 시대가 되었다. 2004년 일제강점하 강제동원 진상규명을 위한 특별법을 제정했고, 2005년에는 일제강점하 친일반민족행위진상규명특별법을 제정하였다. 이 두 법을 시행하기 위한 위원회가 꾸려지고, 관련 학자뿐 아니라, 시민사회 속에서 활동하던 활동가가 위원회로 들어가 정부과업을 수행하게 되었다. 일본의 운동은 독자적으로 계속 진행해 가면서도, 한국의 위원회 활동을 보조하는 역할을 하게 되었다.

결과적으로 한국정부의 대일 과거사 청산은 1960년대부터 쌓아올린 일본 시민단체의 성과를 바탕으로 한국의 시민단체가 수렴하여 진행했다는 점을 우선 지적해 두고 싶다. 물론 「친일반민족행위진상규명법」과 「강제동원진상규명법」은 한국에서 식민지의 가해와 피해를 각각 다루는 법으로, 한국의 일본 제국주의 청산이라고도 할 수 있다. 이러한 노력은 처음이 아니다. 이 두 법은 1948년 〈반민족행위특별조사위원회〉 활동과 1974년 「대일 민간청구권 보상에 관한 법」 활동의 후속이라고 볼 수 있다.

이러한 제국주의 청산 속에서 우선으로 살펴야 할 것은 한국사회가 피해와 가해 속에서 '민족'의 범주를 어떻게 구획했는가이다. 이는 한국의 과거사 청산이 어떠한 시선 속에서 이루어지는가, 즉 일본에서의 가해를 제단하는 방식과 한국 내의 가해를 제단하는 방식에 일관성을 가지고 있는가에 대한 물음이기도 하다. 만일 그 기준이 일관적이지 않다면, 결국 대일 과거사 청산이라는 것은 그것이 한국 내 제국주의 청산의 작업이라고 하더라도 민족주의적 시각에서 벗어나지 못한 것이다. 그런 의미에서 그 경계성적 존재, 즉 피해이면서 가해의 양가적 속성이 있는 BC급 전범을 위의 두 법률에서 어떻게 처리하였는가는 중요한 실마리가 된다.

「친일반민족행위진상규명법」에서는 BC급 전범, 즉 포로감시원은 우선 지위가 낮고, 그가 저지른 잔혹행위가 "우리 민족"에 대한 행위가 아니기 때문에 친일반민족 행위자로 선정하지 않았다. 그러나 포로감시원이 되기까지의 과정, 즉 군속이 되는 과정은 강제동원의 피해이기 때문에 「강제동원진상규명법」에서는 피해자로 규정하였다. 조선인 포로감시원의 잔혹행위는 그 대상이 조선인이 아니었기 때문에 면죄를 받아야 한다는 논리는 일본군'위안부' 피해자에 대해 일본 정부가 일본군의 죄를 인정하지 않았던 것과 같은 논리구조를 가지고 있다는 점에서 문제가 있다.

이러한 배경 속에서 이 글에서는 2000년대 이후 한국과 일본의 시민사회에서 일어난 역사운동이 어떠한 방향으로 전개되는가를 살펴보고자 한다. 일본에서는 2000년대 이후 1990년대의 일본군'위안부' 문제에 대한 일본 내 진보 역사운동과 세계적인 움직임에 대한 백래시의 일환으로 진행된 우익운동이 활발해졌다. 그 점에 착목하여 일본 우익 역사운동이 '국민운동'을 주창하는 내면을 살펴볼 것이다. 그리고 2000년대 이후 일본의 우익운동이 일종의 시민권을 얻어 관련단체가 창궐

했던 원인의 하나로 일본의 진보주의 운동 중 하나인 '강제연행'을 둘러싼 운동이 1990년대를 거쳐 2000년대를 지나면서 피해자 중심으로 그 자리를 내주고 주변화되어 가는 과정을 살펴보려고 한다. 그런 과정 속에서 한국에서는 그 대항으로 진행된 '국가 중심'의 강제동원 피해 진상규명이 일본의 진보적 시민운동을 어떻게 흡수했는지, 그리고 진상규명과 지원의 범주 속에서 현재의 국가 중심의 사고로 인해 새롭게 구획되는 '피해적 민족'의 문제에 대하여 논하고자 한다.

2. 패전자로서의 역사인식이 만들어 낸 양가적 문제

1) 일본 우익운동의 '국민' 호출

일본은 아베 정권이 들어서면서 강한 일본을 주장했다. 이 강한 일본을 만들어 가면서 국민통합으로 역사 문제를 전면에 내세웠다. 이는 1995년 전후 50년 체제 속에서 주변국들과의 역사 문제를 해결해 감과 동시에 일본 우익의 보다 본격적인 역사적 백래시를 배태하게 되었다. 일본 우익의 공격 방법은 역사해석을 둘러싸고 있다기보다는 역사를 바라보는 시각에 중점을 두고 있다. 과거사 문제를 역사 사료의 해석 차이의 문제라기보다 단순한 어떤 '사실'에 한정해서 역사를 바라보는 시각을 문제 삼은 것은 잘 알려진 바와 같이 1997년도에 결성된 〈새로운 역사를 만드는 모임〉(이하 새역모)에서 출발한다. 이들은 일본 전후 역사학 중 전쟁책임론을 사실이 아닌 사건을 가지고 일본을 악으로 규정하는 '자학사관'이라고 비판하면서, 일본 내에서는 코민테른, 중국에 관해서는 '난징대학살의 문제', 한국을 향해서는 일본군'위안부' 문제에 초점을 맞추어 공격 프레임을 짰다.

역사학계에서는 이들의 비역사적 논증 방법 때문에 논쟁이 불가능한 것으로 치부하고 무시하고 있는 상황에서 이들 세력은 점차 조직화, 공고화되어 가고 있는 것이 사실이다. 역사학자들이 이러한 자유주의 사관의 본질을 '허상의 일본사'[5]라고 규정짓고, 교과서 운동 역시 한국과 일본의 불채택 운동으로 인해 새역모 교과서는 그다지 힘을 발휘하지 못하는 등 그 열풍이 꺼지는 듯 보이기도 했다. 또 후지오카 노부카쓰(藤岡信勝)를 비롯한 새역모 그룹이 내부 분열을 보이기도 하여, 일견 자유주의 사관 운동은 사그라드는 것처럼 보였다. 하지만 실제로는 아베 정권 속에서 일본회의라는 정치권력으로 보다 강력하게 국내외적으로 역사수정주의를 시행하고 있다. 세계를 향해 일본의 역사를 주입하려는 최근의 유네스코를 둘러싼 역사전도 그 일환이다.

자유주의 사관 운동 자체가 그들에게 가시적인 헤게모니를 갖게 하지는 못했지만, 실질적으로 역사 갈등을 일으키는 역사관으로 작용하게 된 원인은 일본의 역사인식 '결핍'에 영합하면서 형성되었다. 그 '결핍'은 패전에 대한 일본인들의 공통인식의 부재라고 생각한다. 일본 우익의 근본인식은 미국에게의 패전은 인정하면서도 연합군의 일부였던

---

5 部落問題研究所, 1997, 『「自由主義史観」の本質』, 部落問題研究所.

중국에 대하여 패했다는 패전의식을 애써 가지려 하지 않는다. 이러한 굴전된 패전의식이 일종의 르상티망(resentment)이 되어 있어, 국내(일본 안)에서 '역사 바로 세우기' 운동을 적극적으로 실시하게 되었다고 생각한다.

전후 역사학이 1994년에 들어서 갑자기 '자학 사관'이나 '도쿄재판 사관', '코민테른 사관'이라고 비판받기 시작한 것은 아니다. 이 자유주의 사관 논쟁 이전에도 몇 차례 중요한 논쟁이 있었다. 그 논쟁들이 전후 역사학의 어떤 점을 지적하고 있는지, 그런 균열은 자유주의 사관과 어떻게 연결되는지를 우선 살펴볼 필요가 있다.

우선 1955년의 『쇼와사(昭和史)』 논쟁을 살펴볼 필요가 있다. 도야마 시게루(遠山茂樹), 이마이 세이이치(今井淸一), 후지와라 아키라(藤原彰)의 공저로 이와나미 서점에서 출판된 『쇼와사』가 전후 역사 붐을 일으키는 문제작이 되었다. 이 책은 1926~1955년까지의 역사를 서술한 것으로, 15년 전쟁(만주사변~태평양전쟁)을 중심으로 하고 있다. 저자 면면이 마르크스주의자이며 마르크스주의 역사학을 바탕[6]으로 1950년대 당시 역코스, 즉 전쟁을 일으킨 당사자가 정권을 잡게 된 것을 비판하면서 나온 책이다. 논쟁은 당시 문예비평가였던 가메이 가쓰이치로(龜井勝一郎)[7]가 『문예춘추』 1956년 3월호에 비판 기사를 싣는 것으로

---

6 천황. 원로 군의 상층부, 당시 재벌이 전쟁 주도자로 전쟁 책임의 당사자로 민주주의를 요구하는 피지배계급(그 전위로서 일본공산당)이 그 전쟁 주도자에게 속아서 전쟁의 피해를 입게 되었다는 논지.

7 가메이는 프롤레타리아 문학에 경도되었다가 중일전쟁기인 1942년에는 일본문학보국회의 평론부회 간사를 맡아 전쟁 협력자가 되기도 한다.

시작되었다.

가메이는 유물사관(마르크스주의 역사학)에 관해서 "전전의 역사(황국사관)에서는 인민의 역사가 숨겨졌고, 왜곡되어 왔었던 것에 대해 유물사관은 그 숨겨지고 왜곡되어 있었던 면을 발견한다는 점에서 새로운 시야를 가져다주었다"라고 평가하면서도 그들의 역사 서술에는 "인간이 없고", 역사를 "계급투쟁"의 산물로만 보는 것은 문제가 있다고 지적했다.[8] 즉, 가메이는 좌파에게도 우파에게도 그 시대 전체를 관통하는 감동이 있고, 그 안에 "인간과 심리"가 있다고 지적한다. 그 한 예로 중일전쟁을 평가하는 방법을 들었다. "유물론자는 일본의 중국 침략의 원인을 자본침투라고 보는데, 사실은 그렇지 않다. 일본인이 서양에 대한 열등감을 해소하기 위해 중국인을 열등민족시했기 때문에 침략이 가능했다"고 말하고 있다. 이런 가메이의 인식은 일본의 굴절된 패전의식과 연동되어 있고, 이후의 과거사 청산 문제와도 연동되어 있다.

『쇼와사』 논쟁은 전후 역사학의 일색이었던 역사인식 및 서술 방식에 일정한 균열을 가져왔다. 가메이의 역사비판은 마르크스주의 역사가인 이로카와 다이키치(色川大吉)의 민중사 기술에도, 이후 대중적으로 크게 인기를 얻게 되고 자유주의 사관에도 깊게 연관되어 있는 시바 료타로(司馬遼太郎)의 역사 기술에도 영향을 끼치게 된다. 즉 역사에 '인간'과 '인간적 요소 및 심리'가 기술되었다는 것과 그런 기술로 인해 역사에 '공감'이 가능해지고, 역사가 대중화되었다는 측면에서 가메이

---

[8] 竹縄亮一, 1999, 「自由主義史観と過去の歴史観論争との関わり」. http://nagaikazu.la.coocan.jp/2semi/takenawa.html

의 문제 제기는 양쪽 진영 모두에게 중요한 계기가 되었다.

전후 역사학에 대한 『쇼와사』 논쟁의 특징은 일본 사람들에게 일본의 근현대사를 '국민(공산주의자)과 지배층의 대립관계'로 인식하던 것에서 국민이든 지배층이든 하나의 인간으로 인식하게 했다는 점이다. 그리고 세계를 하부구조적 인식에서 일정한 '상황'이라는 것으로 일상화할 수 있으며, 과학적 언어가 아닌 일상적 언어로 역사를 대할 수 있다는 가능성을 열어 준 것이다. 이것은 후에 자유주의 사관론자들이 주장하는 "근현대사는 실증을 토대로 하는 인간학이라는 것이 국민들의 공감대를 형성하는 토대가 되었다"고 볼 수 있다. 즉, 역사적 사건을 주변의 일상사와 연결시키면서 자신들이 이해할 수 있는 범주로서 이해하게 하는 역할을 했다고 볼 수 있다.

자유주의 사관론자 역시 역사적 상황을 "사실 그대로 묘사한다"는 중립적 입장을 자임하면서도 반대편이라고 생각되는 역사관은 단순화하고 편협하게 왜곡하여 "좌익적 역사가들이 자학적으로 기록하고 왜곡한 일본 역사의 해석에는 단호하게 저항한다"고 선언했다. 대동아전쟁 긍정론과 자유주의 사관은 위와 같은 유사점을 가지고 있으면서도 차이점 또한 존재한다. 그것은 러일전쟁에 대한 해석과 내셔널리즘에 관한 정의이다.

대동아전쟁 긍정론은 근대 일본의 전쟁을 모두 서양제국의 아시아(일본 포함) 식민지화에 대한 반격이라고 규정한다. 따라서 조선과 만주의 점령을 서양열강과의 결전에 준비한 국력 신장을 위한 것으로 보고 있다. 러일전쟁은 러시아의 아시아 진출을 퇴치한다는 측면에서 '방위전쟁'임과 동시에 조선 지배권 싸움이라고 인정한다. 그리고 한국병합의 동기는 일본이 이익을 얻기 위한 것이라고 인정한다.

일본의 확장정책의 원동력을 제국주의가 아니라 내셔널리즘으로 인식하고 있는 것은 대동아전쟁 긍정론이나 자유주의 사관론과 같지만, 대동아전쟁 긍정론은 "내셔널리즘은 태생이 발톱을 가지고 있어, 대외 확장주의로 전화할 위험성을 본원적으로 내포하고 있다"고 생각하는데 반해, 자유주의 사관은 "선한 내셔널리즘"을 주장한다.

앞에서 본 바와 같이 자유주의 사관은 사회적 요인인 일본의 우경화라는 외적 요인 외에 역사인식의 논쟁 속에서도 '탄생'의 맥락을 보았다. 전후 역사학이 황국사관 비판을 과제로 하는 것으로 인해, 전전의 '국체'론을 의식적, 무의식적으로 거부하면서, 변화하는 세계 질서 속에서 일본이라는 공동체를 아우를 수 있는 그 무엇이 공동화되어 있었다는 것은 사실이다.

메이지유신으로 근대화에 성공한 아시아 유일 국가인 일본이 '근대화'의 기치를 들고 타이완과 한국 등을 근대화시키면서 서양에 대하여 동양을 지키기 위한 방위전쟁 선두에 나선 것은 무오류여야만 할 것이다. 그런 의식의 내면에는 '대동아전쟁'은 침략 전쟁이 아니라 '자존자위의 전쟁'이었고, '아시아 해방 전쟁'이었다고 해야 했다. 따라서 역사수정주의자들은 메이지유신을 '국가'의 근본으로 삼고, '건강하지 못한 내셔널리즘'을 형성하는 자학의 기재로 '사실이 아닌' 것으로 부당하게 일본을 공격하는 난징대학살 문제와 일본군'위안부' 문제는 싸워서 '바르게 정립'해야 할 역사인 것이다.

이들이 가장 오랫동안 그리고 끈질기게 대립해 온 것은 '난징대학살'과 일본군'위안부' 문제이다. 이들은 난징대학살의 학살자 숫자, 일본군 '위안부' 문제에 있어서는 강제연행의 문제를 들어 '허구론'을 설파한다. 고노 담화의 무력화 또한 이 프레임 속에서 일어났다. 고노 담화의 본질은 사실상 위안부 강제연행을 인정했던 것이 아니라, 위안부 제도 자체의 총체적 강제성을 인정했던 것임에도 강제연행 관련 사료의 유무, 증언의 확인 불능 등을 들어 강제성을 인정했던 것은 사실에 바탕을 둔 것이 아니라 정치적 결단이었다고 결론지었다. 결국 현재 한일 간 일본군 '위안부' 문제는 일본 군관헌이 강제연행했다는 자료를 발굴하지 않는 한 역사적으로는 해결되지 않는 문제가 되었다. 이는 자유주의 사관론자들이 위안부 문제에 개입하면서 만들어 놓은 프레임이다.

난징대학살의 문제는 희생자 30만이라는 숫자를 들어 공격했다. 이들 역사수정주의자들은 난징대학살의 사실을 부정하지는 않지만, 중국이 주장하는 희생자 수 30만은 근거 없는 날조라고 주장한다. 그러면서 30만설에 대한 1차 사료 근거를 제시하라고 중국을 공격하면서, 그것을 증명하지 못하면 난징대학살 자체를 부정하려는 움직임을 보여 왔다. 이러한 주장은 『쇼와사』 논쟁이 만들어 낸 '실증을 토대로 하는 인간학'이라는 것을 굴절적으로 표현하고 있는 것이라고 할 수 있다. 이러한 역사인식의 근간에 자학사관이라는 심정적 역사인식이 자리하고 있다고 볼 수 있다.

1996년 결성된 〈새로운 역사교과서를 만드는 모임〉은 2000년 들어서서 그 활동이 더 활발해졌다. 1999년 회장인 니시오카 겐지(西尾 幹二)가 쓴 『국민의 역사』가 베스트셀러가 되면서 일본 우익역사운동의 대중 영향력이 더욱 강해졌다. 게다가 일본에서 열린 2000년 여성 법정에서 천황의 유죄판결은 우익세력들을 자극하였고, 보다 적극적으로 대중운동에 나서게 했다. 새역모는 유사 단체들과 연대하면서 교과서를 중심으로 운동을 펼쳐 나갔다.

　새역모 출신 인사들은 중국과 한국 간 역사 쟁점 문제가 되고 있는 아젠다를 가지고 여러 단체들을 결성해 활동하고 있다. 〈위안부의 진실 국민운동〉, 〈난징의 진실 국민운동〉 등 '국민'을 동원해 내는 방식으로 운동을 진행했다. 〈나데시코 액션(なでしこアクション)〉 등도 여성운동을 '국민'을 앞세운 운동으로 진행하고 있다. 이 운동은 일본의 국회의원과 연동하면서 국가정책에 영향을 주고 있다.

　새역모 임원이기도 한 가세 히데아키(加瀬英明)는 2013년에 〈위안부의 진실 국민운동〉[9]을 결성하여, 각 지역에 세포운동단체를 만들어 갔다. 〈위안부의 진실 국민운동〉의 사무국은 처음에 〈새로운 역사를 만드는 모임〉에 설치되었다는 점에서 새역모와 밀접한 관련이 있을 것으로 판단된다. 〈위안부의 진실 국민운동〉은 위안부 문제에서 일본의 명예를 지키려고 하는 개인, 제단체의 연락조직으로 2013년에 결성된 단체이다. 이 단체는 한국에서는 일본군'위안부'를 정치적 프로파간다로 사용하면서 반일중독을 일으키고, 미국에서는 재팬디스카운트 운동이 전개되어 재미 일본인이 인종차별 범죄의 타깃이 되고 있다고 말하면서 '국민'을 지키기 위한 단체라고 선전한다. 그리고 아베 정권에 대해 고노 담화 재평가, 아베 담화 발표 등을 요구하는 국민운동을 하기 위해 결성했다고 밝히고 있다. 이들의 운동 목표였던 고노 담화 재평가(2014.3.14)도 이루어졌고, 아베 담화(2015.8.14)도 이루어졌다.

9　「慰安婦の真実」國民運動 (http://ianfu-shinjitu.jp/)

새역모 외에도 여기에 가입되어 있는 단체로는 〈아시아자유민주연대협의회(アジア自由民主連帯協議会)〉, 〈산증인 프로젝트(生き証人プロジェクト)〉, 〈영령의 명예를 지키고 선행을 밝히는 모임(英霊の名誉を守り顕彰する会)〉, 〈사실을 세계에 발신하는 모임(史実を世界に発信する会)〉, 〈산들바람(そよ風)〉, 〈바른 역사를 전하는 모임(正しい歴史を伝える会)〉, 〈쵸후 역사 모임((調布『史』の会)〉, 〈텍사스아버지 일본 사무국(テキサス親父日本事務局)〉, 〈나데시코 액션〉, 〈일본시사평론(日本時事評論)〉, 〈조작 위안부 문제를 조사하는 일본 유지 모임(捏造慰安婦問題を糺す日本有志の会)〉, 〈조작 일본군'위안부' 문제 해결을 목표로 하는 홋카이도 모임(捏造日本軍「慰安婦」問題の解決をめざす北海道の会)〉, 〈부당한 일본 비판을 바로잡는 학자 모임(不当な日本批判を正す学者の会)〉, 〈자랑스러운 일본 모임, 논파 프로젝트(誇りある日本の会, 論破プロジェクト)〉 등 소위 일본 우익운동 단체가 모두 가입되어 있다. 흥미로운 것은 이 단체의 대표가 위의 세계연합회 일본법인의 회장을 맡고 있는 가세 히데아키(加瀬英明)라는 점이다.

가세 히데아키(1936~2022)는 게이오대학 졸업 후, 예일대와 콜롬비아대에서 유학했다. 그는 일본 우익 교과서를 출판하는 지유샤(自由社)의 사장이고, 일본의회 대표의원, 도쿄도 본부 회장이다. 역사논쟁, 역사 교과서와 관련해서 적극적으로 활동했다.[10] 이 단체는 2015년 중국이 유네스코 세계기록유산으로 일본군'위안부' 관련 자료를 등재하려고 했을 때, 일본 정부에 등재저지행동을 구하는 성명서를 외무성과 내

---

10 「加瀬英明ホームページ」(http://www.kase-hideaki.co.jp/)

각부에 제출했다. 또 2016년 유엔 여성차별철폐위원회에서 한일합의를 비판한 의견을 낸 것에 대해, 일본 정부의 설명을 무시한 부당견해라는 성명을 발표하고, 여성차별철폐위원회의 위원인 하야시 요코(林陽子) 위원장 즉시 해임을 구하는 11,532명의 서명도 제출했다.[11] 2014년부터 유엔에 파견단을 보내는 등 의견서를 제출해 왔다. 2018년 인종차별철폐위원회 대일·대중심사파견단으로 〈나데시코 액션〉 대표를 비롯하여 6명을 보내고, 8월 23일 일본 기자협회에서 결과 보고를 행하는 등의 활동을 했다.[12] 최근 단체 간사이면서 논파프로젝트 대표인 후지이 미쓰히코(藤井実彦)가 타이완 타이난시(台南市)에 세워진 위안부 상을 발길질해 문제가 되기도 했다.[13]

국제적인 운동을 하는 단체도 결성되었다. 이 역시 가세 히데아키를 대표로 두고 있다. 〈사실을 세계에 발신하는 모임(事実を世界に発信する会, Society for the Dissemination of Historical Fact)〉은 영어권 나라에서 악의적인 반일선전이 활발하게 일어나 일본 국민의 명예를 부당하게 침해하는 허위사실과 이미지가 넓게 유포되어 있어, 이 상황을 방치할 수 없기에 민간유지를 규합해 영문으로 진실을 해외에 발신하는 '화이트 프로파간다(진실의 광고)' 활동을 전개하는 모임이라고 설명하고 있다.

---

11 國連日本人委員長を,「即時解任せよ」慰安婦問題「不当見解」「國民運動」が外相宛に署名提出, 産経 2016.11.28 07:45,http://www.sankei.com/politics/news/161128/plt1611280006-n1.html

12 【慰安婦の真実國民運動】人種差別撤廃委員会対日審査·対中審査遣団報告会 2018年8月23日, http://ianfu-shinjitu.jp/

13 「일본 우익, 대만 위안부 동상에 발길질…"스트레칭 했다"」, 『연합뉴스』, 2018.9.10.

일본의 정치가와 외무성은 반일선전을 국시로 하는 나라들과 국내의 좌익세력과의 마찰을 피하기만 해서 이와 같은 사태를 전후 60여 년간 방치해 왔기 때문에 사태가 악화되었다고 진단하고, '부작위에 의한 자멸'을 피하고자 저작권자의 승낙을 얻어 영어로 번역해 배포하는 것을 활동으로 하고 있다. 카테고리는 GHQ문서·언론탄압, 난징사건, 원폭투하, 대동아전쟁(태평양전쟁), 강제연행, 일본군'위안부', 전쟁범죄, 일중·일한 공동연구, 일중전쟁, 도쿄재판, 만주사변, 독도 센카쿠 관련으로 나누어져 있다. 여기에 GHQ문서·언론탄압 관련이 포함되어 있다는 것에 주의를 기울일 필요가 있다. 일본의 우익은 GHQ 문서가 전후의 역사관뿐만 아니라 일본인의 인식을 왜곡하고 있다고 주장하고 있다. 일본 우익의 심연에는 반미의식이 자리하고 있음을 알 수 있다.

이러한 경향은 〈일본재생연구회(日本再生研究会)〉에서도 나타난다. 일본재생연구회는 2006년 일본의 메라 고이치(目良浩一, 1933~2022)가 남캘리포니아에서 설립한 근대일본역사연구회다. 이 연구회는 메라 고이치 이사장과 이노우에 야스오(井上雍雄) 부이사장으로 구성되어 있다. 메라 고이치는 1933년 조선 경성부 출생으로 도쿄대학 공학부 건축학과를 졸업하고, 미국으로 유학, 하버드대학에서 도시지역계획학으로 박사학위를 받았다. 그는 "현재 일본이 제2경제대국임에도 정부는 지도력을 상실하고, 국민의 생활은 불안해졌다"고 인식하고 있다. 그 배후에 "패전 이후 '국민'이 자국의 역사에 자랑스러움을 가지지 못하게 한 점령정책이 있고, 미국의 보호하에 진지하게 일본의 외교, 방위를 검토하지 않았던 일본 국민의 태만이 있다"고 보고 있다. 따라서 〈일본재생연구회〉는 일본의 근현대사를 검토하고 일본의 장래

에 필요한 구상, 교육, 정책 등에 대해 토론하고 견해를 밝히는 것을 목적으로 하고 있다.[14] 홈페이지에서 활동내용을 보면, 메라 고이치 1인 활동 외에는 그다지 눈에 띄는 활동을 하고 있지는 않아 보인다. 메라 고이치는 현재 〈역사의 진실을 구하는 세계연합회(歴史の真実を求める世界連合会, The Global Alliance for Historical Truth)(이하, 세계연합회)〉의 대표도 맡고 있다. 〈세계연합회〉는 일본 내각부 소속 NPO로,[15] 〈일본재생연구회〉보다 규모도 크고, 활동도 활발한 편이다. 이 조직은 미국과 도쿄에 사무소를 두고 있다.[16]

이 〈세계연합회〉는 일본법인은 외교평론가인 가세 히데아키(加瀬英明)를 회장으로 하고 있고, 역사 교과서 문제로 이름 높은 후지오카 노부카쓰(藤岡信勝), 〈나데시코 액션〉의 야마모토 유미코(山本優美子), 국제 정치학자 후지이 겐키(藤井厳喜)가 발기인으로 참가하고 있다. 메라

---

14 https://sites.google.com/a/japansrebirth-sc.org/www/

15 https://www.npo-homepage.go.jp/npoportal/detail/013011585

16 GAHT-US CORPORATION
歴史の真実を求める世界連合会 米国事務局
1223 Wilshire Blvd, #613, Santa Monica, CA 90403
電話：310-400-9521
E-mail: info@gahtusa.org
Japanese: http://www.gahtjp.org
English: http://gaht.jp/
特定非営利活動法人『歴史の真実を求める世界連合会』
※2017年12月6日より住所・連絡先が変わりました
〒108-0022
東京都港区海岸3丁目19-2マリンシティダイヤモンドパレス716号室
電話：03-6868-4543
ファックス：03-6869-3690

고이치와 후지이 겐키가 공동대표이다.

〈세계연합회〉는 미국에서는 2014년 2월 6일 비영리 공익법인(Non-profit Public Benefit Corporation)(登錄番号3642963)으로 캘리포니아주에서 정식인가를 받았고, 일본에서는 2015년 3월에 정식으로 특정비영리활동법인 자격을 인정받아 활동하고 있다. 주요 활동 내용은 출판, 강연, 방송 등을 통해 역사상 일어났던 일을 사실에 근거하여 이해하고 개발하는 것이다. 이 단체는 "현재의 긴급한 과제는 로스엔젤레스에 인근한 그렌델시에 건립되어 있는 위안부상을 철거하고, 그 배후에 있는 소위 일본군 '위안부' 설을 논파"하는 것을 목적으로 하고 있다.[17]

〈미디어보도연구정책센터(The Institution of Research of Policy of Media and Broadcasting)〉[18]는 〈쇼와사연구소(昭和史研究所)〉의 후신이다. 〈쇼와사연구소〉의 소장은 나카무라 아키라(中村粲, 1934.4.24~2010.6.23)로 도쿄대학 영문학과 출신이며, 1964년부터 돗쿄(獨協)대학에 근무했다. 그는 〈쇼와사연구소〉와 〈NHK보도를 생각하는 모임 (NHK報道を考へる会)〉의 대표를 맡았었다. 대동아전쟁 긍정론 등 많은 역사부정, 수정주의적 저서를 냈다. 개별적인 테마로 극동국제군사재판(소위 도쿄재판), 난징사건 논쟁(포로학살 약 2만 명 주장), 오키나와에 있어서의 집단자결 문제 부정에 힘을 쏟았다.[19] 그리고 실천적으로는 위법교과서 소송원

---

17 歷史の真実を求める世界連合会 The Global Alliance for Historical Truth / GAHT http://gahtjp.org/?page_id=169

18 http://www.mediken.or.jp/

19 관련 저서로는 다음과 같다. 공편, 『東京裁判却下未提出辯護側資料』, 国書刊行会 全8巻, 『教科書は間違っている 沖縄「集団自決」・シンガポール「虐殺」の真相』, 2005, 日本政策研究セ

고단(교과서의 난징사건, 일본군'위안부' 기술의 정정을 구하는 소송)으로도 활약하는 등 우익 운동에도 적극 참여했다. 2010년 나카무라 사망 후, 〈쇼와연구소〉와 〈NHK보도를 생각하는 모임〉은 해산하고, 2011년 4월 오야마 가즈오부(小山和伸)가 이사로 취임하여 일반사단법인 〈미디어보도연구정책센터〉로 재출발하였다. 오야마는 1998년, 2001년 참의원 선거 유신정당 후보로 출마했으나 낙선하고 현재 가나가와 대학 경제학부 교수로 재직하고 있다.

〈나데시코 액션〉은 2011년에 설립되었다. 단체의 부제로 정의와 평화를 추구하는 일본 여성들(Japanese Women for Justice and Peace)이라고 달았다. "전시 중, 일본군이 위안부를 강제연행, 성노예로 했다는 사실무근의 역사 왜곡이 진실인 것처럼 세계에 퍼지고 있어, 이 일본군'위안부' 문제를 우리들의 세대에서 끝내기 위해" 결성한 것이라고 목적을 밝히고 있다. 2011년 일본 정부에게 「일본군'위안부'에의 사죄와 배상」을 구하는 의견서를 제출한 36개 지방 의회에 반대 질문서를 내는 것을 시작으로 현재까지 왕성하게 활동하고 있다. 〈나데시코 액션〉의 대표는 야마모토 우미코(山本優美子)로 〈역사의 진실을 구하는 세계연합회〉 일본 부대표를 겸하고 있다. 단순히 우익 역사부정을 위한 거친 운동뿐 아니라, 우익 이데올로기를 생산하고 확산하기 위한 연구소로 설립했다는 것도 2010년 이후의 새로운 운동의 방향이다.

일본의 대표적 우익 인사인 사쿠라이 요시코(櫻井よしこ)는 공익재단법인 〈국가기본문제연구소〉를 세워 활발하게 활동하고 있다. 〈국가

ンター, 「南京事件の数的研究(第2部)」, 獨協大学英語研究 (60), 2004-12

기본문제연구소〉는 일본 국가를 새롭게 새우는 데 목적이 있어, 역사 문제뿐 아니라, 국가이성(国家理性), 국가관, 윤리교육, 도덕교육 등을 다각적으로 주장하고 있다.[20] 역사 문제에 좀 더 천착한 단체로는 새역모의 회장이었던 스기하라 세시로(杉原誠四郎)가 설립한 〈국제역사논전연구소(国際歴史論戦研究所(iRICH))〉가 있다. 이 단체는 주로 역사 통사 전반에 걸쳐 우익 역사이데올로기를 연구, 전파를 담당하고 있다.

　일본군'위안부' 문제, 강제동원 문제, 난징학살 문제, 도쿄재판, 아사히신문, 유엔, 유네스코 문제 등 역사 갈등이 있는 주제만을 집중적으로 다루는 〈역사인식문제연구소(Historical Awareness Research Committee)〉도 2016년 설립되어 대응하고 있다.[21] 〈역사인식문제연구소〉는 "자국의 역사를 어떻게 인식하는가는 타국의 간섭을 허락하지 않는 국가, 민족의 독립을 지키는 지주다. 사실무근의 일본을 비난하는 역사인식이 외교를 저해하고 우리나라의 명예와 국익을 크게 손상시키고 있다. 본래 역사인식 문제는 외교과제가 아니고 학문적 과제가 되어야 한다. 국가 민족이 다르면 역사인식이 일치하는 것은 있을 수 없다. 따라서 근대 국가는 국가별로 이해가 충돌하는 전쟁이 끝난 후 조약을 맺어 영토를 할양하고 배상금, 보상금을 지불하여 외교적으로 과거를 청산해 왔다. 우리나라도 대동아전쟁의 청산을 7년간의 점령이 지난 후 강화조약으로 끝냈다. 동남아시아 국가들, 한국, 중국 등도 조약과 협정으로 배상과 보상 등을 실시해 과거사 청산은 끝났다"고 선언한다. 중국과

---

20 「國家基本問題研究所」(https://jinf.jp/)

21 「歷史認識問題研究所」(http://harc.tokyo/)

한국이 역사인식 문제를 외교 문제로 하는 것에는 각각의 정치적 사정이 있는 것이고, 일본을 비판하기 위해 반일세력들이 사실이 아닌 것으로 일본의 명예를 훼손했다고 하면서, 명예를 지키기 위해 기초연구를 시작한다는 취지를 밝혔다.

이들이 하는 사업은 4가지다. 첫 번째는 역사인식 문제에 대한 현 상황 파악, 어떤 과정으로 어떤 세력이 표면화했는지 철저하게 밝히고 배경에 있는 움직임을 체계적으로 연구한다. 두 번째는 역사적 사실에 관한 실증연구를 하여 일본 비난에 대해 당시의 역사적 사실에 근거하여 반론의 제재를 제공한다. 세 번째로는 관련자의 증언을 정리, 산재해 있는 자료 수집, 1차 자료를 수집한다. 네 번째로는 연구를 발신, 외국어 책자 발행, 연구서 번역사업, 필요에 따라 정부와 관계기관에 제언, 젊은 학자 육성 등을 들고 있다. 회장은 니시오카 쓰토무(西岡力), 부회장은 다카하시 시로(高橋史朗)가 맡고 있다. 고문으로는 이토 다카시(伊藤隆)와 사쿠라이 요시코(櫻井よしこ) 등이 이름을 올리고 있다.[22] 〈역사인식문제연구소〉는 그간 우익운동에서 소홀했던 연구를 본격적으로 시작하고 있다는 점에서 주목해야 할 단체이다. 『역사인식 문제 연구』라는 잡지를 발행하고 있으며, 일본 내 우익역사운동의 이데올로기로 작동하고 있다. 한국의 소위 『반일종족주의』의 편찬자들과도 연대하면서 활동하고 있다는 점도 주목해야 한다.

이와 같이 2000년대 후반부터 아베 정권이 지속되던 시기에 역사 관련 일본 우익 단체가 우후죽순처럼 늘어났다. 그들은 '일본인'이 아닌,

---

22 「歷史認識問題研究所」活動案内 (http://harc.tokyo/?page_id=14)

'일본'의 명예를 회복하기 위한 것이라는 점에서 메이지의 국체를 소환하고 있고, 이런 운동을 하는 주체를 '국민'이라는 이름으로 명명하고 있다. 이러한 운동을 이끌어 가는 멤버는 새역모를 주도했던 인물과 동일인물이라는 점에서 운동의 주체 자체가 확산되었다고 할 수는 없지만, 이들의 영향력은 새역모의 시대보다 확산되었다는 점에서 주의를 기울여야 할 것이다.

2) 일본 시민사회 역사운동에서의 '피해자' 중심 운동

일본 우익단체의 성장은 사실 일본 진보세력과 리버럴의 폐퇴와도 연결되어 있다. 일본 역사운동, 특히 강제연행을 둘러싼 운동이 일본의 전쟁책임을 내부로 묻는다기보다, '조선인'의 문제로 타자화되어 가면서 사실상 초기의 힘을 잃게 되었다. 물론 일본에서 식민지 조선에 대한 과거사 운동은 잘 알려진 바와 같이 1965년 「일본국과 대한민국 사이의 기본관계에 관한 조약」(이하, 한일협정)에 재일조선인들이 동의할 수 없었던 것에서 시작되었다. 재일조선인들에게는 그들이 일본에 살게 된 동기, 그 안에서의 차별을 견디면서 살아내야 하는 이유가 일본의 반성과 책임 없이는 받아들이기 어려운 일이었다. 더욱이 한일회담이 이루어지는 동안 식민지 지배로 선정을 베풀었다고 선전하는 풍조도 있어 제국주의의 부활, 즉 일본이 역사적 청산을 하지 않는 미봉책은 과거를 되풀이할 뿐이라는 생각에서였다. 그래서 재일조선인 사회 형성의 원인인 소위 강제연행의 역사를 소환했다. 조선대학교 교수였던 박경식은 1965년 『조선인 강제연행의 기록』[23]을 썼고 이 책은 널리 읽혔다. 박경식에게 있어서 강제연행은 일본의 전시체제에 일어난 일시적 사건이 아니라, 일본제국의 식민지 지배의 착취적 정책에 기반한 것이고, 현재 재일조선인이 발생하게 된 원인이라고 판단했다.[24]

박경식의 조선인 강제연행의 문제제기와 한일회담 반대운동은 일본의 진보세력과 연대하면서 운동으로 성장해 갔다. 일본의 진보세력은 미·일안보투쟁을 주도하던 세력으로 1970년에는 1960년에 맺어진 미일안보조약이 자동연기되는 것을 저지하고자 투쟁했으나, 이때의 운동은 학생운동세력이 주도하였다. 이후 내부 분열로 사실상 저지하는 데 성공하지 못했다. 하지만 이후 일어난 신좌익세력은 베트남전쟁 반대운동, 나리타공항건설 반대운동 등과도 연대하였고, 1972년에는 오키나와 반환운동으로 이어졌다.

이러한 사회적 분위기 속에서 1972년 8월 조선인강제연행진상조사단이 결성되었다. 조선인강제연행진상조사단은 재일본조선인총연합회(이하 총련)와 일본의 법률가, 학자, 문화인들이 조·일 합동조사단으로 발족하였다. 법률가는 일본변호사연합회(이하 일변연)의 변호사들이 결합했다.[25] 조선인강제연행진상조사단은 이 시기의 결성도 총련이 주도한 것처럼 설명하고 있으나, 사실 1970년대 조사단은 일본 측이 실질적 주도권을 가지고 있었다.

23　朴慶植, 1965, 『朝鮮人強制連行の記錄』, 未來社.

24　朴慶植, 앞의 글

25　조선인강제연행진상조사단 편, 『자료집 4. 조선인강제연행진상조사단 1970년대의 활동』

조사단이 결성된 후, 가장 처음으로 조사에 나선 것은 오키나와(沖繩)였다. 진보적 성향의 일변연의 인권옹호위원장이었던 오자키 스스무(尾崎陞)는 일본 내의 오키나와 반환 문제, 미군에 의한 오키나와 현민의 인권문제를 해결하기 위해 운동해 왔다. 그러던 중 제2차 세계대전 당시 있었던 오키나와전의 피해에 대해서 관심을 갖게 되었다. 그는 오키나와 현민들에 대해서는 일본인들이 조사하고 있었지만, 오키나와전에 있어서 일본군이 강제연행한 다수의 조선인 실태에 대해서는 조사되지 않고 있는 것에 문제의식을 갖게 되었다. 오자키 변호사는 재일조선인의 민주적·민족적 권리를 지키고자 1972년 10월「제2차 세계대전 시 오키나와 조선인 강제연행학살진상조사단」을 결성했다. 단원으로는 평론가 후지시마 우다이(藤島宇内), 변호사 도코이 시게루(床井茂), 호리카와 스에코(堀川末子)와 총련에서 4명이 합동조사에 참가했다.[26] 조사 기간은 1972년 8월 15일부터 9월 4일까지였다. 조사결과로「제2차 세계대전 시 오키나와 조선인 강제연행학살진상조사단 보고서」를 제작했다. 두 번째 조사지역은 홋카이도(北海道), 세 번째는 규슈(九州), 네 번째는 동북(東北)지역, 그리고 히로시마(廣島), 나가사키(長崎)의 조선인 원폭피해자 등을 조사했다. 조사단 구성은 오자키, 도코이 등 변호사들은 고정멤버고, 총련의 멤버는 각 지역의 총련조직원과 상의하여 합동조사단을 만들었다.

홋카이도 조사는 오자키 변호사를 단장으로 총 20명이 일조합동조사단을 결성해 1973년 4월 10일부터 4월 30일까지 조사했다. 그 결과

---

26 朝鮮人強制連行真相調査団, 1972.10,『第二次大戦時沖縄朝鮮人強制連行虐殺真相調査団報告書』

를 모아『조선인 강제연행 강제노동의 기록, 홋카이도, 치시마, 카라후토 편』으로 출간하였다.[27] 세 번째 조사단인 규슈지방 조선인강제연행진상조사단은 오자키 변호사를 단장으로 일본인 9명, 조선인 측은 총련 중앙본부 사회국장인 하창옥(河昌玉) 등 8명 총 17명이 참가하여, 1974년 4월 10일부터 4월 30일까지 조사했다. 네 번째 조사는 동북지역으로 동북지방조선인강제연행조사단을 결성하여「동북조선인 강제연행의 실태」보고서를 만들었다. 이 조사는 1975년 7월 25일부터 8월 15일까지 이어졌다. 오자키 변호사 등 약간명과 조선 측은 하창옥과 약간명으로 일조합동조사단을 결성하여 조사했다. 동북지방 조사에는 릿쿄대학 야마다 쇼지(山田昭次) 교수도 참가했다. 1979년 11월 1일부터 11월 10일까지 히로시마 나가사키 조선인피폭자실태조사를 행했다.[28]

이처럼 조선인강제연행진상조사단은 1970년대 총 10년간 다섯 지역의 조사를 마치고 나서 1980년대에는 별다른 조사활동을 하지 않은 것으로 보인다. 다만, 조사단에 합류했던 야마다 쇼지 교수 등은 개별적으로 저서를 내거나 조사활동을 지속했지만, 운동으로서는 그다지 활발하지 않았다.

이러한 침체가 계속되다가 1990년대에 들어서 다시 조직이 정비되었다. 1970년대의 조선인강제연행진상조사단이 오자키 변호사 등 일

---

27 朝鮮人強制連行真相調査団, 1974,『朝鮮人強制連行強制労働の記録 北海道千島樺太 編』, 現代史出版会.
28 「地獄絵の朝鮮人強制労働」,『朝日新聞』, 1973.4.28, 조선인강제연행진상조사단 편, 1992,『자료집4. 조선인강제연행진상조사단 1970년대의 활동』.

본인 중심이었다면, 1990년대의 조직 정비는 각 지역의 총련조직이 중심이었다. 조사단 단장, 혹은 대표는 일본 측은 정치가나 명망가가 맡았고, 조선 측은 지역총련 본부 위원장이 주로 맡았다. 1990년도에는 지역에 밀착하여 활동할 것을 방침으로 정하고, 1970년대에 조사하지 않았던 지역에 중점을 두고 지방 조사단을 결성해 갔다. 1992년 4월 1일 현재 16도부현 17개소에 조일합동 조선인강제연행진상조사단을 결성했고 이후에도 3개가 더 결성되어 총 20개의 조사단이 조직되었다.

왜 1990년 11월에 들어서서 대대적인 결성이 이루어졌는지 정확하게 알 수는 없지만, 정치적 배경으로 두 가지를 추측해 볼 수 있다. 1980년대 후반부터 논의되어 1990년에 시작된 북일수교 예비회담과 한국의 노태우 대통령의 방일로 불거진 강제연행 피해 진상규명 요구가 그것이다.

한국에서는 노태우의 방일 일정이 결정된 후, 독립유공자 단체 및 태평양유족회 등 피해단체들이 매우 강력하게 반대했다. 이들 단체는 "대통령이 방일 전에 태평양전쟁 전후 처리문제 및 희생자들에 대한 배상 등 제반문제를 거론하지 않은 것은 유감"이라고 지적하고 "정부는 일본 정부에 대해 태평양전쟁 때 강제징집된 한국인군인 군속 정신대 등의 희생자 및 유족들에게 공식사죄토록 하고, 한국인 강제징용실태와 징용자 명단을 공개토록 할 것" 등을 요구했다.[29] 이와 같이 노태우의 방일을 앞두고 강제징용 문제가 한일 정부 간 문제가 되었고, 노태우 정권은 일본에 강제동원 명부를 요구하게 되었다. 이 요구로 일본

---

29 「"노대통령 방일 명분 실리 따라 찬반양론"」, 『경향신문』, 1990.5.19

은 명부를 전달할 것을 약속하고 이후 4번에 나누어 명부를 전달했다. 1991년 3월 「소위 조선인징용자에 관한 명부」 6권, 「조선인노동자에 관한 조사결과」 15권을 우선적으로 넘기고 1991년 12월 「일제하피징용자명부」를 넘겼다.[30] 이와 같은 한일 정부의 움직임과 무관하지는 않았을 것으로 판단된다.

    1992년에는 일본인 측 전국연락협의회를 결성하였고, 그해 8월에는 조선민주주의인민공화국을 조사하고 취재했다.[31] 각 지역의 조사단은 지역별로 활동하면서 정리한 내용을 『조선인강제연행 조사기록』이라는 제목으로 단행본을 출간했다. 1992년 5월에는 시코쿠(四国) 편으로 고우치현, 도쿠시마현, 가가와현, 에히메현 조사분을 함께 엮어 출판했다. 1993년 5월에는 오사카 편이 발간되었고, 같은 해 11월에는 효고현 조사분이 발간되었다. 1997년 3월에 중부, 동해 편으로 아이치현, 기후현, 나가노현, 도야마현, 이시가와, 시즈오카, 미에현 등 7개 현의 조사 결과를 묶어 발간했다. 2002년에는 관동 편으로 가나가와현, 치바, 야마나시현 조사를 묶어 발간했다. 정식으로 출판되지는 않았지만, 야마구치현조사단은 『속 조선인강제연행의 기록』을 1995년 7월에 자료집으로 발간했다.

    이와 같이 조사단은 개별적으로 활동하면서도 1년에 한 번은 지역

---

30 국가기록원 일제강점기 피해자명부
    http://theme.archives.go.kr/next/collection/viewJapaneseIntro1.do#(검색일: 2016.8.22)
31 조선인강제연행진상조사단 편, 1994.5, 『자료집 7. 조선인강제연행진상조사단 전국연락협의회·중앙본부의 활동』

을 옮기면서 교류회를 열었다. 이 교류회를 위한 자료집이 본 『조선인 강제연행진상조사단 자료집』 시리즈다. 이 시리즈는 1~20권까지로 1991년부터 2007년까지의 활동을 정리한 자료집이다.

1990년 새롭게 정비된 조선인강제연행조사단은 전국교류집회 실행위원회를 두고 전국교류집회를 개최했다. 조선인강제연행진상조사단 전국집회교류회는 회차마다 주제를 정하여, 조선인 강제연행 문제뿐 아니라, 한일 간 역사 쟁점이 되는 주제를 모두 다루었다. 자료집은 정기적으로 발간되었다기보다는 관련 자료가 모아지는 대로 주제별로 제작되었다고 볼 수 있다.

제1권은 전국교류집회를 위한 보고서로 작성되었지만, 제2권, 제3권, 제4권은 행사와는 무관하게 발간되었다. 제1회 전국교류회는 1991년 5월 31일부터 6월 1일까지 진행되었다. 전국교류집회 발기인인 총련중앙본부 부의장인 신상대는 "전후 처음으로 전국교류집회가 열렸고, 집회에서의 보고는 각지의 조일 합동조사단 실천활동의 집대성"이라고 말문을 열면서 이 교류회를 통해 "식민지 범죄의 사실을 명백히 하는 것 없이는 조일 양국 간 진정한 관계개선, 우호관계를 맺을 수 없다"고 서문에 밝혔다. 이어서 "일본 정부가 스스로의 손으로 강제연행, 강제노동, 종군위안부의 실태를 명백하게 밝히고 진정한 사죄와 보상을 행할 때까지 조사를 계속해야 한다"고 주장했다. 그리고 거기에서 얻은 결과를 공유하고 집대성하는 것을 목적으로 한다고 밝혔다.[32]

---

32 조선인강제연행진상조사단 편, 1992.1, 『자료집 1. 조선인강제연행진상조사단 전국교류집회자료집』

이와 같이 본 자료집 시리즈는 각 지역에서 진행한 진상규명 활동과 발굴된 사료 등에 대한 정보를 수합할 뿐 아니라, 조선인강제연행을 둘러싼 아젠다 및 정보의 집대성이라고 할 수 있겠다. 따라서 여기에서 제기하는 아젠다는 초기 일본인들이 구성원의 주요인사로 진행했던 '전쟁책임'의 문제에서 재일조선인이 북한과 연대하면서 '민족의 수난'과 식민지의 문제로 만들어 갔다.

『자료집 5. 1993년 유엔 인권위원회(제49차)』는 1993년 유엔 인권위원회라는 제목하에, '위안부' 문제, 강제연행·강제노동 문제와 1905년 조약이라는 부제가 달려 있다. 조선인강제연행진상조사단이 가장 처음 조사한 오키나와 조사에서 일본군'위안부'와 위안소에 관해 조사했었고, 그 이후의 조사에서도 '위안부' 문제를 조사했었다는 사실은 그다지 잘 알려져 있지 않다. 본 자료집 머리말에 해당하는 「'위안부' 강제연행 문제에 관해서」에서는 일본군'위안부' 문제를 조선인강제연행 범주에 넣어 다음과 같이 정의했다.

조선인 강제연행은 탄광, 토목, 군수공업 등(조선국내, 일본국내, 그 외의 지역), 위안부(군대위안부, 일본군침략지, 그 외. 노무위안부, 일본국내의 탄광 항만작업소), 여자정신대(조선, 일본국내의 군수공장), 군인군속(일본국내, 아시아제국)으로 구분했다. 종군위안부를 포함한 조선인강제연행은 국제법 위반의 중대인권침해, 전쟁범죄, 인도에 대한 죄에 해당하고 ILO에서 위반이라고 판단했다. 그리고 마지막으로 1905년 조약의 불법성이 기본이 되어 일본군'위안부' 문제를 강제연행과 함께 식민지의 문제로 인식했다.

1993년 7월 25일 발간된 『자료집 6. 조선 식민지지배는 위법』이라는 제목하에 일본의 조선지배 근거였던 "1905년 을사오조약은 성립했는가?"라는 부제를 달고 있다.[33] 본 자료집은 유엔 인권 문제 토론장에서 일본 정부가 일관적으로 유지하고 있는 조선인강제연행, 위안부 문제는 '합법'이라는 것에 대하여 조선 식민지지배가 '위법'이라는 것을 증명하는 것으로 「을사오조약」에 대한 검토 자료집이다. 1905년 조약은 사실상 체결되지 않았고, 일제의 조선 점령은 무력에 의한 위법한 침략이었다는 것을 제49회유엔인권회의에서 네덜란드 비정부 조직인 IFOR이 발표한 것을 근거로 주장하고 있다. 일본 정부와 우익이 강제연행, 일본군'위안부' 논의를 전쟁에 국한시켜 온 것에 비해, 조선인강제연행진상조사단은 식민지 문제였다는 것을 지속적으로 주장했다. 또 『자료집 8. 유엔 결의와 식민지지배, 강제연행』이라는 제목하에 1905년 조약은 무효 '위안부'는 범죄라는 부제가 달려 있다. 본 자료집의 표지사진이 역사적이다. 표지의 여성은 1993년 5월 24일 유엔 현대노예제 워킹그룹에서 증언한 조선인민민주주의인민공화국 '위안부'피해자 정송명 씨의 사진이다. 1993년에 워킹그룹에서의 증언을 미국 전역에 보도한 바 있다.[34]

본 자료집은 1994년 5월 14일부터 15일 양일간 아이치현(愛知縣) 세토시(瀨戶市)에서 행한 조선인강제연행진상조사단 제3회 전국교류회에서의 강연과 각지에서의 연구발표로, 1995년 3월까지의 유엔인권회의에서의 위안부, 강제노동 문제에 관한 개략적인 자료를 정리한 것이

---

33 조선인강제연행진상조사단 편, 1993.7, 『자료집 6. 조선 식민지지배는 위법』
34 조선인강제연행진상조사단 편, 1995.5, 『자료집 8. 유엔 결의와 식민지지배, 강제연행』

다. 그리고 일본과 조선민주주의인민공화국의 국교정상화 교섭에서의 논점과 그 근원이라고 말할 수 있는 1905년「한국보호조약(을사오조약)」관련 논문도 게재되어 있다.

　일본의 전쟁책임과 식민지 지배책임을 생각하는 데 있어 유엔결의와 일조국교정상화 교섭 그리고 일본 국내에서의 여러 운동과 조사연구는 분리할 수 없는 것으로, 상호 관련을 가지고 생각해야만 문제점을 명확하게 볼 수 있기 때문에 이러한 편집을 행했다고 부기를 달았다.[35] 본 자료집에는 1992년 2월부터 1995년 3월까지 그간 한국에는 잘 알려져 있지 않았던 조사단의 활동,「식민지지배 피해실태 조사」에 관한 정보가 실려 있다는 점도 주목할 만하다. 조사 목적은 재일조선인이 일본의 식민지 통치, 침략전쟁 아래 받았던 피해상황을 종합적으로 조사하고, 그것을 객관적·통계적으로 분석하고자 했다. 이 결과는『자료집 10. 전후 50년, 새로운 도약을 위해』에서 발표되었고,「식민지지배 피해자 조사」에 대한 중간보고와 과제(김순애, 아이치현조선인강제연행진상조사단)발표도 있다. 1994년 5월부터 아이치현 내 1만 4천 세대 모든 재일조선인을 대상으로 조사를 시작했다. 그중 회수된 것은 216건분으로 122건이 피해 상황이 기입되어 있었다. 강제노동, 강제연행은 62세대(생존자 12명), 군인군속 6세대(생존자 2명), 피폭공습 45세대(생존자 28명), 독립운동 9세대(생존자 9명) 총 122세대로 생존자가 51명으로 조사되었다는 것을 발표했다.

　이러한 식민지 지배 불법을 주장하는 기조는 1995년『자료집 9.

35　조선인강제연행진상조사단 편, 1995.5,『자료집 8. 유엔 결의와 식민지지배, 강제연행』

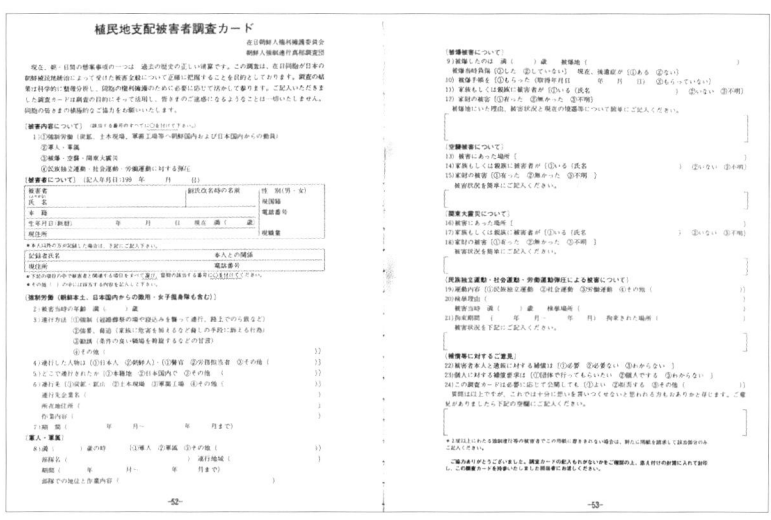

<그림 1> 『자료집 8. 유엔 결의와 식민지지배, 강제연행』에 있는 식민지 지배 피해자 조사표

1905년 한국보호조약(제2차일한협약, 을사오조약)에 관한 논문』에서도 이어졌다. 이 책은 이미 출간된 운노 후쿠쥬(海野福壽) 교수의 「1905년 제2차 한일협약」과 사카모토 시게키 교수의 「한일보호조약의 효과-강제에 의한 조약의 관점에서-」를 참고하였다. 운노 후쿠쥬 교수는 본 논문에서 한일협약은 "부당하기는 하다. 국제적, 국내적으로는 합법적인 조약을 맺었지만, 아무리 조약의 법적 형식을 취했다고 하더라도 스스로 선행조약에 대한 위반이라는 국제법상 중대한 불법행위를 저질렀다. 그 비합법적·비도덕적 행위와 한국의 권리침해야말로 제2차 일한협약을 불법으로 하는 또 하나의 논거로서 들지 않으면 안 된다고 본다"로 결론지었다.[36]

---

36 조선인강제연행진상조사단, 1995.5, 『자료집 9. 1905년 한국보호조약(제2차 일한협약, 을사

2005년 『자료집 18. 재일조선인사(1905년조약) 100년-역사적 사실과 법적 시점에서 검증한다』는 재일조선인사 100년 특집으로 구성하고 있다. 강성은 교수의 1905년 을사오조약과 식민지지배 책임, 아라이 신이치(荒井信一) 교수의 1905년 조약의 강제성, 도쓰카 에쓰로(戶塚悅郞) 변호사의 을사오조약의 불법성과 일본 정부 책임을 논한 보고서가 수록되어 있다. 오카모토 쇼지(岡本昭次) 의원의 1905년 조약에 대한 국회 논쟁에 관한 보고서도 싣고 있다.[37] 이와 같이 재일조선인, 총련 중심의 강제연행진상조사단은 강제연행의 문제를 식민지 불법의 문제 속에서 논하면서 운동을 계속해 왔으나, 중국인 강제연행의 문제 운동과도 거리를 두게 되었고 일본 속의 전쟁피해 문제까지 연결되는 방향으로도 가지 못했다. 이러한 운동은 1990년대 후반 한국에서 일어난 과거사 법제화 운동과 연동되어 실질적으로 '민족'의 문제로 수렴되어 갔다. 이는 재일조선인이 중심이 되어, 식민지 불법이라는 테제하에 일본인의 운동이 주변화되어 간 것도 원인이었다고 볼 수 있다.

오조약)에 관한 논문』

[37] 조선인강제연행진상조사단, 2005.11, 『자료집 18. 재일조선인사(1905년조약) 100년-역사적 사실과 법적 시점에서 검증한다』

3. 한국의 과거사 법제화 운동 속의 '민족'의 발견

1) 피해자에서 피해국 중심 운동

한국에서 과거사 관련 법제화 운동이 본격화된 것은 새역모 교과서가 출판되면서부터다. 새역모의 중학교 역사 교과서는 한국 역사운동의 대중적 확산을 가져왔다. 기존의 역사운동을 하던 피해자 단체들도 강제동원 피해자들이 일본의 여러 재판에서 한일청구권협정을 이유로 패소하자 한국 정부의 책임론을 거론하기 시작했다.

2002년 일본의 강제연행진상조사단의 사무국장인 홍상진은 고베시 시립도서관에서 문서를 발견해 신문에 보도했다. 그가 발견했다는 문서는 1962년 2월 19일 일본 외무성 북동아과가 작성한 '한국인 이입 노무자 수에 대해'라는 제목의 토의용 자료였다. 일본의 지방자치단체와 내무성 경보국(현 경찰청)이 협상 당시 강제연행 노동자의 명부 등 자료를 가지고 있었음을 밝힌 내용의 문건이다. 이 문서는 당시 징용자의 통계에 대해 "명부는 각 사업장이 보관하고 있고, 이입·전입·귀선(귀국)·도망·사망·부상·현재 수 등도 각 직장에서 정비돼 있고 그것에 대해 1년에 2~3회(3월 말, 6월 말, 12월 말) 현재의 통계가 각 부현을 통해 집계된 문건으로, 1946년 6월에 총사령부의 명령으로 모은 명부 17부현 13만 7,406명분이 있다고 기록되어 있었다"고 보도했다.[38] 이

---

[38] 「65년 일정부 "징용자 명부 없다" 거짓말 드러나」, 『한겨레신문』, 2002.2.4,

와 같이 강제동원에 관한 명부가 존재한다는 것이 알려지면서, 국회에서는 41만 명의 명부를 발표했다. 홍상진 사무국장이 발굴한 명부 자료는 1989년 노태우 대통령의 방일 조건으로 받아온 것인데, 2002년 국회에서 발표되기 전까지는 확인할 수 없는 상태에 있었다.

사실 일찍부터 일본의 민간단체인 〈일본국에 대한 공식사죄와 보상을 청구하는 재판촉진모임〉과 한국의 〈태평양전쟁희생자유족회〉는 일본 정부에 관련 명부를 요청했다. 1989년 노태우 대통령 방일 일정이 결정된 후, 독립유공자 단체 및 태평양유족회 등 피해단체들은 매우 강력하게 반대했다. 이들 단체는 "대통령이 방일 전에 태평양전쟁 전후 처리 문제 및 희생자들에 대한 배상 등 제반 문제를 거론하지 않은 것은 유감"이라고 지적하고 "정부는 일본 정부에 대해 태평양전쟁 때 강제징집된 한국인 군인 군속 정신대 등의 희생자 및 유족들에게 공식 사죄토록 하고, 한국인 강제징용 실태와 징용자 명단을 공개토록 할 것" 등을 요구했다.[39] 이를 받아들여 노태우 정권은 일본에 강제동원 명부를 요구하게 되었다. 이 요구에 따라 일본은 4번에 나누어 명부를 전달했다. 1991년 3월 「소위조선인징용자에 관한 명부」 6권, 「조선인 노동자에 관한 조사결과」 15권을 우선 넘기고, 1991년 12월 「일제하 피징용자 명부」를 넘겼다.[40] 일본 정부는 강제연행 명부에 대한 조사발표 및 한국 정부 인도 경위에 대하여 1993년 10월 8일 후생성 사회 원

---

39 "노대통령 방일 명분 실리 따라 찬반양론", 『경향신문』, 1990.5.19.
40 국가기록원 일제강점기 피해자명부
http://theme.archives.go.kr/next/collection/viewJapaneseIntro1.do#(검색일: 2016.8.22)

호국 발「조선반도 출신 구군인군속명부의 인도에 관하여」를 발표했다.[41] 「조선인 노동자에 관한 조사결과」15권이 홍상진 사무국장이 발굴한 문건에서 나오는 명부이다.

또한 한국 정부는 군인 군속 관련 명부조사도 요구했다. 일본 정부는 후생성에서 구육해군으로부터 인계된 인사관계자료 등에 관해서 복사 등의 작업을 진행하여,「유수명부」,「군인이력원표」,「군속신상조사표」,「병적, 전시명부」,「공원명표 등」,「군속선원명표」,「병상일지」,「임시군인군속계(届)」,「포로(俘虜)명표」등을 한국에 제공했다. 이와 같이 명부들이 공개되면서 강제동원 피해자를 조사할 수 있는 환경이 만들어졌다.

2) 피식민과 전쟁으로 구획되는 피해, 배제되는 '민족'

① 일제하강제동원진상규명에 관한 특별법 시행

우선 용어에 대해 좀 더 세심하게 볼 필요가 있다. 한국에서는 강제동원이라고 사용하지만, 일본에서는 강제연행이라는 용어를 사용한다. 동원이 시스템적 용어라면, 연행은 범죄에 대한 강압적 용어다. 강제연행과 강제동원은 같은 것을 지칭하는 것처럼 보이지만, 그 행위의

---

41 「(2) 朝鮮半島出身旧軍人軍属名簿の引き渡しについて」, 平成5年10月8日, 厚生省社会援護局 http://www.gun-gun.jp/93koseisyo-siryo.pdf (在韓軍人軍属裁判の要求実現を支援する会 クラブ発表資料)(2016.9.20)

주체와 강제성의 형태, 범위가 서로 다르다. 따라서 일본이 부정하는 것과 한국이 주장하는 강제성은 서로 그 범주가 다르다. 일본은 완전한 범죄적 형태만을 포함하고 있는 것에 비해 한국의 강제동원은 시스템적 강제를 포함한 포괄적 강제를 말한다. 그래서 한국에서는 식민지 전시체제의 모든 동원을 상정하고 있다. 그러면서도 피해를 규정할 때는 국외동원(내지 조선을 제외한 외지동원)과 국내동원으로 나누었다.

2004년 3월 5일 「일제강점하 강제동원 피해 진상규명 등에 관한 특별법」이 제정되고, 이어 2007년 12월 10일 「태평양전쟁 전후 국외 강제동원희생자 등 지원에 관한 법률」이 제정됨에 따라 강제동원 피해의 진상규명과 피해자에 대한 지원을 시작하였다. 진상규명과 지원 활동은 2011년 8월 4일 「대일항쟁기 강제동원 피해조사 및 국외강제동원 희생자 등 지원에 관한 특별법」이 제정되어 통합된 위원회로 이관되어 2015년 12월까지 활동하였다.

「일제강점하 강제동원 피해진상규명 등에 관한 특별법」([시행 2004. 9.6] [법률 제7174호, 2004.3.5. 제정])에는 "만주사변 이후 태평양전쟁에 이르는 시기에 일제에 의해 강제동원되어 군인, 군무원, 위안부 등의 생활을 강요당한 자가 입은 생명·신체·재산 등의 피해"로 규정하고 있다.

2005년부터 2012년 5월까지 강제동원지원위원회에 접수하거나 직권조사로 파악한 피해 신청 수는 226,583명이다. 이 중 224,835명이 피해자 판정을 받았고, 7,579명이 기각·각하·판정 불능 등으로 처리되었다.

⟨표 1⟩ 피해신고 접수 현황(2012.5.11 현재) (단위: 건)

구분	계	군인	군무원	노무자	위안부	기타	미표시
계	226,583	37,202	29,426	157,574	334	1,296	751

⟨표 2⟩ 피해신고 심의·결과 현황(2012.5.11 현재) (단위: 건)

구분	계	군인	군무원	노무자	위안부	기타	각하·기각·판정 불능
계	224,835	32,645	36,348	147,893	22	96	7,831

피해사실이 증명되어 피해자로 인정된 사람 중 지원법에 따라 지원을 받을 수 있는 사람을 희생자로 개념화해 피해자 중 41.5%만 보상이 이루어졌다.[42]

국내동원 피해 조사결과는 다음과 같다.[43] 2012년 4월 30일 현재 국내동원 피해접수 25,304건 중 피해결정 23,514건, 피해 결정 중 사망 1,075건, 행방불명 167건, 후유장애 282건, 피해유형별 사망 현황은 군인 144건, 군무원 82건, 노무자, 835건, 기타 14건이 있다.

정부는 2007년 「태평양전쟁 전후 국외 강제동원 희생자 등 지원에 관한 법률」(2010.3.22. 제정한 '대일항쟁기 강제동원 피해조사 및 국외강제동원

---

42 2014년 9월 현재 전국에 거주하는 만 19세 이상 성인남녀 1,000명을 대상으로 유무선 전화면접을 통해 '과거사문제에 대한 현 한국사회의 이해도 및 미래지향적 해결 방향에 대한 다수의 의견을 알아보기 위하여 실시'하였다. 표본오차는 95% 신뢰수준에 ± 3.1%p이며, ㈜한길리서치센타에 의뢰하여 조사했다. 노용석, 김민철, 김상숙, 이영재, 2014,「과거사문제의 미래지향적 치유·화해방안에 관한 연구 용역」, 국민대통합위원회, 22~38쪽 참조.

43 강제동원지원위원회, 2012.7.10,「국내동원 사망자 현황 자료」, 1~2쪽.

희생자 등 지원에 관한 특별법(이하, 지원 특별법) 으로 개정)을 제정하여 지원금을 지불했다. 이 법에서 말하는 국외강제동원 희생자란 '강제동원 기간과 귀환 중 사망, 행방불명, 대통령령으로 정하는 부상, 장해를 입은 자 군인, 군무원, 노무자'로 정하고 있다. 또 국외강제동원 생환자는 '강제동원 되었다가 국내로 돌아온 군인, 군무원 노무자로 희생자에 해당되지 못한 부상자'로 정하고 있다. 미수금 피해자는 "급료, 여러 가지 수당, 조위금 또는 부조료 등을 지급받지 못한 사람"을 의미한다.

이 지원특별법의 지원 대상은 '1938년 4월 1일부터 1945년 8월 15일까지 국외강제동원된 희생자, 생환자, 미수금 피해자로 한정하고 있다. 사할린 피해자의 경우는 국외강제동원 희생자, 피해자로, 1990년 9월 30일까지 귀환 자체가 불가능했다는 이유로 희생자(즉, 사망자)는 사망시기가 1990년 9월 30일 이전 희생자로 정하여 지원하고 있다.[44]

이 지원법 자체는 한일청구권협정을 근거로 하여 지불된 것으로, 한국 정부는 청구권협정 자체를 인정하여 그 체제를 수용한 조치였음을 알 수 있다. 즉 국가가 개입한 강제동원의 범위에 대한 논쟁점이 있을 뿐, 식민지기의 합법적 행위였다는 사실에 대해서는 부인하고 있지 않다는 것을 알 수 있다. 그런 의미에서 한국 정부의 보상체계는 근본적으로는 일본의 논리와 동일하지만, 보상대상에 대해서는 다음의 표에서 보는 바와 같이 논리적으로 일관적이라고 볼 수 없다.

---

44 대일항쟁기 강제동원피해조사 및 국외강제동원 희생자 등 지원에 관한 특별법, 대일항쟁기 강제동원피해조사 및 국외강제동원 희생자 등 지원위원회(http://www.gangje.go.kr/news/news_01_view.asp?idx=763&page=1&str=&search=)

〈표 3〉 강제동원 피해와 지원의 범위

조항	한일교섭 논의단계 (1951-1963)	대일민간 청구권보상법 (1974)	태평양전쟁 전후 국외강제동원희생자 등 지원법(2007)	
			희생자	피해자
강제동원 시기	태평양전쟁 전후	지정하지 않음	1938년 4월 1일~ 1945년 8월 15일 (사할린 피해자 1990년 9월 30일)	만주사변~ 1945년 8월 15일
인적범위	군인 군속, 노동자 중 사망자 및 부상자	군인, 군속 노무자 중 사망자	군인, 군무원, 노무자 중 사망자, 부상자, 생환자, 미수금 피해자	군인, 군무원, 노무자, 위안부, 유골
강제성 인정범위	알선, 징용	소집 또는 징용	강제동원 (모집,알선,징용)	강제동원 (모집,알선,징용)
강제동원의 지역적 범위	지정하지 않음	없음	국외	국외(일본, 중국, 태평양, 사할린), 국내
강제동원의 금전적 보상범위	미수금 일본은행권 사망자, 부상자	일본금융기관 예금, 기탁금, 보험금	미수금 (급료, 수당, 조위금, 또는 부조료)	없음

이 「태평양전쟁 전후 국외강제동원희생자 등 지원법」이 실시된 이후 지원대상에 대하여 적지 않은 헌법소원이 있었다. 그러나 이 논쟁들을 보면, 역사적 사실에 부합하지 않는 방식으로 전개되었다. 한 예로 2011년 2월 24일 국내동원 피해자가 소원한 위헌소송 결과를 둘러싼 문제이다.

국내 강제동원 희생자 박모씨[45]는 현재 국외강제동원 희생자에게만

---

45 일제강점기 '국내'에서 강제징집돼 군인으로 복역하여, 「대일항쟁기 강제동원 피해조사

지원하는 「태평양전쟁 전후 국외강제동원희생자 등 지원법」(이하 「지원법」)이 위헌이라고 헌법소원을 제기했다. 그러나 2011년 2월 24일 헌법재판소는 현재 국외강제동원 희생자만 지원하는 「지원법」은 합헌이라고 판단했다. 이 사실이 보도된 후, 관련 시민단체와 연구자들은 "국내동원" 피해자도 강제동원 피해자라고 주장[46]하면서 "국내 강제동원자를 배제한 논리는 1965년 한일협정 체결 당시 일본 정부가 강제동원 피해자의 규모를 축소함으로써 자신들의 배상책임을 줄이려는 의도 아래 한반도 내에서 동원을 제외해 버린 사실에서 비롯"[47]되었다고 주장했다. 헌법재판소 결정과 연구자 및 시민단체가 대립구도를 이루었고, 여론은 헌법재판소의 판결을 비난하면서 "국내동원 피해"도 강제동원 피해이기 때문에 당연히 지원해야 한다는 방향으로 움직였다.

그러나 이 헌법소원의 판결문을 자세히 들여다 보면 연구자 및 시민사회와 헌법재판소의 대립은 이해하기 어려운 현상이 되어 버린다. 합헌결정을 한 다수의견 판사들은 박씨의 헌법소원을 '부진정입법부작위'를 다투는 헌법소원이라고 전제했다.[48] '부진정입법부작위'란 입법

및 국회 강제동원 희생자 등 지원 위원회」에서 피해판결을 받은 박모씨는 태평양전쟁 전후 강제동원된 자 중 '국외'로 강제동원된 자에 대해서만 의료지원금을 지급하도록 규정하고 있는 이 법률 조항이 헌법상 보장된 평등권을 침해한다며 2009년 2월 18일 헌법소원을 제기했다.

46 히구치 유이치, 「기고 국내 강제동원도 보상받아야 한다」, 『한겨레신문』, 2011.3.4; 「일제강점기, 조선이 강제동원 '국내'서도 이뤄져」, 『매일경제뉴스』, 2011.3.14; 「日 정부의 한반도 내 강제동원 인정 문서 첫 확인」, 『경향신문』, 2011.3.14.

47 「사설 일제하 국내 강제동원도 보상해야」, 『중앙일보』, 2011.3.11.

48 헌법재판소 소수의견 판사들은 이것을 「진정입법부작위」를 다투는 헌법소원으로 봤다.

자가 어떤 사항에 관하여 입법은 하였으나 그 입법의 내용·범위·절차 등이 해당 사항을 불완전·불충분 또는 불공정하게 규율함으로써 입법행위에 결함이 있는 경우를 말한다.[49] 즉, 다수의견 판사들은 국내동원 희생자를 지원할 수 있는 법이 없는 것이 아니라, 기존의 법이 의료 등을 지원할 수 있는 일제하 강제동원자의 범위를 불완전하게 규율하고 있어서 생기는 문제라고 판단한 것이다. 「지원법」의 이러한 결함에도 불구하고 합헌결정을 내린 이유는 다음과 같다.

"대한민국이 사실상 조선인을 보호해 줄 조국이 없던 상황하에서 발생한 피해에 대해서 경제적 지원을 해야 하는지 여부 (중략) 등의 문제는 기본적으로 국가의 재정부담 능력이나 전체적인 사회보장 수준 등

즉, "태평양전쟁 전후 국내 강제동원자에 대한 지원에 관하여는 이 법률과 무관하게 아직까지 전혀 그 입법이 이루어지지 않은 것이므로, 이 사건 심판청구는 진정입법부작위를 다투는 헌법소원으로 봄이 상당하고, 헌법 전문, 제10조, 제30조의 종합적 해석상 국가는 태평양전쟁 전후 국내 강제동원희생자에 대하여도 그 지원에 관한 법률을 제정하여야 할 헌법상 의무가 인정된다. 그런데 대한민국 정부수립 후 60년이 지났고, 우리나라가 경제 대국이 되었음에도 불구하고 이를 위한 입법조치를 취하지 않고 있는 것은 국가책무의 우선순위나 공평의 관점에서도 입법재량의 한계를 넘는 입법의무불이행으로서 헌법에 위반된다"고 주장했다.(헌법재판소, 「태평양전쟁 전후 국외 강제동원 희생자 등 지원에 관한 법률 제2조 등 위헌 확인」(2011.2.24. 2009헌마94))

49 부진정입법부작위란, 입법자가 어떤 사항에 관하여 입법은 하였으나 그 입법의 내용·범위·절차 등이 당해 사항을 불완전·불충분 또는 불공정하게 규율함으로써 입법행위에 결함이 있는 경우(즉, 결함이 있는 입법권의 행사)를 말함. (헌재 1996. 11. 28. 95헌마161, 공보 19, 93) 입법은 하였으나 문헌상 명백히 하지 않고, 반대해석으로 그 규정의 취의를 알 수 있도록 한 이른바 '부진정입법부작위'의 경우 또는 기본권보장을 위한 법규정이 불완전하여 그 보충을 요하는 경우에는 그 불완전한 법규자체를 대상으로 하여 그것이 헌법위반이라는 적극적인 헌법소원을 제기하여야 한다.(헌재 1993. 3. 11. 89헌마79, 판례집 5-1, 92, 102)

에 따라 결정해야 할 광범위한 입법형성의 영역에 속하는 것"⁵⁰으로, 이번 「지원법」이 "국가가 국가의 재정부담 능력 등을 고려하여 일반적으로 강제동원으로 인한 정신적 고통이 더욱 크다고 볼 수 있는 국외 강제동원자 집단을 우선으로 처우하는 것이 객관적으로 정의와 형평에 반한다거나 자의적인 차별이라고 보기는 어렵다"⁵¹는 이유였다.

이 판결문에 따르면, 국내동원 피해자를 지원하지 않는 것은 국내동원의 피해가 강제동원의 피해가 아니어서가 아니라, 국가재정상 국외동원을 우선으로 처우하는 것이 헌법에 위배되지 않기 때문이라는 이유였다. 결국 관련 시민사회와 연구자들의 생각과 헌법재판소의 판결은 국내동원피해가 강제동원의 피해로 보상의 대상이 되고 있다고 인식하고 있는 것에는 동일했던 것이다.

이뿐만 아니라, 오랫동안 지원을 받지 못하다가 "지원을 해주지 않을 이유가 없다"라는 판단의 행정조치로 2011년부터 지원받을 수 있는 군사우편저금 피해 등이 그에 해당한다. 군사우편저금의 경우는 한일교섭 시, 한국 정부가 군표, 중국은행권 등과 소각된 군표에 대하여 논의했으나, 일본은 소각된 군표에 관한 청구권은 없다고 했다. 이후 대일민간청구권보상법에 있어서는 (4)항과 (8)항으로 일본군표와 일본국이 아닌 군사우편저금은 제외하고 있었다.⁵²

---

50 헌법재판소, 「태평양전쟁 전후 국외 강제동원 희생자 등 지원에 관한 법률 제2조 등 위헌확인」(2011.2.24.2009헌마94).

51 헌법재판소, 위의 판결문.

52 (4) 일본국에 본점을 둔 일본국에 소재한 일본국금융기관에 일본국 이외로부터 송금되어 온 해외송금. 이 경우의 금융기관도 위의 (3)에서와 같이 반드시 일본국에 있는 일본국금

② 법의 불완전성에 따른 인식과 지원의 혼란

2004.3.5(법률 제7174호)로「일제강점하 강제동원피해진상규명 등에 관한 특별법(이하, 규명특별법)」을 제정하고 강제동원의 시기적, 인적 범위를 법률로 정했다. 시기적으로는 '만주사변에서 태평양전쟁기'로, 일제에 의해 강제동원된 '군인 군속, 노무자, 군위안부'로 한정했다. 구체적 피해사실은 '군인 군속, 노무자, 군위안부 등의 생활을 강요당한 자가 입은 생명, 신체, 재산 등의 피해'로 정했다. 그중 사망, 행방불명, 후유장애자에게 '희생자'라는 개념을 사용했다.[53] 이후 2017년 7월 26일(법률 제14839호)「대일항쟁기 강제동원 피해조사 및 국외강제동원 희생자 등 지원에 관한 특별법(이하, 지원 특별법)」을 제정하여, 지원대상을 구체적으로 정의했다. 그 내용을 보면 다음과 같다.

3. "국외강제동원 희생자"란 다음 각 목의 어느 하나에 해당하는 사람을 말한다.

가. 1938년 4월 1일부터 1945년 8월 15일 사이에 일제에 의하여 군인·

융기관이어야 하는 동시에 그 금융기관의 본점이 일본국에 있어야 하며 당해 해외송금은 환거래결재분에 국한되고, 일본은행권이 아닌 일본계통화(예컨대, 대만은행권)와 일본국이 발행한 일본군표는 제외된다.
(8) 일본국정부에 대한 채권 중 일본국에서 예입하거나 납입한 우편저금·진체저금 및 우편위체와 간이생명보험 및 우편연금의 납입금. 이 경우에는 반드시 일본국에서 예입하였거나 납입한 것이어야 하며, 그 채권이 일본국정부에 대한 것이어야 한다. 1971「대일민간인청구권신고에 관한 건」

53 일제강점하강제동원피해진상규명등에관한특별법 [시행 2004.9.6] [법률 제7174호, 2004.3.5, 제정]

군무원 또는 노무자 등으로 국외로 강제 동원되어 그 기간 중 또는 국내로 돌아오는 과정에서 사망하거나 행방불명된 사람 또는 대통령령으로 정하는 부상으로 장해를 입은 사람으로서 제8조 제6호에 따라 국외강제동원 희생자로 결정을 받은 사람

나. 「일제강점하 강제동원피해 진상규명 등에 관한 특별법」(이 법에 따라 폐지되는 법률을 말한다. 이하 같다) 제3조 제2항 제4호나 이 법 제8조 제3호에 따라 피해자로 결정을 받은 사람으로서 1938년 4월 1일부터 1945년 8월 15일 사이에 일제에 의하여 군인·군무원 또는 노무자 등으로 국외로 강제동원되어 그 기간 중 또는 국내로 돌아오는 과정에서 사망하거나 행방불명된 사람

다. 사할린 지역 강제동원 피해자의 경우는 1938년 4월 1일부터 1990년 9월 30일까지의 기간 중 또는 국내로 돌아오는 과정에서 사망하거나 행방불명된 사람

4. "국외강제동원 생환자"란 1938년 4월 1일부터 1945년 8월 15일 사이에 일제에 의하여 군인·군무원 또는 노무자 등으로 국외로 강제동원되었다가 국내로 돌아온 사람 중 국외강제동원 희생자에 해당되지 못한 사람으로서 제8조 제7호에 따라 국외강제동원 생환자로 결정을 받은 사람을 말한다.

5. "미수금피해자"란 1938년 4월 1일부터 1945년 8월 15일 사이에 일제에 의하여 군인·군무원 또는 노무자 등으로 국외로 강제동원 되어 노무제공 등을 한 대가로 일본국 및 일본 기업 등으로부터 지급받을

수 있었던 급료, 여러 가지 수당, 조위금 또는 부조료 등(이하 "미수금"이라 한다)을 지급받지 못한 사람으로서 제8조 제6호에 따라 미수금피해자로 결정을 받은 사람을 말한다.

강제동원 피해의 시기적 범주는 '만주사변부터 태평양전쟁 시기'까지이지만, 피해(희생) 지원의 범주는 '1938년 4월 1일부터 1945년 8월 15일'로 구체화했다. 사할린의 경우는 1938년 4월 1일부터 1990년 9월 30일까지 정하고 있다. 시기 구분에 대해서는 역사적 사실에 기인한 것이기는 하지만, 사실 여러 가지 논란을 일으킬 수 있는 요소들이 있다.

우선, 시작 시점을 1938년 4월 1일로 정한 것은 '국가총동원법'이 제정 공포된 날을 기준으로 한 것이라고 볼 수 있다. 그러나 강제동원 피해의 시기 구분이 국가총동원법이 영향을 미치는 범주라는 차원에서 사용한 것이라고 보기는 어렵다. 이 법이 조선에 시행된 것은 1938년 5월 5일이고, 1945년 12월 20일 공포된 「국가총동원법 및 전시긴급조치법 폐지 법률」에 의해 1946년 4월 1일 폐지되었다. 국가총동원법이 미치는 범주라는 인식이라면 1938년 4월 1일부터 1946년 4월 1일로 정했어야 한다.

1938년 4월 1일을 시작 시점으로 하면 사실상 군인의 동원은 고려하지 않은 것이 된다. 육군특별지원병제(1938.2.22)가 시행되어 동원되었지만, 지원병제 실시가 1938년 4월 3일이므로, 실질적인 강제동원피해는 1938년 4월 1일 기준에 부합하기는 한다. 이와 같이 1938년 4월 1일의 기준이라는 것은 국가총동원법이 미치는 법적 범주라기보다는 총동원 체제가 성립된 이후라는 상징적 의미로 사용했다고 해석할 수 있다.

피해의 종료 시점 역시 여러 논란이 될 수 있다. 희생자의 범주를 "국외로 강제동원되어 그 기간 중 또는 국내로 돌아오는 과정"이라고 했기 때문에 조선인의 귀환정책 종료 시점인 1947년 8월 15일이어야 한다. 이 논리는 사할린 피해자에게는 적용되어,「사할린 한인 영주귀국 업무처리 지침」이 결정되는 1990년 9월 30일로 정하고 있다. 하지만 이 법에서는 1945년 8월 15일로 정하고 있어 기준의 일관성이 없다. 물론 피해지원을 상정한 것이라면 한일청구권협정에서 일본에 대한 청구권 발생의 종료 시점을 8월 15일로 하고 있다는 점에서 채택할 수 있다고도 볼 수 있다.

한국에서 강제동원의 피해 시기는 만주사변부터 태평양전쟁 시기로 정하고 있지만, 그 피해에 대한 지원은 1938년 4월 1일부터 1945년 8월 15일까지(사할린 1990.9.30)라는 매우 기형적 기준을 가지고 있다. 이는 한일청구권협정 시기에 일본이 전쟁피해 기간으로 정한 것은 중일전쟁(1937.7.7), 태평양전쟁기로 정의한 것과도 일치하지 않는다.

진상특별법에서 정하고 있는 피해자의 범주는 노무자와 군속은 국가총동원법(1938.5)이 근거가 된 노무동원정책의 모든 동원을 포함하고 있다. 군인은 앞서 말한 바와 같이 육군특별지원제도(1938.2)의 동원부터 징병피해자를 포함하고 있다. 위안부 피해의 경우는 시기적으로 만주사변(1931.9.18) 이후의 위안부 피해를 포함하고 있다.

그러나 지원특별법은 지원대상자로 '국외강제동원 희생자, 생환자', '미수금 피해자'로 구분하였다. '국외강제동원 희생자'라는 범주는 한반도 내 동원된 노무자만을 제외한 것이고, 조선 내 부대에 동원되었던 군인 군속은 지원대상자로 포함하고 있다.

한일청구권협정에서는 노무자, 군인 군속의 동원지역을 지정했던 것이 아니고, 제도로서 노동자로는 태평양전쟁기, 즉 1942년 관 알선, 징용, 군인 군속은 지원제, 징병제 등 동원법에 의한 피해(원호)를 지정했던 것이다. 청구권협정에 근거한다면, 실제로는 징용으로 북한지역으로 동원된 노무자도 지원대상이 되어야 할 것이다. 하지만 제외되었다.

이 법이 의도한 것은 아니겠지만, 국외강제동원 희생자라는 개념을 만든 것으로 인해, 전시동원체제의 예외적 현상, 비제도적 현상으로서의 강제연행의 범주를 차용했다고 볼 수 있다. 한국 정부는 청구권협정이 "한일 양국 간 재정적·민사적 채권·채무관계를 해결하기 위한 것"이고 국가권력이 관여한 반인도적 불법행위, 식민지 문제 등은 해결되지 않았다고 했다. 이는 이 지원법이 정하는 국외강제동원 희생자라는 개념을 두는 것으로, 청구권협정에서 해결한 채무관계를 완전하게 정리하지 못했고, 오히려 식민지성, 탈법적 현상을 해결한 것으로 오해할 수 있는 여지를 남기게 되었다.

해방 직후부터 사실상 한국 정부는 강제동원 피해의 규모에 관련해서 지속적으로 조사해 왔다. 미군정청에 의한 원호회 해산에서 일단 징용, 징병자의 수와 피해 사실이 일부 조사되었고, 1949년 인구총조사에서도 징용, 징병, 미귀환의 피해는 조사되었다.

한편, 귀환자들 사이에서 스스로 피해 사실을 조사하여 국회와 정부에 진정했고, 정부는 그들의 도움을 받아 피해 사실을 구체화해 갔다. 이후 한일회담에서 이들의 피해 사실을 주요 의제로 하고자 1952년 이승만에 의해 피징용자 사망 및 부상에 대한 조사, 1958년의 피징용자 조사 등 국가 차원에서 네 번의 조사가 이루어졌다. 이 사실로 보아 한국 정부의 입장에서는 피징용자에 대한 피해에 대하여 대체적으로 파악하고 있었음을 알 수 있다.

한일협정 이후 한국 정부는 일본에서 받은 자금을 사용하기 위해 「청구권 자금의 운용 및 관리에 관한 법」을 제정했다. 이 법을 제정하는 과정에서 청구권의 성격과 청구권 자금의 성격에 대하여 국회에서 논의했다. 결국, 청구권 자금이라는 말을 사용하기로 하고, 청구권 자금의 성격은 일제 식민지 시기 국민이 받은 피해에 대한 보상이라는 것으로 논의를 이끌어 갔다. 따라서 정부는 민간보상을 개별적으로 하지 않고 경제개발로 모든 자금을 사용하려 했으나, 야당의 반발로 민간청구권 보상을 할 수 있도록 하는 조항을 넣어 국회에서 통과되었다.

이 조항을 기반으로 대일민간청구권 보상을 위한 법안을 제정해 갔다. 초기 정부안은 「독립유공자 및 대일민간청구권보상에 관한 법률」로 독립유공자를 보상 대상에 넣었다. 정부의 독립유공자 발상은 피징용자 피해보상을 대치하여 비용을 줄여보려는 복안을 가지고 있었다. 여기에서 청구권 및 청구권 자금에 대한 정의 논쟁이 다시 불거졌다. 청구권 자금의 성격은 신체적·정신적 피해보상을 할 수 없다는 것을 정부에서 주장했으나, 그 주장은 정부 스스로 독립유공자를 보상하려고 하는 데에서 모순을 드러냈다.

결국 피징용자 사망자와 기탁금을 보상하는 것으로 결정하고 「대일민간청구권 신고에 관한 법」을 제정했다. 여기에서 규정하고 있던 강제동원 피해에 관한 신고는 피징용자 사망자 및 기탁금으로 볼 수 있다. '속지주의'를 표방하여 금액권 관련해서는 일본과 한국지역에 국한하고 있었지만, 징용지역은 사할린, 남양, 북한, 중국 등 지역을 구분하지 않았다. 다만, 신고자가 한국 국적을 지녀야 한다는 것을 전제로 했다.

따라서 현 「지원법」이 한일협정 및 1974년의 「대일민간청구권보상법」을 모법으로 했을 경우, 국내동원을 강제동원 피해로 보지 않았다는 것이나, 보상에서 제외하는 것은 논리적이지 못하다. 다만 헌법재판소의 판결은 보상에서 제외한 것이 강제동원 피해가 아니어서가 아니라, 재정상의 문제로 파악했기 때문에, 사실상 국내동원은 재정이 허락하는 한 보상해야 한다고 생각한다.

그 외 군사우편저금의 경우는 '속지주의'적 원칙에 따라 보상을 하지 않았다. 이에 대해 현재 행정처분으로 보상이 되고 있는데, 이 부분에 관해서도 보다 면밀한 논리체계를 형성하지 않으면 안 된다고 보인다. 현재 이유는 보상을 하지 않을 이유가 없다는 것이 이유인데, 이럴 경우 군표 역시 보상의 대상이 되어야 할 것이다.

사할린 한인의 문제는 미귀환의 문제와 미불금(우편저금 등)의 문제로 나누어서 생각해야 할 것이다. 사할린 한인의 미불금 문제는 국적 회복과 동시에 한국 정부가 해결해야 할 문제이고, 미귀환의 문제는 1965년 이후 한국 정부와 일본 정부 간 교섭을 통해 '인도적 차원'에서 귀환 문제를 해결해 왔다. 다만, 아직 유골의 문제, 제3세의 국적 문제, 현재 남아 있는 사할린 한인 1세, 2세의 복지 문제 등은 해결해야 하는 과제로 남아 있다.

4. 맺음말

　2000년대에 들어서서 한국의 일본문화 개방, 일본의 한류 등 양국은 문화적으로 친밀해지면서도 역사 문제에 있어서는 보다 복잡한 구도로 갈등이 전개되었다. 일본군'위안부' 문제, 유골 문제, 강제동원의 문제는 정부 측면에서는 해결의 물꼬를 만들기도 했지만, 각국의 시민사회는 국가의 문제가 되면서 보다 각기 강경한 자세가 되어 갔다. 각각의 문제가 각각 해결될 수 있는 결정점이 일관적이지는 않았다. 해결을 이끌어 가는 주체에 따라 갈등 요소 속의 근본적 원인 진단과 해결방식은 변화했다. 이런 현상을 두고 일본 정부는 한국이 골포스트를 옮긴다고 비판하기도 한다. 결국 최근에는 한국이 해결방법을 제시해 오지 않으면 불가능하다고 으름장을 놓기도 한다.

　일본이 보기에는 골포스트를 자꾸 움직이면서 확장되는 피해의식을 주장하는 한국을 이해할 수 없겠지만, 한 공동체가 식민지와 전쟁이라는 복합적 요인의 중층적 피해의 경험을 복원, 회복해 가는 방식이 단선적일 수 없다는 것은 상상 가능한 전제다. 그러나 이러한 복잡성은 주체들에 따라 우리 안에서도 모순되고 공존할 수 없는 주장들이 혼재되어 있으면서도 '일본 정부의 책임'이라는 대전제로 묶이고 있는 것도 사실이다.

　산케이 신문 등 보수언론은 2014년부터 〈역사전〉이라는 제목을 달고, 일본 내의 진보세력을 공격하고, 대내적으로는 한국과 중국을 공격하고 있다. 한편 진보진영에서 주도해 왔던 '일국사적 관점에서 보편적 역사의 관점으로'라는 방향성을 편취하여, 유네스코를 둘러싼 역사전을 이끌어 가고 있다. 일본의 역사수정주의자들은 역사적 사실 왜곡을 제한적 사실에 대한 엄밀성을 이야기하면서 왜곡하고 있다는 점에서 그 의도를 세심하게 분석해야 한다. 그 결과로 일본의 역사 문제의 근원은 '패전인식'에 있고, 여기에 르상티망(ressentiment)이 나타난다. 그리고 한국은 피식민 인식에 르상티망이 있다. 일본 우익의 패전인식 속에서 중국은 없다. 미국에 패전했지만, 중국에 패전했다는 인식을 억지로 갖지 않으려고 한다. 한국 역시 일본에게 식민지 지배를 당했다는 것을 부정한다. 일제강점기라는 언어로 정의하는 것처럼. 미국에 의해 굴절된 관계에 관해서는 일본과 한국은 르상티망 상태다.

표면적으로 보면 역사전은 일본 우익과 한국 간의 역사투쟁처럼 보이지만, 주 적은 중국이다. 아니 더 엄밀히 말하면 미국이다. 중국, 한국이 표면에 나오는 것은 굴절된 패전의식 때문이다.

일본 우익은 한국이 적이 아니다. 주전장에서 가세 히데아키가 능글맞은 웃음을 지으면서 "한국은 귀엽다"라는 취지의 말을 한 것에 그 핵심이 있다. 일본의 진보도 한국의 친일 문제가 부각될 때 염려스러워했던 것도 그 의식의 일환이라고 생각한다. '조선은 제국의 일부였고, 전쟁 피해는 일본과 같은 수준에서 보상하고, 그리고 우리 편이 되어야 한다'는 것. 일본은 패전의식과 싸우고 있는 것이지, 제국주의와 싸우는 것은 아니다.

그러나 한국은 시종일관 식민지의 문제다. 그러면서도 식민지배를 받았다는 것을 부정한다. 2000년대 이후 한국은 민주정권 속에서 시민사회를 흡수하면서 식민지 문제를 본격적으로 다루었다. 그 결정체가 친일반민족행위진상규명위, 그리고 강제동원진상규명위다. 식민지의 문제는 국가적 아젠다이므로 당연하게 생각할지 모르나 결국 이 아젠다가 '국가'에 포섭되면서 피식민의 관점에서 완성하지 못했다.

한일이 서로 '민족주의적 경향'을 띠고 있지만, 쌍방이 원인이 되는 것은 아니다. 일본은 패전의식의 르상티망으로의 민족주의고, 한국은 피식민의식의 르상티망으로의 민족주의다. 서로 다른 원인인데 전선은 한일의 문제처럼 되어 있는 엇갈린 싸움이다.

| 참고 문헌 |

- 외무성,『외교청서』평성14년판. 2002.
- 部落問題研究所, 1997,『「自由主義史観」の本質』, 部落問題研究所.
- 竹縄亮一, 1999,「自由主義史観と過去の歴史観論争との関わり」.
- 林房雄 2001,『大東亜戦争肯定論』夏目書房.
- 波田永実, 1997, 日本近代における『満州』認識, 奈良歴史研究会編, 戰後歴史学と自由主義史観, 青木書店
- 小路田泰直, 1997, 明治維新観について, 奈良歴史研究会編, 戰後歴史学と自由主義史観, 青木書店
- 강제동원지원위원회, 2012,「국내동원 사망자 현황 자료」.
- 헌법재판소,「태평양전쟁 전후 국외 강제동원 희생자 등 지원에 관한 법률 제2조 등 위헌 확인」(2011.2.24.2009헌마94).
- VAWW –NET Japan(編集), 2002,『女性国際戦犯法廷の全記録〈1〉(日本軍性奴隷制を裁く -2000年女性国際戦犯法廷の記録』.
- VAWW –NET Japan(編集), 2002,『女性国際戦犯法廷の全記録〈2〉(日本軍性奴隷制を裁く -2000年女性国際戦犯法廷の記録』.
- 長崎在日朝鮮人の人権を守る会(編集), 2016, [増補改訂版]軍艦島に耳を澄ませば -端島に強制連行された朝鮮人・中国人の記憶.
- 朴慶植, 1965,『朝鮮人強制連行の記録』, 未来社.
- 조선인강제연행진상조사단 편, 1992.1,『자료집 1. 조선인강제연행진상조사단 전국교류집회 자료집』
- _____, 1993.7,『자료집 6. 조선식민지지배는 위법-1905년조약 해설』
- _____, 1995.5,『자료집 8. 유엔 결의와 식민지지배 강제연행-1905년 조약』
- _____, 1995.5,『자료집 9. 1905년 한국보호조약(제2차일한협약, 을사오조약)에 관한 논문』
- _____, 2005.11,『자료집 18. 재일조선인사(1905년조약) 100년-역사적 사실과 법적시점에서 검증한다』

| 찾아보기 |

21세기 교육 신생플랜 129
55년 체제 73, 226
6자회담 184, 327
ASEAN+3 183, 285, 288, 287
A급 전범 76, 77, 276
PSI(대량살상무기 확산방지구상) 328
War Guilt Information Program(WGIP) 224, 227, 229

ㄱ

간 나오토 282, 288, 289, 312
갑신정변 6, 29, 33, 46, 52
강제동원 262, 338, 346, 362~365, 379, 386, 393~400, 402~405, 407~409
경제백서 68
고노 담화 63, 335, 336, 371, 373
고이즈미 담화 112, 113
고이즈미 신조(小泉信三) 215
고이즈미 준이치로(小泉純一郎) 8, 74, 79, 105, 162, 275
고치카이(宏池会) 75
고토다 마사하루(後藤田正晴) 76
과거 회귀주의 308
과거사 법제화 362, 392, 393
과거사 청산 9, 363, 364, 368, 380
관부재판(關釜裁判) 148, 150~152
교육 개혁 74, 105, 106, 109, 117~121, 126~129, 131, 134
교육개혁국민회의 125, 126, 129, 131~133
교육기본법 8, 85, 106~109, 117~129, 131~134, 136~138

교육재생 106
교육칙어 85. 123, 124
구로다 하루히코(黒田東彦) 66
구보타 간이치로 271
국가안전보장전략 293, 306, 309, 344
국가주의 8, 107~109, 117, 120, 129, 135, 138
국민 5, 68, 95, 164, 166, 273, 278, 365, 392, 393, 395
국제전범법정 154
국제협조주의 81, 292~294
국회개설건백서 22
군사정보보호협정(GSOMIA, 지소미아) 299, 323, 328, 329, 399, 340, 356
극동국제군사재판 76, 224, 269, 378
기시 노부스케(岸信介) 83, 270
기후변화 349~351
김대중 158, 159, 277, 280, 281, 312, 326, 361, 362
김학순 149

ㄴ

나카소네 야스히로(中曽根康弘) 73, 74, 110
남중국해 167, 171, 184, 188, 261, 290, 331, 335
내셔널리즘 10, 11, 78, 210, 212, 213, 218, 219, 235, 252, 369, 370
노다 요시히코 283, 289
노무현 163, 278, 280, 281, 328, 363
뉘른베르크군사재판 269
니시오 간지(西尾幹二) 217

ㄷ

대량파괴무기(WMD) 342
대미 종속 69, 72, 80, 83
대북한 정책조율협의회(TCOG) 322
대일강화조약 82, 267, 268, 271
댜오위다오(釣魚島·일본명 센카쿠열도 尖閣列島) 164, 170, 190, 191, 291
도이 다카코(土井たか子) 79, 273
도쿄재판(극동국제군사재판) 76, 84, 174, 226, 229, 269, 270, 367, 375, 378, 379
도쿄재판사관 85
동맹 관리 12, 321, 324, 333, 336
동아시아 13, 285, 286, 313
동아시아공동체 183, 282, 284, 286~289
동아시아의 역사 문제 146, 176, 194
동아시아정상회의(EAS) 179, 183, 285

ㄹ

레인보우 전략 129, 131, 133
르상티망 411, 412

ㅁ

막스 베버 114
메이지유신 21, 22, 28, 32, 50, 53, 212, 226
멸공봉사(滅公奉私) 36
메이지건백서집성(明治建白書集成) 23
무라야마 담화 87, 88, 90, 92, 93, 96, 112, 306, 335
무라야마 도미이치(村山富市) 79, 87, 306
문부과학성 106, 109, 127~130, 133, 137, 162
문재인 12, 21, 47, 261, 263, 296, 299, 300, 337, 338, 341, 345~348, 352, 355
문화자본 8, 108, 109, 118~120, 122, 134, 138
미·일·호주·인도 협력(쿼드) 345, 346
미국 259, 261, 264~269, 271, 272, 274, 279, 277, 279, 285, 287, 289~291, 294~299, 304, 305, 309~311
미사일 방어 355
미시마 유키오(三島由起夫) 216
미일관계 22, 72, 262, 337
미일동맹 80, 83, 167, 262, 290, 293, 302, 322, 323, 345, 348, 355
미일안보조약 제5조 167, 168
미일정상회담 322, 348
미중 경쟁 329
미타니 다이이치로(三谷太一郎) 97
민정일신(民情一新) 32
민족 35, 37, 180, 216, 363~365, 392, 393, 395
민족주의 14, 80, 118, 123, 135, 176, 280, 364, 412
민주당 79, 123, 131, 259, 260, 275, 282, 283, 287~290, 322, 328, 335

ㅂ

바이든 정부 188, 189, 322, 347~352, 354
바이츠제커(Richard Karl Freiherr von Weizsäcker) 대통령 94, 95, 97
박근혜 38, 260, 293~295, 323, 329, 330, 322, 333, 336, 345
반노 준지(坂野潤治) 33, 51
방어적 국가주의 117
방위백서 11, 259, 297, 346
보수본류노선 62
보수화 62, 88, 118, 136, 138, 162, 262

보통국가 8, 71, 81, 82, 86, 323
보혁대립 122
북대서양조약기구(NATO) 347
북미정상회담 342, 351
북한 268, 279, 287, 296, 300
북한 비핵화 349, 350
북한 위협론 326
비전통 안보 356

ㅅ

사대(속국)주의 40, 43, 44
사드(THAAD) 338, 340
사이토 쓰요시 282
사토 겐지(佐藤健志) 71
산요증권(三洋証券) 65
상하이협력기구(SOC) 184
상호군수지원협정(ACSA) 328, 329, 356
상황 지능 114, 115~117
새로운 역사교과서를 만드는 모임(新しい歴史教科書をつくる会) 156, 163, 216, 361, 371, 372
새로운 일본(新しい日本) 61, 81, 112, 121, 175
새역모 42, 156~158, 162, 217, 220, 366, 372, 373, 379, 381, 393
샌프란시스코 체제 267
샌프란시스코평화조약 76, 80, 269
성역 없는 구조 개혁 110
세계무역기구(WTO) 339
세이론(正論) 93~96
수출규제조치 299, 323
스가 내각 353~355
시데하라 기주로 268
시라이 사토시(白井聡) 69
시바타 무쓰오(柴田陸夫) 76

시정방침연설 260, 262, 288, 293, 296, 309
시진핑 168, 179, 184, 323, 331, 332
신교육기본법 8, 108, 109, 117, 121, 128, 131, 138
신냉전 325, 344
신뢰 8, 38, 89, 90, 107, 114~117, 119, 135, 138, 260, 280, 281, 287, 290, 294, 339
신형국제관계 179
신형대국관계 178, 179
싱가포르 회담 343
쓰보이 치카라(坪井主税) 83

ㅇ

아름다운 나라(美しい国) 80
아리모토 가오리(有本香) 201, 203, 209
아베 내각 63, 66, 82, 129, 174, 323, 330, 333~337, 341, 345, 346
아베 담화 88, 90~99, 113, 307, 308, 373
아베 신조(安倍晋三) 73, 74, 79, 110, 174, 188, 199~201, 209, 259, 260, 281, 290
아베노믹스 66, 80
아비루 루이(阿比留瑠比) 93
아세안(ASEAN, 동남아시아국가연합) 11, 12, 145, 167, 171, 259, 261~264, 284~286, 289, 290, 294, 296, 297, 299~305, 309, 310
아세안지역포럼(ARF) 171
아소 다로 259, 281, 294, 301
아시아 재균형 정책 334, 344
아시아안보회의(샹그릴라 대화) 291
아시아회귀전략 167
아프리카개발회의 291
악한론(惡韓論) 36
안전보장 70~72, 84, 267, 342
야마이치증권(山一證券) 65

야마타이국(邪馬台国) 245, 248~250
야스쿠니 신사 63, 74, 76, 77, 107, 109, 112, 113, 117, 135, 138, 177, 224, 273, 277~279, 335, 361
야스쿠니 신사 참배 76, 107, 109, 117, 138, 176, 273, 276, 277, 279
야스쿠니 참배 322, 323, 328, 335
야요이인 10, 214, 215, 218, 251, 252
에토 준(江藤淳) 11, 70, 228~230, 252
여성을 위한 아시아 평화 국민기금 151, 153
여유 교육 120
역사수정주의 10, 11, 62, 99, 105, 134, 135, 138, 202, 205, 207, 208, 216~218, 220, 227, 228, 230, 251, 252, 308, 323, 330, 331, 333~335, 366, 370, 371, 411
역사수정주의 105
역사인식 4, 5, 10, 11, 15, 69, 86, 93, 156, 176, 212, 213, 264, 294, 366, 368, 379, 380
역사총합(歷史總合) 186, 187
영속패전 69
오바마 정부 333~337, 344, 351, 354
오부치 게이조(小渕恵三) 125~127, 158, 280, 312, 361
오타케 히데오 270
오히라 마사요시(大平正芳) 75
완전종속형 71, 72
완전하고 검증 가능하며 불가역적인 폐기(CVID) 342
외교적 위선 8, 108, 109, 117, 138, 176, 273, 276, 277, 279
외교청서 268, 281, 292, 294~297, 345
요시노 겐자부로(吉野源三郎) 96
요시다 독트린 81
요시다 시게루 80, 83, 110, 260, 266
우경화 7, 62, 63, 74, 99, 112, 118, 136, 370

우익단체 381
우익운동 364, 365, 373, 380
위안부 문제 5, 145, 149~154, 259, 260, 262, 273, 282, 295, 323, 328~331, 333~336, 363, 364, 366, 371~373, 378, 379, 388, 389, 410
유엔사 355
이명박 26, 168, 260, 281~283, 288, 294, 328, 329
이시하라 신타로(石原慎太郎) 22, 166
이에나가 사부로(家永三郎) 125, 220
이와나미 시게오(岩波茂雄) 96
이타가키 다이스케(板垣退助) 22
인도·태평양 전략(Indo-Pacific Strategy) 168, 179, 188, 189, 192, 263, 292, 296, 297, 299, 300, 302, 304, 305, 309, 345
일미안보조약 80
일본 역사 교과서 개악저지 운동본부 158
일본 역사 교과서 왜곡 문제 대책반 160
일본군'위안부' 5, 48, 54, 63, 98, 145, 149, 150, 152~155, 235, 259, 260, 262, 273, 282, 295, 322, 346, 362~364, 366, 371~375, 377~379, 388, 389, 410
일본역사교과서왜곡시정특별위원회(日本歷史教科書歪曲是正特別委員會) 161
일본을 지키는 국민회의(日本を守る国民会議) 84
일본을 지키는 회(日本を守る会) 84
일본장기신용은행(日本長期信用銀行) 65
일본채권신용은행(日本債券信用銀行) 65
일본형 포퓰리즘 107
일본회의(日本会議) 84, 85, 100, 138, 366
임시교육심의회 124, 125, 130
임오군란 6, 29, 30, 33, 34, 52
입법부작위 책임 151

ㅈ

자민당 62, 63, 77~79, 84, 87, 93, 100, 111, 112, 124, 134, 199, 200, 259, 260, 275, 276, 281, 282, 288~290, 361
자민당 보수 집단 111
자유롭고 열린 인도·태평양(Free and Open Indo-Pacific) 344, 345
자유주의 사관 105, 220, 366, 368~370
자주독립형 71
장쩌민 277
재군비문제 266
적극적 평화주의 8, 81~83, 86, 92, 100, 174, 292~294, 306, 334
전국전몰자추도식 273, 306
전략적 유연성 328
전시작전권 338, 355
전쟁조사회 268, 269
전쟁책임 112, 224, 264, 268, 269, 274, 366, 381, 388, 390
전후 60년 담화 107, 117
전후 역사학 366~370
전후 총결산 63, 75
절대평화형 71, 72
정대협 149, 152, 153, 155
정보보호협정(GSOMIA)
제16차 중국공산당대회 184
제국주의 6, 14, 53, 69, 91, 97, 123, 271, 310, 363, 364, 370, 382, 411
조몬인 10, 214, 215, 217, 218, 251, 252
조선인 강제연행조사의 기록(朝鮮人强制連行調査の記錄) 154
조선통신사 48, 49, 50, 53, 55, 225
조지프 나이 114
주한미군 338, 340, 342, 343, 355
중국(중화인민공화국) 175, 225, 266

중국경사론 332
중앙교육심의회 124, 126, 127, 133
중외역사강요(中外歷史綱要) 286
중화민국(타이완) 224, 267
진무천황 240, 242~246
집단적 자위권 63, 81, 82, 174

ㅊ

천황 48, 85, 123, 175, 212, 213, 216, 238~244, 260, 269, 294, 307, 308, 312, 329, 372

ㅋ

캐롤 글럭(Carol N. Gluck) 61
코로나19 4, 21, 300, 349~352
쿼드(Quad) 304, 309, 346

ㅌ

탈아론 6, 7, 23, 24, 27, 29~35, 40, 51~54, 56, 69, 83
탈전후체제론 334
탈진실(post-truth) 10, 11, 207~209, 238, 251~253
태평양전쟁희생자유족회 148, 363, 394
테사모리스 97, 98
통화 스와프 330
트럼프 정부 188, 337~339, 341, 344~348, 351

ㅍ

패전의식 367, 368, 411, 412

페리 프로세스 327
평화국가 71, 325
평화유지활동(PKO) 356
포괄적·점진적 환태평양경제동반자협정(CPTPP) 299, 337, 346
피식민 14, 15, 395, 411, 412
피해자 9, 14, 148~153, 235, 273, 283, 294, 295, 306, 362~365, 381, 384, 389, 393, 395~400, 402, 404~406

ㅎ

하노이 회담 343
하시모토 류타로 74, 275
하토야마 유키오 260, 252, 287, 289
하토야마 이치로(鳩山一郎) 83, 124
한국·한국인의 품성 37, 42, 51
한국전쟁 68, 72, 182, 266, 271, 274, 324, 352
한국정신대문제대책협의회 149, 363
한미 관계 337
한미동맹 192, 322, 327, 332, 338, 342, 348, 355
한미연합훈련 355
한·미·일 협력 12, 13
한미정상회담 294, 332, 338, 348
한반도에너지개발기구(KEDO) 326
한반도평화프로세스 341, 343
한일 과거사 갈등 323, 327, 331, 333, 337~339, 354
한일 관계 6, 7~14, 23, 25, 55, 56, 78, 158, 259, 260, 262, 277, 278, 280, 282, 283, 288, 294, 310, 313, 322~325, 329~331, 334, 336~338, 346, 347, 349, 351, 354, 355, 361
한일파트너십공동선언 158

한일회담 271, 382, 407
해양 수송로(SLOC) 356
해유록 50
햐쿠타 나오키(百田尙樹) 208
혐한 6, 24~27, 29, 31, 35, 37, 50, 199, 262, 330
혐한 도서 6, 7, 23~27, 29, 35, 37, 39, 40, 42~44, 47~49, 51~56
호소카와 모리히로(細川護熙) 84, 273
홋카이도척식은행(北海道拓殖銀行) 65
화해 9, 13, 23, 28, 88, 89, 93, 150, 313
확장억제 355
환태평양경제동반자협정(TPP) 298, 337, 346
후지오 마사유키(藤尾正行) 76
후지오카 노부카쓰(藤岡信勝) 219, 366, 377
후쿠다 독트린 285, 301
후쿠다 야스오 124, 259, 281
후쿠자와 유키치(福沢諭吉) 6, 23, 24, 27, 30~35, 40, 41, 44, 51, 53
희생자의식 민족주의 118
히가시쿠니노미야 268
히키코모리 국민주의 117

동북아역사재단 연구총서 111
한일 역사문제의 현재(2000~2022)

초판 1쇄 인쇄   2022년 12월 10일
초판 1쇄 발행   2022년 12월 20일

지은이   이원우 편
펴낸이   이영호
펴낸곳   동북아역사재단

등록   제312-2004-050호(2004년 10월 18일)
주소   서울시 서대문구 통일로 81 NH농협생명빌딩
전화   02-2012-6065
팩스   02-2012-6186
홈페이지   www.nahf.or.kr
제작·인쇄   니케북스

ISBN   978-89-6187-788-6   93910

- 이 책은 저작권법에 의해 보호를 받는 저작물이므로 어떤 형태나 어떤 방법으로도 무단전재와 무단복제를 금합니다.
- 책값은 뒤표지에 있습니다. 잘못된 책은 바꾸어 드립니다.